MATA!

LEONENCIO NOSSA

Mata!

O Major Curió e as guerrilhas no Araguaia

COMPANHIA DAS LETRAS

Capa
Alceu Nunes

Cadernos de fotos
Joana Figueiredo

Imagem de capa
Recorte de fotografia do Major Curió, manhã de 23 de outubro de 1973, horas antes do combate com a guerrilheira *Sônia*. Reproduzida por Celso Junior.

Imagens dos cadernos
As imagens não creditadas pertencem aos processos judiciais abertos pelas famílias dos guerrilheiros ou ao Arquivo Curió. Reprodução de Celso Junior.

Mapas pp. 6 e 7
Sonia Vaz

Preparação
Márcia Copola

Checagem
Dayse Tavares Barreto

Índice onomástico
Luciano Marchiori

Revisão
Luciana Baraldi
Márcia Moura

Dados Internacionais de Catalogação na Publicação (CIP)
(Câmara Brasileira do Livro, SP, Brasil)

Nossa, Leonencio
    Mata! : o Major Curió e as guerrilhas no Araguaia / Leonencio Nossa.
— 1ª ed. — São Paulo : Companhia das Letras, 2012.

    ISBN 978-85-359-2111-3

    1. Ditadura - Brasil - História 2. Guerrilhas - Araguaia, Rio,
Região - História 3. Militarismo - Brasil 4. Moura, Sebastião
Curió Rodrigues de, 5. Reportagens investigativas I. Título.

12-05161   CDD-070.449320981063

Índice para catálogo sistemático:
1. Brasil : Major Curió e as guerrilhas no Araguaia : Jornalismo
    investigativo 070.449320981063

[2012]
Todos os direitos desta edição reservados à
EDITORA SCHWARCZ S.A.
Rua Bandeira Paulista, 702, cj. 32
04532-002 — São Paulo — SP
Telefone (11) 3707-3500
Fax (11) 3707-3501
www.companhiadasletras.com.br
www.blogdacompanhia.com.br

Sumário

MATA!. 9

APÊNDICE. 395

Lista de siglas. 397

Fases dos combates à guerrilha no Araguaia. 399

Trechos da III Convenção de Genebra. 401

Os "formigas" e os ciclos econômicos no Bico do Papagaio
e em outras fronteiras econômicas da Amazônia. 406

Organograma dos comandantes da repressão no Araguaia. 410

Lista de guerrilheiros e militares. 411

Fontes de consulta. 421

Índice onomástico. 429

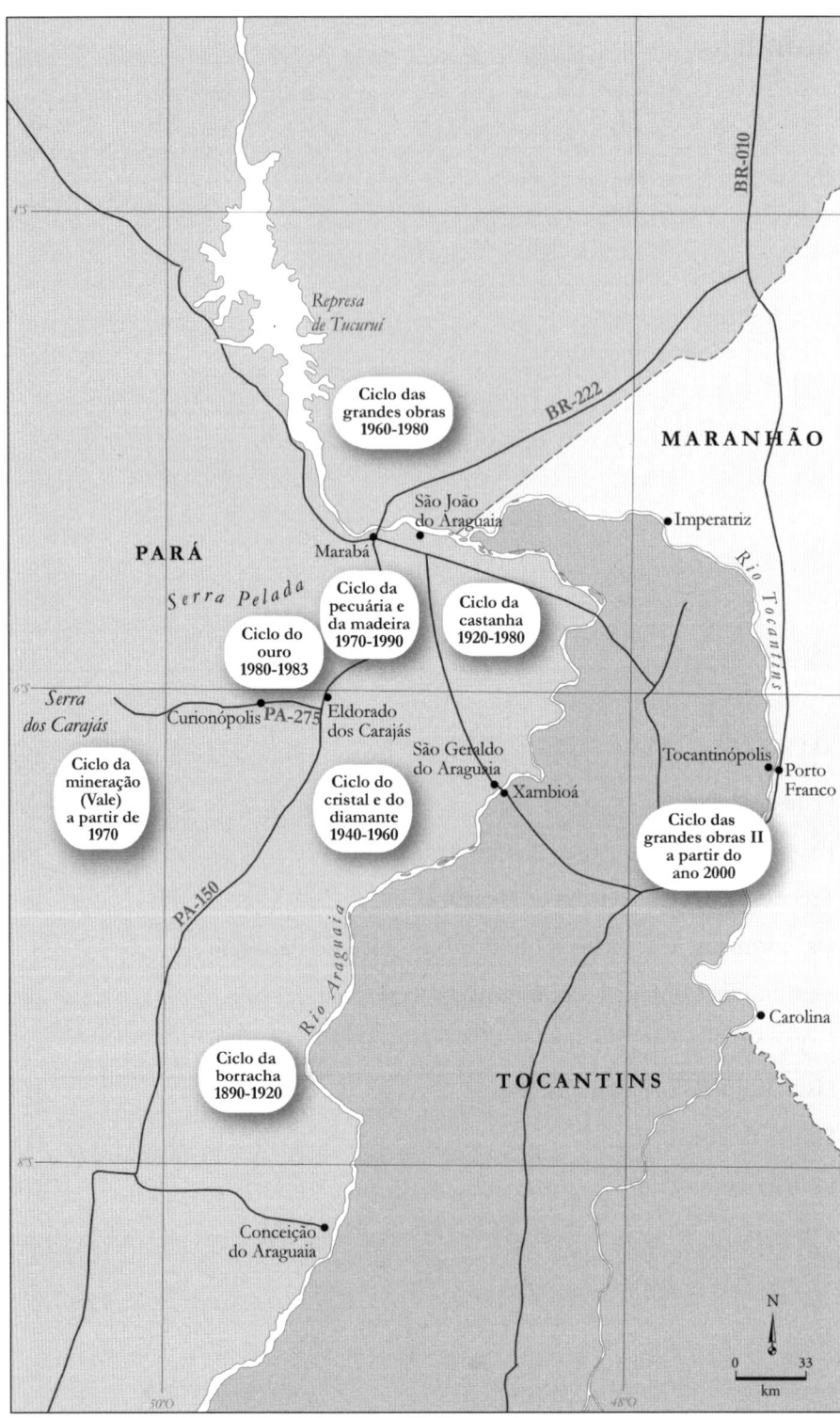

Represa
de Tucuruí

**Ciclo das
grandes obras
1960-1980**

BR-010

BR-222

MARANHÃO

São João
do Araguaia

Marabá

•Imperatriz

PARÁ

Serra Pelada

**Ciclo da
pecuária e
da madeira
1970-1990**

**Ciclo da
castanha
1920-1980**

Rio Tocantins

**Ciclo do
ouro
1980-1983**

*Serra
dos Carajás*

Curionópolis **PA-275** Eldorado
dos Carajás

São Geraldo
do Araguaia

Tocantinópolis •Porto
Franco

**Ciclo da
mineração
(Vale)
a partir de
1970**

•Xambioá

**Ciclo do
cristal e do
diamante
1940-1960**

**Ciclo das
grandes obras II
a partir do
ano 2000**

PA-150

Rio Araguaia

•Carolina

**Ciclo da
borracha
1890-1920**

TOCANTINS

Conceição
do Araguaia•

N

0   33
km

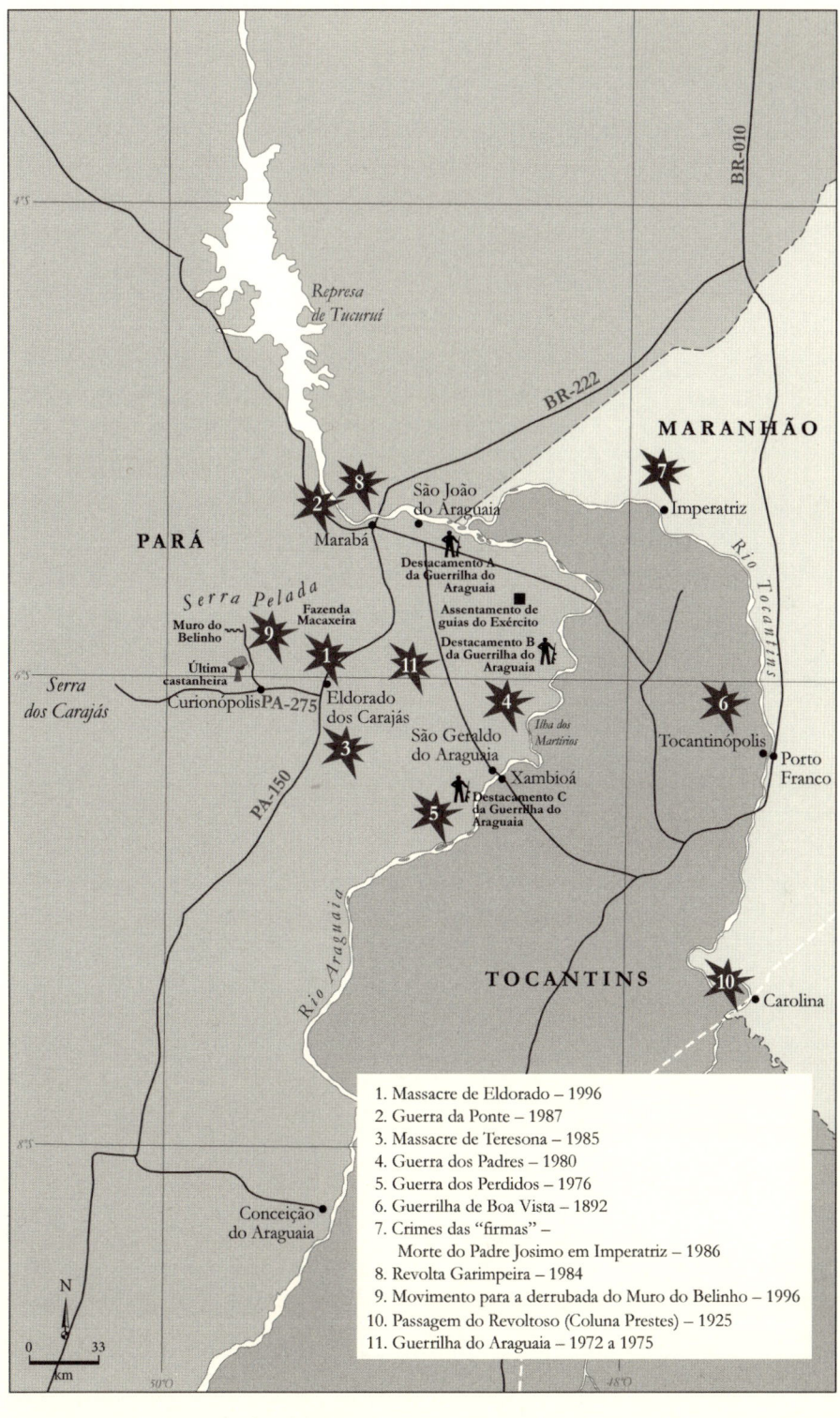

Represa
de Tucuruí

MARANHÃO

★7

São João
do Araguaia

Imperatriz

PARÁ

★2 ★8

Marabá

Destacamento A
da Guerrilha do
Araguaia

Rio Tocantins

Serra Pelada

Fazenda
Macaxeira

Assentamento de
guias do Exército

Muro do
Belinho

★9

Destacamento B
da Guerrilha do
Araguaia

Última
castanheira

★1

★11

Serra
dos Carajás

Curionópolis PA-275

Eldorado
dos Carajás

★4

Ilha dos
Martírios

★6

Tocantinópolis

Porto
Franco

★3

São Geraldo
do Araguaia

PA-150

Xambioá

★5

Destacamento C
da Guerrilha do
Araguaia

Rio Araguaia

TOCANTINS

★10

Carolina

Conceição
do Araguaia

N

0   33
km

1. Massacre de Eldorado – 1996
2. Guerra da Ponte – 1987
3. Massacre de Teresona – 1985
4. Guerra dos Padres – 1980
5. Guerra dos Perdidos – 1976
6. Guerrilha de Boa Vista – 1892
7. Crimes das "firmas" –
   Morte do Padre Josimo em Imperatriz – 1986
8. Revolta Garimpeira – 1984
9. Movimento para a derrubada do Muro do Belinho – 1996
10. Passagem do Revoltoso (Coluna Prestes) – 1925
11. Guerrilha do Araguaia – 1972 a 1975

1.

CASTANHEIRA

A última castanheira num raio de cinquenta quilômetros ameaçava tombar nas noites de ventania. A árvore de tronco retilíneo, com quarenta metros de altura, resistia num pasto da margem esquerda da estrada para o garimpo de Serra Pelada, sul do Pará, a quinhentos quilômetros da foz do rio Amazonas. Não parecia frágil: eram necessários cinco homens para fazer uma roda em volta dela, com braços esticados e mãos dadas. A árvore sobrevivera à destruição da floresta, mas havia perdido a proteção de outras espécies altas e o equilíbrio do emaranhado de cipós, consumidos pelo fogo. Fazia tempo que seus galhos concentrados na copa não carregavam de ouriços — os cocos que protegem os frutos. Os brotos e as flores das parasitas e os ninhos de araras e papagaios — abrigos de insetos polinizadores — tinham sido arrancados por mateiros e caçadores. Pombos doentes e pardais ocupavam suas fendas.

Muitas castanheiras foram derrubadas neste pedaço da Amazônia para a abertura de fazendas e do povoado fundado pelas mulheres da vida expulsas de Serra Pelada por Sebastião Rodrigues de Moura, o Major Curió, em 1980. Depois de retirá-las do garimpo a pretexto de manter a ordem, o agente recebeu comunicado do regime militar dizendo para afastá-las ainda mais e incendiar as cabanas e barracos erguidos numa clareira da mata, a 35 quilômetros da mina e a cinquenta do projeto de exploração de minério de ferro da Companhia Vale do Rio Doce, na serra dos Carajás.

Curió desceu de helicóptero no curral de uma fazenda perto do povoado, para iniciar o processo de destruição das barracas. Com seus meninos de colo e outros maiorzinhos, as damas cercaram o aparelho. Mulheres e crianças gritavam o nome do agente, numa surpreendente estratégia para demovê-lo da missão. Ele ficou sabendo que o lugar tinha sido batizado em sua homenagem, e descumpriu a ordem do governo. Era o nascimento de Curionópolis, vilarejo a noventa quilômetros de Marabá, maior cidade da região.

As mulheres tinham montado cabarés de bambu cobertos de palha perto de uma "solta" — pastagem escolhida pelos vaqueiros para o descanso do gado em longas viagens. De vestido longo ou saia curta, carregando malas e sacolas plásticas, elas suportaram o sol na beira da estrada de terra que cortava a mata, a PA-275, no trecho do quilômetro 31. Sebastiana Claudino, a Bastiana, a primeira delas a chegar, gastou os trocados que trouxera do cabaré de Marabá na limpeza de um lote. Contratou homens para derrubar samaúmas e castanheiras. Retirou a vegetação rasteira, pôs fogo no mato seco, varreu a terra sem capim e escorou uma folha de palmeira em outra para dar início à construção de uma cabana. Abriu as malas, tirou canecas, pratos esmaltados, miçangas, perfumes da Avon, buchas para banho, medalhas de Nossa Senhora e folhinha do Sagrado Coração de Jesus.

Surgiam casas de bambu, de lonas oferecidas pelos caminhoneiros nos programas rápidos, de papelão, folhas de coqueiro e ripas de caixotes de tomate. Só pequenas fogueiras no fim da tarde espantavam o mosquito da malária e os insetos peçonhentos. O fogo servia também para afastar cobras e escorpiões. Na margem direita da estrada, no sentido de quem sai de Marabá, as mulheres puseram lampiões a gás e lamparinas a querosene na frente das barracas, sobre os banquinhos do lado de fora ou de dentro. Rádios a pilha e aparelhos de som tocavam Roberto Carlos e Gilliard.

Limpa a terra, os fregueses das mulheres perceberam fagulhas de ouro no chão e nos riachos que serpenteavam pelo vilarejo. Os garimpeiros faiscaram ali mesmo, e surgiram, entre uma cabana e outra e um suspiro e outro, os garimpinhos do Trinta, do Corisco, do Mamão, da Onça. O povoado das mulheres, dividido por córregos e buracos de garimpagem, era um labirinto de becos e pinguelas no clarão da mata.

Nos fins de semana, os homens desciam a serra para se divertir nas boates Caiara, Inferninho, Copacabana, Pepita de Ouro, Hollywood, Branca de Neve, Forró da Mariona, Forró do Duro e Forró do Ponto Certo.

Muitos pensaram que uma guerra iria acontecer quando as mulheres legítimas de garimpeiros começaram a chegar à vila, então já com alguma infraestrutura. Elas tinham se cansado de esperar os maridos e a fortuna prometida por eles, e apareceram no povoado de Bastiana. Ao contrário do que se imaginava, essas mulheres ergueram barracos afastados da zona das raparigas, na altura do quilômetro 30 — os cabarés estavam na parte alta, no 31 —, e passaram a ter uma relação pacífica com as damas. As casadas ajudavam as mulheres dos "forrós" a dar à luz os primeiros curionopolenses. A elas se juntaram sendeiras — as descasadas que não viviam em boates. Damas, casadas e sendeiras estariam unidas, mais tarde, na primeira revolução enfrentada por Curionópolis, quando uma legião de garimpeiros se insurgiu contra a decisão do governo de fechar a mina e desceu a Serra Pelada disposta a destruir escolinhas e casas. A cidade das mulheres resistiu.

O comércio do vilarejo era regido pelo sistema das chaves — a mulher entregava ao cliente a chave de um quartinho e algumas horas de prazer. As pequenas balanças de pesar o ouro dos machos ficavam amarradas nas portas.

A ordem só existia dentro do garimpo. O povoado das raparigas, a Vila do Trinta, referência ao quilômetro onde se situava na rodovia, era o destino de garimpeiros de Serra Pelada que queriam se divertir ou brigar.

De dia é o Trinta
De noite é o 38.

Homens abriram poços de água. Meia dúzia de poços bastava para as centenas de barracos e cabanas. A água turva era filtrada em sacos de pano utilizados para carregar açúcar. Soltaram pombos trazidos em caixotes de transportar tomate, plantaram abacateiros, pés de fruta-pão e mangueiras.

Duas serrarias foram instaladas por Osmar Ribeiro e Ataídes Rezende.

Outras oito funcionavam em Eldorado do Carajás, vila próxima também surgida no auge do ouro. As serrarias aceleraram a derrubada das castanheiras, e de ipês, baracatiaias, amarelões e mognos, árvores altas usadas pelos xexéus para fazer ninhos. As castanheiras caíam antes de seus ouriços com amêndoas se desprenderem dos galhos. Com elas, desapareciam a fonte de proteína dos posseiros, as folhas que aliviavam a dor de fígado, o leite que amenizava as doenças das crianças raquíticas, o óleo santo para homens atacados por males desconhecidos. As serrarias não pouparam os jatobás, que alimentaram as tropas brasileiras na Guerra do Paraguai, nem os centenários pés de axixá, cuja madeira não tem valor comercial mas são tão altos quanto as castanheiras.

O povoado avançava. Com o dinheiro dos primeiros fregueses, as mulheres compraram tábuas de castanheira para montar suas casas. Quem tinha dificuldade de juntar dinheiro, sobrevivia nas cabanas de paredes e cobertura de folhas de babaçu.

Os Correios deslocaram carteiros para fazer a entrega das cartas do Maranhão. Isso exigiu que as ruas recebessem nomes e as casas, números. As ruas paralelas à rodovia foram batizadas com nomes de estados e as perpendiculares, com nomes de frutos e árvores. Era o início da queda da produção de ouro. A cidade ainda se expandia. Surgiam os bairros Setor Planalto, cujas ruas têm por nome datas históricas, e o Jardim Panorama e suas ruas com nomes de cidades.

CURIÓ

Em 2000 e 2004, Curió venceu as eleições para prefeito da cidade batizada em sua homenagem. Curionópolis virou o último quinhão comandado por um homem da ditadura militar. Ele dirigiu a prefeitura com mão de ferro, como se tentasse prolongar num pequeno território um regime que não existia mais no restante do Brasil, um regime que era mais um capítulo de uma guerra travada, desde a Independência, em 1822, pelo controle das armas do país. Após a decisão de d. Pedro I de extinguir as milícias de ordenanças que tinham combatido os portugueses, homens iniciaram uma guerra que iria durar 155 anos, quase chegando ao século XXI, pela posse do arsenal e pelo comando das tropas da nação. O Exército, subordinado ao Ministério da Guerra, e a Guarda Nacional, força do Ministério da Justiça formada por fazendeiros, disputaram o controle militar do país. Depois da Guerra do Paraguai, o Exército sob a liderança do duque de Caxias absorveu a Guarda Nacional, aproveitando parte de seus combatentes e expurgando outros. O Exército não conseguiu, porém, acabar com a guerra das armas. O conflito se transferiu para dentro da instituição. Nas décadas seguintes, com a velhice e a morte de Caxias, militares disputaram entre si o comando das armas. Em sucessivas quedas de braço, eles se dividiram em facções, partidos e ideologias. Uns apoiaram o Império até o fim, outros lutaram pela República. Nas primeiras décadas do século xx, uns estavam do lado legalista, outros se rebelaram em intermináveis motins nos quartéis. O movimento comunista, surgido nesse mesmo período, abrigou rebeldes de dentro das Forças Armadas e propagou como nova a velha guerra das armas. Os expulsos das escolas militares pela ditadura de Getúlio Vargas, que centralizou o comando das Forças Armadas, organizaram guerrilhas para o campo e as cidades. A Guerra Fria, após a Segunda Guerra, só pôs mais fogo na disputa centenária. A guerra das armas foi confundida nos tempos recentes com uma briga de comunistas e fascistas ou stalinistas e generais. Era a mesma guerra de monarquistas e republicanos, jacobinos e positivistas e ex-tenentistas e ex-tenentistas.

No tempo em que Curió era prefeito, comecei a procurá-lo para falar da Guerrilha do Araguaia, uma das batalhas da guerra das armas ocorrida no entorno de Marabá. O chefe da guerrilha foi Maurício Grabois, fundador do pcdob, um dos expulsos da Escola Militar do Realengo, no Rio de Janeiro, nos anos 1930, que engrossaram as fileiras da oposição à ditadura.

Numa rara entrevista, pouco antes de morrer, quando reclamava da fama de assassino e torturador, o ex-presidente Emílio Garrastazu Médici ouviu de um assessor que o Major Curió pretendia escrever um livro sobre a guerrilha na Amazônia. O general comentou que o agente sabia de "muita coisa" e mudou de assunto. A partir daí, Curió, um dos cem homens da política de extermínio de seu governo, tornou-se a cara do Exército nas terras onde a confluência dos rios Araguaia e Tocantins lembra o desenho de um bico de pássaro. Ele foi hábil na missão de protagonista, emergindo da legião de anônimos, despertando o interesse de duas gerações de jornalistas e pesquisadores.

A promessa de Curió de publicar um livro tinha mais de três décadas quando, certa noite, ele me telefonou, pela primeira vez em anos de contatos frustrados, para dizer que desistira da ideia e abriria seu lendário arquivo — o único que se conhece sobre fuzilamento de presos políticos na ditadura militar. No ofício de repórter do jornal *O Estado de S. Paulo*, eu havia reunido centenas de relatos dos combates e milhares de documentos. Ele deve ter percebido que um livro com apenas uma versão era monólogo, guerra sem adversários, ou avaliou que precisava participar de uma narrativa que, aliada do tempo, ganhara força.

Quase dez anos antes de receber esse telefonema, viajei pela primeira vez para Curionópolis. De Marabá até lá, fui num ônibus que partiu lotado de homens sem trabalho fixo desde o fechamento do garimpo. Com a exceção de uma juíza federal, Solange Salgado, que tentava abrir os arquivos oficiais, nenhuma outra autoridade em Brasília tinha interesse pela guerrilha.

Com os faróis dos carros que vinham na direção contrária e o movimento de cabeças e braços à frente, se percebia a poeira no facho luminoso, nas roupas rasgadas, nas poltronas e nos vidros. Notei que estávamos em Eldorado do Carajás, meio do caminho, quando o tráfego na PA-150 foi interrompido. Uma multidão invadira a pista para olhar o corpo de um jovem no asfalto. Era crime de vingança. Foi morto com a mesma faca que havia matado o irmão de seu assassino.

Mais adiante, na margem direita de um trecho da rodovia conhecido como Curva do S, grupos de direitos humanos tinham fincado uma cruz para lembrar o massacre de dezenove militantes do Movimento dos Trabalhadores Sem-Terra, em 1996, pela Polícia Militar do Pará.

O ônibus deixou Eldorado e entrou na PA-275. Duas horas depois de Marabá, o motorista avisou que havíamos chegado a Curionópolis, espalhada nas duas margens da rodovia. A cidade escura não lembrava o auge do ouro — aquelas imagens de casinhas iluminadas, repletas de gente.

Os meus passos e os latidos de cães que me acompanhavam à distância acordaram um homem de chapéu, estirado na carroceria de uma camionete. Ele saltou rápido. Armado, perguntou o que eu procurava. Apontou com a arma para uma casa. Uma senhora idosa abriu a porta, como se tivéssemos combinado. Sem nada dizer, de cara fechada, mostrou um quarto para alugar. Agradeci e fui embora, pelos fundos.

Encontrei um dormitório de garimpeiros que virou hotel "peoneiro", frequentado por quem busca emprego nas fazendas — nordestinos se alojam nesses hotéis à espera do "gato", que pagará as despesas de estadia, deixando o estabelecimento na condição de escravos. Foram libertos nas fazendas próximas, recentemente, 49 "formigas", como passaram a ser conhecidos os migrantes maranhenses quando o mundo os viu entrando e saindo do buraco da Babilônia, na Serra Pelada, com sacos nas costas, num movimento ordeiro e contínuo, só interrompido pelas avalanches de terra. Cavava-se a terra para achar ouro ou enterrar amigos sem nome. O termo "formiga", que parece uma forma de diminuir o homem nômade, expõe traços de persistência e sugere o êxodo de um povo pelo Norte, do leste para o oeste, rumo à fronteira econômica, desde as correrias provocadas pelas bandeiras.

Passei a noite num quarto sem janelas. Um barbante mantinha a porta fechada. Atrás dela, o aviso de que o hotel não se responsabilizava por armas deixadas no quarto. Deitei na cama com os pés encostados na porta.

Com 1m68 de altura, cabelos tingidos de dourado, relógio de ouro e calça branca, Curió andava a passos lentos pelas ruas empoeiradas. Ele não era mais imperador da Amazônia, título do tempo em que vistoriava o garimpo sem pôr os pés no chão. No cargo de prefeito, ainda benzia cabeças de crianças e idosos. Era chamado de Velho por quem o carregara nos ombros ou pelos opositores que tinham surgido. Foi cassado seis meses antes de terminar o segundo mandato, acusado de compra de votos e abuso do poder econômico. Era o início dos "tempos estranhos", como escreveu numa carta à Justiça.

Aqui, ele mandou na lábia e com pistola na cintura. Só aceitava conversar sobre a guerrilha num banco da praça Curió, rodeado de aliados e seguranças, que ficavam em pé e de braços cruzados. Descruzavam para aplaudi-lo nas respostas ríspidas. Cerca de cinquenta pessoas se aglomeravam. Ele escolhia o banco perto do som que tocava *melody*, um ritmo regional, para inviabilizar a "prova" da gravação. Terminava de falar quando aumentavam o volume. Eu tinha a impressão de que era algo combinado. Ele lamentava o barulho e ia embora com os simpatizantes. É do tipo que a gente só escuta.

Nos últimos anos, passou a responder por escrito às perguntas, com anotações nas minhas cadernetas. Depois de mostrar a resposta, arrancava a folha rascunhada, dobrava e colocava no bolso. Assim, deu detalhes do fuzilamento dos guerrilheiros *Raul, Simão, Lauro* e *Carretel*: "Não viram quando dispara-mos as armas".

Por fim, tive acesso ao arquivo de Curió. Informações de relatórios e ma-pas guardados por ele estão neste livro, que se baseia também em depoimentos e documentos de civis e de outros militares sobre a repressão a 98 guerrilheiros — 41 foram fuzilados e outros dezoito, mortos em combates que mobilizaram, em três momentos, mais de 3 mil homens das Forças Armadas e das polícias Federal, Rodoviária, Civil e Militar, de 1972 a 1974. Há registros de seis agentes mortos.

O prefeito começou a abrir o jogo no dia em que apareci na cidade com filmes de guerra. Ele permitiu minha entrada na casa pintada ora de verde ora de amarelo que ficava na rua Maranhão. Era uma residência simples e bem vigiada, cercada por um muro de dois metros de altura, a dezesseis quilômetros da castanheira sobrevivente.

Curionópolis, noite de novembro

Seria precipitado iniciar a sessão com *Apocalypse now*, a história de Wal-ter E. Kurtz, oficial do exército norte-americano que enlouquece, vira mito entre nativos do Camboja e finca cabeças de inimigos em estacas. Antes de exibir o filme dirigido por Francis Ford Coppola, coloco no DVD *Nascido para matar*, de Stanley Kubrick, sobre um instrutor anticomunista. O prefeito Se-bastião Curió diz que a tropa não é especial e ironiza a presença de um aluno obeso. Ao assistir a *Platoon*, de Oliver Stone, comenta as roupas "inadequadas" dos personagens, o "excesso" de homens nas patrulhas, o peso das armas e o tamanho das casamatas — esconderijos camuflados na floresta.

Agora, sim, retiro da mochila o filme sobre Kurtz. Logo nas primeiras cenas, Curió percebe que esconde em seu baú uma história que é vendida, há tempo, nas prateleiras de filmes das lojas de departamento. Demonstra surpre-sa com as semelhanças entre o livro que diz escrever sobre a sua atuação e a do Exército na Amazônia, quase quatro décadas atrás, e a história de Kurtz.

Cenas parecidas de barbárie e horror na tela e na memória lançam-no num abismo. Curió contaria, tempos depois, que nunca mais tinha conseguido tirar da cabeça o momento em que o oficial interpretado por Marlon Brando — versão do negociante de marfim Kurtz, da novela *Coração das trevas*, de

Conrad, passada no Congo — é morto por um jovem capitão a mando da cúpula do exército norte-americano.

Nas obras de ficção, a selva permanece inalterada até o capítulo final. Ao contrário do que ocorre na literatura e no cinema, o personagem da história brasileira viu o fim da mata onde eliminou adversários e domina nativos. Curió estava ainda no auge do poder quando o fogo devastou os campos fechados e abertos e seguiu rumo ao oeste na velocidade de um barco a motor que sobe um rio sinuoso.

O tronco da castanheira sobrevivente de Curionópolis estava enegrecido, marca de sucessivas queimadas.

O filme apresenta uma mata luxuriante que não existe mais nesta parte da Amazônia, tomada por homens e pelas boiadas que iniciaram uma caminhada, ainda no século XVI, no litoral baiano, animais trazidos possivelmente pelo primeiro governador-geral do Brasil, Tomé de Sousa, rumo às terras de Sergipe, Pernambuco e Rio Grande do Norte. Em seu rastro foram criadas vilas, duzentos anos depois, no Ceará e no Piauí, e os homens e seus bois afinal atingiram o sul do Maranhão, no começo do século XIX, e mais recentemente o Pará.

Aqui, a cinza dos mognos, louros e castanheiras aduba a braquiária, as mudas de palmeiras raquíticas e os arbustos retorcidos que brotam na terra, em meio à fumaça e ao odor da queimada. Na tela, árvores gigantes abrigam mundos de musgos e fungos; cipoais se espalham e ligam troncos de espessuras diferentes, tornando tudo um único ser; rios barrentos transbordam num labirinto de águas; o sol ultrapassa a galharia das copas, atinge a folhagem rasteira, cria tonalidades de verde e ilumina pequenas espécies, sempre esguias no rumo da luz; águas invadem a terra; as plantas invadem a água; há um vermelho-fogo no horizonte.

Helicópteros incendeiam aldeias. Na poltrona, Curió quase não pisca. O semblante é tranquilo. Ele quebra o silêncio:

— Uma guerra inglória.

Na tela aparece a foto do coronel Kurtz na juventude.

O capitão Benjamin L. Willard, interpretado por Martin Sheen, recebe a missão de matá-lo.

"O que você diz quando os assassinos acusam os assassinos?", pergunta o narrador do filme.

Curió diz:

— Se o capitão não aceitasse, era apagado.

Pergunto sobre o dia a dia na mata.

— O soldado deve se orientar pela sigla "esaon", estacione, observe e navegue. Você tem que seguir o comportamento de um animal. Só deve beber água onde o porco-do-mato bebeu, usar a trilha dele e comer fruta da árvore em que comeu. É preciso agilidade e cautela. É normal ser ferido e não sentir. A adrenalina sobe quando tudo se acalma. Aí vem a reação do corpo, as pernas tremem. O homem que diz não ter medo é mentiroso, o que domina o medo é normal e o que não domina é covarde.

Helicópteros sobrevoam o Camboja, civis são atacados.

— Guerra suja.

O narrador diz que Kurtz não gostava de tropas convencionais e preferia grupos reduzidos de combate.

— É uma verdade. Foi um erro no Vietnã e no Araguaia usar tropas convencionais. Guerrilha se combate com guerrilha.

O filme mostra norte-americanos em bebedeiras e brigas, aviões jogando napalm na selva do Camboja, soldados atirando num barco civil. O Exército brasileiro jogou napalm, mistura de gasolina com resina, na *Operação Carajás*, preparatória para os combates no Araguaia.

— É uma tropa com poder de fogo superior ao dos vietcongues, mas que se torna inferior com o desespero. Viu o lança-granada M79?

Uma família francesa resiste a deixar o Camboja e critica os comunistas, que teriam destruído o exército nacional.

— Viu o recado?

Kurtz pergunta a Willard: "Como chamam você soldado?".

Curió diz:

— Que pergunta!

Willard é preso por Kurtz.

— Que lição!

"Até a selva queria vê-lo morto", pensa Willard.

Curió silencia diante da cena das cabeças cortadas.

— Antes de eu vir para a Amazônia combater a guerrilha, o ministro da

Guerra, Orlando Geisel, me disse: "Não volte sem pegar o último deles". Não entendo uma coisa. Por que me comparam a Kurtz?

Pergunto sobre a guerrilheira Áurea Eliza Pereira, morta aos 24 anos.

— Áurea era tão bonita, baixa, magrinha.

É um avanço ouvi-lo descrever a guerrilheira. Sempre negou tê-la visto. Continua negando a versão de que ela teria dito: "Me dê uma arma para eu mostrar como luta uma mulher".

Não há nada mais difícil que convencer a falar um homem que enxerga no silêncio um tipo de arma.

São duas da madrugada.

— Sofro de insônia — diz Curió.

Silêncio.

— Está ouvindo latidos de um cachorro nos fundos? Agora parou. Voltou a latir. Às vezes fico horas pensando, sozinho. É pesado o que carrego nas costas. Meu problema não é com a esquerda. Tem muita gente envolvida. Não sou traidor. Preciso falar tudo para voltar a dormir. Mas falar sem citar nomes é covardia.

Ele fala baixo, o que dificulta a gravação. É preciso chegar mais perto.

— Uma parte das Forças Armadas está comigo, outra não aceita falar. É muito complicado. Tenho pacto com algumas pessoas. Depois que acabou tudo, eu disse: "Vamos fazer um pacto. Quem contar o que ocorreu morre. Se eu contar, vocês me dão um tiro".

Faz uma pausa longa.

— Meu negócio é com a Justiça.

Os cães voltam a latir. Ele nunca teve cachorro em casa.

— Da última vez que esteve aqui, eu não quis conversa.

Novamente, ele permanece em silêncio por longo tempo.

— Está perto de contar o que tenho para contar. Quero escrever um livro que não fira, sem palavras grosseiras.

Fala de um relatório com os nomes de prisioneiros mortos.

— É uma história complicada. Um militar é o responsável pelos fatos descritos. Se eu soltar, vão me chamar de traidor.

Outra pausa.

— Um dia caiu um guerrilheiro. Durante almoço no acampamento militar, o comandante da operação, que não vou dizer o nome, me falou: "Você tem uma missão à noite".

— O senhor se refere ao general Bandeira?

— Vou guardar essa.

O paraibano Antônio Bandeira comandou as tropas no Araguaia no primeiro ano do conflito. Tinha modos truculentos e medo de tomar banho no rio. Formado pela Escola Militar do Realengo, no Rio de Janeiro, logo após a Revolução de 1930, foi promovido a general no regime militar. Depois de atuar no Araguaia, chefiou a Polícia Federal.

— Quando estava escurecendo, o comandante mandou vestir a roupa do finado, percorrer a Grota Vermelha, a oitenta quilômetros de Marabá, ir às casas disfarçado de guerrilheiro para saber quem ajudava a guerrilha. Botei a roupa, calça de brim e camisa de algodão mole. Fiquei num açaizal, tipo moita de bananeira, esperando a lua subir. Quando enxerguei o reflexo da lua nas árvores, fui à primeira casa. O cara abriu meia porta. Quando me viu, quis fechar. "Vai embora." Insisti: "Me dá um pouco de farinha". Ele pegou meio litro: "Toma, põe aí no bornal". Voltei para a moita, onde esperei o dia. Apareceu um cachorro. Latia, latia. De manhã, veio um caminhão com tropa de Uberlândia, não era o pessoal que me resgataria. Deu um gelo. O comandante não tinha avisado da operação às unidades. Deitei atrás de um tronco apodrecido na beira do caminho. Ao passarem, os soldados olharam para a mata. Um deles bateu o olho no meu. A sorte é que a tropa era de recrutas. Levantei os braços. Os soldados engatilharam as armas. Um gritou: "Para... não atira!".

— Qual a sensação de usar aquela roupa?

— Não batia.

— Não tinha sangue na roupa?

— Tinha na calça. É desagradável ficar num açaizal com cachorrinho latindo.

— Guerrilheiro capturado vivo era entregue ao comando?

— Vou citar no livro ano, mês, dia e hora das mortes.

— Quem matou Daniel Callado, preso aos 34 anos?

— Da minha mão posso garantir que ele não foi morto.

— O livro que escrevo terá depoimentos de seus adversários. Chamaram o senhor de assassino frio, decapitador. Ouvi testemunhas de sua luta a favor de posseiros no Paraná, antes da guerrilha.

— Você esteve no Paraná? Ao menos quem ler a parte da minha atuação lá terá dúvidas sobre mim.

Novo silêncio, dessa vez mais demorado.

— Depois de tanto tempo, não posso dar uma versão que seja contestada pelo primeiro tenentezinho que aparecer.

— Então, o senhor vai falar sobre a morte de Dinalva Teixeira, a *Dina*, morta aos 29?

— Eu já lhe contei como matei a *Dina* num combate.

— O depoimento não coincide com outros testemunhos.

— O que dizem?

— Viram a *Dina* presa. Não morreu em combate. Foi executada de forma covarde. O mesmo ocorreu com Luiza Garlippe, a *Tuca*.

— Não atirei. A *Dina* e a *Tuca* foram capturadas vivas. Um camponês revelou que escondia as duas. Elas queriam fugir da área. Combinei com ele o dia em que iria ajudá-las a sair do Araguaia. Fui com um tenente — sinceramente, não lembro o nome dele, uma hora ele vai aparecer — e o mateiro Arlindo Piauí, morador que tinha credibilidade e espalharia: "Curió pegou a Dina". Ela era mito, virava borboleta. Eu e o tenente estávamos com pistola Colt .45. À meia-noite, ouvi um barulho na estradinha de cascalho... choc, choc, choc... à frente, vinha o homem que escondera as duas. Eu disse para o tenente: "Vou pular na baixinha, e você na loira alta". Eu me joguei em cima da *Dina* e o tenente se jogou na *Tuca*. A *Dina* chegou a sacar a arma, revólver niquelado, com cabo de madrepérola. Eu tremia de malária. Presa, a *Tuca* me perguntou: "Quer que eu lhe ajude?". "Não." A *Dina*, com olhar imponente, quis saber quem eu era. "Sou o João Amazonas." Ela tinha consciência de que era um mito. Pusemos algemas americanas, de náilon, nelas, que entraram na viatura. O motorista me chamou pelo nome. Só ouvi a *Dina* atrás dizer: "Hã...". No caminho, outras viaturas se aproximaram, formando comboio. Teve festa na base militar da Casa Azul, em Marabá. *Dina* pode não ter visto, mas ouviu da cela. Não estava grávida, como disseram por aí.

João Amazonas de Souza Pedroso, paraense de Belém, era o presidente do pcdob, partido que organizou a guerrilha no Araguaia.

Pergunto a Curió:

— Para quem o senhor as entregou?

— Nunca entreguei guerrilheiro sem a presença de testemunha. Eu não as matei. Não as vi mais. Quem deve falar sobre isso é o tenente-coronel que chefiava o Centro de Triagem e Informações.

O oficial citado é Léo Frederico Cinelli, de estatura baixa, loiro, olhar expressivo, fascinado por Platão. Ele não aceitou dar entrevista para este livro. Os nomes dos oficiais aqui citados foram levantados no confronto de informações de documentos e depoimentos.

— O comando da Casa Azul gerenciava as áreas sul, do Sarazal para baixo, operada pelos paraquedistas, e norte, para cima, operada por nós, tropas convencionais. No papel, quem mandava era Flávio de Marco, o doutor Caco, subordinado ao ministro do Exército, Orlando Geisel. De Marco era figura decorativa. Quem mandava mesmo era o oficial do Centro de Triagem, a ss, subordinado apenas ao general Milton Tavares, o Miltinho, do Centro de Informações do Exército. A ss tinha plenos poderes.

— O senhor foi pressionado por esse oficial do Centro de Triagem?

— Ele nunca me telefonou. Eu estava um dia na Casa Azul, quando ele me chamou. "Tenho uma missão para você. É a sua vez." Um helicóptero estava parado na pista, com o piloto, que eu conhecia pelo apelido de Japonês, um sargento da Aeronáutica, o Mozart, o agente Ivan, os guerrilheiros *Raul*, *Simão* e *Lauro*, e um morador, *Carretel*, ligado à guerrilha.

— Qual era a situação física dos guerrilheiros?

— Barbudos, cabisbaixos.

— Estavam algemados?

— Estavam com os pulsos amarrados.

— Houve alguma reação de *Raul*?

— Ele me perguntou: "Qual é a missão?". Eu respondi: "Vamos localizar uma área de depósitos de mantimentos". Em menos de trinta minutos, descemos no sítio do Manezinho das Duas, posseiro que vivia com duas mulheres e servia de guia para o Exército. Era próximo à rodovia pa-70, atual br-222, em

Brejo Grande, a noventa quilômetros de Marabá. Fomos para os fundos da casa do sítio. Agora, eles estavam sem algemas e sem venda nos olhos. Eu disse: "Sentem". Sentaram no chão em fileira. Ouvimos um barulho na mata. Provavelmente outra patrulha do Exército, que não deveria estar ali, se aproximava. Houve tentativa de debandada. Foi quando abrimos fogo nos guerrilheiros. Naquele momento atingi *Raul* no peito. Todos atiraram. Lembro que *Carretel* recebeu tiros no lado esquerdo da barriga. Não gritaram porque não perceberam o momento em que erguemos as armas.

Em outra conversa, disse:

— Fazia o trabalho ou saía do Araguaia. Foi o pior dia da minha vida.

— Por quê?

— Talvez não houvesse necessidade de eliminá-los.

— O senhor pensa em algum guerrilheiro morto?

— *Edinho*.

— A família sofre até hoje com versões de que ele sobreviveu.

— *Edinho* está morto. Ele era um jovem idealista. Queria salvá-lo. Ele e o *Duda* caíram numa emboscada. Mesmo preso, *Duda* vivia rindo. Ele disse: "Sou tão novo para entrar nessa fria". Um militar falou: "É novo mesmo que tu vais morrer". *Duda* ria. Era muito brincalhão e extrovertido. *Edinho* era sério.

— O que os guerrilheiros disseram nos interrogatórios?

— O *Edinho* me contou que o Ângelo Arroyo, um dos líderes da guerrilha, pôs um facão em cima de um mapa e disse: "Vou sair para cá, porque tenho uma missão". E mandou os dois para a área onde o Exército estava. Arroyo seguiu outro rumo. Era contrainformação. Os dois seriam presos e contariam qual o rumo tomado por ele.

Arroyo foi fuzilado menos de dois anos depois, aos 48 anos, no bairro da Lapa, em São Paulo. A única versão dele sobre o episódio está num relatório escrito em terceira pessoa: "J. [Arroyo] decidiu aproximar-se do local de referência com a CM [Comissão Militar], na esperança de que algum companheiro aparecesse. Foi junto com *Zezim* [Miqueias Gomes de Almeida], deixando *Edinho* e *Duda* juntos. A estes recomendou que, se encontrassem *Piauí* [Arlindo de Pádua Costa], avisassem de um encontro para os dias 1º e 15".

— O senhor estava na Lapa?

— Curió é passarinho pequeno, só acompanhei o trabalho da Oban. Os órgãos de repressão eram interligados.

— Pelo menos na sua memória, o *Edinho* e o *Duda* ainda estão vivos.

— Vivos demais. Não durmo por causa dessas histórias. Não é remorso ou culpa. *Edinho*, um jovem calado, *Duda*, um piadista, não poderiam ter aquele fim. Eram jovens sem maldade. Me falaram que o *Edinho* ia para Brasília. Não foi. Quando soube que eles tinham sido mortos, fui lá falar com o chefe da ss. Foi minha briga com o tenente.

Leio para Curió trechos de trinta depoimentos de agricultores ao Ministério Público sobre atos de violência que teriam sido praticados por ele e outros militares. Após uma pausa, Curió fala:

— O Kurtz teve suas razões. Ele se revoltou contra a cúpula. Foi ao extremo. É matar, matar, matar. É o horror da guerra. Na época de Serra Pelada fui contra muita coisa. Estava indo do garimpo para Marabá quando o avião deu problema. O plano era seguir para Brasília, uma viagem longa, só que resolvi passar em Marabá. O avião estava baixo, foi minha sorte. A tampa do óleo estava aberta. Quiseram me eliminar. Mataram outros. O *Ivan* foi morto no Rio. Falou demais.

Ivan, codinome do agente Joaquim Artur Lopes de Souza, foi assassinado no Rio de Janeiro, anos depois da guerrilha, a pauladas.

Curió fala sobre o combate com Lúcia Maria de Souza, a *Sônia*, episódio que mais comenta nas entrevistas. Diferentemente de outros, não demonstra desconforto em lembrar que duelou com mulher.

— Uma vez neguei para você que *Sônia* recebeu tiro de misericórdia... Ela ainda suspirava na beira do igapó e dizia: "Deus, o que é isso, o que é isso?".

No portão da casa, Curió diz:

— Os seguidores do Kurtz eram muito fanáticos, mas ficaram aliviados com a sua morte.

Após a conversa, na madrugada de lua quase apagada, caminho pelas escuras ruas de terra em direção ao hotel, novamente perseguido à distância por vira-latas. Os estampidos de tiros se confundem com latidos de cachorros abandonados pelos que deixaram o lugar depois do garimpo. Eles definham à espera de seus donos, triste fim dos cães quando acaba uma guerra.

2.

Filho do barbeiro Heitor e da lavadeira Antônia, Sebastião Rodrigues de Moura, o Curió, nasceu às dez horas do dia 8 de dezembro de 1934, com 5,4 quilos, em São Sebastião do Paraíso, no sul de Minas Gerais. Assistido pela parteira dona Maria, o nascimento dele quase custou a vida da mãe. A família vivia na casa de número 494 da rua Ângelo Calafiori, na Mocoquinha, parte alta da cidade — na época com 26 mil habitantes. O menino foi batizado de Sebastião em homenagem ao padroeiro local. Heitor e Antônia tinham perdido um filho, também chamado Heitor, morto aos três anos, e fizeram promessa ao santo pedindo outro menino.

A família se queixa do fato de ele relatar em entrevistas que a mãe, Antônia, era lavadeira e o pai, Heitor Rodrigues Pimenta, barbeiro. Heitor realmente foi barbeiro e Antônia, dona de pensão. Eles tinham um empório, onde engarrafavam vinho e vendiam arroz, feijão e produtos para montaria. Alternaram momentos de dificuldade e tranquilidade. O hábito de Curió de omitir a atividade de comerciante dos pais e destacar seus problemas financeiros é visto pelos parentes como estratégia para demonstrar origem humilde. Em Paraíso, as famílias procuravam mostrar importância social. Tanto que Antônia, de clã tradicional, pediu ao primo Benedito de Moura, dono do cartório, que colocasse o sobrenome dela por último no nome dos cinco filhos — Aparecida, Sebastião, Heitor, Marta e Maria Tereza —, algo incomum no país que prioriza o lado paterno nos registros de nascimento.

Havia duas famílias Pimenta em Paraíso. A primeira, conhecida como Pimenta Ardida, era um clã de fazendeiros do Império. O coronel Antônio Pimenta de Moura, o Pimentão, prefeito quando a monarquia caiu e começou a República, pertencia a essa família. Heitor, pai de Curió, descende dos Pimenta Doce, gente cuja origem não se sabe ao certo, que chegaram a Paraíso no início do século XX, possivelmente tropeiros. O Pimenta Doce mais famoso foi Geraldo Borges Campos, o Peba. Sindicalista ligado ao Partido Trabalhista Brasileiro, PTB, do presidente Goulart, fazia discursos num programa de rádio em defesa dos sem-terra. Era rábula — advogado sem diploma —, inimigo da Igreja Católica, e dava desgosto a parte da família.

Curió dizia que os Moura, família de sua mãe, eram nômades alemães que se refugiaram em Portugal e no Brasil. Passou a contar essa versão depois de entrar numa loja de brasões. Há duas hipóteses para a chegada do clã a Paraíso. A família teria vindo, no início do século, da região central de Minas. Outra hipótese, mais provável, é que os Moura vieram como agregados dos Antunes Maciel, família que fundou o município. Descendente de sertanistas, o paulista João Antunes Maciel lutou ao lado dos mineiros contra os conterrâneos na Guerra dos Emboabas, no começo do século XVIII. Nascia o sertão em Minas Gerais. Pelo controle do ouro, paulistas, mamelucos descalços, que buscavam pedras preciosas, enfrentaram portugueses que dispunham de botas e cobertura nas pernas — os "emboabas". No vale do rio das Mortes, os homens de botas, controladores do comércio nas minas, cercaram paulistas, prometendo não matá-los. Os paulistas entregaram as armas. Foram massacrados num lugar batizado de Capão da Traição. Maciel ajudou a matar seus conterrâneos paulistas. Depois, se retirou para Yacú-y, onde explorou garimpos. Um sobrinho dele, Antônio, fundou São Sebastião do Paraíso, perto das minas, às vésperas da Independência.

Era o início da civilização mineira nos arraiais de Serro do Frio, Carmo, Paraopeba, Pará-Abaixo, Pará-Acima. Aventureiros pensaram que a lendária mina de ouro dos Martírios, próxima ao rio Parauapava ou Paraopeba, descrita em relatórios sigilosos de bandeirantes do século XVI, estivesse no vale do Alto Paraopeba, onde mais tarde Aleijadinho ergueu profetas em pedra-sabão. O ouro de Mariana, Congonhas e Vila Rica despertou a cobiça de portugueses, mas lá não eram os Martírios. Desde os primeiros tempos, se contava a história dos bandeirantes Bartolomeu Bueno da Silva e Antonio Pires de Campos. Eles teriam, na vida adulta, tentado localizar a mina que alegavam ter visto um dia durante uma expedição chefiada pelo pai do primeiro, Bartolomeu.

Em Minas Gerais, com as leis draconianas da Coroa, o tempo de anarquia e crimes dava vez a um período de rigorosa vigilância e exclusivismo no negócio do ouro, garantindo a Portugal parte da riqueza. O ciclo do ouro durou cem anos. Dos 80 mil homens que trabalhavam nos garimpos no século XVIII — cerca de um terço da população brasileira da época —, restavam 5 mil quando d. Pedro I proclamou a Independência. A queda na produção e a falta de alternativas de renda desarticularam a economia mineira. A população se dispersou nos rincões, criando lavouras de subsistência. O tempo de nobres seria lembrado nos altares das irmandades, nos títulos de imperador e imperatriz, e nas músicas dos ternos de congo dos negros.

Mais tarde, a cana e o café passaram a ser cultivados nas antigas minas de ouro. No final do século XIX, os ricos de Paraíso publicavam em jornais que o lugar contava com 1 milhão de pés de café. A maioria da população das minas na época do ouro e do café não vivia em condições dignas. As famílias se ajeitavam em torno dos poderosos, tentando se beneficiar da fraca estrutura do Estado.

A freguesia de Heitor não foi suficiente para ele se eleger juiz de paz, figura que celebrava casamentos e apartava brigas de vizinhos. A família se mudou para a casa número 907 da Oliveira Rezende, próxima à estação do trem, no Lava Pés, parte baixa da cidade. Numa esquina da mesma rua, Heitor e Antônia montaram a Casa Flor de Maio, comércio de secos e molhados, barbearia e pensão.

As crianças receberam pouca influência da família de Heitor. Não existem referências aos avós paternos de Curió, Laudelina Arestina e Manoel Rodrigues da Silveira. Pouco se fala do avô materno, José Caetano do Nascimento. Há quem lembre vagamente de Menininho, irmão de Heitor que ajudava na barbearia.

Pelo lado de Antônia, muitos tipos marcaram a vida de Curió e seus irmãos. A avó materna, dona Teresa Cândida de Moura, a dura Teresona, era a projeção, nos tempos republicanos, de Joaquina de Pompéu, a matriarca da Colônia que aumentou o espólio e controlou impiedosamente criados e parentes nos rincões mineiros.

O jeito teatral de Curió — a braveza, as palavras ríspidas e as decisões repentinas de resolver as coisas com a arma — é visto como influência de tio Nazaré, filho de Teresa e irmão de Antônia. Certa vez, Nazaré ameaçou dar um tiro no dedão do pé de uma filha que fora a um circo na cidade. Outra vez se enfureceu com os insistentes pedidos da mãe, Teresa, para que fosse buscar lenha e descarregou três carros de boi com toras suficientes para esconder parte da frente da casa. Tio Zezé, irmão mais velho de Antônia, foi cortar pinheiros e enfrentar jagunços de Moisés Lupion no Paraná. Desapareceu nos embates do norte paranaense, onde ocorreu a guerrilha de Porecatu, nos anos 1940, primeiro levante a contar com a presença de comunistas — onze rebeldes morreram. Tio Pantaleão, irmão de Teresa, morreu antes de Curió nascer. Mas dele ficou no garoto a imagem de valente que entrava a cavalo nos bares, jagunço que corria os sertões de Minas fazendo justiça onde não havia leis. Foi morto pelas costas por um desconhecido.

Curió era chamado de Tatão pelo pai. Baixo e barrigudo, na rua o apelidaram de Tião Pança. Aos catorze anos ganhou do pai uma espingarda. Mais que de acertar rolinhas, costume das crianças do interior, gostava de amarrá-las num barbante à cintura para exibi-las. De dona Alda Polastre, do Externato Santo Antônio, onde cursou o primário, ele levou as primeiras "sapecadas" de régua. Foi para o Ginásio Paraisense, dos irmãos Lassalistas, cursar a quarta série. Lá, passou a brigar com canivete.

— Irmão Germano, mãos para o alto! — disse com um revólver de brinquedo, no pátio do colégio, a um dos professores.

PRACINHA SEBASTIÃO

Um primo de Curió, Sebastião Gonçalves Pimenta, sargento do Exército, foi lutar na Itália. O Regimento de Infantaria Tiradentes, em São João del Rey, onde atuava, participou ao lado do Regimento Ipiranga, de Caçapava, da tomada de Soprassano e Castelnuovo. O major carioca Henrique Cordeiro Oest, à frente de um batalhão do Ipiranga, se destacou nas investidas. O capitão

mineiro Hugo Abreu, do Tiradentes, seria chefe dos paraquedistas que atua-
riam na área sul no Araguaia.

Revistinhas anticomunistas contavam histórias de brasileiros que eram
levados por espiões para Moscou e torturados. Em Cachoeiro de Itapemirim,
Espírito Santo, um garoto obcecado pelas revistinhas, Helvécio Valadão, ganhou o apelido de Brasil e, mais tarde, forçou a entrada no Exército, depois de
ser dispensado por problemas físicos.

Servir às Forças Armadas virou sonho de garotos. O desejo de Curió surgiu numa manhã de sol, quando o primo Sebastião e outros dezesseis pracinhas
de Paraíso voltaram da guerra. A família foi esperá-lo em Guaxupé, estação
anterior da estrada de ferro Mogiana. O trem chegou à estação sob fogos de
artifício. Os parentes de Curió entraram no vagão rumo a Paraíso. Uma banda
de música e reis e capitães de terno de congo aguardavam os pracinhas.

Boa tarde, capitão e também ao batalhão
Aqui fica a saudação
Deste simples batalhão.

Em Paraíso, Pimenta foi carregado no ombro de Waldemar Maldi, considerado o homem mais forte da cidade, num cortejo que lembrava as procissões
do monsenhor Mancini. A multidão subiu a ladeira da rua Placidino Brigagão,
enfeitada de bandeirolas, até a matriz. Curió nunca esqueceria os reflexos do sol
na medalha no peito do primo. No coreto, Pimenta disse ter defendido a pátria.

Brasília, tarde de junho

É a primeira vez que vejo Curió chorar:
— Lembro bem quando chegou meu primo, carregado pelo povo. Aquilo
me influenciou. Hoje estou muito... [chora] Quando a guerra terminou, eu
tinha onze para doze anos. Eu esperava os outros pracinhas da cidade na estação. Hoje estou emotivo... Ele chegou cheio de condecorações... é melhor ir.

O primo contou a Curió que um grupo de brasileiros tinha lutado com
armas brancas e que os alemães o temiam mais que os norte-americanos. Falou

como era um campo de gelo, a tomada de um morro e o que significava a palavra "nazismo". A vida em Paraíso contrastava com o mundo que Curió imaginava, revigorado pelas descrições do primo. Curió passou a bater continência para a mãe toda manhã.

Aos treze anos, gastou a primeira mesada com uma prostituta dez anos mais velha, na rua Siqueira Campos. A moça, no final do programa, deixou claro ter percebido que era a primeira vez dele.

— Vou te dar um conselho: não pegue qualquer uma.

Curió terminou o primeiro grau. Um deputado da UDN conseguiu para ele o emprego de *boy* no Banco do Brasil — Antônia era a única da família Moura ligada ao partido. Heitor foi dar a informação ao filho, que abaixou a cabeça.

— O que foi, moleque?
— Quero continuar os estudos.
A festa para os pracinhas não saía da cabeça do menino.

Ribeirão Preto, tarde de dezembro

Em sua casa, Heitor, irmão de Curió, conta que o pai vendeu o comércio em Paraíso e a família se mudou para Ribeirão Preto, em 1952, quando eles ainda eram crianças. O pai enfrentava problemas de saúde. Queria se tratar e garantir os estudos dos filhos. Morreu no primeiro ano no novo endereço. Viúva, Antônia montou uma pensão para estudantes na rua Amador Bueno.

Curió tentou ser jogador de futebol. Atuou de zagueiro esquerdo nos times juvenis do Botafogo e do Palmeiras de Ribeirão Preto. Trabalhou no *Diário de Notícias*, da Igreja Católica. Fazia a revisão dos textos. Seu turno era das oito da noite às três da manhã. Às 7h30, estava no Colégio Estadual.

Nesse tempo, ele passou no concurso da Escola Preparatória de Cadetes do Exército, que, idealizada na ditadura Vargas, tinha unidades em São Paulo, Fortaleza e Porto Alegre. Foi designado para Fortaleza, aonde chegou num avião C-147. Era a primeira vez que voava.

No Colégio Militar de Fortaleza, o cadete Moura ganhou o apelido de Curió. Sem dinheiro para ir ao cinema assistir a faroestes de John Wayne, ele encontrou no parque de diversões Xangai, no centro, a possibilidade de engrossar o soldo. À noite, saía do quartel para lutar boxe no parque. Os amigos viam nele o passarinho das rinhas da praça do Ferreira: "Dá-lhe, dá-lhe, Curió!". "É passarinho pequeno que briga, briga, até morrer. E morre se ficar com outro na gaiola", observa o ex-agente.

Os estudantes militares e os das escolas civis de Fortaleza se enfrentavam em festas e parques, recorda Wladimir de Souza Rosa, o Palomino. Curió recebeu um recado de um dos líderes do Rabo de Burro, gangue de civis.

— Diga para o Curió que vamos enrabá-lo.

Curió e cinco colegas, entre eles Palomino e Lampião, entenderam que tinham de ir para a ofensiva. Foram informados de que os rivais do Rabo de Burro estariam à noite no Xangai. Tentaram surpreendê-los. Os dois grupos entraram na briga. Quando a Polícia do Exército chegou, o parque estava destruído. Declarando-se vitoriosos, Curió e seus amigos compraram um litro de conhaque e um abacaxi para comemorar no cabaré Belo Horizonte, na rua Major Fagundes. Uma orquestra tocava músicas românticas num camarote elevado do salão de dança.

— Toca uma valsa! — gritou o cadete.

— Aqui não se toca valsa — reagiu um dos músicos.

Palomino, o mais corpulento da turma, colocou Curió no ombro para o colega alcançar a orquestra. Curió atirou no bumbo.

Curió e Palomino passaram para a Academia Militar das Agulhas Negras, no interior do Rio. No centro da cidade de Barra Mansa, próximo à escola, Agnaldo del Nero, do terceiro ano, apanhou de uma gangue. Voltou para a academia e preparou a revanche. Ficou acertado que Curió e Palomino, do segundo ano, iriam de isca para uma praça, onde um grupo maior, com Del Nero, esperaria num ônibus. O grupo rival, porém, preparou uma emboscada com cabos de vassoura num bar antes da praça. Palomino foi para o hospital. Curió apanhou. Del Nero apanhou pela segunda vez.

A primeira mulher de Curió, Maria de Lourdes, era de Paraíso. Os olhos claros chamavam a atenção. Ela evitava comentar o trabalho do marido no Araguaia. Criou os cinco filhos com discrição, tentando poupá-los das polêmicas. Morreu de câncer. Ele tinha doze anos quando a conheceu. Foram quarenta anos juntos. Tinham gênios diferentes. Ela nunca explodia. O silêncio da mulher o impactava. Curió reconheceu, verbo raro no seu linguajar, que nunca esteve preparado para enfrentar a força desse silêncio. Na formatura da Academia Militar das Agulhas Negras, estavam presentes Maria de Lourdes e o primo pracinha Sebastião, as duas pessoas que davam a Curió a "dimensão humana", nas palavras dele.

Pimenta lhe entregou a espada de oficial, símbolo de compromisso com o Exército e a pátria — Curió escolheu Lins para servir, quartel mais próximo de Paraíso, onde vivia a namorada. O sabre dado aos cadetes naqueles anos embalados pelos discursos otimistas de JK tinha um peso maior que o recebido por formandos do passado. A geração de Curió sucedia a que participara, ainda que na condição de coadjuvante, da maior ofensiva militar da história. A Segunda Guerra redimiu o Exército caçador de maltrapilhos no Nordeste e exterminador de descalços no Paraguai. Os pracinhas atingiram paradigma inigualável. A geração que veio depois deles, formada no pós-guerra, não teria a mesma oportunidade histórica de combater tropas de Hitler. Ao deixar a academia, os oficiais do pós-guerra demonstraram acreditar que a luta contra comunistas tinha a grandiosidade do duelo com nazistas. Esses novos oficiais, porém, se diferenciavam dos militares brasileiros da Segunda Guerra, que haviam passado pela academia nos anos 1920. Com a chegada de Vargas ao poder, em 1930, as escolas militares começaram a rejeitar filhos de negros, judeus e islâmicos. Influenciado pelas ideias racistas da época, o Exército tentou moldar uma elite militar "brasileira" que priorizava brancos e católicos. Estudantes "de cor" eram desclassificados nos processos de seleção. No livro *Os indesejáveis*, o historiador Fernando Rodrigues mostra que o Exército não foi poupado da tentativa de construção de uma identidade brasileira que levava em conta um contexto internacional antissemita e tradições nacionais conservadoras. A geração formada nos colégios militares nos tempos de Vargas chegou ao oficialato na ditadura militar. Com exceções, era um Exército de oficiais brancos e católicos, formados na doutrina racista, que caminhava para o lamaçal do Araguaia.

As Minas do tenente Curió — mais tarde símbolo das trevas — eram as Minas do governador Juscelino Kubitschek — a figura da luz. JK abriu estradas, aumentou a oferta de energia elétrica, repassou dinheiro para a instalação das empresas Andrade Gutierrez, Mendes Júnior, Usiminas e Acesita, e se lançou candidato a presidente. Seu governo foi a redenção da elite mineira. Mais tarde, no entanto, quando Goulart assumiu o poder após renúncia de Jânio, os mineiros romperam com o governo federal. Os empresários do estado tinham sido arregimentados pelo Instituto de Pesquisa e Estudos Sociais, IPES, grupo criado no Rio e em São Paulo que atuou contra o governo Goulart e o comunismo. Um de seus líderes era o general Golbery do Couto e Silva, que servira em Belo Horizonte.

Na busca de investimentos para o parque industrial de Contagem, a elite mineira se articulou contra Goulart. Faltava um argumento contundente para uma oposição aberta. O comandante da Guarnição de Belo Horizonte, general João Punaro Bley, interventor no Espírito Santo na ditadura Vargas, foi levado de carro pelo capitão Vanucci até a portaria do prédio onde funcionava a sede do jornal *Binômio*, de tendência de esquerda, que tinha publicado um artigo crítico contra ele. Sozinho, o general entrou espalhafatoso na redação com um exemplar do periódico. O chefe da redação, José Maria Rabelo, estendeu a mão para cumprimentá-lo. Ele se recusou, e começou uma discussão. O general levou um murro no rosto. Goulart afastou Bley do cargo e empresários declararam guerra ao governo, por "acoitar" comunistas.

O murro vai dar no golpe. Para o lugar do velho Bley, Goulart nomeou o general de brigada Carlos Luís Guedes, que estava num quartel de Ponta Grossa. Numa conversa com Guedes, o governador de Minas Gerais, Magalhães Pinto, avaliou que o Exército ficara mal com a punição a um general "agredido". Magalhães Pinto seria o chefe civil e Guedes, a voz militar de empresários, advogados e comerciantes que se intitularam "novos inconfidentes", dispostos a derrotar a "ameaça comunista". Como em Vila Rica, o movimento dava espaço para oficiais de baixa patente. A ditadura nascida em Minas reduziu a influência política do estado.

* * *

Curió sonhava com o golpe contra Jango e participava de encontros de conspiradores no quartel, em Francisco Beltrão, no Paraná, para onde foi deslocado depois de servir em Lins. Anos antes da destituição do presidente, o agente torceu o dedo de um major que, num debate sobre Jango, o chamou de "tenentinho". Um general o repreendeu:

— Tenente, você tem um futuro brilhante no Exército. Mas está equivocado. Nós aqui não tomamos partido político. Cumprimos a Constituição. A vontade do povo é sagrada.

— General, agradeço os conselhos de Vossa Excelência. Talvez não esteja amadurecido à altura de entendê-lo, mas, se o senhor diz que a vontade do povo é sagrada, por que não manda dar posse ao hipopótamo Cacareco, que foi eleito vereador em São Paulo, e ao bode Cheirosinho, eleito vereador no Recife?

O general bateu a mão na mesa. Curió ficou preso no 20º Regimento de Infantaria, em Curitiba. A situação no Paraná se acalmou. Um novo comandante foi mandado para a Guarnição Federal de Ponta Grossa. O general Guedes escreveu em suas memórias que contemporizou em relação aos oficiais rebelados contra Brizola.

Curió estava de férias em Paraíso quando ouviu Guedes proclamar no rádio desobediência ao governo e a notícia de que o general Olímpio Mourão Filho descera com tropas de Minas para o Rio, deflagrando o golpe e surpreendendo chefes militares. Integralista na juventude, Mourão Filho era capitão quando participou do grupo que forjou o Plano Cohen, apresentado pelo general Góis Monteiro, que atribuía a comunistas uma operação para assassinatos em massa. A fraude era um argumento de Vargas para suspender as eleições e instalar a ditadura. Curió pensou em ir num Fusca para o Paraná, onde servia. O sogro o convenceu de que a viagem era loucura. À noite, pegou um ônibus da Cometa rumo a São Paulo. A cidade estava tomada por tropas, não havia condições de prosseguir. Foi para Belo Horizonte. Na saída para Minas, deparou com três homens numa Kombi.

— Se me derem uma carona, a gente pode tentar passar pela barreira do Exército.

Na divisa, Curió encontrou um colega de academia e conseguiu passar pelo bloqueio. Em outro bloqueio, em Varginha, um tenente conhecido dele não permitiu a passagem da Kombi. O grupo seguiu para Três Corações. Lá, Curió se juntou a cinco tenentes do 4º Regimento de Cavalaria Divisionária para prender o coronel Peçanha, comandante que hesitava apoiar o golpe. A tomada do controle da unidade, chefiada no passado pelo coronel e mais tarde presidente Eurico Gaspar Dutra (1946-50), foi a primeira de cinco revoltas de que Curió participou — ele integraria movimentos contra os governos Ernesto Geisel (1974-79), João Figueiredo (1979-85), Fernando Collor (1990-92) e Fernando Henrique (1995-2002). Curió é a figura para ilustrar a brincadeira do escritor Fernando Sabino de que mineiro não combina, conspira.

Guedes nada seria na ditadura. Terminaria seu livro de memórias com a constatação: "Terra tão grande. Homens tão pequenos". Num encontro com Castelo, antes de este assumir o governo, o atabalhoado general passou pelo constrangimento de ver recusada pelo futuro chefe do governo uma faixa presidencial confeccionada pelas senhorinhas mineiras, que consideravam de mau agouro o pedaço de pano usado por Goulart. "Vou usar a faixa oficial", afirmou Castelo. Guedes viu escapulir de suas mãos um protagonismo que nunca teve. Sobraram-lhe como tarefas o cultivo de rosas numa casa em Belo Horizonte e a prática ensandecida de instaurar inquéritos para prender fantasmas. A ameaça vermelha podia estar em brigas de paróquia e disputas de chefetes da roça. Ele pediu a Curió, promovido a capitão, inquérito sobre um grupo de Paraíso. Ao olhar a lista de "rebeldes", o capitão viu o nome de parentes e amigos. Curió relata que, quando chegou a Paraíso, duzentos fazendeiros e jagunços o esperavam na praça da matriz, armados com carabinas .44 e Winchesters. Fez um júri popular com monsenhor Mancini, o fazendeiro Tonico da Sinhana e outras onze personalidades.

Sebastião do Paraíso, tarde de dezembro

Encontro Antônio Zanin, primo de Curió, num hotel da cidade mineira. Ele relata:

— Quando teve a Revolução, em 1964, chegou a notícia de que o Tião viria pegar os comunistas de Paraíso e soltar no meio da represa de Furnas. O povo morreu de medo. O João de Deus, inimigo do Tião na infância, foi o primeiro a correr. Caiu de um pontilhão da estrada de ferro e ficou paralítico.

É numa rua da cidade que encontro João de Deus.

— Nunca corri do Pança. O caso é o seguinte: numa noite, estava colocando laranjas em cima de um caminhão para esconder uma carga de bebida contrabandeada quando minha mulher apareceu: "Estão dizendo que você é subversivo e vão prendê-lo". Saí a pé da cidade de madrugada. Peguei a estrada de ferro da Mogiana, que passava por cima dos trilhos da São Paulo-Minas. O dormente de um pontilhão quebrou, caí e quebrei a coluna. Tião Pança era narcisista. Na Revolução, quis dar uma de bom. Chamou a besta do padre e o delegado Tavico, mestre em falsificar documentos, para juntar os comunistas. Tinha propósito de aparecer. Entrou ilegalmente na cadeia. Mancini? Se chovesse cangalha, caía nele. Em cinquenta anos de sacerdócio não aprendeu a rezar missa.

Antônio conta:

— O cabeça dos subversivos era o Peba, um primo nosso.

Antonieta Campos, mulher de Peba, fala sobre a prisão do marido:

— Curió, um moleque, foi ao meu casamento com o Peba. Ele assina Moura porque é sobrenome de posição mais elevada. O pai dele era barbeiro e irmão de Isaura, mãe do meu marido. Heitor tinha uma vendinha na esquina. Peba era rábula, fazia as contas dos trabalhadores. Certa vez, o pedreiro da igreja chegou a minha casa aos prantos. Tinha marcado casamento e deixou o dinheiro de seis meses com o padre. Mancini não deu o dinheiro, alegando que o serviço não tinha prestado. Peba escreveu uma carta ao promotor, que obrigou o padre a pagar na marra. Mancini aproveitou 1964 para pegar meu marido. Ele o acusou de jogar empregados contra patrões. Eu estava dando aulas quando uma pessoa avisou: "Curió prendeu o Peba". Foram três anos de prisão. No presídio de Três Corações, ele começou a sofrer infarto. Curió disse que não era nada. Liberaram quando viram que ele estava muito mal. Morreu logo que saiu da cadeia. Encontrei Mancini na rua. Ele veio falar comigo. Reagi: "Este homem não tem vergonha, sabe que não gosto dele e vem conversar".

Curió foi designado por Bley — reabilitado no Exército — para comandar a tropa de Francisco Beltrão, onde participara dos motins contra o III Exército, controlado por aliados do governador gaúcho Leonel Brizola, anos antes do golpe. Curió reencontrou o major que o chamara de "tenentinho":

— O que está fazendo aqui, major?

O oficial deixou o quartel.

CAPITÃO MOURA

Boa Vista da Aparecida, manhã de sol, dezembro

A estrada é margeada por plantações de milho, tabaco e soja. Poucos pinheiros de araucária sobreviveram à devastação no oeste paranaense. Aqui era a terra das árvores gigantes que trariam a riqueza, escreveu o Visconde de Taunay em *Visões do sertão*. A terra é de um vermelho intenso. As casas são de pinho e cobertas de telha pintadas com cores vivas. Cada propriedade tem de seis a dez alqueires apenas. No verão, a temperatura chega a 35 °C. No inverno pode atingir dez graus. O milho da beira da estrada tem trinta dias, a soja, vinte. Os agricultores só iniciaram o plantio em novembro, por conta da demora da chuva. O ideal seria que tivessem plantado em setembro.

A placa indica a entrada de Boa Vista da Aparecida.

O comerciante Eugênio Roque de Oliveira, de 61 anos, fala da época dos conflitos. Nestas terras, num raro momento da história brasileira, o Exército combateu ao lado da população civil. Isso só teria ocorrido antes na Itália, durante a Segunda Guerra.

— A polícia batia nos colonos, os jagunços batiam. Aí apareceu um capitão para nos defender. Esse cara foi um grande. A confusão ocorreu perto do rio Baicuru, agora rio Andrade. Você pode saber mais em Capitão Leônidas Marques. Procure o Dyonísio.

* * *

Na direção da cidade de Capitão Leônidas Marques ainda se encontram pinheiros, cerejeiras, tarumãs, imbuias, bracatingas, cortiças, guabirobeiras, branquilhos, canelas, cedros, perobas e ingás. Da estrada se vê uma ponta do Parque Nacional de Iguaçu. É uma das últimas áreas que restaram da mata, reduto de sanhaços, maritacas, socós, chopins, inhambus, perdizes e sangues--de-boi.

Capitão Leônidas Marques, tarde de sol, dezembro

Memórias do município de Capitão Leônidas, livro adotado nas escolas, conta a história de um certo capitão Moura que chegou à paisana para intermediar conflito entre posseiros e a polícia corrupta. Ele dizia ser vendedor de quadros de santos. Hoje, a cidade tem 20 mil habitantes. Naquela época, tinha pouco mais de mil, que moravam em barracões numa rua de areias brancas. O livro mostra foto do "herói" com farda de gala e cabelos curtos. Consultada na biblioteca pelos estudantes de olhos azuis, a obra destaca que "Moura, muito querido pelos munícipes, resolveu o problema das terras". A estudante do ensino médio Erenita Zoleski venceu concurso de redação sobre ele.

Um dos barracões da época do capitão abriga o bar de Gentil Danieli. Enquanto serve cervejas e entrega fichas de sinuca aos fregueses, ele conta, atrás do balcão, a história do Levante dos Colonos, como o episódio envolvendo Moura ficou conhecido.

— Era um levante para os colonos terem direito às terras, né. Daí uns foram avisar o pessoal do interior para vir, reuniu todo o povo aqui. Daí veio o capitão Moura, de Francisco Beltrão, para defender os colonos. O pessoal começou a se reunir. Meu mano, Elias Danieli, pegou um animal emprestado de um tal Beviláqua e foi avisar o povo do interior, Bom Jesus, Barra Grande, Princesa. "Vamos nos reunir lá para continuarmos aqui, adquirir terra!" Encheu a praça.

O freguês Waldir Lucas Barelli, 53 anos, um colono de olhos azuis e sorriso aberto, lembra da época em que era menino:

— Eu era piazão quando assisti ao levante. Nós tivemos apoio do nosso capitão, o capitão Moura, aquele foi aliado, graças a Deus. Seu Dyonísio tinha bodega. O capitão chegou para ajudar o povo. Posso falar uma coisa? O capitão Moura é herói de Capitão. Ficou na história.

Gentil abandona o atendimento no balcão e me pergunta firme:

— Você é parente do capitão?

A resposta é negativa.

— Queria que dissesse a ele o quanto somos gratos.

Fala o ex-comerciante Dyonísio Lopes, 78 anos:

— O capitão Moura não era alto nem baixo, era atarracado. Loiro. Quando chegou, o Paraná estava invadido pelos cangaceiros do Lupion, que mandava bater nos pobres. Os pistoleiros prendiam, batiam, matavam. Nós, colonos, nos revoltamos, nos armamos com espingardinhas. O capitão chegou aqui vendendo quadros de santos. Visitava os colonos, para ver o que achavam. Ele disse para o prefeito Otto dos Passos: "Pode avisar a seu povo que vamos legalizar as terras".

Otto mandou chamar os colonos. Em poucas horas, uma multidão com armas precárias estava em frente à prefeitura. Moura subiu num caixote e tirou o quepe:

— É o vendedor de quadros! — gritou Dyonísio.

Moura formou equipes de oito homens para trazer informações. As patrulhas foram para Cascavel, de onde partiriam policiais vindos de Curitiba. Uma patrulha voltou e avisou que a polícia se aproximava. Moura deslocou a tropa de 160 homens para a beira do Iguaçu. Apareceu do outro lado do rio um oficial com seiscentos soldados:

— Capitão Moura, o senhor enlouqueceu?

— Esta área é federal. O senhor não tem permissão para entrar — respondeu Moura, que blefava. A polícia podia entrar na área.

Do Paraná, Curió foi para Brasília, onde trabalhou de secretário para o general Olavo Vianna Moog, chefe do Comando Militar do Planalto. O general era irmão de Clodomir, autor de *Bandeirantes e pioneiros*, que descreve a lenda da ilha de Marapatá — o homem que quiser triunfar na Amazônia tem de deixar nessa ilha a consciência.

3.

Ele controlou a história dos mortos e a vida dos vivos. Ao mesmo tempo que se apossava da memória da guerrilha, Curió tornou-se o senhor dos migrantes que saíam do Maranhão e atravessavam o Tocantins em balsas de buriti na busca de trabalho nos garimpos e clareiras.

O êxodo era visível já no final do século XIX, quando o Norte Agrário, na definição de Evaldo Cabral de Mello o Brasil produtor de cana-de-açúcar e algodão, que ia do Recôncavo Baiano ao Maranhão, perdeu influência para o Sul e Sudeste, e a civilização do boi no semiárido entrou em decadência. As andanças de multidões provocadas nos tempos mais remotos por ataques de exploradores, disputas de etnias tribais e fugas de senzalas ficaram evidenciadas com a decadência do Norte. Uma legião de errantes trilhou vasto território, ainda num tempo em que os vocábulos "Amazônia" e "Nordeste" não existiam. Tudo era conhecido como Norte.

A Via Láctea dava o rumo. Era a principal referência no céu antes da época da colheita. A mancha de estrelas ditava a aventura dos "formigas". Homens e mulheres camuflados pelo gentílico maranhense, numa trajetória de séculos ignorada pelos verbetes, saíam dos vales do Itapecuru, Pindaré e Mearim. Os rios do sul do Maranhão tomam outra direção, seguem para o norte, cortam barrancos, avançam pelas terras baixas, e alimentam brejos e lagoas até desaguar no Atlântico. Foi nas margens desses cursos que, na queda na produção de algodão, explodiu a Balaiada, revolta social no período da Regência. Famílias de rebeldes que sobreviveram à repressão de Luís Alves de Lima e Silva, o futuro duque de Caxias, foram as primeiras a atravessar o Tocantins e chegar à floresta amazônica densa. Outras permaneceram no Maranhão, juntando-se a negros alforriados para plantar arroz, milho e feijão. Suas mulheres e crianças quebravam o coco-babaçu. Os sertões maranhenses, os vastos campos de juçaras e carnaúbas, ainda receberam levas de retirantes das secas na Bahia, no Ceará, em Pernambuco e no Piauí para trabalhar nos arrozais nas planícies alagadas e na coleta de amêndoas. No século xx, esses mesmos retirantes se juntaram aos pobres do Maranhão que resistiram em seus sítios e seguiram os passos dos que já tinham feito o caminho para as terras do Bico do Papagaio — em princípio, atraídos pela borracha e depois pela castanha, levando filhos, porcos, bodes, cachorros e sacos de arroz e feijão para garantir o sustento nos primeiros meses. As oligarquias que controlaram o Maranhão após a Segunda Guerra Mundial forçaram novos êxodos. Primeiro, a do pernambucano Victorino de Britto Freire, que se elegeu senador e por duas décadas nomeou delegados de polícia e escolheu deputados e governadores. Mais tarde, veio a oligarquia de José Sarney, com seus apadrinhados no Judiciário e no Legislativo.

O fluxo de maranhenses no tempo do "Brasil Grande" era a repetição dos êxodos nos ciclos dos seringais e da primeira fase da pecuária, quando no século xix tropeiros nordestinos atravessaram o Tocantins e um grupo de fazendeiros e jagunços liderados pelo coronel Carlos Leitão, expulso por adversários em Boa Vista, atual Tocantinópolis, cruzaram serras para implantar sem sucesso a cultura do couro nestas terras da Amazônia. A floresta densa, o isolamento e a canseira dos animais inviabilizaram a pecuária. Os bois chegavam ao outro lado "estropiados", contou Francisco Iglésias, em *Caatinga e chapadões*. As boiadas só reapareceram no Pará em décadas recentes.

À corrente migratória dos maranhenses rumo ao Pará se juntaram homens que desciam dos chapadões de Goiás para escapar dos desmandos dos coronéis. Na estrada, cruzavam com os nordestinos que iam para o sul, atraídos pelo surgimento de Goiânia, cidade plantada por Pedro Ludovico para ser a capital de Goiás. A confusão migratória incluía nordestinos que não fizeram escala no Maranhão, gente que fugiu de outras estiagens e conflitos, de um semiárido povoado de líderes messiânicos, coronéis, profetas e cangaceiros.

O êxodo era alimentado por uma cultura bíblica que remontava à Idade Média na península Ibérica. Os "formigas" temiam a Besta Fera e a volta do cativeiro, figuras citadas nos sermões do Padre Antônio Vieira, no século XVII, e nas profecias do líder messiânico Antônio Conselheiro, no século XIX, e do Padre Cícero Romão Batista, no século XX.

Em Aragominas, uma multidão subia o morro do Muricizal, às margens do Murici, para ouvir um menino de dez anos que dizia conversar com Padre Cícero. O menino usava uma calça rasgada e frouxa, segura por um cordão. Ficava dentro de uma cabana, de olhos fechados. Um homem, sentado a uma mesinha, escrevia no papel o que ele relatava, conta o agricultor Pedro Martins da Cruz.

— Meu padrinho chegou! Está dizendo para o povo plantar e dividir o que colher! — dizia o menino, levando às lágrimas os devotos.

Nas suas profecias, Padre Cícero afirmava que "o cativeiro voltaria", não haveria mais inverno e verão e o povo andaria de um lado para outro sem se "aquietar". Os "formigas" deveriam ir atrás das Bandeiras Verdes descritas nas profecias, a selva amazônica, o campo depois da caatinga. O casal de devotos José Gonçalves e Joaquina da Conceição, de Fortaleza, percorria os sertões havia três décadas. Estavam em Imperatriz, quando se integraram à leva que atravessou o Tocantins para encontrar as Bandeiras. Um filho, Josias, passou a trabalhar no verão nos garimpos e no inverno no castanhal de Almir Moraes. Com o tempo, Moraes virou colaborador do Exército e Josias foi recrutado pela guerrilha. *Jonas*, o codinome do jovem mateiro, lutou ao lado de Arildo Valadão, estudante de física no Rio de Janeiro.

De águas mornas e tranquilas, o Araguaia banha povoados marcados por fúrias, revoltas e massacres. Nasce a 850 metros de altitude na serra dos Caiapós, em Mato Grosso, e percorre 2115 quilômetros até o Tocantins — o rio do tucano, com seus 2345 do planalto ao Atlântico.

Na fase de preparação da guerrilha, a região do Baixo Araguaia era formada por uma rede de corrutelas decadentes, surgidas na febre do cristal, interli-

gadas por um sistema fluvial de transportes precário e lento. Migrantes nordestinos sobreviviam nos garimpos, nos castanhais e nos plantios de
subsistência. Eram homens adaptados a uma economia extrativista e injusta,
dominada por alguns senhores. As catras, os buracos de extração de cristais,
estavam profundas e o dinheiro circulava em menor quantidade. O Araguaia
tinha poucas conexões com a civilização, mas a região não era a terra inóspita
descrita nos relatórios do PCdoB, lugar totalmente miserável e selvagem, uma
mata que parecia ainda mais densa que a da realidade. João Amazonas observou:
"Não era possível fazermos a guerrilha na avenida Faria Lima, ou na Rio Branco. O melhor local que se apresentou, depois de várias pesquisas, foi o Araguaia.
Ponto de confluência de dois grandes rios. Onde havia uma população disse-
minada com muita pobreza, muito sofrimento. Onde havia uma mata densa".
O lugar selvagem, ora fantasioso, ora real, isolado, distante e pobre, o sertão e
seus obstáculos, era propício à construção de uma história de heroísmo.

JOÃO AMAZONAS

O líder do PCdoB era um dos oito filhos de Raymunda Leal, nativa da ilha
do Marajó, e de João de Souza Pedroso, padeiro português radicado em Belém
que decidiu incluir o nome Amazonas na certidão das crianças. Em 1928, após
a morte do pai por tuberculose e da mãe logo em seguida, João Amazonas, aos
dezesseis anos, ficou responsável pelo sustento dos irmãos. Empregado na Fábrica Palmeira, uma empresa de biscoitos e massas, ele acompanhou com interesse a Revolução de 1930 e o surgimento, um ano depois, da Aliança Nacional Libertadora. Num comício na capital paraense, conheceu o romancista
marajoara Dalcídio Jurandir, que o convidou a participar da Juventude Comunista. Em pouco tempo, Amazonas criava uma célula do Partido Comunista
Brasileiro, o PCB, na fábrica. Ainda em Belém, se aproximou do sindicalista
Pedro Pomar, uma amizade que se estenderia por décadas. Com a perseguição
aos integrantes da Aliança pela ditadura Vargas (1937-45), os dois jovens comunistas foram presos. Em 1940, Amazonas e Pomar fugiram da cadeia e seguiram para o Rio de Janeiro. Na fuga, subiram os rios Tocantins e Araguaia.
Foi quando conheceram o sul do Maranhão, o sul do Pará e o norte de Goiás.

A passagem por Marabá e outras pequenas cidades da região do Araguaia foi marcante para os comunistas.

Amazonas e Pomar tiveram rápida ascensão no movimento político do Rio de Janeiro e de São Paulo. Com o fim da ditadura, Amazonas foi eleito deputado federal constituinte pelo Distrito Federal e Pomar, por São Paulo. Eles integravam uma bancada de catorze deputados e um senador, Luís Carlos Prestes. Os baianos Jorge Amado e Carlos Marighella estavam no grupo. No terceiro ano de atuação, os mandatos dos comunistas foram cassados pelo presidente Eurico Gaspar Dutra (1946-50).

Quando Stálin morreu, Kruschev assumiu o poder, divulgou crimes cometidos pelo seu antecessor e se aproximou dos Estados Unidos. Era o apaziguamento temporário na relação tensa entre as duas potências que viviam uma Guerra Fria, sem ataques diretos, desde a Segunda Guerra, e interferiam em conflitos nacionais, na briga por alianças. A postura de Kruschev dividiu os comunistas brasileiros. Prestes apoiou o líder soviético e neutralizou no PCB quem defendia a "revolução". O partido rachou. João Amazonas, Carlos Danielli, Pedro Pomar, Lincoln Cordeiro Oest e Maurício Grabois fundaram uma dissidência, o Partido Comunista do Brasil, PCdoB.

Em pouco tempo, Kruschev era substituído por Brejnev, a Guerra Fria voltava a recrudescer, e revoluções, golpes e estopins apoiados pelos Estados Unidos ou pela União Soviética estouravam em países pobres da América Latina, Ásia e África. A esquerda no Brasil estava dividida numa infinidade de siglas e organizações. Cada grupo reagiria a sua maneira à ditadura instalada pelo golpe contra Goulart.

Ao contrário do PCB de Prestes, o PCdoB continuava defendendo a luta armada como estratégia política. A legenda já tinha pronto um projeto de guerrilha e poder que absorvia ideias frustradas da esquerda no país e experiências bem-sucedidas de tomada do poder por comunistas na China, nos anos 1940, e em Cuba, no final da década de 1950.

Quando teve os direitos políticos cassados, em 1966, Amazonas já negociava treinamento militar na China para brasileiros e organizava o movimento armado no Araguaia. Pedro Pomar foi encarregado de ir a Pequim comunicar aos camaradas chineses a decisão dos brasileiros do partido de montar uma guerrilha. Pedro foi recebido, de madrugada, pelo primeiro-ministro Zhou Enlai. O segundo homem da hierarquia na China agradeceu a confiança de ter sido informado com antecedência sobre a decisão. Mas, na conversa de duas horas, o primeiro-ministro surpreendeu Pomar ao lembrar derrotas dos comunistas na Índia, na Birmânia e na Malásia. O chinês avaliou que havia um refluxo dos movimentos armados, embora fossem boas as notícias do Vietnã.

Mesmo com a avaliação pouco animadora de Pequim, Amazonas e Pomar decidiram apostar numa guerrilha rural no Araguaia. O PCdoB possuía um arsenal composto de algumas dezenas de .38, mosquetões da época do cangaço e espingardas de matar sanhaços. Meia dúzia de militantes tinha feito treinamento na China, país que depois se alinharia aos norte-americanos e ao regime militar brasileiro. O partido conseguiu apenas o apoio moral da Albânia, pequena república sob as ordens de Moscou. Mais apoio receberam, de Cuba, os guerrilheiros do Molipo, caçados um a um em Goiás. Foi no rastro destes que os militares chegaram ao foco no Araguaia.

Porto Franco, cidade maranhense na margem direita do Tocantins, foi escolhida como área de preparação dos primeiros comunistas enviados pelo partido para a região da guerrilha.

Porto Franco, final de tarde

Na primeira vez que estiveram no Araguaia e no sul do Maranhão, na viagem para fugir da prisão durante a ditadura Vargas, João Amazonas e Pedro Pomar pensavam estar num "caminho nunca dantes navegado" por rebeldes políticos. Isso até o dia em que um morador de Carolina lhes mostrou um piano tocado por João Alberto, liderança da Coluna Prestes.

Separadas pelo rio Tocantins, as cidades de Porto Franco, no Maranhão, e Tocantinópolis, em Goiás, hoje no Tocantins, tinham tradição rebelde desde os tempos do Império. Ali chegava, no final dos anos 1960, a estrada Belém--Brasília, construída pelo governo Juscelino Kubitschek (1956-61). O mecânico Jano Macedo trabalhava numa oficina em Estreito, vilarejo maranhense encostado em Porto Franco, quando lá apareceu o engenheiro Bernardo Sayão, responsável pelas obras de Brasília e enviado pelo governo para concluir a rodovia que ligaria a Amazônia à nova capital.

— O doutor Sayão era homenzarrão de quase dois metros, usava calça de brim e sempre estava sorrindo. Ele me convidou para trabalhar na estrada. Eu peguei um serviço de desmatamento de 203 quilômetros, de Wanderlândia, que era só uma fazendinha, até um trecho depois de Araguaína. Eram quarenta metros de largura para desmatar. Colocava estaca e começava a desmatar vinte metros de cada lado. Era muito homem para derrubar a mata. Eu comandava os gatos que chefiavam trezentos cassacos, como chamavam os peões, vindos em aviões da Força Aérea Brasileira, FAB, do Ceará, do Piauí e da Bahia. Cassaco era o nome de um gambá. A gente cortava a mata na mão, com foices, machados e facões. O preço do serviço variava de acordo com o terreno. Valia mais desmatar os brejos, aquelas baixadas de muita água e árvores grossas, e matas da parte alta. A gente ganhava menos no desmate das chapadas e cerrados, a vegetação ralinha, retorcida na terra seca e cheia de pedras. Um dia, o doutor Sayão estava na rede de uma barraca, num acampamento na mata pesada, quando um jatobá seco, firmado apenas por cipós, se desprendeu e tombou sobre ele. O corpo ficou em cima de uma cama de campanha até ser colocado num caixão. Espalhou-se o boato de que dentro só tinha pau. Não dava para acreditar que o doutor tinha morrido. Todo cassaco gostava dele.

À noite, a notícia da morte de Sayão chegou à Vila Amaury, acampamento de operários da construção de Brasília. JK lembra em suas memórias: "Brasília sustou a respiração, sentindo que lhe faltava ar nos pulmões". Moravam na vila o mineiro Genésio Ferreira da Silva, que mais tarde descobriria ouro em Serra Pelada, o ex-cangaceiro Candeeiro, codinome de Manoel Dantas Loyola, e os irmãos baianos Manoel André Sobrinho e Expedito Ferreira de Lima, de Santa Brígida. As águas do rio Paranoá foram represadas, encobrindo a vila. Genésio foi para o interior de Goiás. Candeeiro seguiu para São Paulo. Expedito e a mulher, Elza, se mudaram para Taguatinga, e Manoel, a mulher, Eva, e o filho, Djalma, pegaram um dos primeiros paus de arara da Belém--Brasília, rumo às terras do Araguaia.

Com discrição, viviam em Porto Franco os Negri dos movimentos sediciosos de Porto Nacional e os Milhomem das batalhas nos Vales dos Cocais. O prefeito Gerôncio era o quinto Milhomem a comandar a cidade desde a Revolução de 1930 — o clã descendia de Manoel, chefe da Balaiada.

Quando menino em Porto Nacional, o mecânico Jano recolhia cartuchos de bala usados na revolta dos Barbosa. O coronel Barbosa, da vizinha Estreito, compadre de seu pai, José, foi trucidado por aliados de Pedro Ludovico na praça da igreja. O filho dele, Serginho Barbosa, foi escorraçado do lugar. Com ele foi o resto do exército de jagunços dos Barbosa e uma enorme vontade de vingança. No caminho até os confins de Pernambuco e Alagoas, Serginho trapaceou, comprou e vendeu gado, roubou cavalos, interpretou papel de cigano e bandoleiro em cada paragem. Passaram-se anos até o dia em que considerou sua milícia recomposta. Era o primeiro de um total de duzentos homens montados que estavam na estrada para Porto Nacional, cidade que tomariam e de onde seguiriam para a destruição de todas as casas e bodegas de Estreito. O telex enviado por autoridades de Porto para Goiânia, porém, foi mais rápido. Ludovico mandou deslocar o batalhão de Pedro Afonso e organizar a defesa. Mulheres e crianças foram levadas para o convento. Os homens, obrigados a abrir trincheiras e ficar nelas. A milícia de Serginho chegou. Não houve tiros nas primeiras horas, pois ainda era dia. O tiroteio se iniciou à noite, terminou no dia claro e recomeçou na outra noite. Os horários se repetiram nos dias seguintes. Serginho começou a perder a guerra. Na quinta noite, ousou passar por uma área entrincheirada atrás do cemitério e chegou à casa de José, compadre de seu pai. Jano viu o homem maltrapilho e faminto dizer que queria apenas comida.

Jano ouvia histórias de suas tias solteiras Blandina, Guilhermina e Anita, que haviam costurado roupas dos líderes do revoltoso, nome dado à Coluna Prestes nas vilas do Tocantins e do Araguaia. Em Porto Nacional, o revoltoso contava com o apoio do prefeito Domingos Negri, tio de Jano. Para os chefes do movimento, era preciso atravessar o Tocantins e chegar ao sul do Maranhão, onde existiriam as melhores condições para luta prolongada. A área tinha tradição rebelde. Foi o que pensaram mais tarde os líderes do pcdob João Amazonas e Pedro Pomar. Decidiram então instalar uma guerrilha no Baixo Araguaia, no lado do Pará. Porto Franco foi escolhida para ser área de preparação.

Depois das obras da Belém-Brasília, Jano montou uma mercearia em Porto Franco, na margem maranhense do Tocantins, de frente para Tocantinópolis. Ali, na bodega, onde vendia arroz, feijão, sal e querosene, apareceu o médico João Carlos Haas, um dos primeiros guerrilheiros a chegar ao Araguaia.

— Aquele homem claro, com roupinhas simples, sandalinhas de dedo e uma maletinha, disse que vinha passar uma temporada. Ele era muito bem-vindo. Ora, o único médico da região, que também se chamava João Carlos, ficava em Tocantinópolis, do lado de lá do Araguaia, e não atravessava o rio porque tinha medo. Levei o novo médico para conhecer o farmacêutico Adelson Marinho e o prefeito Gerôncio Milhomem. Conseguimos uma enfermeira, a Dedé, uma auxiliar, a Djacy. Eu ia cinco vezes ao ano para São Paulo fazer compras e aproveitava para trazer instrumentos clínicos. Ele me pagava devagar. Porto Franco não tinha muita diversão. A não ser na época em que o circo García passou por aqui e, de repente, veio uma enchente e bloqueou as estradas. Os artistas ficaram aqui por um mês. Eu gostava muito de cinema. Instalei uma máquina de passar filmes. Doutor João Carlos gostou de assistir *Raposa do deserto*, *O último trem de Berlim* e *Sansão e Dalila*. As sessões começavam às oito da noite em ponto. Eu só atrasava para o doutor. Ele gostava de ficar conversando na praça com as moças. Ninguém suspeitava que era guerrilheiro.

DOUTOR HAAS

Haas era um "intelectual de origem burguesa" do Rio Grande do Sul, na descrição de Amazonas, que integrou, em 1966, uma terceira leva de brasileiros enviados pelo PCdoB para a China, onde fez treinamento de guerrilha. Trabalhou num pronto-socorro do Rio para se "especializar" no tratamento de quem tinha quebrado a perna ou levado tiro. Era filho de Ilma Linck e Ildefonso Haas, da colônia alemã de São Leopoldo. Ildefonso era entregador de leite e tocador de clarinete em orquestra de cinema mudo.

O médico marcou a vida de um lugar sem assistência. A imagem de *Juca*, seu codinome na guerrilha, rapaz de óculos de armação grossa, ficou para sempre nas lembranças dos chefes de família do Tocantins, nas recordações difusas de quem era criança na época da guerrilha, e nos cultos populares. Era clínico geral, parteiro, um homem afável que dizia não acreditar em Deus.

Porto Franco, manhã clara

Djacy Miranda era a auxiliar de enfermagem no consultório que Haas montou na praça Getúlio Vargas. Ela relata:

— No início, eu não sabia fazer nada. Só ficava com a lanterninha para ajudar nas cirurgias. Pacientes mortos foram três. Uma garota de quinze anos, de câncer. Ele dizia que a menina tinha de ser levada para São Paulo, porque aqui não tinha recursos; uma mulher do Estreito que chegou já com hemorragia; e uma idosa que apareceu praticamente morta. Eu também lavava a roupa dele e dizia que era outra mulher que fazia isso. Ele perguntou para um dos meus filhos se sabia quem era a lavadeira. O menino respondeu: "Sei, é a mamãe". O doutor João Carlos brigou comigo. Eu queria agradar. Eu tinha acabado de me separar do meu marido, de quem gostava muito. No consultório, eu ganhava o mesmo que uma professora. Passei a me alimentar melhor, fiquei mais gordinha. Aí surgiu o boato de que estava grávida. Ele falou: "Você tem de ir lá e reclamar dessas pessoas que estão dizendo isso". "Não vou dar conta de brigar com toda a cidade." O doutor se assustou: "A cidade toda fala isso?". Eu nem ligava, só queria fazer lombo de porco com polenta para ele aos domingos.

O doutor adoeceu.

— Ele me pediu para aplicar uma injeção. Não pediu para a Dedé porque ela era mais esperta do que eu e poderia saber do seu problema. A Dedé ficou curiosa. Ela me disse: "Eu sou a enfermeira, eu que deveria dar a injeção. Tem um porquê. Vamos saber o porquê. Pega o vidro do remédio escondida". Não consegui. A Dedé falou: "Vamos colocar o doutor contra a parede". Fomos lá. Dedé perguntou o que ele tinha. Ele disse que tinha machucado a perna na espera de um veado, pois gostava de caçar. "Então, me mostra a perna", disse Dedé. Ele ficou revoltado: "O que vocês têm a ver com a minha vida? Vocês não entendem de nada". Dedé rebateu: "De machucado todo mundo entende". Ele então contou para a gente que pegou doença venérea. Quando urinava, sentia fogo. "Vocês são bestas mesmo. Não viram as manchas nas minhas roupas."

O doutor vestia roupa comprada na feira.

— Ele só usou terno uma vez para participar da formatura dos meninos de uma escola da cidade. O Sabino Caminhoneiro emprestou o terno. O doutor João Carlos namorava uma menina de uns dezoito anos de um cabaré, uma pretinha muito bonita.

O doutor quis afastar Deus do Tocantins.

— Ele não gostava de padre. Contou que tinha estudado num colégio religioso e teve de fugir porque um padre queria fazer maldade. Ele tentava me convencer que Deus não existe. "Olha, Djacy, se existe mesmo Deus, quero que Ele me faça amanhecer paralítico numa rede. E, se eu não chegar aqui amanhã, você pode acreditar Nele. Essa história de Deus começou com o índio adorando o fogo." Para agradá-lo, eu dizia que Deus não existia mesmo. Falava que o deus dele era o bisturi. Tinha maior fé no bisturi. Uma mulher grávida ia ter uma criança. Ele foi fazer o parto. A mulher disse: "Deus me ajude". Ele brincava: "Comadre, a senhora fica com Deus porque vou embora".

O doutor contou um segredo.

— Às sete da noite chegou um telegrama. Ele trancou o consultório e me disse: "Tenho uma coisa para falar". Eu fiquei curiosa: "Conta, conta". "Só conto se você disser que não vai me pedir para eu não fazer e não dizer para ninguém." Jurei que não falaria nem para Dedé. Aí ele disse que tinha de ir embora. "Doutor João Carlos, não vai", eu pedi. "Eu já cumpri minha missão aqui. Tem outro povo precisando de mim." Corri para a casa da Dedé. A gente correu para a casa do prefeito. "Não, não pode", disse o prefeito. O prefeito foi falar com ele, perguntar se estava faltando alguma coisa, que daria o que quisesse. O doutor João Carlos ficou com raiva, me chamou de fofoqueira e traidora. O povo foi para a praça pedir para ele não deixar Porto Franco. A manifestação foi grande. "Doutor João Carlos, o povo está na praça esperando pelo senhor."

Haas chorou ao ouvir o discurso empolado do poeta Fortunato José Moreira Neto, o Maçaranduba.

— Ilustres ouvintes, nobres concidadãos aqui presentes. Aqui me encontro para dirigir-vos, em inculta linguagem, expressões e pensamentos, em referência aos elevados e honrosos objetivos desta impotente e cordial manifestação de apreço, e condignamente feita, agora, ao doutor João Carlos, super-homem que, a serviço do bem, há tempos se encontra entre nós, como nobre benfeitor da humanidade. Primeiro, devemos apelar para a suprema vontade da Providência Divina, que trouxe o doutor ao nosso modesto convívio, e para que tão douto e generoso médico prossiga conosco, como preciosa dádiva do céu, e ante as nossas dores e sofrimento. Creio ser de nossa necessidade termos aqui uma importante junta médica, e que lute no sentido de salvar-nos das doenças, e sob o patriótico amparo da bandeira do Brasil, desfraldada entre os suaves e harmoniosos acordes do Hino. Da junta médica em pálida e obscura sugestão de um rude mestre-escola do sertão, o doutor poderá ser o erudito diretor, tendo o necessário tempo para acompanhar a evolução da medicina moderna.

O doutor fez uma revelação ao padre.

— Ele passou uma noite na igreja. Apesar de não gostar de padre, ele contou para o frei Ângelo a verdade sobre a guerrilha. No dia seguinte, o frei disse para eu e a Dedé não perturbarmos mais o doutor. Eu continuei insistindo. Um dia, o doutor furou o dedo e colocou um pouco de sangue num copo de refrigerante e mandou eu tomar. Fiquei assustada. Ele tomou meu sangue. Era um pacto. Ia embora quando me perguntou: "Você tem coragem de ir comigo?". "Tenho." "Você pode nunca mais ver seus filhos." Não fui. Eu chorei, chorei.

Haas viajou para Conceição do Araguaia num monomotor. Levava um manual de guerrilha. O documento "A vida na mata" pregava que a selva era o "elemento essencial" da guerra popular. "O domínio da mata é um dos objetivos fundamentais do combatente. Mas este só o alcançará através da sua prática, penetrando, caminhando, vivendo." O manual ensinava a arte da caça de espera, em que o caçador deve subir na árvore até a chegada do animal em busca de alimento. É indispensável conhecer a época da fruta e o bicho que a procura. Os cocos da bacaba caem de outubro a março, da juçara o ano todo, do buriti em novembro e dezembro, e da orelha-de-macaco em julho e agosto. Ele seguia o rumo da legião de nordestinos que via, nas terras depois do Tocantins, o mundo sem cativeiro.

LÍCIO

Um ano depois de Haas deixar Porto Franco, o Exército chegou à cidade atrás dele. "O general Bandeira me culpou por tê-lo deixado escapar", escreveu o major Lício Augusto Maciel. Bandeira realizou a *Operação Mesopotâmia*. As margens do Tocantins foram ocupadas. Para proteger a identidade do médico, moradores cortaram o seu rosto das fotografias. Nessas imagens, sem cabeça, Haas aparece de camisa branca justa e sem caimento e calça escura. A recusa de moradores em dar informações foi registrada pelos militares. Os porto-franquinos diziam não entender o motivo de as tropas caçarem gente "boa" e "simpática". As enfermeiras Djacy e Dedé puseram as roupas de Haas num saco plástico e as enterraram, à espera do fim da guerra.

As suspeitas de focos rebeldes na Belém-Brasília deram ocupação a militares entediados nos prédios da nova capital desenhados por Oscar Niemeyer. Um deles era o major Lício, alagoano de Maceió, na época com 42 anos, que passaria três décadas sem falar sobre a guerrilha. Repetiria o major Lídio Porto, que esteve à frente de dezenas de homens no cerco militar a Canudos, no final do século XIX, e ganhou poucas linhas nos livros.

Lício, o doutor Asdrúbal do Araguaia, foi criado no engenho Assumpção de Maria, do avô materno, o coronel Candido Macedo, pai de 21 filhos e avô de uma centena de netos, na serra da Nasceia. O menino acompanhou encontros de fazendeiros e matutos para derrotar Lampião. Aos catorze anos, ele conta, pegou uma espingarda e livrou o tio Saturnino de ciganos. O pai, Auryno, junto com o poeta Jorge de Lima, fundou a Academia Alagoana de Letras.

Lício atuou nos trabalhos para asfaltar a Belém-Brasília, a estrada do doutor Sayão, e instalar a rede da Embratel de transmissão de canais de TV e telefonia. Tinha acesso a fazendas e sítios. Era homem respeitado naquele fim de mundo, era um "doutor" que chegava, mas um doutor sem palavras floridas. Nos anos 1940, o major Lysias Augusto abriu campos de pouso no cerrado. Ele observara em *Roteiro do Tocantins* que, no interior, o "doutor" era considerado um indivíduo sabedor de tudo.

Lício foi apelidado de Estômago de Avestruz pelos irmãos sertanistas Orlando e Cláudio Villas-Bôas. Com eles, passou noites ao redor das fogueiras xinguanas e tardes em botes pelos rios caudalosos. "A faixa-limite do conhecimento civilizador morria ali mesmo no Araguaia", observariam os Villas-Bôas, no diário *A marcha para o Oeste*. Quando chegaram ao Araguaia, nos limites de Goiás com Mato Grosso, em expedição, nos anos 1940, os sertanistas partiram para o oeste, ao contrário da Coluna Prestes, que duas décadas antes subira o norte de Goiás. Lício optou pelo trajeto de Prestes. Quando recebeu, em

Brasília, papéis que estavam com Carlos Marighella, da organização guerrilheira ALN, morto em São Paulo, o agente viu a oportunidade de sair de Brasília.

O major tentava localizar focos das organizações armadas Molipo e VAR-Palmares e o líder sertanejo José Porfírio de Sousa, chefe da República de Trombas e Formoso, um movimento de posseiros no norte de Goiás. Na época de Vargas, ele foi recebido em audiência no Catete. Foi eleito deputado estadual. A partir do golpe militar, entrou na clandestinidade. Autodidata, derrotou tropas da polícia e impediu a expulsão de famílias por fazendeiros que fraudavam documentos de posse recorrendo a papéis da Colônia, guardados nos cartórios. As primeiras investidas dos militares no Bico do Papagaio levariam à prisão de Porfírio. O regime temia que ele mandasse gente preparada em lutas do campo para o Araguaia. A prisão de Porfírio no Maranhão, antes da localização do foco do PCdoB, bloqueou qualquer ajuda à guerrilha. Ele só deixou a prisão quando o movimento no Araguaia estava liquidado. Desapareceu no dia em que foi liberto, na rodoviária de Brasília.

Em 1970, antes da descoberta da guerrilha, os projetos de infraestrutura no Bico do Papagaio levaram o regime militar a montar a 23ª Brigada de Infantaria de Selva em Marabá, a "Marabala" dos coronéis da borracha. Médici classificou a cidade como área de segurança nacional. João Figueiredo, secretário do Conselho de Segurança Nacional e mais tarde presidente da República, argumentou que Marabá apresentava "condições sociais de fácil exploração pelos elementos subversivos". Estava em jogo a construção da rodovia Transamazônica, que ligaria o Nordeste ao Norte, cortando o município. A estrada começou a ser aberta em Estreito, vila a vinte quilômetros de Porto Franco.

CAPITÃO MOREIRA

O Bico do Papagaio era rota de militares desde o século XIX. Um dos primeiros a chegar foi o capitão João Crisóstomo Moreira, que buscava o lendário ouro dos Martírios. Uma carta escrita pelo bandeirante Antônio Macedo, no século XVI, indicava que a mina ficava numa ilha em que as pedras tinham desenhos de coroa de espinhos, cravos e pregos. Depois de uma expedição de três anos, Macedo relatou ter entrado na terra dos índios araés, dado o nome de Araguaia ao rio e encontrado ouro. Para chegar à mina, era preciso tomar como referência uma serra. O mapa de Macedo tornou-se secreto. Nenhum outro bandeirante conseguiu refazer o roteiro. O sul do Pará era o local da mina, mas faltava encontrar o ouro. A lenda alimentou sonhos e delírios de oficiais, soldados e índios que se encharcaram no pântano durante a Guerra do Paraguai. Era uma válvula de escape para quem lutava contra a varíola, o cólera, o beribéri, as serpentes, a monotonia e os soldados inimigos. Moreira trazia na bagagem a farda azul usada e a espada, uma das 69 dessas armas entregues pelo governo baiano aos militares que embarcaram para a guerra.

Moreira iniciou a carreira de armas no 3º Batalhão de Infantaria da Guarda Nacional, na Bahia. Quando o Império declarou guerra ao Paraguai, ele foi um dos 494 integrantes do 40º Batalhão de Voluntários da Pátria. Da Bahia saíram catorze dos 57 batalhões criados para compensar a falta de militares. Dos 705 mil homens adultos da província, 14% foram para a guerra. No final do conflito, dos catorze batalhões baianos restaram cinco. O 40º, em que Moreira atuava, foi um dos poucos que não tiveram baixas drásticas em suas fileiras. O batalhão integrava a 10ª Brigada, em que lutava o major Deodoro da Fonseca, mais tarde marechal, um dos sete filhos da alagoana Rosa Paulina que foram para a guerra. Ela perdeu três deles no conflito — o major Eduardo, o capitão Hipólito e o alferes Afonso. Ao saber da morte de Eduardo e dos ferimentos sofridos por Deodoro, Rosa enfeitou a casa no Rio para comemorar a vitória brasileira no Itororó. Disse que choraria mais tarde o desaparecimento do filho.

Após a guerra, uma parte dos homens da Guarda Nacional foi aproveitada pelo Exército. Não foi o caso de Moreira, "valente" ou "louco", dependendo de quem falava. Era um ex-combatente incômodo. Era sobretudo um remanescente da Guarda Nacional, que o Exército conseguiu desmobilizar para ficar com o controle exclusivo das armas. O Exército viu no Araguaia uma forma de se livrar de Moreira. O militar não participaria da festa do fim da escravatura, estava dispensado da função de mensageiro do golpe que instaurou a República, e nada saberia dos bastidores das ditaduras de Deodoro e Floriano. O sertão era o castigo para insubordinados incorrigíveis, oficiais voluntaristas e brigões. "Manda para o Araguaia, porque ele é valente demais", disse um superior.

A história do capitão Moreira caminhou dali em diante paralela à de Couto de Magalhães, presidente da província de Mato Grosso. Antes do fim da guerra e de milhares de mortos serem incinerados nas praças, Magalhães se apossou do vapor de ferro *Antônio João*, de 44 metros por oito, da Marinha. Com vinte homens, ele desmontou o barco e colocou as peças em catorze carros de boi, deixou o comando da província e, com o apoio do Exército, recrutou combatentes da guerra para acompanhá-lo.

Magalhães e seus homens abriram picadas no cerrado. Epidemias e pragas do sertão deixaram homens pelo caminho das almas-de-gato, dos relógios, dos gente-de-fora-vem e dos fim-fins. Ao longo do trajeto, Magalhães batizava lagos e rios com seu nome, tinha delírios eróticos e anotava palavras indígenas — "Ber-ô-can", o rio Grande na língua dos carajás, era o Araguaia. A expedição chegou esfarrapada ao rio, depois de percorrer 660 quilômetros. O barco foi rebatizado de *Araguaia neru-açu*. Magalhães ganhou subsídio para fazer o serviço de transporte de passageiros e espalhar homens ao longo do Araguaia.

Enfrentando dificuldades financeiras, Magalhães abandonou a empresa de navegação e foi embora para o Rio. Moreira foi encarregado de abastecer os presídios abertos ao longo do Araguaia, postos onde viviam soldados, sentenciados e índios aculturados. Numa viagem, perto da ilha dos Macacos, no Pará, seu barco naufragou. O cabo Noronha salvou o capitão. Ao mergulhar mais uma vez para retirar o dinheiro e objetos submersos, Noronha não encontrou a saída da tolda.

A rota de trabalho de Moreira — a mesma que a geração de Curió seguiria mais tarde à procura da guerrilha — passava pelo cerradão de sucupiras, gonçalos-alves, pequizeiros e dos diversos tipos de jatobás — na guerra, soldados entravam nos campos encharcados para retirar vagens de jatobás-do-campo, jatobás-da-mata e jatobás-de-folha-larga e com elas fazer o pão que alimentaria a tropa retida com as chuvas de maio e junho, evitando a morte à míngua. Passava pelo cerrado das cagaitas e paus-terra, árvores mais baixas, de menos de dois metros, com tronco retorcido e fendas profundas. Os campos sujos, de arbustos e cipoais, e os campos limpos, pontos de parada dos raros viajantes, eram intercalados pelos palmeirais e veredas — caminhos de buritis nos terrenos alagados. Juritis e gralhas se refugiavam nos pombeiros e aroeiras da beira do Araguaia e dos afluentes. Pelo caminho do rio, o cerrado terminava no extremo norte da ilha do Bananal, onde se iniciava a mata aberta, iluminada, com bacuparis, quarubas, camaçaris e catingosos espaçados, dando oportunidade para escadas-de-jabuti, graxamas, cipós-quinas, bacabas e tucuns encontrarem os raios do sol, que no entardecer dava cor de vinho ao céu de junho. Era a transição para a mata mais densa. A mata, a mata escura, a mata fechada, a mata virgem, a mata mata, a mata desconhecida e, muitos anos depois, dos guerrilheiros e dos Perdidos, ficava adiante. Castanheiras, mognos e carapanaúbas ultrapassavam trinta metros de altura nas depressões e começos de serras. Os topos dos morros eram tomados pelas bananeiras-bravas, pimentas-de-macaco, taboquinhas e unhas-de-vaca.

Isolado e sem patrão, o capitão Moreira virou o senhor das margens do Chambioazinho, afluente do lado esquerdo do Araguaia — da palavra "Chambioá", "passarinho preto e veloz". Ali, passou a viver com a mulher, Teotônia, e os filhos. O veterano de guerra recebeu do governo a incumbência de "amansar" carajás e organizar a extração de borracha.

Depois, Moreira fundou na margem direita do Araguaia a vila dos Chambioás, atual Xambioá, cidade do Tocantins separada de São Geraldo, no Pará, pelo rio Araguaia, a 157 quilômetros de Marabá e a 1380 de Brasília. Mais tarde, a família mudou-se para Pau d'Arco, rio acima. Xambioá entrou em decadência. O capitão deixou o vilarejo sem derrubar a visão dos viajantes de que, no Araguaia, aquele era o lugar mais afastado da civilização, terra de bravos.

Em Pau d'Arco, o capitão ganhou fama de louco. Numa tarde de mormaço, apareceu na vila de Conceição do Araguaia quase sem roupa, expondo uma grande cicatriz nas costas, marca dos combates na guerra. Foi preso. O capitão pagou para um sujeito buscar a farda azul e a espada. A caráter, recebeu as desculpas dos soldados. "Hum, hum, isso é para vocês me respeitarem", disse Moreira, batendo o cachimbo de barro na cabeça dos carcereiros.

A mulher do capitão se afogou na Pedra Branca, no Araguaia, rebatizada de Pedra da Teotônia. Moreira casou-se com Filismina, que uns dizem ter vindo do Maranhão no primeiro ciclo da borracha, e outros, de aldeia chambioá. Era uma mulher cinquenta anos mais nova que o combatente. O capitão tinha setenta anos quando nasceu a filha Mercê, a Tatá, de cabelos loiros e pele alva. Ele ainda adotou crianças índias.

No Rio, Deodoro da Fonseca saía de casa com febre para proclamar a República. Na época, Moreira era um capitão da reserva enfurnado no sertão, registram almanaques militares. Para ele, os desenhos dos Martírios, perto do rancho, lembravam, além dos instrumentos da tortura sofrida por Cristo, seus próprios sonhos durante a guerra. O que era obsessão por riqueza virou passatempo na monótona e quente Amazônia.

Pressentindo a morte, o Velho Moreira abandonou Pau d'Arco e o sonho do ouro. Foi para o Rio, onde podia ter um enterro com honras militares. Dizia que um herói não deveria ser velado por "selvagens", mesmo que pertencessem à família. Ele deixou a farda azul e a espada, que seriam repassadas a descendentes com o nome dele.

Sem o marido, Filismina, de olhos negros e enormes, tirava o rifle da parede sempre que vinham, de rio acima, notícias do revoltoso, dos oficiais de Prestes. A mulher corria para a mata com a arma e os filhos. Ela protagonizou a única briga interna da família Moreira no Araguaia. O enteado Freduflos lhe tomou a espada do Paraguai. Ela se revoltou ao saber que a arma era usada no corte de carne de boi. Policiais foram buscar a arma, que permaneceu com a viúva até dias antes de sua morte. Embora não tivesse o nome do pai, o filho mais velho de Filismina, Otaviano, ficou temporariamente com a espada.

Filismina não aceitou o namoro da filha Tatá com o barqueiro "preto" Pedro Ferreira Costa, o Pedro Barreira, de pai maranhense e mãe piauiense. Um dia, Tatá entrou numa canoa com Barreira e desceu o rio, levando a espada da guerra, símbolo do sonho da "civilização" na terra da sonolência. O casal se fixou no garimpo de cristal de Bagagem. Num verão, Tatá e Barreira se mudaram para uma ilha a montante do rio, acima de Xambioá. A ilha do Murici estava deserta desde os anos 1940, quando doze posseiros foram massacrados por índios. Durante o dia, Barreira deixava a mulher e os filhos numa casa de paredes e teto de palha na ilha, e entrava na mata de terra firme, do lado paraense, para localizar seringueiras.

Famílias chegaram para trabalhar com Barreira na exploração da borracha. A Segunda Guerra terminava na Europa, mas continuavam as encomendas de borracha vindas de Belém. Com o aumento do número de famílias, Barreira levou o grupo para terra firme. Nascia Itaipava. Num barranco do rio, ele abriu uma clareira. Ao grupo se juntaram novos migrantes maranhenses.

Em Itaipava, Tatá e Barreira comemoraram a primeira festa de São Sebastião, num janeiro de chuvas, para pagar votos. Uma empresa de extração de madeira, a Rio Impex, se instalou. Foram abertas bodegas e foi construído um mercado. No povoado, Barreira foi juiz de paz, delegado e líder comunitário.

Nesse tempo de fartura, Barreira reformou a espada, quase destruída pelo "açougueiro" — como Freduflos passou a ser chamado de forma pejorativa pelo ramo da família do lado de Filismina. A arma ganhou cabo de madeira com o desenho de uma mulher. Era a princesa Isabel, dizia Barreira.

Tatá dava aula na escolinha do povoado, costurava roupas e pescava os peixes do almoço e do jantar. Nas manhãs de sol, entrava na canoa com caniço — uma vara de taboca —, bolinhas de angu branco que serviam de isca e uma panela de farofa para se alimentar. Num silêncio que impressionava até os índios, ela ficava horas à espera. Conhecia os gorgulhos, as partes profundas do rio onde os pacus se abrigavam, e as servas, lugares de jogar milho e atrair peixes.

CORONEL LEITÃO

São João do Araguaia, manhã de maio

À procura de guerrilheiros, agentes chegaram, no final dos anos 1960, a São João, uma aldeia na confluência do Araguaia com o Tocantins que viveu seu auge no século XIX, quando era parada de negociantes do sertão. Os dois canhões imperiais colocados no barranco do rio foram levados para Belém. Eram o orgulho dos moradores da Trincheira do Araguaia, onde canoas ou batelões passavam por revista. Desapareceu a corneta usada de madrugada para ordenar a parada dos barcos. Foi para salvar outra peça da história da "leal e imperial cidade do Araguaia", a pia batismal da igreja, que o casal de comerciantes Davina e Darci Bispo se tornou suspeito para o Exército. Darci se opôs à proposta de padres e freiras de vender a pia para reformar o teto da igreja.

— Eu estava no meu comércio quando um vizinho veio me chamar: "Seu Darci, o padre está dizendo que vai vender a pia e o pessoal está calado, com medo de ser excomungado se falar o que pensa". Deixei o comércio e fui pra lá. Eu falei: "Padre, o senhor dá permissão? Pois a minha opinião é não vender a pia". Uma freira deu um pulo: "Qual é o motivo?". Graças a Deus o povo gritou: "Não vende! Não vende!". A freira partiu para a ignorância: "Fique calado, pois você não tem capital para consertar o telhado". "Irmã, esta pia chegou nas costas dos escravos. Nesta pia a gente foi batizado e deixou de ser índio. É a mesma coisa que um filho ir da casa da mãe pro cemitério." Propus: "Com a força de São João, vamos fazer um festejo para conseguir o dinheiro!".

A festa garantiu a troca das telhas, mas a revolta custou a visita de um militar.

— Ele perguntou: "Seu Darci, se chegasse aqui o pessoal para levar a pia, o senhor brigaria, com que armas?". Desconfiei: "Não, a gente não ia brigar. A pia é dividida em três peças pesadas de pedra. Tem a pia, a coluna e o pé. Quando levassem a pia para o barco, a gente esperaria eles voltarem para pegar a coluna que tinham colocado na canoa, repetidamente. Iam se cansar e largar a gente de mão".

Davina era neta de Sebastião Martins Ferreira, braço direito do coronel Leitão na guerra de Boa Vista. Pioneiro do ciclo da borracha na região onde hoje é Marabá (1890-1910), Leitão foi soldado nos combates do Exército contra a Balaiada. Jovem, se estabeleceu em Boa Vista, atual Tocantinópolis, cidade do Tocantins separada pelo rio da maranhense Porto Franco. No final do século XIX, Leitão travou uma guerra contra o frei dominicano francês Gil Vilanova e o fazendeiro rival Francisco Perna. Leitão apoiava o então presidente Floriano Peixoto (1891-94) e Perna defendia o ex-presidente Deodoro da Fonseca (1889-91). Com poderes absolutos em Boa Vista, frei Vilanova proibiu o funcionamento de escolas e a leitura de livros. A pedido de Perna, o religioso excomungou Leitão sob a acusação de que o coronel era maçom. Numa emboscada incentivada pelo religioso, Alexandre, irmão de Leitão, foi assassinado.

Leitão, seu braço direito, Sebastião Martins Ferreira, e um grupo de mocós — jagunços — tentaram sem sucesso tomar a cidade. Derrotados por Perna e Vilanova, eles desceram o Tocantins e se estabeleceram numa praia do afluente Itacaiunas. Estavam dispostos a criar gado, como faziam em Boa Vista, mas a floresta densa tornou inviável a pecuária. Logo surgiu a alternativa de explorar seringueiras. O negócio prosperou. Dinheiro começou a circular no Burgo do Itacaiunas, um povoado fundado por Leitão. Um comerciante, Francisco Coelho, se animou e foi buscar no Maranhão dezenas de mulheres "alegres". A presença das damas revoltou as casadas do lugar. Diferentemente do que ocorreria mais tarde em Curionópolis, no auge de Serra Pelada, damas e casadas não se entenderam. Leitão interveio e aconselhou que Coelho construísse um barracão numa área a dez quilômetros do povoado, numa ponta do Tocantins. Um mutirão de homens levantou o barracão para festas e casas para as damas. Na inauguração, comandada pelo próprio Leitão, foi lido o poema "Marabá", do maranhense Gonçalves Dias, que fala de uma mestiça, filha de um branco com uma índia. O cabaré atraiu os negociantes e comerciantes de borracha. Migrantes fizeram casas em volta. O núcleo esvaziou o povoado criado por Leitão. A vila das mulheres ganhou o nome de Marabá.

Leitão contraiu malária e morreu. O ciclo da borracha acabaria em seguida, quando as seringueiras da Ásia, de sementes contrabandeadas da Amazônia, passaram a ser mais rentáveis. A partir de 1920, os homens que abandonaram os seringais começaram a explorar as amêndoas das castanheiras.

Durante o ciclo da castanha, o comerciante Deodoro Mendonça tornou-se o homem mais influente de Marabá. Ele fornecia os mantimentos necessários para um coletador de amêndoas passar semanas na mata. Ao sair da floresta, o coletador era obrigado a vender as amêndoas apenas para o comerciante. Era o sistema de aviamento, em que famílias voltavam à cidade com dívidas impagáveis. Ao assumir o governo do Pará após a Revolução de 1930, o coronel Magalhães Barata, o Baratinha, prometeu acabar com o poder das oligarquias e iniciou um governo populista. Mimi, no entanto, fez acordo com os controladores do comércio de castanha e passou a dar concessões para a exploração das árvores. Deodoro Mendonça se consolidou como dono dos castanhais. Só nos anos 1940 ele perdeu o controle da exploração da castanha para os irmãos Chamon. O "Líbano da Amazônia", a oligarquia da castanha, era integrado ainda pelas famílias Mutran, Moussallen, Fakhouri e Salim.

OS MUTRAN

Na década de 1950, os Mutran tomaram o poder dos Chamon no comércio e tornaram-se os maiores negociantes de castanha, além de exercerem influência na política do Baixo Araguaia. Os "galegos", como os árabes eram chamados pelos nativos, formaram uma colônia em Marabá. A princípio, os "turcos" Mutran emprestavam dinheiro e faziam aviamentos. Aos poucos, apoderaram-se de terras de seus devedores, retiraram xicrins, gaviões, aticuns, guajajaras e suruís-aiqueuaras de beiradas de rio, ocuparam a mata. Controlaram os castanhais de São João.

Os bispos da Igreja Católica escreveram que a cultura da pistolagem no Pará foi criada durante o regime militar pelos grileiros sulistas, coincidentemente o período em que os religiosos começaram a atuar no movimento de reforma agrária no Bico do Papagaio. Desde o final do século XIX, no entanto, homens eram contratados para garantir o poder dos senhores do Araguaia, a vigília de escravos e dos cemitérios clandestinos. Nagib Mutran, o patriarca da família de "galegos", chegou à região nos anos 1920 com os irmãos Jorge e Benedito. O seu filho Vavá foi prefeito de São João quando a cidade voltou a ter autonomia política, desmembrando-se de Marabá. O neto Nagib foi prefeito de Marabá. Osvaldo, outro neto, se elegeu vereador e casou com uma juíza. Jorge, irmão de Nagib, e o filho Evandro montaram a empresa Jorge Mutran Exportação e Importação, que negociava castanha na Europa e na Ásia. Benedito, também irmão de Nagib, montou com o filho Benedito Neto a Benedito Mutran & Cia. Neto foi presidente da Associação de Exportadores de Castanha do Brasil.

Os Mutran eram conhecidos de boa parte dos migrantes que trabalham nos castanhais. A família viveu anos na cidade maranhense de Grajaú. Foi lá que tropas do governo aprisionaram, nos anos 1920, o capitão Paulo Kruger, um dos líderes da Coluna Prestes. Era o início da queda do movimento de tenentes, que ainda passaria pelo Piauí e pela Bahia, onde foi perseguido pelo exército de jagunços do fazendeiro Horácio de Matos, de Brotas de Macaúbas, um dos temidos coronéis citados no *Grande sertão: veredas*, de Guimarães Rosa.

BARQUEIRO BAIANO

Nas lavras diamantinas, as poças de sangue nas guerras entre Horácio e o coronel Militão Coelho demoraram a secar, conta o barqueiro Otacílio Alves de Miranda, o Baiano. Uma delas deixou quatrocentos mortos, registra o clássico *Coronel dono do mundo*. A disputa aumentou a miséria na região que viveu tempos de fartura com os garimpos de diamante. Baiano diz que, nos conflitos, os sertanejos fugiam desesperados, cortando caminho pelas cercas de quiabentos, arbustos de espinhos compridos.

Marabá, noite de maio

— Nasci no povoado de Morpará em 29, ano da maior guerra entre os dois coronéis. A briga do Horácio de Matos com o Militão foi tão feia que ainda passei por muitas estradas que eram só cascalho e casca de bala. Aí morreu muita gente, quem era culpado e quem não era. As cabeças eram cortadas. Meu pai era tropeiro. Ele não tomou partido de nenhum deles para não se comprometer. O Horácio queria uma coisa, o Militão outra. Armaram uma guerra de rifle e fuzil.

O poder de Horácio de Matos acabou na Revolução de 1930. Os povoados que estavam sob o seu controle não se recuperaram na Era Vargas. No fim dela, em 1954, Baiano começou uma viagem de cinco meses rumo ao Araguaia. Em Balsas, cidade maranhense tomada anos antes pelo revoltoso, foi contratado para levar 31 burros até o castanhal de Antenor Novaes, em Marabá. Baiano atravessou o Tocantins com os animais, entregou a tropa ao novo dono e arrumou emprego na coleta de castanha e no corte de juquira — capinagem do mato — no castanhal Macaxeira, da família Pinheiro.

CASTANHEIRA

A castanheira sobrevivente de Curionópolis é uma das poucas que restaram do agrupamento de árvores do Macaxeira, nas margens do rio Vermelho, que na época pertencia ao município de Marabá. A sede do castanhal estava a 106 quilômetros do centro da cidade.

Durante a Segunda Guerra, Plínio Pinheiro deixou Corumbá de Goiás, em busca de diamantes. Ele era filho de João, baiano que ganhou dinheiro na exploração de borracha no sul do Pará, no início do século xx. Plínio viveu no garimpo de diamantes de Itamirim, próximo a Xambioá. A produção de diamantes entrou em queda nos anos 1950. Plínio decidiu investir o dinheiro que economizara na coleta de castanha no rio Vermelho. Ele contratou Coriolano de Souza Milhomem, o *Cari*, o "demônio branco e sem alma", um homem de 1m60, contratado pelos coronéis para expulsar índios. *Cari* abriu uma trilha do rio até um "caminho de castanheiras" — agrupamento com centenas de árvores —, atirando em índios, incendiando malocas. Plínio se apossou das castanheiras do Itacaiunas ao Parauapebas. Ele teve dois filhos: João, morto adolescente, e Osório. Coriolano tornou-se o gerente do Macaxeira.

Palestina, início de tarde, junho

Sinésio Martins Ribeiro, maranhense da cidade de Mangabeira que atuou como guia do Exército nos combates à guerrilha, lembra de Coriolano. Maranhense de Mangabeira, Sinésio chegou criança ao Araguaia, acompanhando um garimpeiro baiano. Foi quando ouviu falar do mito nas conversas de garimpeiros do Chiqueirão e do Matrinxã. Depois de trabalhar nas minas, Sinésio conseguiu comprar um barco para transportar castanha das propriedades dos Mutran. Nessa época, passou a conviver com Coriolano, homem ligado aos donos dos castanhais.

— Quando cheguei ao Pará, aos doze anos, em 1938, Coriolano morava em Marabá. Ele era muito disposto. No rio Vermelho, ele ia com os cachorros afastar índio para tirar castanha. Ele era homem com muita vontade de lutar na mata contra os índios. Nunca vi uma lambança do Coriolano em Marabá. Agora, dentro da mata, não. Ele não perdoava. Entrava com um .44 nas costas e um revólver na cintura. Nessa época, Marabá era um lugar rico, dava muito garimpo, castanha e borracha.

O paraibano José Pernambuco de Gama era o dono do castanhal Surubim — que empregava centenas de trabalhadores no inverno —, vizinho das terras de Osvaldo Mutran, próximo à Vila do Rio Vermelho, onde mais tarde surgiria Eldorado do Carajás.

O maranhense Almir Moraes mandava nos castanhais entre os rios Sororó e Araguaia, na região de São Geraldo, a 131 quilômetros de Marabá. Depois de conquistar as terras dos índios suruís-aiqueuaras, ele formou os castanhais Fortaleza, na foz do Grotão dos Caboclos, onde mais tarde seria fuzilada a cúpula da guerrilha, e Dois Irmãos, perto do Pau Preto, próximo do Araguaia. Almir veio de Grajaú, terra dos Mutran. O pai, o major Levino, de São Luís, filho do comerciante português Ozório Moraes e da cearense Olinda Guimarães, se mudou para as terras do Pará atraído pelas seringueiras. Maranhenses subiam o Xingu, enfrentavam gorotirés e patrocinavam correrias de caiapós. Levino morreu decadente, numa barraca à beira do Xingu, onde tentou criar um império. Almir e a mãe, Maria, não conseguiram chegar ao seu túmulo em Altamira. Almir vivia como caixeiro em Marabá. Aos dezenove anos, juntou todas as economias, contratou o mateiro Pedro Tiú, comprou um batelão e rancho para meses, e subiu o igarapé Sororozinho em busca de castanheiras. Os mateiros da expedição montaram uma cabana perto do Grotão dos Caboclos. Ali, Almir encontrou o ouro marrom, a amêndoa das castanheiras. Dois mateiros chegaram ao acampamento improvisado com um saco de ouriços, o coco que guarda as amêndoas. Almir vendeu um carregamento de castanha em Marabá. Com o dinheiro, ampliou a cabana, abriu estrada até as castanheiras e formou o Fortaleza. Pedro Tiú desapareceu. Almir casou-se com Lindalva, criou nove filhos e mandou em dezenas de servos. A castanha do castanhal Fortaleza era escoada pelos batelões que desciam o Sororó, o Vermelho e o Cardoso até alcançar o porto no Itacaiunas, lembra Francisco Machado, um de seus barqueiros.

Em 1968, Baiano, o tropeiro de Morpará, assumia o posto de gerente do castanhal Macaxeira, substituindo o temido Coriolano Milhomen, que se afastara do trabalho após a morte de um filho, Zequinha, em acidente de teco-teco. Zequinha trabalhava antes numa lancha voadeira no rio Araguaia. O empresário José Noleto o treinou para pilotar avião. O jovem fazia manobras ousadas e arriscadas, era "perigoso", contam ex-garimpeiros do Chiqueirão.

Naquele ano, um caboclo piauiense chamado Badé e dois irmãos — João Olímpio e Nelson — chegaram ao Macaxeira. Badé foi tratado como filho por Baiano e a mulher, Felicidade.

No verão, Badé e os irmãos trabalhavam na juquira. Quando chegava o inverno, integravam a lista de 135 cortadores de castanha do Macaxeira. Badé virou um dos vinte tropeiros da fazenda e braço direito de Baiano. Os irmãos de Badé eram descontrolados no uso da bebida.

No Macaxeira, Baiano fez amizade com o doutor Castanheira, veterinário da região; Lourival Paulino, o *Fidel*, barqueiro de São Félix; João Sabonete, o barqueiro pessoal de Pinheiro; e o casal Tatá e Barreira. Conheceu ainda Maria Bossa Nova, dona de cabaré, mãe de Geni, que foi morar com *Fidel*. Um parêntese: Barreira deixou o trabalho de barqueiro para se tornar dono de estaleiro. Logo seria o mais famoso construtor de barcos do Baixo Araguaia.

Baiano fala do tempo em que administrava o Macaxeira, antes da chegada do Exército para combater a guerrilha. A sede do castanhal ficava à beira do rio Vermelho.

— Era muito castanhal. O pessoal ia buscar gente pra trabalhar. Eu era o gerente do Macaxeira, que tinha 135 castanheiros e vinte juquireiros. Na colheita, eles dormiam em cabaninhas na mata. Os vinte tropeiros dormiam na cidade. O Osório tinha sete colocações, que eram os agrupamentos de castanha, os pontos de coleta: Formiga, Tamanduá Grande, Tamanduá Pequeno, Boa Esperança, Aldeia, Gameleira e Grota Verde. Oito de dezembro, feriado de Nossa Senhora da Conceição, era o dia que mais caía castanha das árvores. Em respeito à santa, a gente só colhia no dia seguinte. O tempo da castanha foi o melhor tempo do Pará.

A mulher dele, Felicidade, o recrimina:

— O seu Osório fazia judiação com as pessoas. Eu cheguei a tirar um trabalhador da mão do Baiano, que ia raspar a cabeça do infeliz. Eu disse: "Baiano, não faz isso com o coitado do castanheiro. Seu Osório é rico, você é pobre".

Baiano ouve calado o relato da mulher. Felicidade continua:

— Se o empregado era bom de serviço, Osório pagava a conta. Se não fosse, tirava o rancho. Os castanheiros eram subjugados, ficavam três anos sem poder sair. Apanhavam até morrer. Dizem que hoje tem trabalho escravo. Quem diz isso não sabe a metade da história. Hoje, o mundo é furado, todos veem televisão. No Macaxeira, não. Eram cinco dias a pé para chegar. O castanheiro, com mulher, criança e suas latinhas, andava 106 quilômetros daqui até lá. Osório era ditador, por isso morreu pobre. O Nelito Almeida, o Dionor Maranhão, os Holanda, o João Grande, o Sandoval, os galegos dos Mutran, todos eram ditadores.

Baiano não aceitou substituir Coriolano no "serviço" de expulsar e matar gente, pediu as contas a Osório e comprou um barco para trabalhar de regatão — vendedor ambulante dos rios amazônicos — nas cabeceiras do Sororozinho. Passou a vender quinquilharias, combustível e sal aos trabalhadores de Pinheiro e Almir Moraes e sitiantes. Entre seus clientes na Faveira e na Palestina, antigos povoados de São João, a cem quilômetros de Marabá, estavam os guerrilheiros Elza Monnerat, a dona Maria, André Grabois, o *Zé Carlos*, chefe do destacamento A da guerrilha, e Líbero Giancarlos Castiglia, o *Joca*, filho de uma família comunista italiana radicada no Rio, único estrangeiro no grupo armado. Mais abaixo, em Santa Cruz, o barqueiro Baiano transportava *Amaury*, codinome de Paulo Roberto Pereira Marques, o bancário mineiro de Belo Horizonte. *Amaury*, do destacamento B da guerrilha, era o dono de uma farmacinha em Santa Cruz, vendia Cibalena e Anador. Aos 23 anos, se comportava como se tivesse mais idade. Estava acostumado a ser chefe. Quando o pai bancário morreu, a mãe pediu ao gerente do banco que colocasse o filho, então com catorze anos, no lugar, para ele sustentar a família.

A ditadura considerava os coronéis da castanha criminosos que mandavam nos municípios e na Assembleia do Pará. No primeiro ano do regime, o deputado estadual Nagib Mutran foi cassado. Com a saída do patriarca da política, assumiu a liderança na região o filho Osvaldo, o Vavá, controlador de uma das duas correntes da Arena local. O MDB opositor não tinha diretório.

Enquanto os militares continuavam atrás de pistas de guerrilheiros, o governo Médici foi surpreendido pela declaração do presidente da Câmara de Marabá, Alberto Moussallen, ligado a Vavá, de que não cederia terreno para a instalação do Batalhão de Infantaria de Selva. O governo fechou a Câmara por "atos desonestos". O AI-5 chegou ao Araguaia. O general João Figueiredo, secretário do Conselho de Segurança Nacional, pediu ao presidente Médici a cassação de Vavá Mutran. Figueiredo argumentou que o deputado praticara atividades "criminosas", "tentativas de morte, roubo, acoitamento de bandidos e expedições de jagunços". Mutran ficou inelegível por dez anos.

No rastro de guerrilheiros, Lício Maciel esteve nas fazendas de Mutran e presenciou trabalho escravo. Ele lembra:

— Eu tinha acesso porque me apresentava como engenheiro da Embratel e todos queriam ter uma antena transmissora perto de suas propriedades. Certa vez reclamei com um capataz da fazenda das condições em que viviam os trabalhadores. O pessoal estava muito sofrido.

A onda de "salvações do Norte", movimento de oficiais contra oligarquias "viciadas" e "corruptas" de "paisanos", chegava ao Araguaia oitenta anos depois de ser deflagrada e dar início a feudos militares no Nordeste.

A castanha era colhida no inverno, tempo das chuvas, de dezembro a junho. Com a chegada do verão, em julho, os empregados do Macaxeira iam caçar ou retirar cristal e diamante. À frente deles, porém, iam Osório Pinheiro, dono das lavras e das matas, e uma milícia de "homens de confiança". Era essa tropa que definia até os locais onde os pobres podiam matar caititu, veado, onça e tamanduá.

O garimpo de Bagagem, onde Pedro Barreira e a mulher, Tatá, estiveram depois de viverem no povoado de Pau d'Arco, pertencia a Osório Pinheiro, dono das frentes do Chiqueirão e do Ipixuna.

Ao decadente garimpo de cristal do Matrinxã chegaram os maranhenses Abel, Zé da Rita, Zé Catingueiro e Frederico Lopes. Abel virou faiscador, atravessador, de cristal. Rita foi jurada por Arara Preta, o mais famoso pistoleiro do garimpo. Antes de consumar a promessa, o pistoleiro foi esfaqueado por Cabeção e ficou agonizando no mato. Os garimpeiros buscaram em Brejo Grande um tio dele, Zé da Marta, que rezava terecô, religião que misturava ritos indígenas e africanos, para "quebrar" orações e fechar os olhos do sobrinho.

Diferentemente do alagoano Zé da Rita, que entrou para a história do cangaço por matar Benjamin Abrahão, cineasta que filmou Lampião, o maranhense Zé da Rita não tinha fama de pistoleiro. Zé Catingueiro e Frederico Lopes muito menos.

OSVALDÃO

A popularidade de *Osvaldão*, o mineiro Osvaldo Orlando da Costa, um negro de 1m98 de altura, dono de lavras nos garimpos de Matrinxã e Itamirim, despertou o interesse da Arena do sul do Pará. Vavá Mutran o convidou para disputar o cargo de vereador em São João. O convite foi motivo de gargalhadas entre os guerrilheiros. *Osvaldão* desconversava, dizia apenas que o disfarce funcionava. Homem risonho, dentes alvos, *Osvaldão* era sempre visto com uma camisa de listras pretas e brancas, do Botafogo. Ele era o comandante militar da guerrilha, o responsável pelos treinamentos e ações de emboscadas, fustigamentos e combates.

Osvaldão era o caçula dos onze filhos do padeiro José Orlando Costa e de Rita Santos, descendentes de escravos de Passa Quatro, cidade da serra da Mantiqueira, no sul de Minas. José Orlando nasceu numa fazenda de escravos. Adolescente, ganhou a simpatia do francês Jules Régnier, dono de um cinema e de um restaurante de Passa Quatro. O comerciante pagou um curso de culinária para José e ainda o ensinou noções de francês. José montou uma padaria e, nos fins de ano, trabalhava em hotéis da vizinha São Lourenço, a cinquenta quilômetros. A mulher, Rita, morreu de câncer e o padeiro teve de criar sozinho os filhos. *Osvaldão* ficou órfão aos nove anos.

Passa Quatro cresceu em volta de uma capela dedicada a são Sebastião, no antigo caminho usado para escoar o ouro de Vila Rica para o Rio de Janeiro. O lugar teve um tempo de bonança no século XIX com a produção de café. O imperador Pedro II esteve na cidade para inaugurar um túnel e abrir caminho para os trens da estrada de ferro Rio-Minas. Do período de riqueza econômica até a infância de *Osvaldão*, Passa Quatro foi lembrada apenas duas vezes pelos jornais. Em 1912, o presidente da República, Hermes da Fonseca, ciceroneava uma legião de cientistas que pretendiam medir um eclipse solar. Era a primeira tentativa da ciência de medir o desvio da trajetória da luz quando passa próximo a corpos maciços como uma estrela, num tempo de estudos que resultariam na Teoria da Relatividade, de Einstein. A chuva e o céu nublado impediram qualquer análise. Mais tarde, em 1932, a cidade se desesperou com a chegada de paulistas e tropas federais, que travaram ali a maior batalha da Revolução Constitucionalista, movimento liderado por São Paulo contra o governo Vargas. De nada valeu os paulistas acionarem as "matracas", parafernália que imitava barulho de metralhadoras.

Sem perspectiva de estudos na cidade de 3 mil habitantes, *Osvaldão* foi para São Paulo morar com uma irmã, a professora Irene. Na metrópole, fez curso industrial de cerâmica. Depois de três anos de estudos, conseguiu uma vaga num curso de formação de técnico em máquinas e motores, no Rio de Janeiro. O porte atlético lhe abriu as portas para os treinos de boxe no Botafogo. Na cidade, se aproximou de representantes do movimento estudantil. Nos encontros da União Nacional dos Estudantes, trabalhava de segurança. Em 1961, conseguiu uma bolsa de estudos em Praga — o governo da Tchecoslováquia se aproximara das autoridades brasileiras desde os anos 1950, quando Juscelino Kubitschek, cuja família era de origem tcheca, chegou à Presidência do Brasil. Em Praga, *Osvaldão* cursou engenharia de minas. O negro alto chamava a atenção nas ruas. Lá, fez amizade com os estudantes de engenharia Eduardo Pomar, filho do líder comunista Pedro Pomar, e Gilberto Olímpio Maria, de Mirassol, São Paulo, filho de sindicalistas do movimento operário do interior paulista. Por meio da família Pomar, *Osvaldão* entrou para o PCdoB ainda em Praga. De volta ao Brasil, ele e Gilberto começaram a trabalhar no projeto de guerrilha do PCdoB no interior do país. Após rápida passagem pelos garimpos de Diamantina, em Minas Gerais, *Osvaldão* foi enviado pelo partido para a China, onde frequentou a Academia Militar de Nanquim. Quando regressou, dez meses depois, reencontrou Gilberto, agora casado com Victória, filha de Maurício Grabois, outro líder do PCdoB. Os três receberam missão do partido de viver em Guiratinga, oeste de Mato Grosso, para avaliar uma alternativa à região do Araguaia para implantação da guerrilha. O partido descartou o plano.

Osvaldão e Gilberto, sem Victória, chegaram ao Araguaia em 1967. Aos 29 anos, *Osvaldão* "mariscava" — caçava — gatos, onças e ariranhas nas matas da Palestina, povoado a cinquenta quilômetros de São Geraldo. Na Palestina se contempla um pôr do sol fascinante. O povoado de casas de barro e cobertas de folhas de palmeira cresceu no auge dos garimpos de diamante de Itamirim e Tabocão. *Osvaldão* dançava com elegância nos cabarés de Xambioá, encantava mulheres, despertava a simpatia dos homens e atraía as crianças, embora, neste caso, sempre usasse o artifício de oferecer balas e bombons.

— Ele tinha olhos de corrupião zangado — lembra Zé Catingueiro.

Na noite de 31 de dezembro de 1971, *Osvaldão* entrava no castanhal do *Zé Ferreira*, um dos núcleos da guerrilha, com um veado-mateiro nas costas e cantando a "Internacional". João Amazonas, que naquele momento estava no Araguaia, pulava como menino. Os mais de vinte comunistas que já atuavam na guerrilha viviam uma fase de otimismo. À meia-noite, os guerrilheiros perfilados disparavam para o alto, comemorando a chegada do ano novo.

Os primeiros informes sobre *Osvaldão* foram dados pelo jovem barqueiro Clobiniano e seu pai, Manoel Cerilo Nepomuceno, o Manoel Claro. Eles eram informantes do Exército em Xambioá.

Desde o Império, havia uma rede oficial de informantes no Araguaia. Em vilarejos e presídios nas margens do rio, o governo tinha um contato, que podia ser um padre, um soldado, um barqueiro, um dono de bodega. A função podia passar de pai para filho, ser remunerada ou não.

Manoel e o filho Clobiniano auxiliavam também expedições científicas e grupos de vigilância sanitária. O nome do garoto era uma homenagem a um certo Corbinião, que certa vez construiu uma balsa gigante, a maior da história do Tocantins, contam, e se espatifou num tronco. Foi Clobiniano quem levou até a ilha dos Martírios, no Araguaia, o pesquisador paulista Manoel Ferreira, que publicou *O mistério do ouro dos Martírios*, revelando a localização da ilha onde existem desenhos pré-históricos que lembram símbolos da Paixão de Cristo.

No barco *São José dos Claros*, construído por Pedro Barreira, marido de Tatá, Clobiniano transportava os guerrilheiros *Osvaldão* e *Amaury* de Santa Cruz para São Geraldo, Araguatins e Imperatriz. *Osvaldão* se tornou amigo da família do barqueiro. Em São Geraldo, o guerrilheiro ganhou fama de bom comprador. Negociava arroz, milho e feijão com Zeca do Jorge, de Grajaú, que o apresentou a outros guerrilheiros. Ao fazer viagens mais longas, *Osvaldão* contratava José Noleto, dono de teco-teco em Araguatins. O barqueiro Clobiniano era pago para comprar pilhas, cigarros Continental e lanternas em Imperatriz. Às vezes, *Amaury* encomendava charutos para um "amigo". Clobiniano ainda levava rádios para consertar.

Em janeiro de 1972, militares chamaram o barqueiro.

— Você conhece o *Osvaldão*?

— Conheço.

— De onde?

— Ele é meu passageiro. É bom pagador.

Com a construção da Belém-Brasília e da Transamazônica, o número de habitantes de Marabá, o antigo povoado das mulheres, passou de 12 mil para 24 mil. Maior cidade da região da guerrilha, Marabá era pacata, o delegado Hugo Rosa tinha pouco trabalho a fazer.

A rodovia Transamazônica foi planejada para ligar Imperatriz, no Maranhão, a Rio Branco, no Acre, passando por Marabá. As obras foram antecipadas para dar ocupação a flagelados da seca de 1970.

O ex-cangaceiro Candeeiro, um dos soldados da borracha arregimentados por Vargas para trabalhar nos seringais do Amazonas durante a Segunda Guerra, não quis entrar na leva de nordestinos que foram trabalhar nas obras da rodovia, pois José Apolinário, seu sogro, que era um dos trabalhadores dessas obras, morreu depois de contrair malária.

Quando os primeiros guerrilheiros começaram a atuar no Bico do Papagaio, operários e tratores das obras já estavam em Marabá, escreveu Elio Gaspari. A Transamazônica não daria em lugar algum. O general Ênio Pinheiro, ex-interventor do Guaporé, hoje Rondônia, que se considerava um dos "mosqueteiros" de Médici e arquirrival de Orlando Geisel, previu que a estrada seria engolida pela mata. O plano do governo era assentar 100 mil famílias às margens da rodovia. Oito anos depois, o Incra tinha assentado menos de 10 mil numa terra arenosa, imprópria para a agricultura de subsistência. "A massa acha que o Incra é nova forma de cativeiro", escreveu Arroyo.

4.

ÁUREA E ARILDO

O último verão de Arildo na praia de areias douradas e águas verdes, no sul do Espírito Santo, antes de entrar no curso de física da Universidade Federal do Rio de Janeiro, está registrado numa fotografia em preto e branco. Ele é o rapaz à direita, de sorriso aberto e olhar incisivo. À esquerda está o irmão Altivo, que cursava o quarto ano de química também na UFRJ, no *campus* da praia Vermelha.

Marataízes, manhã de novembro

Altivo guarda essa e outras fotografias de Arildo numa caixa de papelão, na casa onde mora a poucos metros da praia.

— Ele era muito brincalhão e alegre, diferente de mim, que sou fechado.

Marataízes era a praia favorita das famílias de Cachoeiro de Itapemirim. Helena, a mãe de Arildo, Altivo e outros cinco filhos, costurava e tomava conta de um cartório desde a morte do marido, também chamado Altivo, que sofria de esquistossomose. Cachoeiro era uma cidade industrial em pleno Brasil rural. Na primeira metade do século XX, contava com fábricas de cimento e tecido. Nenhuma fábrica, porém, despertava a curiosidade dos meninos como a de pios da família Coelho, procurada por caçadores em busca de apitos que imitavam sons de nhambus e jacus. A cidade tinha por tradição executar a "Marselhesa", o hino francês, nas solenidades. Por lá passavam artistas e intelectuais. Sérgio Buarque de Holanda, depois de um desentendimento com os modernistas de São Paulo, editou ali o jornal *Progresso*, em 1925 e 1926. Helena, a mãe de Arildo, o conheceu nessa época, e sempre lembraria do amigo ao ouvir no rádio as músicas de Chico Buarque.

Aluno do Liceu, ginásio tradicional, Arildo era um jovem apolítico, de voz grossa, que sobressaía em matemática e inglês. Gostava de jogar bola com os amigos e fazer anotações sobre filmes que via no Cacique e no Broadway, cinemas da cidade.

Na época da foto na praia, Altivo estava no quarto ano do curso de química no *campus* da praia Vermelha. Arildo tinha dezenove anos.

Uma jovem de sorriso aberto abraçada a Arildo está numa outra fotografia guardada por Altivo Valadão. Áurea, de dezessete anos, também da física, conheceu Arildo em 1967, no cursinho pré-vestibular Bahiense, no Rio. No *campus* da UFRJ, Áurea e Arildo dividiam o tempo entre as aulas do curso e o trabalho de monitoria no laboratório de José Leite Lopes, cientista que retornava dos Estados Unidos depois de provar a existência da partícula Z0 — um bóson intermediário neutro — e trabalhar com Wolfgang Pauli e Albert Einstein. Disposto a desenvolver a energia atômica nos trópicos, ele levantou recursos para a instalação, no Fundão, de um acelerador de partículas, máquina com energia na ordem de 600 milhões de elétrons-volt. Ele fazia discursos por mais investimentos em educação e ciência, e criticava "forças sociais e políticas" que impediam a "universalização" da tecnologia e da pesquisa.

Áurea nasceu na fazenda da Lagoa, em Monte Alegre, Minas Gerais, administrada por seu pai, José Pereira. Em sua época de menina, os dias de eleições eram os mais animados. Rumo à cidade, Pereira colocava a mulher, Odila, e os quatro filhos na boleia e peões na carroceria do caminhão. Na entrada de Monte Alegre, os peões soltavam fogos, para vergonha de Iara e Maria Auxiliadora, irmãs mais velhas de Áurea. "Podem comer na casa de quem quiserem! Aproveitem, comam na casa de todos!", dizia Pereira aos funcionários, liberando-os para votar em candidatos do PSD ou da UDN. Aos seis anos, Áurea fez sozinha a viagem de ônibus de 28 quilômetros até São Sebastião do Areado, onde freiras do Colégio Nossa Senhora das Graças a esperavam. Os nove anos de internato tornaram a menina mais recatada. Adolescente, foi morar com a irmã Iara, em São Cristóvão, no Rio. Áurea era garota de manias. Só usava camisas e saias compridas. Fazia o sinal da cruz sempre que passava por uma porta, e se sentia incomodada por ficar perto de homens.

Tijuca, manhã de setembro

Iara lembra que a irmã Áurea pulava quando cantava do início ao fim as músicas de Roberto Carlos, cantor que deixou o pequeno Cachoeiro para ganhar a vida no Rio de Janeiro bem antes de Arildo.

Ao chegar à cidade, Áurea logo aderiu às minissaias e dietas, e entrou num curso de natação no Vasco da Gama, da Zona Norte. A moça de pernas grossas pediu autorização dos pais para morar com três amigas num apartamento da rua Cândido Mendes, na Glória.

Jovens pagavam aluguel de apartamentos de quarto e sala na Zona Sul. Com calças boca de sino e óculos de armação grossa, assistiam a filmes no Metro, no Roxy e no Ryan, cinemas de Copacabana. A bolinha saía dos vestidos para virar gíria de droga. Erguer copo de cerveja em calçada de bar era coisa para boêmio. Nas festinhas, tomavam ponche — que podia ser preparado com groselha, soda limonada, gelo e pedaços de maçã com vinho ou champanhe. Com a transferência da sede do governo federal para Brasília, o Rio de Janeiro estava livre para se imaginar uma capital do mundo. Era uma cidade-país. Falar sobre o que existia além de suas divisas era referir-se ao outro universo. A Amazônia chegava pelas reportagens "desbravadoras" de Amaral Netto na TV, pelos documentários e filmes de Glauber Rocha, pelas fotos de *O Cruzeiro*, a revista dos índios e das misses, pelos livros dos escritores que vinham de longe, contando histórias de sertão e miséria. No ginásio do Maracanãzinho, "Sabiá", que fala do exílio de artistas, de autoria de Tom Jobim e Chico Buarque, ganhou o Festival da Canção, a fama de música de amor e a vaia da multidão, que consagrou a segunda colocada, "Pra não dizer que não falei das flores", de Geraldo Vandré, música de protesto aberto. As cadeias começaram a lotar de rebeldes. O AI-5, ato imposto em dezembro de 1968, suspendia direitos civis e cassava políticos e funcionários públicos. A repressão a grupos opositores no Rio aumentou a partir do sequestro por parte de dois deles, o MR-8 e a ALN, do embaixador norte-americano Charles Elbrick, no mês de setembro seguinte. O guerrilheiro Franklin Martins, do MR-8, escreveu um recado: "O rapto do embaixador é apenas mais um ato da guerra revolucionária, que avança a cada dia e que ainda este ano iniciará sua etapa de guerrilha rural".

Havia espiões nas passeatas. O cerco se fechou. Os poucos guerrilheiros que viviam no Araguaia esperavam reforços. Novos contingentes viriam depois do AI-5. O ato arbitrário chegou às universidades. Embora o cientista Leite Lopes levasse uma vida de laboratório, foi classificado como subversivo. O AI-5 foi assinado antes que o acelerador de partículas começasse a funcionar. Leite Lopes foi cassado e se exilou, mais uma vez, por suspeita de utilizar metáforas políticas — "elétron", "núcleo" e "partícula". No exterior, retomou suas pesquisas, que culminariam com a unificação das interações eletromagnéticas fracas. A partir dessas pesquisas os cientistas Steven Weinberg, Abdus Salam e Sheldon Lee Glashow ganharam o Nobel. Com a expulsão de Leite Lopes da Universidade Federal do Rio de Janeiro, Arildo, presidente do diretório acadêmico do curso de física, e Áurea passaram a dedicar mais tempo ao movimento estudantil. Trocaram os livros de física por manuais comunistas cedidos pelo amigo Arlindo de Pádua Costa, o *Piauí*, estudante de astronomia.

Cachoeiro de Itapemirim, tarde de novembro

Marlene conta que o irmão Arildo gostava de citar trechos de letras de músicas de Chico Buarque nas conversas e cartas.

Helena, a mãe, dizia que o filho e a nora Áurea não tinham maturidade. Numa viagem a Cachoeiro para apresentar a noiva e se despedir, Arildo brincava com um revólver Smith & Wesson que pertencera ao pai e a arma disparou. A bala passou perto de Áurea e furou o marco da porta. Helena se irritava com armas. O filho mais velho, Helvécio, o recruta desengonçado apelidado de Brasil, morrera num quartel no Rio, em circunstâncias não esclarecidas pelo Exército.

Para satisfazer os pais, Áurea casou-se na basílica velha de Aparecida, em São Paulo. Ela usou vestido branco, mas curto. Na igreja estavam *Sônia*, *Piauí* e João Carlos Campos, colegas do PCdoB e mais tarde de guerrilha. O padre abençoou os noivos e orientou:

— A mulher deve servir ao homem.

Áurea não segurou o riso. Os colegas taparam a boca com a mão.

De Aparecida, o casal foi para Monte Alegre. Áurea voltou a interpretar o papel de moça de Areado ao demonstrar timidez e vergonha dos pais quando viu o quarto preparado por dona Odila na sede da fazenda. No dia seguinte, Áurea resistiu a deixar o quarto. Estava com vergonha.

No Rio, Áurea e Arildo alugaram um quarto e sala na rua Machado de Assis, no Flamengo. Viviam das bolsas do CNPq e da ajuda da família dele. A polícia invadiu o apartamento. O casal não estava. Os dois entraram na clandestinidade, se abrigando em casas de amigos.

O AI-5 transformou a Guerrilha do Araguaia, planejada nos tempos brandos do governo do general Castelo Branco (1964-67), primeiro presidente militar, em movimento de características de resistência à ditadura. O instrumento totalitário deu ao PCdoB um contingente de perseguidos, alguns sem condições de permanecer nas cidades. Eram jovens dispostos a viver experiências numa época de contradições e descobertas.

Os propósitos da guerrilha variavam de acordo com o perfil do combatente. A lista de recrutados era formada por comunistas que havia quarenta anos esperavam a luta armada, jovens sonhadores descritos à exaustão nos filmes de época, garotas decididas a acompanhar o namorado, gente com desejos totalitários e estudantes que precisavam de um tempo até que a repressão esfriasse nas ruas do Rio.

OS IRMÃOS CORDEIRO OEST

O carioca Lincoln Cordeiro Oest, 63 anos, o *Careca*, ex-deputado estadual, era o recrutador de guerrilheiros. Na juventude fora atacante do Flamengo e capitão do Exército. Deixou a carreira militar depois de participar da Intentona, revolta em quartéis do Rio e de Natal de simpatizantes de Prestes e desconten-tes com o governo Vargas. Era irmão do general Henrique Cordeiro Oest, com-batente da tropa federal na Revolução de 1932 em São Paulo. Henrique também foi colocado sob suspeita após a Intentona, mas conseguiu retornar ao Exército e entrar num dos navios militares enviados por Vargas para a Segunda Guerra.

O estudante capixaba Jorge Luiz de Souza enfrentou longo interrogatório. Lincoln Oest não aceitou recrutá-lo porque sua namorada, Malu, estava grávi-da. Enviado ao Espírito Santo para encontrar novos nomes, Jorge Luiz procurou o estudante João Gualberto Calatroni, que no Araguaia seria *Zebão*, o "Zé bão". Arildo Valadão, outro amigo de Jorge, e a mulher, Áurea, passaram no teste.

Áurea aproveitou o jogo da Seleção Brasileira contra a Inglaterra pela Co-pa do Mundo do México, quando as ruas do Rio estavam vazias, para ir à casa da irmã Iara, em São Cristóvão. Assustada, disse que Arildo estava sendo pro-curado pelo Exército por ter participado de uma passeata.

— Iara, vamos desaparecer. Ficaremos fora por um tempo. Arildo me deixou livre para decidir: ficar ou fugir com ele.

Áurea lembrou de amigas presas.

Nelson, marido de Iara, tentou intervir:

— Áurea, sai dessa, as coisas estão perigosas.

— Nelson, eu não saio mais. Vou embora.

Ela havia deixado a casa quando Jairzinho marcou o único gol de um dos jogos mais tensos do torneio, após jogada de Tostão e um toque de bola de Pelé.

Dias depois de a Seleção conquistar o tricampeonato no México, Arildo escreveu à mãe:

Querida Mamãe! Estou bem, embora sentindo-me com a consciência um tanto pesada por estar em falta com a Sra... enfim, nem sempre tudo sai como desejamos. As coisas vão acontecendo assim como a Terra vai girando ao redor do sol, o elétron ao redor do núcleo e, como sabemos, a maioria das coisas — como estas — acontecem independente de nossa vontade pessoal. Muitas vezes os objetivos que traçamos são inatingíveis dentro de um determinado espaço de tempo, um determinado lugar. Convém então que tenhamos o máximo de flexibilidade para podermos contornar os empecilhos, sabendo aproveitar os erros para diminuir o tempo que nos separa da vitória futura, a qual é *inevitável*. Sim, minha querida mamãe, nós, apesar de algum tombo passageiro, seremos vitoriosos, inevitavelmente, inapelavelmente. Seremos nós — a Sra. e os manos, todos nós — quem no final empunhará os louros da vitória. Não importam os tombos que porventura soframos durante o caminho, pois estaremos sempre de pé. Não diz a musiquinha: "o homem de moral não fica no chão..."? É quando o inimigo faz tudo para derrubar-nos — e não consegue — que podemos medir o quanto somos fortes. É assim que alguns fatos desagradáveis se passam comigo e Áurea. Estou certo de que a Sra., com a segurança que lhe é própria da personalidade e com as experiências que a Sra. tem desta vida tão ardentemente vivida, saberá compreendê-los e analisá-los. Os fatos resumem-se no seguinte: um rapaz foi preso há cerca de um mês e acusou-me de subversivo. Ora veja só a Sra., eu que fui indicado para assessor direto do ministro da Educação e Cultura ser acusado de subversivo! Não é mesmo engraçado? Logo eu, tão querido pelos professores e até pela direção da escola, eu que tanto confiavam! É bem verdade que eu era presidente do Diretório Acadêmico de minha escola, mas este cargo nunca foi sinônimo de subversão. É certo também que tanto eu quanto Áurea sempre fomos alunos aplicados — o que demonstram nossos sucessos na escola e o fato de sermos bolsistas do Conselho Nacional de Pesquisas. Tudo em nosso procedimento leva a uma só conclusão: que nossa vida é limpa, digna, honrada e honesta. Mas quem é que quer saber disto? Nós vivemos sob um regime militar. Basta uma pequena acusação, mesmo desprovida de fundamentos como é esta, para que os "guardiões da democracia" passem a perseguir o acusado. É claro que querem prender-me a todo custo. Não sabem eles que estão lidando com o filho de dona Helena! Pois é, mamãe, eu bem poderia apresentar-me e mostrar o quanto tal acusação carece de fundamento. Entretanto, isto envolve riscos físicos. Como a Sra. deve saber, eles não se limitam a prender e procurar saber se é inocente ou culpado, mas logo designam a pessoa por culpado e a submetem a torturas horríveis. E depois pode-se ficar preso, incomunicável, anos e anos. Isto tudo, é claro, seria bem pior do que eu resolvi fazer. Diante de tudo isto resolvemos abandonar — por uns tempos, até que a situação melhore — a escola e o trabalho. Tivemos que nos desfazer do nosso apartamento, visto que a polícia estava vigiando-o. A Sra. não deve se preocupar, pois bem sabe que somos jovens, fortes, dispostos, prontos a enfrentar tudo. Algum dia chegará em que estaremos juntos e então todas estas coisas serão coisas de um passado distante e riremos juntos e quando lembrarmos delas... Com relação ao nosso curso, não se abale. Quando menos esperar apareceremos por aí com os "canudos" debaixo do braço... Enfim, mamãe, tenho certeza de que saberá enfrentar este período com ânimo e coragem. É precisamente por esta certeza, por tudo o quanto a Sra. tem feito e pelo que a Sra. é, que lhe devoto tanta admiração e tanto amor. Este seu filho, Arildo.

Arildo encontrou Altivo no Passeio Público, no Rio. Disse que, se permanecesse na cidade, seria "dedurado" e preso, e lembrou da invasão do apartamento. Não informou aonde iria, por questão de segurança. Dias depois, Altivo assistia a um filme num cinema em Botafogo, quando, ao ir ao banheiro, reencontrou o irmão. Arildo tinha marcado um encontro com um colega de partido. Altivo recorda:

— A gente não conseguia se comunicar. Já tinha ocorrido o sequestro do embaixador. Líderes estudantis estavam escondidos, presos ou mortos. Aquele dia no cinema foi a última vez que vi Arildo.

Arildo estava no Araguaia quando Helena adoeceu. Ela foi levada pelos demais filhos para o Rio. No hospital, reclamava da falta de notícias do caçula. Os filhos Altivo, Roberto, Marlene, Lília e Jane não tinham informações para dar. Horas antes de um ataque cardíaco fulminante, Helena pediu a presença de todos eles.

— Onde está Arildo?

A única pessoa que os irmãos de Arildo conheciam para dar informações sobre ele e Áurea era Lincoln Bicalho Roque, 25 anos, capixaba de São José do Calçado, um professor de sociologia da Universidade Federal do Rio de Janeiro que despontava no Comitê Central do PCdoB.

Antes de pegar um ônibus e ir para o Araguaia, Arildo foi até a casa de um amigo de infância de Cachoeiro e Marataízes, que morava na Tijuca. Michel Misse, na época estudante secundarista, estranhou:

— Alguém tocou a campainha lá de casa. Para minha surpresa era ele. Nunca tinha estado em casa antes. Disse que tinha vindo se despedir, que ia fazer uma longa viagem. Apertou forte a minha mão... ele costumava apertar bem forte, mas dessa vez ficou a impressão de um adeus. É claro, a rememoração deu um sentido especial à despedida. Achei estranho que tivesse me procurado. Afinal, não nos encontrávamos no Rio, apenas em Marataízes. Eu era do PCdoB. Acredite, eu não sabia que Arildo estava no partido. Ele também não sabia que eu era do PCdoB. Eu havia sido sondado sobre a possibilidade de participar da "guerra popular revolucionária" que seria desencadeada no interior. Não via condições de enfrentar uma guerra de guerrilhas. Sem saber que poderíamos nos reencontrar no Araguaia, Arildo veio à minha casa dar adeus ao amigo de infância, não um companheiro de partido.

ROSINHA E PAQUETÁ

Misse levou para o partido Maria Célia Corrêa, a *Rosinha*, que trabalhava numa agência bancária e cursava filosofia na Universidade Federal do Rio de Janeiro. *Rosinha* conheceu João Carlos Campos Wisnesky. Logo começaram a namorar. João Carlos estudava na Escola de Medicina e Cirurgia, onde fundara um diretório do PCdoB e atuava como secretário de Agitação e Propaganda do comitê universitário do partido na cidade. Neto do polonês Eduardo Wisnesky, que chegou ao Brasil no século XIX para trabalhar na Fábrica de Tecidos Bangu, no Rio, e da portuguesa Alzira Soares, passou a infância em meio a discussões anarquistas e sindicais. O avô e o pai, João, eram ligados ao movimento de trabalhadores da fábrica. O Rio do início do século XX abrigava um número significativo de estrangeiros em suas indústrias de bens de consumo. João Carlos era reserva do time do Flamengo campeão carioca de 1963. Depois jogou no América, também do Rio, e no Cannes, da França. Na Europa, se revoltava quando ouvia de colegas que o Brasil vivia uma ditadura. Era chamado de "selvagem". Ao voltar ao Rio em 1967, percebeu que havia de fato uma ditadura. Retomou os estudos para tentar uma vaga em medicina. O curso pré-vestibular ficava na Cinelândia, centro de manifestações.

Na Escola de Medicina e Cirurgia, fazia discursos marxistas e recrutava colegas para o partido.

— E onde fica o homem nessa história? — perguntou Lúcia Maria de Souza, que no Araguaia seria a guerrilheira *Sônia*.

— Então, é isso, vamos mudar — respondeu o colega.

Carioca de 1m60, lábios grossos e cabelos castanhos, *Sônia* era filha de um marinheiro de barca da baía de Guanabara. Viveu a infância num bairro pobre de São Gonçalo, na Baixada Fluminense. Ao passar no vestibular da Escola de Medicina e Cirurgia do Rio, foi morar numa pensão decadente de uma senhora refinada, que arrumava as mesas com talheres de prata e pratos de porcelana. A comida, porém, era pouca. Nessa época, *Sônia* assistia a concertos gratuitos no Teatro Municipal.

A Escola de Medicina e Cirurgia foi o berço dos "bulas" do Araguaia, os "doutores de saúde". Do grupo faziam parte Luiz René, Tobias Pereira Júnior, o *Josias*, e Elmo Corrêa, o *Lourival*, irmão de *Rosinha* — que foi para lá acompanhado da mulher, Telma Regina Cordeiro, a *Lia*, que tinha sido expulsa do curso de geografia da Universidade Federal Fluminense, de Niterói, por participar do movimento estudantil.

Filha de Durval, funcionário da Previdência, e de Celeste, auxiliar de enfermagem, Telma vivia no Realengo, na periferia do Rio onde moravam trabalhadores das fábricas. Famílias de militares também moravam no bairro, onde funcionava a escola do Exército. Pelo colégio passaram, nos anos 1920, Maurício Grabois — que mais tarde seria comandante da guerrilha no Araguaia — e os citados irmãos oficiais Henrique e Lincoln Cordeiro Oest, que trilhariam caminhos revolucionários. Após a Revolução que levou Vargas ao poder, a escola passou a impedir o acesso de rebeldes. A geração de alunos pós-guerra teria outra formação. Foi o caso de Nilton Cerqueira, que seria um agente de importância no Araguaia. A família dele morava numa casa próxima ao colégio.

Elmo e João Carlos jogaram no time de basquete da faculdade que disputou as olimpíadas universitárias. Foi por meio de Elmo que João Carlos conheceu *Rosinha*. O encontro ocorreu no treinamento numa área montanhosa de

Miguel Pereira, ainda no Rio. A moça miúda não se adaptou a um calibre .38. Ganhou um .32.

Antes de ir para o Araguaia, João Carlos estivera no Comitê Central do PCdoB que funcionava clandestinamente numa casa do bairro da Lapa, em São Paulo, onde conheceu o paraense Pedro Pomar e a carioca Elza Monnerat, a *Tia* ou *Dona Maria*. *Paquetá* foi mandado para Anápolis, onde uma pessoa o esperaria. Era Elza. Alpinista nos fins de semana, pichou o nome de Stálin na pedra Dois Irmãos, no Rio. A comunista era professora primária e funcionária da Previdência. Em 1944, participou das manifestações em frente ao Palácio do Catete, para exigir de Vargas a entrada do Brasil na Segunda Guerra. Destacava-se entre os amigos por ser uma mulher nada emotiva e fiel ao partido e a João Amazonas.

Elza, João Carlos e o estudante de direito baiano Demerval Pereira pegaram um ônibus para Imperatriz, no Maranhão. Lá, a *Tia* rebatizou João Carlos de *Paulo Paquetá* e Demerval, de *João Araguaia*.

Rosinha foi depois. Michel Misse tentou demovê-la da ideia.

— Achei aquilo uma loucura: uma menina loirinha de dezoito anos, animada em ir para a guerra. Eu disse que ela precisava de mais tempo para ponderar suas "condições ideológicas". Não obtive sucesso.

CRISTINA

Nas reuniões do comitê universitário do PCdoB no Rio, *Paquetá*, *Sônia* e Arildo conheceram a estudante cearense de biologia Jana Moroni Barroso, da Universidade Federal do Rio de Janeiro, que na guerrilha adotaria o codinome *Cristina*. A estudante era filha do médico Benigno, da família Girão, um clã de juristas e médicos do Ceará — o também médico Teodorico, pai de Benigno, era um propagador do espiritismo. A mãe de *Cristina*, a enfermeira gaúcha Cyrene, de quem herdou a beleza física, descendia dos Moroni, italianos de Santa Maria. *Cristina* nasceu em Fortaleza. Era criança quando Cyrene recebeu proposta de trabalho e a família se mudou para Petrópolis, cidade serrana do Rio. A família se tornou amiga de Pedro, neto do imperador, que andava pela cidade com chapéu de feltro. Foi Pedro quem autorizou Cyrene a enterrar um cachorro no Bosque do Imperador.

Um dos poucos episódios que quebrou a tranquilidade de Petrópolis ocorreu no Batalhão do Imperador, em abril de 1963. O sargento Mariano atirou na testa do capitão Edson Monnerat. Amigos foram à caça de Mariano pelas ruas. O assassino só foi parado por um tiro disparado pelo capitão Nilton Cerqueira, filho do músico do Exército Nelson, que tocou na reinauguração do estádio do Botafogo. Nilton foi inocentado, alegando legítima defesa e defesa de terceiros. O episódio quebrou a monotonia da cidade e foi seu batismo de fogo.

Campus *da praia Vermelha e Bar Garota de Ipanema, setembro*

Encontro Lorena Girão Barroso, irmã de *Cristina*, num evento de famílias de estudantes da Universidade Federal do Rio de Janeiro mortos pelo regime militar. É estranho ser recebido com desconfiança e olhares atravessados. Alguns parentes de guerrilheiros rejeitam contribuir para um livro que fala de Curió. De beleza impactante, Lorena é gentil logo na primeira conversa no *campus*. À noite, conta que ela e *Cristina* passaram a infância em Petrópolis, em brincadeiras no jardim do palácio de verão e passeios de escoteiro na Mata Atlântica.

Na adolescência, *Cristina* colecionava folhas e só demonstrava vaidade ao alisar os cabelos encaracolados com ferro de passar roupa. A paixão pela bossa nova, Nara Leão e Edu Lobo surgiu no tempo do curso de biologia. Tinha os discos de Elis Regina. Na Universidade Federal do Rio de Janeiro, distribuía informes do PCdoB. A participação dela no movimento estudantil era aceita pelos pais. Benigno era homem politizado e dizia que era preciso servir aos outros.

Os pais de *Cristina* não contiveram as lágrimas quando a filha os chamou ao quarto para avisar que deixaria o Rio. Benigno pediu à caçula, Lorena, que convencesse a irmã a não ir. *Cristina* disse aos pais que, por segurança, não revelaria para onde iria. Disse apenas que faria o que tinham lhe ensinado: ajudaria pessoas do interior. Ela colocou na mochila algumas roupas e todas as amostras grátis de remédios que o pai guardava em casa. Antes de sair, entregou a Cyrene o livro *A mãe*, de Máximo Gorki — a história do filho que tenta explicar os motivos da escolha "revolucionária". Para receber informações da filha, Cyrene deveria levar o livro em dias marcados, exatamente às dezessete horas, no último ponto de ônibus da rua Praia do Flamengo, no rumo de Botafogo. Por anos, descia uma vez por mês a serra de Petrópolis. Chegava ao ponto antes do horário marcado e saía bem depois para encontrar um informante que nunca apareceu.

DUDA

Dias antes de ir para o Araguaia, *Cristina* esteve na casa de Luiz René, o *Duda*, amigo de militância, morador da Tijuca e também fascinado por Elis Regina. Elizabeth, irmã de *Duda*, estranhou sua presença ali. Não sabia que a moça que conhecia da faculdade se relacionava com o irmão. Ele disse à família que iria desenvolver trabalho de "conscientização" no interior.

— A Jana [*Cristina*] vai junto?

— Vai.

— E a Lúcia [*Sônia*]?

— Já foi.

Elizabeth "juntou os cacos". O irmão e colegas dele no curso de medicina, *Sônia*, Elmo e a mulher, *Lia*, estavam engajados no movimento do PCDOB. Eles frequentavam a casa da família, participando dos almoços preparados por dona Lulita.

Duda recebeu insistentes pedidos da mãe para não trancar a faculdade no segundo ano de medicina. Elizabeth concordava com o irmão que o caminho político era a luta contra a ditadura e por um novo modelo de governo. Elizabeth, porém, lhe dizia que era possível continuar a militância no Rio, pois ele não estava na lista dos procurados e, formado, poderia ajudar mais as pessoas no interior. *Duda* se empenhou em cursos de obstetrícia e de tratamento de verminoses.

— O povo morre de verme. E isso eu sei tratar.

Aos vinte anos, *Duda* estava no Araguaia.

Tijuca, noite de sexta-feira

O apartamento de Elizabeth Silveira dá de frente para a floresta da Tijuca. Favelas tomam conta da encosta. Elizabeth lembra que o irmão *Duda* não perdeu o marcante show de Elis no Tijuca Tênis Clube e frequentava a "Cinelândia da Zona Norte" — a praça Saenz Peña, onde funcionavam os cinemas Metro, Carioca, América, Olinda, Art Tijuca e Bruni.

Ela conta que o jeito tranquilo e alegre do irmão contrastava com a personalidade autoritária do pai, René, homem moralista, comunista de poucas palavras, sectário. René torcia para o Bangu porque o clube era o preferido dos operários. Mantinha relacionamento tenso com os filhos Elizabeth, Luiz René (*Duda*), Luiz Carlos (homenagem ao ídolo Luís Carlos Prestes) e Luiz Paulo. Migrou ainda jovem de Santa Catarina para o Rio, no rastro do irmão João, que chegou à cidade na função de grumete da Marinha. René conseguiu vaga na Marinha Mercante. Na ditadura Vargas, participou do movimento dos marítimos, braço sindical do PCB de Prestes. Foi preso. O governo Dutra manteve as perseguições. A família morava numa casa no bairro da Penha quando dois homens de terno escuro bateram na porta. Elizabeth, então uma garota de oito anos, abriu a janelinha de vidro no alto da porta para atendê-los.

— Pai, dois homens procuram o senhor.

— Posso trocar de roupa? — perguntou René, de pijama, aos homens, que já estavam dentro da casa.

Lulita tentou tirar os filhos da sala, para que não vissem o pai ser levado pelos agentes. Após a prisão de René, ela ficou na casa da mãe, Francisca Maciel, em Bonsucesso. Francisca era casada com Mosael, cearense de muitas profissões e aventuras, que havia integrado a Coluna Prestes. As idas e vindas aos calabouços dos governos Vargas e Dutra não diminuíram a empolgação de René pela política. Ele só silenciou depois do golpe militar, quando enfrentou um Inquérito Policial Militar. Pediu aposentadoria da Marinha Mercante para não ser condenado.

Elizabeth e *Duda* mantiveram a tradição de esquerda do pai, mas não entraram para o PCB. Eles viram no PCdoB, que pregava a luta armada, uma forma de atuação política independente do pai. O stalinista René avaliou que o filho optara pelo "caminho errado". O velho podia não ter a cabeça aberta para o mundo, como reclamavam os filhos, mas conhecia o funcionamento de uma ditadura.

Lulita contou à mãe, Francisca Maciel, que o filho estava em Brasília para completar os estudos de medicina. Era difícil sustentar essa versão nas festas de fim de ano. *Duda* não aparecia para o Natal e o Ano Novo.

René evitava falar sobre o filho *Duda*. A mãe do guerrilheiro, Lulita, jamais suportou ver João Amazonas na TV. Para ela, o chefe comunista tinha experiência para saber dos riscos que a juventude corria.

WALQUÍRIA E IDALÍSIO

Em Belo Horizonte, o general Guedes avisou aos estudantes que eles seriam "esmagados" caso decidissem enfrentar os militares. Naquele início dos anos 1970, o movimento estudantil em Minas fervilhava. A repressão fechava o cerco. As maluquices do general em fazer arrastões para prender supostos "comunas" no interior deram lugar às trevas. Nessa época, os guerrilheiros Walquíria Afonso Costa, a *Val*, e o namorado Idalísio Aranha, *Aparício*, estudavam na Universidade Federal de Minas Gerais. Ela trabalhava numa escola do bairro Gorduras de Cima, na periferia, e ainda dava aulas de acordeão. O gosto pela música foi repassado pela avó paterna, Rita, que a punha no colo para ensinar violão.

As passeatas e manifestações se incorporavam à rotina da cidade. Um dos núcleos de agitação era a universidade. Walquíria, da pedagogia, liderava estudantes que subiam nos prédios para soltar das janelas panfletos com discursos sobre inflação, desemprego e ditadura. Saíam correndo pelo elevador para não serem presos. As estratégias eram discutidas num apartamento do edifício Paraopebas. Idalísio, da psicologia, fora contemporâneo de Dilma Rousseff, da economia, no Colégio Central Estadual. Ele tinha sido o líder do movimento para ampliar o número de vagas nas universidades. Dilma optou pela Polop, organização de esquerda de curta duração, formada por integrantes do velho PCB e que tentara anos antes montar uma guerrilha no Vale do Rio Doce — seus integrantes eram fervorosos estudantes da teoria marxista. Idalísio e Walquíria entraram para o PCdoB, onde se costumava ler os manuais de Mao Tsé-tung. O PCdoB começou a atuar na cidade a partir da chegada de Ciro Flávio Salasar Oliveira, o Flávio, estudante mineiro de arquitetura, surfista e artista plástico no Rio. Walquíria, Idalísio e Flávio estariam no Araguaia. Para lá foi também o bancário mineiro Pedro Alexandrino de Oliveira Filho, o *Peri*. Seguindo o rumo da Polop e depois da VAR-Palmares, Dilma sofreria choques elétricos sem precisar ir para a mata.

5.

GRABOIS

Os insetos minúsculos ou invisíveis tornavam a vida na mata quase insuportável. Carrapatos-fogo proliferavam nas velhas roças das beiradas de rio e igarapés onde os guerrilheiros levantaram casas cobertas de palha. Uma espécie ainda menor, difícil de enxergar, o micuim, perfurava o corpo, provocando intensa coceira. Piuns, mosquitos borrachudos, apareciam em nuvens. As moscas-varejeiras estragavam a carne de caça, pousavam nas peles tomadas de suor e punham ovos nos ouvidos e narizes. A umidade destruía as armas e as máquinas usadas para datilografar manifestos.

A paciência é uma virtude, pregava Maurício Grabois, o *Velho Mário*, comandante de uma guerrilha composta de três destacamentos de 22 pessoas, subdivididos em três grupos. Os chefes dos destacamentos eram subordinados à Comissão Militar, formada ainda pelos dirigentes do PCdoB João Amazonas e Ângelo Arroyo.

Grabois estava acompanhado do filho André, o *Zé Carlos*, e do genro, Gilberto Olímpio Maria, o *Pedro Gil*. Victória, filha de Grabois e mulher de Gilberto, ficou no Rio.

O chefe em campo da guerrilha nasceu em São Paulo. A mãe, Dora Kaplan, era migrante judia de Odessa, Ucrânia; o pai, Augustín Grabois, de Kishinev, Bessarábia, atual República da Moldávia. Registros de família indicam que Augustín era filho de uma russa com um soldado de Napoleão. Fugindo das perseguições contra judeus na Ucrânia, ele e a mulher estiveram em Buenos Aires antes de se instalar em São Paulo. Augustín vendia roupas nas ruas. A família viveu em Belém, Recife e Salvador. Na adolescência na Bahia, Maurício cursou o Ginásio da Bahia e entrou para o PCB, onde atuava de modo intenso. Foi reprovado no colégio. Em 1930, era um dos alunos da Escola Militar do Realengo que marcharam de forma triunfal até o centro do Rio, comemorando a Revolução. Participou de atos autoritários, como o empastelamento de jornais integralistas. Foi preso no governo Vargas.

Jorge Amado escreveu que Grabois, companheiro de bancada na Constituinte de 1946, era simpático e agradável, não tinha a prepotência dos "mandatários" comunistas. O escritor, no entanto, relatou que, pelo partido, o camarada aceitava as regras antissemitas da União Soviética. Certa vez, o judeu Grabois se revoltou, por medo de contrariar os soviéticos e ser expulso do partido, porque Jorge convidou para uma excursão a Moscou o pintor Carlos Scliar, também de origem judia. Jorge e Grabois tomaram rumos diferentes quando o PCB rachou. Jorge abandonou o comunismo e foi escrever livros. Grabois continuou: "Vou em frente, haja o que houver". Marighella, outro companheiro de partido, chorou diante de Jorge ao ouvir relatos de crimes de Stálin. Na dissidência PCdoB, Grabois foi participar da guerrilha rural no Araguaia. Em outra dissidência, a ALN, Marighella partiu para a guerrilha urbana, mas foi morto numa rua de São Paulo antes de realizá-la.

Grabois imitou o pai, Augustín, e virou mascate no Maranhão e no Pará na fase de preparação da guerrilha.

Zé Carlos, filho de Grabois, foi escolhido chefe do destacamento A, localizado na área de São Domingos, a cinquenta quilômetros de Marabá.

Nesse destacamento estava o engenheiro paulista Lúcio Petit, o *Beto*, que tinha dois irmãos no destacamento B, a professora de ensino primário Maria Lúcia e o professor de matemática Jaime. Filho de José Bernardinho da Silva, um administrador de fazenda de Jaú, interior de São Paulo, executado por um capanga, Lúcio ajudou a mãe, Julieta, a cuidar dos irmãos menores, Maria Lúcia,

Jaime e Laura. Os irmãos foram separados ainda pequenos pela mãe, que enviou cada um para a casa de um parente diferente para estudarem. Maria Lúcia foi professora primária na Vila Nova Cachoeirinha, em São Paulo. Jaime cursou engenharia. Casou-se com a mineira Regilena Carvalho e se mudou para Goiás, onde trabalhava de eletricista. Era mais passional que o irmão Lúcio, o *Beto*. Alto e magro, *Beto* era líder na Escola de Engenharia de Itajubá, Minas. Idealista e inteligente, organizava reuniões para discutir trechos de *O capital* e ler poemas. Laura chegou a receber de um certo *Antônio*, mensageiro do PCdoB, notícias dos três irmãos guerrilheiros. Era Carlos Nicolau Danielli, um dirigente do partido.

Viviam na palhoça de Lúcio, na área onde mais tarde o Exército montou a base da Bacaba, no quilômetro 68 da Transamazônica, *Paquetá*, o operário paulista Orlando Momente, o *Landim*, e *Bicho de Pé*, um guerrilheiro de identidade desconhecida até hoje que deixou o Araguaia antes dos combates.

No destacamento A também estava Jana Moroni, a *Cristina*, que no Araguaia era chamada pelos moradores de "flor da mata", a "moça da cor da maçã", que atirava com as duas mãos e acertava galinhas à distância. Nenhuma mulher da luta armada causou tanto fascínio nos ribeirinhos. No Araguaia, ela passou a viver com o colega de guerrilha Nelson de Lima Piauhy Dourado, o *Nelito*, ex-motorista de táxi em Salvador. *Nelito* foi para a guerrilha junto com o irmão José, o *Ivo*, fotógrafo profissional.

O destacamento abrigava ainda *Duda* e *Edinho*, o Baixinho, egresso do curso de química da Universidade Federal do Rio de Janeiro, que tocava flauta na mata para compensar a falta de um piano. Não teve a sorte de João Alberto, um dos líderes da Coluna Prestes, que cinquenta anos antes encontrara um piano na casa de um morador de Carolina para tocar. *Edinho* era filho do oficial da Marinha Hélio de Magalhães e sobrinho de Gualter de Magalhães, chefe do Estado-Maior da Armada. Na Segunda Guerra, Gualter pilotou o primeiro caça-submarino brasileiro, o *Guaíba G3*. A confiança do governo no oficial se manteve quando um Magalhães, *Edinho*, virou adversário. Gualter era o segundo homem na hierarquia da Marinha e ministro interino da força no governo Geisel. O almirante atuou nas negociações diplomáticas com a ditadura argentina, que temia a construção da hidrelétrica de Itaipu na fronteira entre os dois países. Gualter foi recebido em Buenos Aires pelo ditador Videla e condecorado pelo almirante Massera, que mais tarde foi presidente. Outro integrante do A era *Manoel*, estudante secundarista, que deixou a vida de "agitador" nos colégios de Juiz de Fora, onde vez ou outra era preso pela polícia. Loiro de barbas ruivas, viveu uma infância de pobreza. O pai dele, Rodolfo, filho do imigrante austríaco Joseph Troian (aportuguesado depois para Troiano), era um ex-militar que atuou no Catete no tempo de Vargas. Quando o presidente instalou a Fábrica de Estojos e Espoletas em Juiz de Fora, trocou o serviço no palácio por um emprego na cidade mineira, onde passou a morar com a mulher, Geny, e os três filhos. Os meninos engraxavam sapatos e vendiam doces.

ARI ARMEIRO E ZEBÃO

Um jovem introspectivo e revoltado consertava e fabricava as armas da guerrilha. Marcos José de Lima, o *Zezinho* ou *Ari Armeiro*, era ferreiro em sua cidade, Nova Venécia, no norte do Espírito Santo. Lá, num velho fole de fundo de quintal, produzia enxadas e foices para vender na feira.

Ele chegou à selva na companhia do primo João Gualberto Calatroni, o *Zebão*, outro jovem calado. Marcos e *Jonga*, o primeiro apelido de *Zebão*, eram vistos por parentes como garotos que viviam trancados num mundo paralelo. *Zebão* sofria com as atitudes do pai, Virgílio, um agricultor alcoólatra, um "fora da linha".

PAULO

O médico Haas, chefe de saúde da guerrilha, foi viver num casebre no Caianos, sede do C, destacamento liderado por Paulo, economista gaúcho de Cruz Alta, onde no fim do século XIX pica-paus e maragatos, as correntes políticas do Rio Grande do Sul, travaram lutas sangrentas e praticaram a degola. Paulo foi um dos colegas de *Osvaldão* treinados na Academia Militar de Nanquim, em 1964, e na experiência, no ano seguinte, de Guiratinga, em Mato Grosso, onde o PCdoB pensou em montar a guerrilha. No Caianos, o destacamento de Paulo ganhou o reforço de Áurea e Arildo e do casal de geólogos baianos Dinalva, a *Dina*, e Antônio.

Manco, de poucas palavras e modos refinados, Paulo tinha pele clara, pescoço comprido e cabelo liso penteado de lado. Usava barba e óculos. Agricultores pensavam que era médico. Ele era calmo quando falava e receitava remédios. Antes de chegar ao Caianos, Paulo morou em Conceição do Araguaia, cidade fundada pelo frei dominicano Gil Vilanova no primeiro ciclo do caucho, no século XIX. Um parêntese: a ideia de Vilanova de salvar as "almas" dos gorotirés, reagrupando-os numa grande aldeia às margens do rio, resultou no extermínio de guerreiros, que aos poucos viraram peões de fazenda, catadores de castanha, mendigos e servos de coronéis. Quando a borracha perdeu valor, não sobraram nem os sertanejos "brancos", retirados dos barrancos do Araguaia e do Tocantins pelo dominicano, nem os ex-garimpeiros remanescentes de uma antiga lavra de diamantes. Com o fim da aldeia dominicana, os homens voltaram a padecer de doenças endêmicas e mergulharam no alcoolismo. No final dos anos 1910, a maioria dos 15 mil habitantes de Conceição do Araguaia foi embora. Entre eles, um certo João Pinheiro, baiano que enriqueceu na extração do látex, pai de Plínio, que por sua vez se tornou mais tarde proprietário do castanhal Macaxeira, que ocupava as terras onde hoje estão as cidades de Parauapebas e Curionópolis.

Paulo era dono de um barco que fazia a linha Luiz Alves, na divisa de Goiás com Mato Grosso, a Xambioá. O piloto do barco era João Crisóstomo Moreira Neto, filho de Tatá e Barreira e neto do capitão Moreira, herói da Guerra do Paraguai. Neto abandonara a família para viver a aventura do sertão. A espada do capitão deveria ficar com ele e seus descendentes, mas o jovem preferiu não dar o nome do avô aos filhos que teve com Teresa. Antes de ser apresentado a Paulo, Neto vivia da venda de jacarés, pirarucus e caças. Em Luciara, pequena cidade no Mato Grosso, começou a escrever um livro — "O sertanejo solitário" — que jamais publicaria. Ele conta que pensava que, a cada remada, mais longe dos pais, aumentava a distância do passado. Aos poucos, percebeu que, ao se aproximar do coração do deserto, via com mais nitidez a face de um avô que antes só existia nas histórias da velha espada. No sertão sem limites, surgia Pai Crisóstomo — assim o ex-combatente do Paraguai ficou conhecido entre os amansados das barrancas do Araguaia. Os caciques sem poder, os jovens capitães sem rumo, as mulheres febris, os filhos cegos dos homens com sífilis e os caboclos com bócio, gente de um mundo fraturado, lembravam, a cada conversa, do desbravador. O capitão Moreira não estava associado à transformação do mundo indígena. Era um conhecido, talvez o único, que tinha poderes e conhecimento no mundo já transformado. Era um dos que podiam guiá-los no mundo novo do presente. Crisostinho, como João Neto era chamado pelos índios, enviava folhas manuscritas para um amigo de Goiânia passar a limpo. Manoel Alves, o amigo, morreu, e com ele a ideia de reconstituir o sertão num livro. Foi quando chegou o doutor Paulo a Mato Grosso.

Paulo comprava produtos em São Paulo para Neto negociar nos povoados do Araguaia. Um dia, Paulo disse a ele que precisava trazer um rapaz para ajudá-lo no barco — Daniel Callado. Era outro colega da Academia Militar de Nanquim. O novo integrante da tripulação passava parte do tempo nas viagens montando peças de rádio. O barqueiro achava estranho que os dois só comessem à meia-noite. Estavam preparando o estômago, avaliou Neto, mais tarde. A interação da guerrilha com os caboclos ficou nítida em Luciara. Dentro do rio, Paulo erguia os filhos de Neto pela barriga e os meninos saíam batendo as mãos na água, aprendendo a nadar. Enfrentar o Araguaia deixava de ser um ensinamento exclusivo de pai para filho.

Num cabaré, Paulo conheceu Passarinha, morena forte, cabelos pretos, olhos vivos e lábios enormes. A moça era de Santana do Araguaia. Um dia, Paulo pediu a Passarinha que cozinhasse uma galinha. Não voltou para comer.

Xambioá, manhã de janeiro

O piloto de barco Délio Brito conta que transportou Paulo e Daniel para a área da guerrilha. Ele achou estranho o jeito dos dois. Paulo e Daniel não comiam farinha com peixe, como os ribeirinhos. Preferiam macarrão com sardinha e verduras.

Em Xambioá, os guerrilheiros foram chamados de "paulistas" pelos agricultores. O termo "paulista" passou a ser usado no Vale do Araguaia ainda nos anos da ditadura Vargas, época da chegada de fazendeiros e empresários de São Paulo que recebiam títulos de terras do governo, homens de pele e modos diferentes daqueles dos caboclos. Com a deflagração dos combates e o isolamento na floresta, o grupo guerrilheiro passou a ser chamado de "povo da mata".

Paulo montou uma venda de madeira com cobertura de palha em São Geraldo, na beira do rio, de frente para Xambioá. Vendia café, açúcar, panela, tecido. Donos de pequenos sítios vendiam para ele arroz e peles de animais. Transferiu a mercearia para a região do rio dos Caianos, afluente mais acima do Araguaia, que aqui, no verão, forma praias, viveiros de andorinhas.

Os empregados de Paulo tinham um benefício raro no Araguaia: a assistência do médico guerrilheiro Haas. Edna, mulher do peão cearense João de Deus Nazaro de Abreu, teve problemas no parto, quando recebeu a assistência de Haas e *Dina*. Maria Aparecida, a criança, sofreu uma infecção intestinal e se recuperou na casa de Paulo. Um irmão de Edna, Davi Rodrigues, o Davi dos Perdidos, foi curado por Haas de uma infecção provocada por um inseto. Edna e Davi eram de Pastos Bons, mesma cidade de *Pedro Carretel*.

Haas mandou um companheiro a Porto Franco para saber notícias das amigas enfermeiras Dedé e Djacy. Elas pensaram que o sujeito barbudo era "vigia" do Exército. Não quiseram dar satisfação. Muitos anos depois, um sobrevivente da guerrilha, Dower Cavalcanti, o *Domingos*, contou a Djacy que o sujeito era mesmo um enviado do médico.

A Xambioá de Haas e Paulo era uma tranquila vila de palha desde o fim dos garimpos de cristal. Os tipos violentos tinham desaparecido das ruas e bodegas. Os homens discutiam agora apenas o preço dos peixes, as condições de navegabilidade do Araguaia e as notícias políticas que chegavam através do rádio ou dos jornais da distante Goiânia. O barqueiro Lourival, um homem de barbas compridas e humor ferino, se destacava pelos comentários contra o governo. Ganhou o apelido de *Fidel* — o sujeito que aparecia em fotos estampadas nos jornais e que havia derrubado o governo de Cuba.

A FAMÍLIA DO CAPITÃO MOREIRA

Pedro Barreira e sua mulher, Tatá. Genro e filha do capitão Moreira, se estabeleceram em Xambioá depois de viverem no garimpo de Bagagem. Tatá retornava à cidade fundada por seu pai. O casal ficou pouco tempo ali. Tatá e Barreira subiram o Araguaia e se estabeleceram novamente em Itaipava. Na vila, a filha Maria Oneide conheceu o maranhense Raimundo Ferreira Lima, ajudante do veterinário Silvio Castanheira. Tatá não gostou do jovem, que tinha o apelido de Gringo por ser de fora e ter um corpo "miudinho", igual a um "grilo".

Barreira mantinha o estaleiro em Xambioá. Foi lá que ele recebeu a visita de Paulo, antigo chefe de seu filho. O guerrilheiro encomendou um barco. Disse que pretendia trabalhar de marreteiro, subir e descer o rio para negociar mercadorias. O barco encomendado por Paulo tinha a caverna, a armação, de pequi, madeira resistente que não racha, e o forro de taúba. Barreira pintou o barco de azul e branco. A pedido de Paulo, pôs o nome de *Caianos* na embarcação. O barco facilitou o dia a dia dos guerrilheiros, nas tarefas de comprar mantimentos, vender arroz, buscar remédios e encontrar apoios em Xambioá e São Geraldo.

Em Xambioá, Paulo encomendava botinas na Sapataria Goiás, de Joaquim Nunes de Brito. Clênio, filho do sapateiro, lembra:

— A numeração dos pés deles era maior que a dos pés das pessoas de Xambioá. As mulheres calçavam 34, 35. Os homens, 41, 42.

O menor sapato foi feito para *Rosinha*, que calçava 33.

Os moradores estranhavam também quando Paulo dava aos funcionários mais dinheiro do que devia. Os caboclos chamavam os guerrilheiros do C de Paulos, os "ricos" do Caianos. Mas os comunistas não tinham mais do que o barco, o pedaço de terra, a casa de tábua e um burro. Era no lombo de Dourado que Arildo, braço direito de Paulo, percorria o Caianos. O grupo melhorou o cais de madeira na margem esquerda do Araguaia, a cem metros do sítio, trecho tomado por frondosas capoeiranas e piranheiras. Os guerrilheiros se ofereciam para ajudar nas plantações dos vizinhos. Os sitiantes perceberam que a maioria não tinha calo na mão nem jeito de limpar a terra.

Bergson, descontraído, cantarolava "Com que roupa?", música de Noel Rosa.

ÁUREA E ARILDO

Arildo, chamado de Auri pelos agricultores, passava a imagem de rapaz fechado. Haas, a de um homem atencioso. Ele e Daniel usavam bermudas para suportar o calor e o mormaço. Paulo, contido e sério, só era visto de calça comprida. Do grupo faziam parte Maria Lúcia Petit, seu irmão Jaime e a cunhada, Regilena Carvalho.

No Caianos, Arildo construiu um barraco coberto de folhas de babaçu para Áurea ensinar matemática e português. Famílias isoladas na mata construíram casas ao lado da escolinha. Surgiu o povoado de Boa Vista.

Boa Vista dos Caianos, manhã de fevereiro

O colégio montado por Áurea passou por transformações ao longo do tempo. Mais de trezentas crianças estudam na Escola de Ensino Fundamental São João Batista, agora de alvenaria. A diretora, Elza Dias, mostra uma carta deixada por João Solimar Gomes, ex-aluno.

A história de Boa Vista dos Caianos foi mais ou menos assim: Quando passaram por aqui os madeireiros, eles foram abrindo estradas de rodagem para retirar suas madeiras das florestas. Já nos anos de 1970 e 1971 existia um grupo de pessoas espalhadas aqui no Pará que o povo chamava de terroristas. Eu, por exemplo, cheguei a conhecer este pequeno grupo constituído por oito pessoas: o senhor Paulo, este era comandante, a senhora Dina, a enfermeira, o Juca, o Daniel, o Chico Preto, o Jorge, o Auri e a sua esposa Áurea. Eles habitavam próximos ao Araguaia. Foram eles mesmo quem deram o nome deste lugar de Boa Vista, por ser plano e bonito. O senhor Auri fez a escola levantando de pau a pique e coberta de palha de coco-babaçu. Naquela época estudavam mais ou menos 35 a 40 alunos. Eu era um deles. Olhe, este pessoal era muito estruturado e cultural. Mas algumas vezes eles eram contra as leis do governo, que era o regime militar. Nos anos de 1972 e 1973, houve as perseguições por parte do governo. Houve então a guerrilha das Forças Armadas. O Exército deixou quase extinto aquele pessoal, quase por completo.

À frente de um grupo de dez guerrilheiros, Arildo Valadão, marido de Áurea, invadiu a fazenda Paulista, em Xambioá. O grupo levou alimentos e animais. Antes de sair da propriedade, fez "trabalho de massa", chamando os lavradores para a "luta pela libertação". Naqueles dias, Arildo ainda invadiu barracas de soldados em busca de fuzis e mantimentos.

Bar Xique-Xique, Brasília, noite

As mulheres da guerrilha cortaram os cabelos bem curtos, conta Regilena Carvalho, guerrilheira sobrevivente, mulher de Jaime Petit.

No início, as mulheres ficavam na retaguarda. Com o tempo, assumiram postos de comando.

Áurea e Arildo Valadão eram vistos sempre juntos. *Dina* dizia que "Áurea era crua". Áurea demonstrava ser uma menina ingênua. Num banho no rio, ainda às vésperas dos combates, disse para Regilena:

— *Lena*, se um dia o Arildo morrer, não vou conseguir viver.

No cerco, ficou mais difícil conseguir comida. Regilena era a encarregada de repartir o que tinham:

— Só podia dar uma canequinha de arroz para cada. Um dia, pensei que tinha dado a comida de Arildo e, quando ele veio pegar a sua, eu disse que não podia dar mais. Ficou revoltado. Em outra ocasião, fiquei deprimida ao olhar para ele, barbudo. Um dos dentes da frente tinha caído. Era triste ver aquele homem forte sem nada para comer.

MARIA CASTANHEIRA E OSVALDÃO

Osvaldão tentou comprar as terras de Pedro Barreira, em Itaipava, para montar o destacamento B. Maria Oneide, filha de Barreira, lembra as duas vezes em que Osvaldo esteve na casa da família. O negro alto, tranquilo, alegre e de conversa boa presenteou as mulheres com armação de ferro para guardar panelas.

Naquele momento, quem estava de volta a Itaipava era João Crisóstomo Neto, piloto do barco de Paulo e filho de Tatá e Barreira. Trazia cinco filhos pequenos. A mulher dele, Tereza, morrera numa cirurgia.

Osvaldão adquiriu um sítio às margens do Gameleirinha, na serra das Andorinhas, a cem quilômetros de Marabá, onde instalaria o destacamento B.

Depois de atuar na retirada de cristal no Matrinxã, *Osvaldão* levou para Itamirim um escafandro, capacete de cobre usado na exploração de pedras no fundo do rio — o mergulhador respira por um cano, e um colega fica na superfície para içá-lo com cabo de corda. *Osvaldão* explicava a garimpeiros os tipos e os valores de pedras. No Itamirim, *Osvaldão* conheceu Maria Viana, a Maria da Tomaza, a Maria Castanheira, a Mariona, vendedora de marmitas, mãe das crianças Ieda e Antônio. Nessa época, Mariona engravidou e teve o terceiro filho, Geovane. Em Xambioá, espalhou-se a notícia de que o menino era filho de *Osvaldão*.

Em seu destacamento, *Osvaldão* acolheu *Raul*, Elmo, Genoino, *Maria Dina* e *João Goiano*. Faziam ainda parte do grupo os mineiros recém-casados Idalísio e Walquíria, estudante de pedagogia. Ela tocava violão e acordeão e compôs uma das músicas cantadas pela guerrilha em homenagem a Vandré, o autor de "Pra não dizer que não falei das flores".

Minha gente, meus senhores,
pra morrer, morro por mim
e por minha condição
No estouro de uma boiada
quem foge não tem perdão.

BRONCA

O mecânico José Huberto Bronca, de uma família de descendentes de italianos de Porto Alegre, era o vice-comandante do destacamento B. Filho do eletrotécnico Huberto Atteo Bronca e da dona de casa Ermelinda Mazaferro, ele passou a infância soltando pandorgas — pipas — e montando e desmontando aeromodelos no Parque Farroupilha. Ficou conhecido como o jovem da bicicleta de uma roda, com a qual percorria as ruas da capital gaúcha. Depois de cursar a Escola Técnica Parobé, na cidade, foi empregado em 1954 na função de mecânico de manutenção na Varig. Ficou apenas um ano e sete meses na companhia aérea. Nessa época, começou seu envolvimento com líderes de esquerda e sindicalistas. Em 1962, Bronca, João Carlos Haas e Paulo Mendes Rodrigues, que estariam no Araguaia, ajudaram a fundar o PCdoB em Porto Alegre. Após o golpe de março de 1964, ele e Paulo viajaram para o Uruguai, onde discutiram a luta armada com o ex-governador do Rio Grande do Sul, Leonel Brizola, que estava exilado naquele país. Em 1965, Bronca foi enviado pelo partido para fazer treinamento militar na China e, quatro anos depois, aos 35, chegou ao Araguaia.

GENOINO

Fogoió atuava no transporte de novos guerrilheiros. Em Anápolis, Goiás, ele encontrou o estudante cearense José Genoino Neto, de 24 anos, que tinha passado pelo Congresso de Ibiúna. De uma família de agricultores de Encantado, um distrito de Quixeramobim, cidade do líder sertanejo Antônio Conselheiro, Genoino viveu a infância numa casa de taipa e coberta de folhas de palmeira. Durante a seca de 1958, foi trabalhar com o pai, Sebastião Genuíno Guimarães, como cassaco, nas frentes montadas pelo governo para dar ocupação aos sitiantes. Quebrava pedras, limpava estradas. Adolescente, recebeu ajuda do padre Salmito, da vizinha Senador Pompeu, para continuar os estudos. Era o sacristão da igreja e o motorista do religioso, "o filho do padre". Em 1965, Genoino passou no vestibular de filosofia da Universidade Estadual do Ceará. Dois anos depois, ele foi eleito presidente do Diretório Central dos Estudantes do estado. O vice era Bergson Gurjão Farias, que estaria na guerrilha no Araguaia sem Genoino saber. Como representante estadual na União Nacional dos Estudantes, Genoino travou contato com as principais lideranças estudantis do país, nos eventos organizados em São Paulo e no Rio de Janeiro.

Genoino e *Fogoió* pegaram um ônibus até Imperatriz. Durante a viagem, não conversaram. Foi só na cidade maranhense que *Fogoió* falou seu codinome. Dali, foram de barco pelo rio Araguaia para a área da guerrilha.

— Você fuma? — perguntou *Fogoió*.

— Fumo.

— Então, compre a última cartela de cigarro.

Genoino comprou uma cartela de Continental sem filtro.

No Araguaia, ele teria pouca oportunidade de fumar cigarros industrializados. Só iria ter acesso farto a cigarros na prisão, em 1972. O cigarro não era a única privação. Durante a guerrilha e depois, nos presídios, num período de sete anos, Genoino não teve relações afetivas.

No destacamento de *Osvaldão*, havia pouco tempo livre. O líder militar da guerrilha comandava travessias nos rios Araguaia e Gameleira com os braços para o alto, rastejamentos na mata, camuflagens, tiros à distância, carregamentos de peso, preparação de armadilhas, e aulas de fustigamentos, camuflagens e emboscadas.

Osvaldão era rígido no controle da segurança do destacamento. Não permitia que os comandados fossem para o Vietnã, a área dos cabarés de Xambioá. O chefe guerrilheiro percebeu que o grupo não levantava suspeitas na região quando ele próprio foi chamado, em 1970, para uma conversa com Vavá Mutran. O dono de castanhal o convidou para disputar o cargo de vereador em São João do Araguaia, pela Arena, partido de sustentação do regime militar.

— Eu estou cuidando dos meus negócios. Não gosto disso — respondeu.

MARIA DINA

Maria Dina, *Maria Diná* ou simplesmente *Dina* eram os codinomes de Dinaelza, estudante baiana de geografia, que tinha trabalhado na Sadia e na Transbrasil. Antes de ir para o Araguaia, ela e o marido, Vandick Coqueiro, o *João Goiano*, escreveram carta para a família explicando os motivos de sair de Salvador e se aventurar na luta armada. A carta foi deixada por membros do partido na porta da casa da mãe dela. Dinaelza nasceu em São Sebastião, Vitória da Conquista. O pai era agrimensor. Ainda criança, mudou-se com a família para a capital baiana. Nas férias, voltava para Conquista, onde moravam os parentes da mãe. Andava em carro de boi, montava cavalo, banhava-se nos córregos e, com as tias, aprendia a costurar e bordar. Aproveitou a experiência para fazer as roupas dos colegas de guerrilha.

CHICÃO

Um dos guerrilheiros do destacamento B tinha quase a altura do chefe *Osvaldão*. Introspectivo e ríspido nos relacionamentos, o mineiro Adriano Fonseca Filho, o *Chicão*, de 1m96, era oriundo da Universidade Federal do Rio de Janeiro. No curso de filosofia, ele havia se diferenciado dos colegas por aderir ao neopositivismo, movimento que considerava a emoção uma fraude de pessoas sem argumento, desprezava o subjetivo e enunciados sem explicação lógica, e pregava uma linguagem científica única baseada na física. Era uma releitura do positivismo dos oficiais que estiveram à frente da fundação da República. Para um neopositivista, dizer que o outro não tem moral não basta como resposta num debate. Adriano pouco falava da vida. Jogador de xadrez, fã dos Beatles e ouvinte de jazz e música clássica, o rapaz tinha dificuldades de se socializar no Araguaia.

RIBAS

Uma parte dos guerrilheiros do B morava num pequeno castanhal próximo a Santa Cruz, chefiado por *Zé Ferreira*, codinome de Antônio Guilherme Ribas, criado no bairro paulistano da Vila Mariana. Ribas era líder de destaque dos estudantes secundaristas. No movimento estudantil secundarista, tinha tanta influência quanto José Dirceu e Wladimir Palmeira entre os universitários. Antes de ir para o Araguaia, foi preso no Congresso de Ibiúna e dividiu cela com Franklin Martins, mais tarde idealizador do sequestro do embaixador norte-americano. Ribas ainda fora detido por protestar num desfile da Independência. O pai, Walter Ribas, veterano da Revolução Constitucionalista, dizia que um homem tinha de passar por pelo menos uma guerra na vida. A mãe, Benedita, era mulher refinada, pianista, bisneta do brigadeiro Manoel Rodrigues Jordão, dono de 57 fazendas na época da Colônia e amigo pessoal de Pedro I. A figura de Jordão aparece no quadro do grito da Independência pintado por Pedro Américo. Foi nas terras do brigadeiro, no Ipiranga, que o príncipe anunciou o rompimento com Lisboa.

RAUL

O castanhal do *Zé Ferreira* também abrigava o cearense Antônio Teodoro de Castro, o *Raul*. Nascido em Itapipoca, na serra cearense, o guerrilheiro cursara farmácia na Universidade Federal do Rio de Janeiro. Era filho do farmacêutico Raimundo de Castro e de Benedita Pinto, a Dita, casal que surpreendeu a sociedade de Fortaleza por construir um casarão na praia de Meireles, reduto de pescadores. "Boas essências não se misturam", dizia Raimundo aos parentes. A elite da cidade vivia em palacetes no centro, afastada do mar. Os retirantes das secas se aglomeravam na periferia. Nas praias moravam jangadeiros. De espírito libertário, Raimundo era filho de Bento de Castro e Canto e Ana Teodoro Rodrigues, matriarca de Itapipoca, senhora das duas margens do Tapuia e dos areais de Jericoacoara. Bento se apresentava como descendente da marquesa de Santos. Ele explorava uma mina de prata em Santa Quitéria, no Ceará, nos anos 1920, quando cangaceiros invadiram o garimpo e o assassinaram, assim como à sua mulher, Ana. Na época, Raimundo, filho do casal, tinha nove anos. Criado por um tio paterno que também se chamava Raimundo, o garoto teve uma vida razoavelmente tranquila. Nos recrutamentos de jovens para a Segunda Guerra, ele se casou às pressas com a namorada, Dita, e conseguiu permanecer no Ceará.

Raul aprendeu a usar espingarda com a mãe de Dita, Maria Mercês, que treinava tiro nos capotes, ariscas galinhas-d'angola. Judia de origem francesa, ela se refugiou no Nordeste na época da Primeira Guerra. Mercês era casada com um índio do Cariri, João Pinto de Mesquita. Ela foi envenenada por uma filha adotiva. Outra mulher que marcou a vida de *Raul* foi a ousada Carmélia de Castro e Canto, prima de Raimundo, poetisa de olhos de um azul intenso. Ela foi decisiva para que as crianças do casarão da praia não dessem importância aos colegas da escola que as chamavam de descendentes da "primeira puta do Brasil", a marquesa de Santos. Obrigada a se casar aos treze anos, Carmélia se envolveu com padres de Itapipoca. Nos bares de Fortaleza, recitava poemas e saía sem precisar pagar a conta. Era a musa do poeta Rogaciano Leite, autor deste soneto, incluído em *Versos na tarde*:

Era noite na praia, ninguém via
Aquele par que se beijando estava...
Nos braços do cristão ela sonhava!
E eu sonhava nos braços da judia!

Raul, chamado de Teó pela família, não tomava banho de mar. Gostava de conversar com Catolé, lendário jangadeiro que atracava sua embarcação de piúba nas areias da praia. Com o amigo Bergson Gurjão Farias, outro que entraria na guerrilha, visitava famílias de pescadores para fazer exames. Jangadeiros chegavam ao casarão dos Castro para pedir "pila-pro-rim" e dar peixes frescos ao jovem farmacêutico.

No Colégio Liceu de Fortaleza, *Raul*, aos treze anos, e o irmão Paulo jogaram de uma janela uma pedra na cabeça de um soldado que dava cacetadas numa estudante, relata a irmã Maria Mercês, que tem o mesmo nome da avó materna. *Raul* era visto pelos parentes como um "velho", pois gostava de cantores antigos, como Ataulfo Alves e Orlando Silva. Com o pai, imitava os movimentos de Gene Kelly em *Cantando na chuva*. Desprezava gangues de colégio e filmes de guerra. Uma tuberculose, resultado das madrugadas ao relento e das agitações estudantis, acabou com um dos seus pulmões. No curso de farmácia da Universidade Federal do Ceará, antes da transferência para o Rio, Teó conheceu Helena Lutescia, jovem de dezoito anos, de Barbalha, no Cariri. Era tempo de "jornadas" estudantis pelo semiárido. Em Iguatu, durante o dia, Teó e Helena montavam uma farmácia popular e um laboratório de exames clínicos e levantavam o problema sanitário da cidade; à noite, escondidos, pulavam cercas para participar de mutirões de alfabetização de adultos pelo método do educador Paulo Freire, uma tarefa do PCdoB. Pelo partido, ajudavam a organizar as passeatas na capital cearense. Bergson Gurjão Farias, da química, e José Genoino Neto, da filosofia, comandavam o Diretório Central dos Estudantes. Helena, que nunca pegara em armas, recebeu a tarefa de segurar um revólver enquanto colegas pichavam muros. O pai de Teó foi orientado pelo reitor da universidade a retirar o filho de Fortaleza. Fazer movimento estudantil na cidade estava cada vez mais arriscado. Raimundo mandou o filho para o Rio de Janeiro, então o epicentro das agitações estudantis. O farmacêutico pensava que lá Teó estaria seguro. Nessa época, Helena Lutescia, dezenove anos, se casou com outro amigo da faculdade, Paulo. Ao sair de Fortaleza, Teó mandou uma carta para a companheira. Trechos da correspondência estavam riscados. Era como se tivesse se arrependido de iniciar frases.

No curto período em que viveu no Rio, antes de entrar na guerrilha, *Raul* teve a oportunidade de conviver com os ídolos botafoguenses. Era um dos jovens que assistiam aos treinos do time em General Severiano. Os bailes do Botafogo eram realizados no palacete em estilo mourisco. O campo ficava ao lado. Com capacidade para 20 mil pessoas, o estádio foi reinaugurado em 1938, com um amistoso em que o Botafogo venceu o Fluminense por 3 a 2. A festa contou com a presença da banda do Exército. O sargento alagoano Nelson de Aguiar Cerqueira, no pistom, recém-chegado com a família ao Rio, ficaria tão impressionado com a mística botafoguense que se apaixonaria pelo clube. Um dos filhos dele, Nilton, de oito anos, que se tornaria um militar, acompanharia as glórias de Mané Garrincha nas décadas seguintes. Só deixaria de frequentar General Severiano nos períodos em que saiu do Rio para participar de missões do Exército pelo interior.

Nilton e *Raul*, sem se conhecerem, viram o Botafogo ser campeão brasileiro de 1968. O time goleou justamente o Fortaleza, segundo clube de *Raul*, na final da Taça Brasil, no Maracanã, por 4 a 0. O autor do terceiro gol foi o meia Afonso Celso Garcia Reis, o Afonsinho, paulista de Marília e filho de sindicalista ferroviário, que escondia em seu apartamento perseguidos da ditadura. Afonsinho era amigo de *Paquetá*.

Sem um dos pulmões, *Raul* recorreu a *Paulo Paquetá* para falsificar um exame médico. Ele precisava convencer Lincoln Cordeiro Oest, do pcdob, a aceitá-lo na guerrilha.

Em viagem de despedida a Fortaleza, *Raul* disse à família que ganhara uma bolsa de estudos na Bélgica e viajaria para lá. Dita, a mãe, acreditou. Para ela, era muito nítida a imagem do garoto que passava as tardes na pequena escrivaninha escura da casa estudando inglês, alemão e esperanto, quase imóvel, enrolando com dois dedos um cacho de cabelos da nuca, como lembra a irmã Maria Eliana. Um cartão-postal chegaria mais tarde à casa da família. Mensagem com a letra de Teó dizia que estava tudo bem na Europa.

Teó soube que Helena Lutescia havia se separado de Paulo e cursava pós-graduação em Ribeirão Preto. Ele foi até a cidade paulista.

Por telefone, Helena Lutescia, que vive em Fortaleza, relata:

— Ele me disse que estava sendo planejada uma ação de campo. O partido estava formando duplas. Ele pensou em mim. Iríamos como casal fictício, companheiros de luta. Era um carinho muito grande. Só a carta levantou suspeitas, com os trechos riscados. Se isso [paixão] existiu mesmo, ele teve muito cuidado. Era uma pessoa ciosa. Eu disse para ele que estava gostando do curso, as pessoas estavam cuidando da vida. Estava desiludida, não acreditava mais em revolução, achava que a ditadura iria durar cinquenta anos. Era uma época de desespero geral. O estudante caía na farra ou na clandestinidade. O Teó, muito cuidadoso, tentou me tirar qualquer culpa por não aceitar viajar. Ele ainda adaptou uma frase feita à situação: "Quando o Brasil fizer a revolução, vai precisar muito de cientistas com visão social como você".

Teó voltou a entrar em contato com Helena Lutescia. Disse que estava em São Paulo, pronto para partir, e queria se despedir. Na rodoviária do Tietê, ele demonstrou estar convicto do que pretendia fazer, avaliou a amiga. Foi uma despedida sem choro ou drama.

— Agora, você vai indo, para não ver o ônibus que eu vou tomar.

OS IRMÃOS PETIT

Lício e o coronel Sérgio Carlos Torres partiram de Xambioá com dez homens. No fim de um dia de caminhada pelas margens do Araguaia, chegaram à casa do agricultor José Pereira. De madrugada, guiados por João, 22 anos, filho de José, retomaram a caminhada até o sítio dos "paulistas". Ao meio-dia, avistaram dois homens e uma mulher numa palhoça na parte mais elevada. Lá estavam Jaime, a mulher, Regilena, e o bancário pernambucano Miguel Pereira dos Santos, o *Cazuza*. Cachorros latiram com a aproximação dos militares. Regilena percebeu movimento no matagal abaixo.

— É a reação! — disse Jaime, eufórico.

Os três guerrilheiros entraram no mato. Não deu tempo de levar a panela com a galinha que *Cazuza* preparava. Na palhoça, Lício encontrou manuais de treinamento, remédios, mochilas, máquinas de costura e bússolas. A guerrilha fora descoberta. A partir daí, vieram as tropas fardadas.

Piauí foi um dos primeiros a perceber a chegada do Exército. Comprava farinha em Bom Jesus quando viu soldados nas ruelas do povoado. Correu para avisar *Edinho* e *Valdir*, que viviam com ele num barraco a catorze quilômetros do vilarejo mais próximo, São Domingos do Araguaia, e a cinquenta quilômetros de Marabá. Eram amigos de Pedro Matos do Nascimento, o Pedro Mariveti, agricultor piauiense que prestava atenção nas notícias sobre política no rádio. Mariveti sabia que aquela "gente boa" não estava no Araguaia para plantar roças.

Valdir, codinome do baiano Uirassu Batista, de dezenove anos, era o mais novo integrante da guerrilha. Bem-humorado, ele disse a *Paquetá*:

— Será que vou morrer sem comer mulher?

Semanas antes de ir para o Araguaia, Uirassu tinha passado no vestibular da área de biomédicas da Universidade Federal da Bahia, que abria as portas para o sonho de entrar na velha Faculdade de Medicina. Ainda não tinha feito a matrícula quando, numa madrugada no apartamento da família no bairro do Brotas, em Salvador, informou à mãe, Aidinalva Dantas, a dona Nalvinha, que iria embora. Foi uma madrugada tensa na casa da professora, viúva que se mudou de Alagoinhas, interior do estado, com sete filhos para Salvador depois da morte do marido. O coletor Francisco Xavier Batista havia sofrido, um ano antes, infarto fulminante.

Na frente do espelho, Uirassu moldava com pente um topete e cantava as músicas de Elvis Presley. Alegre, o baiano dono de si era bom em matemática. O pai foi chamado à escola porque a professora se sentiu ofendida quando o garoto resolveu no quadro um problema de matemática que ela não conseguira resolver.

Uirassu era o quarto filho e o mais envolvido deles nas questões complexas ou triviais da família. Com a morte do pai, negociou a venda da casa em Alagoinhas e se encarregou de manter o bom humor no clã. Fazia a feira, reformava e vendia bicicletas, fabricava balas de coco e dava livros de Jorge Amado para os irmãos menores — havia tempos, o romancista, que se afastara dos amigos Grabois e Marighella, deixara de acreditar nos livros políticos escritos por ele.

— Vou embora atrás dos meus ideais — disse Uirassu à mãe, num raro momento de semblante sério.

A família Dantas voltava a se encontrar com a guerra de guerrilhas após 150 anos dedicados a fazendas, à política e aos discursos. Uirassu era a sétima geração, por parte de mãe, do capitão-mor das ordenanças da vila de Itapicuru, João d'Antas dos Imperiais, seu hexavô, chefe de um grupo formado para combater os portugueses que não aceitavam na Bahia a independência brasileira. Com duas centenas de homens, D'Antas atravessou o São Francisco e invadiu Sergipe, abrindo caminho para o mercenário francês Pedro Labatut consolidar o processo de apoio a d. Pedro i. A fazenda de D'Antas em Itapicuru virou quartel. Os herdeiros dele não entraram na guerra das armas, dedicando-se a fazendas. Em tempos mais recentes, Cícero Dantas, neto do patriarca, era dono de 61 fazendas na Bahia. Ganhou o título de barão de Jeremoabo. Dantas foi um dos políticos baianos que pediram tropas contra Antônio Conselheiro, o líder do arraial do Belo Monte. O barão e o beato chegaram a ter dois encontros antes da guerra, na cidade de Itapicuru. O fazendeiro disse a Conselheiro que as pregações desrespeitavam o papa.

O avô materno de Uirassu, Deocleciano Fontes Dantas, senhor do engenho Salobro, em Mangue Seco, divisa da Bahia com Sergipe, era homem tranquilo que uma vez recebeu Lampião, sem ser importunado pelo cangaceiro.

A família do pai do guerrilheiro descendia de Tobias Barreto, precursor da filosofia brasileira, rival de Castro Alves na poesia. Uirassu e seus irmãos viveram nas cidades por onde Barreto filosofou e Conselheiro rezou. O pai, coletor de impostos, vivia em mudanças com a família para Alagoinhas, Acajutiba, Rio Real e Itapicuru.

Rio Vermelho, Salvador, sábado de sol

Rosa Batista, irmã de Uirassu, lembra que sua mãe, Nalvinha, considerava o barão de Jeremoabo um parente distante. Os filhos da professora passaram a infância ouvindo reclamações do pai contra os Dantas, que controlavam Itapicuru. Francisco ensinou aos filhos o gosto pela oposição aos coronéis. Nalvinha tinha passado seu temperamento forte para os filhos com nomes indígenas — Ubirajara, Ubiratã e Uirassu — ou não — Dídimo, Rosa, Ana Amélia e Francisco. Uirassu não aceitou os argumentos da mãe. Antes de ir para o Araguaia, ele recebeu intimação da Polícia Federal para depor sobre sua militância política no Colégio Central, em Salvador, o antigo Ginásio da Bahia, onde estudaram Marighella e Grabois. Uirassu ficou um mês escondido num apartamento de primas da mãe na capital baiana antes de partir para a guerrilha. A mãe de Uirassu esperaria até a morte a volta do filho. Quando mobilizou a família para construir um prédio de três andares no bairro da Federação, em Salvador, e ficar ao lado dos filhos, reservou metade de um apartamento para Uirassu.

Xambioá, tarde de janeiro

O barqueiro Délio lembra que viajava de Conceição do Araguaia para Xambioá quando foi surpreendido por barulho de helicóptero. Num rasante, militares dispararam rajadas de metralhadora na água, seguindo o barco lotado de mulheres e crianças.

— Mudei o rumo do barco, mas não tanto, pois o trecho era de pedras. Foi uma agonia. Era o Exército treinando.

Ao desembarcar no porto, Délio deu com uma cidade ocupada por militares. Xambioá voltou a viver dias agitados e violentos. O piloto não viu mais Paulo e Daniel, os amigos do Caianos. Vizinhos contaram ao barqueiro que o grupo sumira pouco antes da chegada dos militares.

Na escolinha da Boa Vista, um menino perguntou à professora Áurea se no ano seguinte haveria aula, relata Iranete Miranda, que hoje leciona na mesma escolinha e ouviu a história de um antigo aluno.

— Talvez — respondeu a guerrilheira.

Em abril de 1972, Elza estava de volta à mata para entregar mais dois jovens à guerrilha, Eduardo Teixeira e Rioco Kayano. Os três, que viajavam de ônibus sem conversar, como se não se conhecessem, foram surpreendidos por uma barreira militar na balsa de Araguatins. Eduardo ficou nervoso. Foi preso. Elza e Rioco seguiram até Marabá. As duas se separaram num hotel da cidade. Elza orientou a jovem guerrilheira a embarcar para Belém e depois para São Paulo. A moça foi presa no hotel e levada de avião para Brasília. Com ela viajou o barqueiro Baiano. Elza voltou para Anápolis, preocupada com João Amazonas. Na rodoviária da cidade, onde Amazonas a esperava, ela sinalizou de longe, com o polegar para baixo: a guerrilha fora descoberta.

BAIANO BARQUEIRO

O barqueiro Clobiniano viu um conhecido amarrado pelos militares. Era o barqueiro Baiano, ex-gerente do Macaxeira, primeiro caboclo a ser preso por envolvimento com a guerrilha. O primeiro a ser torturado. Viveu inferno semelhante ao enfrentado pelos castanheiros que desafiavam a lei do Macaxeira. Como o castanhal, a ditadura recorria a práticas medievais de tortura. Sob sol escaldante, ele foi amarrado numa aroeira na beira do Araguaia.

Ao ver Clobiniano, Baiano demonstrou não conhecê-lo.

— Eu conheço esse homem — disse Clobiniano a um soldado.

— Você não conhece ninguém.

Em Brotas da Macaúba, terra de Baiano, os sertanejos estavam agitados. A patrulha do major Nilton Cerqueira havia matado, meses antes, o capitão Carlos Lamarca, um dos nomes mais procurados da luta armada, e seu companheiro José Campos Barreto, o Zequinha, conterrâneo de Baiano. Cerqueira estaria mais tarde no Araguaia.

João Sabonete, amigo de Baiano e barqueiro pessoal de Osório Pinheiro, entrou na lista de procurados pelos militares. De João sabe-se tanto quanto do cangaceiro Sabonete, secretário de Maria Bonita no cangaço nordestino: nada.

Clobiniano viu também um rapaz da guerrilha "amarrado como um papagaio". Era Pedro Albuquerque, preso em Fortaleza com sua mulher, Tereza. Sob tortura, ele contou que Tereza tinha engravidado e o casal resolvera sair da guerrilha. Ele estava de volta ao Araguaia para identificar pontos do grupo armado. Os militares usaram a prisão deles como referência para a descoberta do foco. A cúpula do pcdob sentenciou que Pedro e Tereza eram traidores. Os militares estavam à caça da guerrilha havia três anos, chegariam aos integrantes do movimento com ou sem o depoimento deles.

A FAMÍLIA DO CAPITÃO MOREIRA

O Exército chegou a Itaipava à procura de Barreira e do genro dele, Gringo, que teria comprado de mascates cearenses livros comunistas e disparado tiros durante o desfile de Sete de Setembro. Gringo disse que soltou fogos de artifício e que possuía apenas uma Bíblia.

Barreira recebeu um recado: da próxima vez, os militares prenderiam Gringo. "Na primeira, colocaram a mão no pássaro e soltaram." Gringo e a mulher, Maria Oneide, subiram o rio Araguaia de canoa, repetindo mais uma vez Tatá e Barreira, que fugiram de Xambioá levando a espada da Guerra do

Paraguai. Gringo e Maria Oneide aportaram em São Félix do Xingu, onde o bispo d. Pedro Casaldáliga os protegeria a pedido de d. Alano Maria Pena e d. Estevão de Avelar. João Crisóstomo Neto, irmão de Maria Oneide e ex-barqueiro de Paulo, permaneceu em Itaipava.

De Marabá para Xinguara, numa van, manhã de setembro

Entre uma chacoalhada e outra do veículo nos desvios de buracos da estrada, durante quatro horas de viagem, João Crisóstomo Neto narra suas cinco prisões:

— Estava na roça quando um soldado apareceu e disse que o comandante estava me esperando no helicóptero. Fui algemado para Xambioá. Minha mãe disse que eles estavam errados em me prender. Pedia para não me maltratarem e para eles verem bem, porque eu não era cúmplice de nada. Fiquei preso 72 horas. Dei depoimento de duas horas. Lá, vi muitos moradores de Xambioá presos, o Chico Novato, o José Noleto, que era dono de avião. "Você não é bandido igual ao Paulo?", perguntaram. "Não. Para nós, ele não é bandido. É bom cidadão, ajudou muita gente." Fui solto. Depois de trinta dias, me prenderam novamente. Passei 55 horas na base. E dei outro depoimento de duas horas. Me soltaram em Itaipava. Fui preso pela terceira vez. Mais duas horas de depoimento. Me perguntaram se eu tinha decorado o depoimento, pois não entrava em contradição. Na quarta prisão, passei trinta horas. Não fui interrogado. Na quinta, fui preso com um vizinho, o José Oliveira. Na base, só soldado usava farda. O resto era doutor. Passei 24 horas. Quando amanheceu, chegou um cara com pá, picareta e enxada e botou a gente para cavar buraco. Chegou outro com duas carteiras de cigarro e fósforo. Fiquei mais aliviado. "Cava direitinho, porque vocês vão ficar aí dentro", disse um soldado. Às onze horas, o buraco estava pronto. Não era para a gente.

NOLETO

No início dos anos 1950, garimpeiros descobriram jazidas de cristal na Chapada do Chiqueirão e Santa Izabel, perto de Chambioazinho. Desde a Segunda Guerra, o cristal era usado pelos norte-americanos na produção de radiotransmissores para detectar submarinos. Bodegas e cabarés improvisados foram abertos em volta das terras de Zé Toco e do antigo curral do capitão Moreira. Um certo Francisco Souza Oliveira, o Chico Vaqueiro, organizou os garimpeiros. Ele reconstruiu Xambioá: derrubou árvores, limpou terrenos e abriu ruas. Começou o tempo de noites violentas: assassinatos eram cometidos na beira do rio, nas ruelas de terra que terminavam na mata. As mulheres que desceram do Maranhão, da Bahia ou do Pará ampliaram seus cabarés e suas pensões. Chegava-se ao Chiqueirão pelas trilhas na mata ou nos teco-tecos do maranhense José Noleto, homem moreno, magro e afável. Ele fazia viagens para Carolina e Araguaína. Tímido, recebeu destaque numa edição do jornal paulistano *Folha da Noite* por ser o homem que ligava o Chiqueirão ao mundo.

O cristal acabou. Os homens partiram para outras minas, muitas mulheres os acompanharam, outras ficaram para criar filhos deixados por eles. Xambioá, com menos gente, voltou a ter dias e noites calmos. Quem ficou teve de enfrentar o temporal de 1957, que derrubou a igreja, destruiu casas, afundou barcos e varreu sítios, roças, pessoas e animais. O mundo terminava em água.

Acabaram o garimpo e as chuvas. Casas de barro e madeira e cobertas de palha foram reconstruídas. Chegavam os expulsos dos sítios pela enchente ou pelos grileiros que começavam a aparecer, peões trazidos de Goiás pelos homens que forjavam escrituras nos cartórios, famílias marcadas de morte por caiapós, retirantes da seca no Nordeste e negociantes que vinham pela nova estrada Belém-Brasília. Um movimento menos intenso que o da época dos garimpos de cristal e diamante, as casas novamente com as janelas abertas. Os valentes estavam mortos.

Palestina, início de tarde, junho

Sinésio Martins Ribeiro, ex-guia do Exército nos combates à guerrilha, diz ter presenciado a prisão do empresário José Noleto.

— Conheci o Noleto na jazida de cristal do Chiqueirão, em Xambioá. Ele fazia o transporte dos garimpeiros em teco-teco. Durante a guerrilha, o Evandro Azevedo, que era dono de castanhal, fretou um avião do Noleto. Nessa época, o Noleto transportava de tudo: gente doente, bamburrados de garimpos, remédios para farmácia. Em Marabá, o Evandro encheu o avião com armas e munições para matar um povo que estava invadindo o castanhal dele, o Abóbora, perto de São Geraldo. O piloto do avião e o Noleto não sabiam da carga, que estava em caixas de papelão. Quando o avião pousou em Xambioá, quarenta soldados se aproximaram. Eles cercaram. Abriram as caixas. Os militares acharam que era arma para a guerrilha e foram atrás do Noleto. Eles judiaram muito do homem. Noleto morreu dessa judiação. Naquele tempo só quem falava a verdade era o Exército. Só o Exército era gente.

MARIA CASTANHEIRA E OSVALDÃO

Na confusa Xambioá, Maria Castanheira pegou um barco até Santa Isabel para tentar achar *Osvaldão*. No encontro que tiveram, ela percebeu que ele não era mais o mesmo homem tranquilo. Ela estava grávida do quarto filho, Carlana. A conselho do guerrilheiro, Maria voltou para Xambioá e, na cidade, pegou um ônibus da Transbrasiliana para Araguaína. Ela deixou para o amigo Bené, que trabalhava na rodoviária, um quadro de são Jorge, um dos poucos bens que possuía.

Celestino, um informante do Exército em Xambioá, relatou aos militares que Maria estava em Araguaína. Ela havia dado à luz Carlana fazia seis meses quando foi descoberta. Antônio, o Zezinho, de seis anos, saiu correndo pelos fundos da casa. Os militares levaram Geovane, de quatro, considerado o filho de *Osvaldão*. Mariona morreu de "nervoso", infarto fulminante, lembra Zezinho. A irmã dele, Ieda, filha de Mariona com outro homem, foi levada por uma família.

Em Canudos, "jaguncinhos", as crianças do arraial de Belo Monte, foram levados pelos oficiais ou entregues a cafetinas. No Araguaia, Zezinho, filho de Maria Castanheira, teve sorte. Pedro Martins da Cruz, o Pedro Bela, amigo de sua mãe, o adotou. Bela era um dos trabalhadores do estaleiro de Pedro Barreira em Xambioá. Zezinho cresceu na oficina de barcos, criado pelos homens do porto. Os Bela o ensinaram a enfrentar a cachoeira de Santa Isabel e as tempestades no trecho do Caianos a Xambioá.

Moradores de Xambioá pensavam que os militares estavam atrás apenas do seu Paulo e de *Osvaldão*. Entraram em pânico quando a violência bateu à porta. O "maluco" *Fidel* foi preso. Amanheceu enforcado. O Exército torturou o empresário José Noleto, veterano do Chiqueirão e dono da empresa de aluguel de aviões. Acusado de transportar guerrilheiros, foi colocado dentro de um formigueiro e obrigado a cortar árvores. José Novato, que vendia munições para os combatentes, teve os pulsos amarrados. As mãos dele perderam os movimentos. Morreu anos depois, na pobreza.

Soldados bêbados amedrontavam crianças e mulheres. A cidade virou uma "zona", na avaliação dos comandantes do Exército. Curió contou, anos mais tarde, que o excesso de violência e confusão envolvendo mulheres na época da primeira campanha o levara a proibir a entrada delas, anos depois, em Serra Pelada.

Um militar fazia guarda dentro da sapataria de Joaquim Brito. Os guerrilheiros não retornaram para novas encomendas. Teriam de enfrentar a mata descalços ou improvisar. *Osvaldão* fabricou seus calçados, de número 48, com borracha de pneu. Piseiros, homens que apontavam rastros de guerrilheiros, espalharam que Osvaldo andava na mata com as solas invertidas para confundir. O mito do *Osvaldão* deve muito ao de Coriolano, abridor de castanhais e matador de índios, notório por usar botas de solas invertidas.

Osvaldão fustigava os militares. Mandava bilhetes, soltava urros, jogava pedras. Os manuais de guerrilha recorriam à história. Dizia "A vida na mata": "O fustigamento foi empregado na guerra camponesa de Canudos contra tropas do governo. Também, na retirada de Laguna, os paraguaios usaram o fustigamento contra o Exército Brasileiro e, atualmente, é utilizado em todas as guerras libertadoras".

DELEGADO MARRA

Na Transamazônica, os militares prenderam o guerrilheiro Danilo Carneiro, o *Nilo*, que tinha desertado do destacamento A. Era o primeiro capturado.

Dias depois, *Osvaldão*, do B, mandou Genoino levar uma mensagem para o chefe do C, Paulo Mendes Rodrigues: os militares estavam na região. Genoino desceu a serra das Andorinhas, passou por trás de São Geraldo e, depois de caminhar um dia inteiro, chegou à noite no Caianos. A casa estava vazia. Perguntou a um morador sobre os colegas e foi informado de que eles tinham se mudado repentinamente. O guerrilheiro resolveu dormir no mato. Às seis da manhã, estava numa picada quando foi abordado pelo delegado Carlos Teixeira Marra, de Xambioá, e um grupo de soldados e pistoleiros. O vizinho de Paulo que lhe dera a informação servia de guia do delegado.

— Era ele que estava procurando os terroristas — disse o morador.

— Não sei de nada. Vim aqui apenas para trocar arroz.

Marra, que conhecia Genoino de Xambioá e por andar sempre com *Osvaldão*, amarrou-lhe as mãos. Genoino foi puxado por um cavalo. Na estrada para São Geraldo, ele aproveitou um momento de distração do grupo para puxar a corda e se separar do cavalo.

— Atira, filhos da puta! — gritou, e saiu correndo.

Um dos pistoleiros atirou no seu braço esquerdo. Ele caiu numa empuca, uma moita de galhos secos.

À tarde, chegou um helicóptero da United States Steel, mineradora norte-americana que fazia pesquisas na região, com a equipe de Lício Augusto Maciel para ver o prisioneiro.

Por terra, Genoino foi levado para o Caianos. Lá, o cachorro dos guerrilheiros o reconheceu e começou a lambê-lo. Genoino levou tapas no rosto. Passou a noite. No dia seguinte, os militares puseram fogo na casa e, num helicóptero do Exército, o levaram para Araguaína. Dois dias depois, foi levado para Brasília encapuzado. Na capital, a tortura deixava de ser "selvagem", como ele mesmo costuma dizer, para se tornar "científica". Foi só aí que os militares descobriram que *Geraldo* era José Genoino Neto, um líder do movimento estudantil.

Danilo e Genoino conheceram o inferno da tortura. Brasília ainda mantinha os presos vivos. Genoino evitaria para sempre entrar sozinho em elevador. Danilo passaria por 36 cirurgias de reparação.

Militares chamaram o prefeito de Xambioá, Manoel Pinho, e o vice, Jesus Lobão Veras, da Arena, partido do governo, para reclamar das estradas. Numa noite, Pinho e Veras foram obrigados a carregar pedras para fazer apoio de uma ponte sobre o córrego da Baixa Fria, que seria usada pelos jipes trazidos nos aviões.

O Exército tomou o arquivo do fotógrafo Vicente, levando registros de batizados, casamentos e festas escolares.

PAULO

O terror não era novidade na cidade perdida no Araguaia, que passou por um ciclo de garimpo e pela escravidão dos seringais e ranchos de "civilizar" índios. As novidades eram as latas de salsicha e doces trazidas pelos militares e a palavra "terrorista", termo que os agentes usavam para se referir a seu Paulo e aos amigos dele. Os moradores não achavam estranho chamar os "paulistas" de terroristas, palavra nova na cidade. Difícil foi considerá-los comunistas, um termo conhecido e que significava homens que matavam crianças.

Xambioá, manhã de janeiro

No Araguaia, os moradores demonstravam surpresa com a repressão do Exército aos paulistas.

— A gente se perguntava: mas como esse povo tão bom poderia ser comunista? — lembra Clênio Brito, o filho do dono da Sapataria Goiás.

Na escola de Clênio, um professor perguntou:

— Quem de vocês são patriotas e podem pegar em armas para derrotar os terroristas?

O menino se lembrou de Paulo Mendes Rodrigues, do Caianos, freguês da sapataria.

— Até hoje tenho raiva de ter levantado a mão. Isto dói.

O barqueiro Pedro Bela combinou de pegar Paulo no hotel de dona Rosinha, em Xambioá, para levá-lo ao Caianos.

— Eu fui lá, mas ele não estava. Quando retornei ao Caianos, encontrei os soldados. Daí para frente virou problema mesmo.

Irmão de Pedro, o agricultor Cícero Martins da Cruz lembra o dia em que soldados bateram na porta de casa.

— Eu reagi: "Ei, baixe as armas, quem mora aqui é brasileiro!".

Nos primeiros dias de isolamento dos Paulos na mata, o chefe do destacamento C foi questionado pelos subordinados. Os guerrilheiros, a maioria dez anos mais nova que ele, reclamaram que Paulo não tinha capacidade de comando.

DAVI DOS PERDIDOS

Antes de deixar o Caianos, em abril de 1972, Paulo deu os bois para Raimundinho da Ana, um vaqueiro vizinho que trabalhava com ele. No dia em que o agricultor matou um boi e secou a carne, o Exército apareceu. Os militares desconfiaram que ele pretendia levar a carne para os guerrilheiros. Foi torturado. Como nas condenações da Inconfidência Mineira, no século XVIII, o regime arrasou a propriedade de Paulo no Caianos. A terra foi entregue a Josias, um mateiro que ajudava a localizar guerrilheiros.

Os vizinhos de Paulo foram interrogados. Militares chegaram ao sítio de Davi dos Perdidos, irmão de Edna e cunhado de João de Deus.

— Você conhece os terroristas?

— Vocês que falem uma coisa clara para eu saber o que é terrorista, que eu não sei.

— É um povo contra o governo.

— Quem é esse povo?

— Esse povo que conviveu com vocês.

— Quem?

— Os paulistas.

— Já sei quem é. Nós convivemos mesmo.

— Conhece esse povo?

— Conheço um pouquinho. Conheço o Paulo, a *Dina*, o Antônio, o *Juca* [Haas] e o Daniel. Eles são terroristas pra lá, pra cá, não. Aqui nunca mataram ninguém. O *Juca* foi mandado por Deus, porque aqui não tem médico. Inclusive eu adoeci, estava quase morto, ele e a *Dina* me trataram e não cobraram nada. Tive intoxicação de inseto e o sangue coalhou. Ele cortou a veia, para puxar o sangue com pincel. Estava na hora de morrer. O sangue virou água e virou sangue de novo.

DINA

Dina era o codinome da geóloga baiana Dinalva Teixeira, filha de pequenos agricultores de Argoim, cidade do poeta romântico Castro Alves. Ela vivia com Antônio, que conhecera na Universidade Federal da Bahia. Nascido em Ilhéus, Antônio era irmão de Eduardo, preso pelo Exército antes de chegar ao Araguaia. O casal trabalhou no Ministério de Minas e Energia, no Rio. Na infância e adolescência, *Dina* nunca demonstrou gosto por armas nem foi vista com estilingue. Na família, tinha fama de boa doceira. Na área da guerrilha, ela atuava como parteira e, junto com Antônio, tomava conta de uma loja de roupas, perto do Araguaia, em São Geraldo. Antes de começarem os combates, o casamento acabou. *Dina* foi viver com *Pedro Gil*, ex-genro de Grabois. Antônio continuou sendo chamado de Antônio da *Dina*. A guerrilheira era vaidosa e extrovertida. À noite na mata, ia para a rede da colega baiana Luzia Reis, onde conversavam sobre assuntos triviais. Os sentinelas do acampamento reclamavam. Alguns rostos no Araguaia não eram estranhos para Dinalva. Ela conhecia o advogado Rosalindo e a estudante de geografia *Maria Dina*, outros integrantes da guerrilha, do movimento estudantil de Salvador. O mito da *Dina* que virava borboleta e atemorizava tropas tinha características das duas guerrilheiras baianas, Dinalva e Dinaelza.

BERGSON

Bergson foi tentar comprar tabaco. Antes, combinou com um vizinho, Dioclésio Dior, que, se este não visse militares no caminho, pusesse um ramo verde no meio da estrada. O agricultor, porém, foi até os militares e contou o plano. Pôs ramo verde no caminho ocupado pelos soldados. Bergson, que estava com Paulo, Arildo e *Josias*, foi metralhado ao dar guarida aos colegas. No tiroteio que o matou, saiu ferido nas costas o tenente Álvaro de Souza Pinheiro.

Caianos, manhã de abril

Dioclésio, que traiu Bergson, virou um fantasma da mata ciliar. Sempre que estranhos chegam ao Caianos, ele se esconde no mato.

— A culpa pesa — diz o barqueiro Pedro Martins.

Ele lembra o dia em que os militares chamaram os moradores de Xambioá para ver o corpo de Bergson em frente à delegacia.

Preso no Vietnã, buraco aberto na base de Xambioá, Genoino conseguiu enxergar os militares transportando um corpo. Mais tarde, oficiais mostraram a foto do cadáver a ele, que reconheceu o colega de movimento estudantil em Fortaleza. Ali, Genoino soube que Bergson também integrava a guerrilha.

O embate repercutiu nos quartéis do país. O tenente ferido era filho do general Ênio Pinheiro, adversário do projeto da Transamazônica. O tenente Álvaro fez carreira nas Forças Armadas e virou um especialista em Carl von Clausewitz, estrategista prussiano da guerra. Após o atentado de 11 de setembro nos Estados Unidos, Álvaro escreveu no artigo "Israel, Hezbollah e o Conflito Assimétrico": "O 'Conflito Assimétrico' é a confrontação entre o 'fraco' e o 'bem mais forte'. As aplicações práticas de suas táticas, técnicas e procedimentos estão presentes na história militar desde que Aníbal evitou a invasão de Cartago pelos romanos, até os dias de hoje, nos recentes combates no Afeganistão e no Iraque".

Não há registro se o tenente, em algum momento no Araguaia, repetiu o pai, Ênio, acusado de tortura num quartel em Porto Velho. Foi num pelotão comandado por Ênio, nos anos 1940, que o sargento Marinho foi torturado para esclarecer o sumiço de um tenente.

Paulo voltou correndo para o acampamento. Ele relatou a Osvaldo e *Dina* a morte de Bergson:

— O Bergson foi ferido ao dar cobertura ao pessoal. Ele ficou na mata, está morto.

Naquele dia, Luzia Reis, Dower Cavalcante e Dagoberto Alves foram surpreendidos por militares quando caçavam jabuti à mão, uma tática para não fazer barulho. Dower e Dagoberto foram presos. Luzia atravessou um igarapé e se perdeu na mata. Lembrou-se de um ponto de encontro com Áurea e Arildo, uma árvore. O casal de amigos não apareceu na manhã em que deveriam estar lá. Luzia voltou ao local outras duas manhãs. Depois, procurou ajuda na casa de um certo Raimundo. Ao abrir a porta, encontrou recrutas.

PAULO

Paulo chegou ao sítio de seu ex-empregado João de Deus. Áurea o acompanhava. Fazia um ano que estava no mato, nove meses sem se comunicar com a Comissão Militar. A proximidade da base militar de Xambioá fez o destacamento desmoronar.

— Como é que está?— perguntou o guerrilheiro.

— Não está bom para vocês, não. A gente está vendo avião passar toda hora. Estão andando na casa de todo mundo, deixando tropas.

Os guerrilheiros comeram farofa e ganharam mamão e sal.

BANDEIRA

O general Antônio Bandeira concluiu que a mata dificultava a caça aos guerrilheiros. Ele mandou abrir três estradas, de cinquenta quilômetros — Operacional 1, 2 e 3. A OP-2 liga São Geraldo à Transamazônica. A OP-3, paralela à OP-2 e ao Araguaia, o povoado de Santa Izabel, na beira do rio, à rodovia. A terceira, a OP-1, liga as duas estradas. A OP-2 cortou ao meio a terra dos suruís, que foram arrancados de suas malocas para pegar guerrilheiros. O general lembrava o interventor da Bahia Landulfo Alves, que após a morte de Lampião propôs a construção de uma estrada de Cipó a Jeremoabo, para "civilizar" o sertão. Não foi na caatinga, porém, que Lampião deu a maior demonstração de força, mas na cidade, Juazeiro do Norte, sede do império de Padre Cícero, lugar longe de representar o "sertão enigmático e inacessível". Lá ele foi recebido com festa. A ideia original de cortar o sertão com estradas para derrotar rebeldes pode ter sido de Caxias, que no século XIX decidiu dividir o campo de atuação dos balaios, no Maranhão.

No Araguaia, os oficiais reclamavam que os soldados tinham medo do saci-pererê. É possível que o general Bandeira temesse a mãe-d'água. Ele nunca entrou no rio. Um subordinado puxava a água do Araguaia e suspendia o bico do cano para o general tomar banho. Bandeira é lembrado ainda por não andar à noite. Há apenas um registro de deslocamento dele na escuridão: o dia em que teria levado Curió à Grota Vermelha.

No Araguaia, o general só queria ser visto de farda, impecável, como o doutor José Miranda Curió, em Canudos, que aparece numa fotografia no sertão baiano, tirada por Flávio de Barros, usando jaquetão escuro, botina e chapéu, a mão esquerda no bolso, uma espada na cintura e o nariz empinado, em momento de pose, afastado da cabana de moribundos, o hospital de sangue. O oficial Miranda Curió, que esteve no sertão baiano, tinha em suas folhas de alteração, histórico da carreira militar, queixas de superiores por desprezo à hierarquia, mas foi reconhecido por ter "zelo" no trabalho no Hospital Militar do Recife pelo general João Severiano da Fonseca, irmão de Deodoro. Miranda Curió recebeu convite do general Artur Oscar de Andrade, chefe da quarta campanha contra o arraial do Conselheiro, para organizar o serviço sanitário em Canudos. Durante a guerra, ele foi acusado de infringir as regras militares ao não fazer comunicações ao comando, um "descuido imperdoável".

MILTINHO

A relação entre Bandeira e Miltinho, estrategista da matança de guerrilheiros, era de "carne e unha". Homens frios, eles se tratavam como irmãos. Bandeira andava com um bastão de prata, usado nos interrogatórios. Miltinho avaliava que tudo não passava de dias. "Marx é complexo demais para os caboclos", dizia. Nunca pôs os pés na área. Um dos idealizadores da política de matança de opositores do regime militar, Miltinho acumulava as chefias do

Centro de Informações do Exército e do gabinete do ministro Orlando Geisel. Ele teve um secretário fiel e intelectual, Léo Frederico Cinelli, o chefe do Centro de Triagem, homem de postura discreta, semelhante à de Domingos Gonçalves de Magalhães, o visconde do Araguaia, assessor de Caxias no combate aos balaios.

O Exército abria estradas no Araguaia, e a guerrilha aproveitava o misticismo e o conhecimento dos caboclos acostumados a trilhas, varadouros e ao complexo sistema de caminhos de rios e igarapés.

— O cativeiro vai ter fim! — bradou o agricultor Antônio Alfredo de Lima, o *Parazinho*, que aprendeu a ler com os guerrilheiros.

Era o mesmo discurso do quilombola Bento Cosme das Chagas contra os conservadores do Partido dos Cabanos, do Maranhão, na Balaiada: "A República dos cabanos é pª cativar tudo", escreveu Negro Cosme ao major Pio Rodrigues, registra o livro *A Balaiada e a insurreição de escravos no Maranhão*.

Não são apenas frases cortadas pelo tempo que se aproximam. Alfredo nunca foi considerado um guerrilheiro pelos dirigentes do PCdoB. Por sua vez, Negro Cosme, que se intitulava Dom Cosme, imperador das "liberdades bem-te-vis", jamais esteve na lista dos "verdadeiros" balaios feita pelos líderes do movimento que sacudiu os vales do Mearim e do Itapecuru.

Os dirigentes da guerrilha chamavam os agricultores que pegaram em armas de "elementos da massa", nunca combatentes. Nos depoimentos de João Amazonas não há menção a camponeses recrutados. Ângelo Arroyo fez melhor e cita Alfredo em seu relatório, mas destaca que ele era "integrante da massa que integrava a guerrilha" e Toninho, Wilson e Ribamar, outros camponeses, "elementos da massa". Elza é outra a ignorar camponeses. Só cita Alfredo uma vez numa referência à morte dele e de outros três guerrilheiros. Dos vinte camponeses que pegaram em armas, apenas Alfredo e *Pedro Carretel* mereceram citação na lista de guerrilheiros feita pelo PCdoB — outros 158 deram apoio à guerrilha. Foi o mesmo tratamento dado pelos militares, que os citam como "apoios" ou "adeptos".

No Maranhão, 112 anos antes de começar a guerrilha no Araguaia, o vaqueiro Raimundo Gomes escapou da forca, mas acabou morrendo de forma misteriosa. Ele aderira ao movimento rebelde deflagrado pelos senhores brancos do Partido dos Bentevis, sem jamais ser tratado igual a um deles. Já o qui-lombola Bento Cosme das Chagas tentou ser julgado como "rebelde balaio", mas foi acusado de comandar a insurreição dos escravos e, assim, foi levado para a forca, sem o perdão obtido por Raimundo. A luta dos quilombos era anterior à Balaiada, que arregimentou num primeiro momento caboclos livres, balaios. O drama dos posseiros maranhenses no Araguaia, por sua vez, era anterior à chegada da guerrilha que pregaria o fim do latifúndio.

Os embates dos quilombos do Mearim e do Codó e dos sitiantes contra grileiros no Araguaia explodiram com a chegada de revoltosos de fora. Os objetivos de negros escravos e balaios livres e de posseiros e guerrilheiros, em seus tempos distintos, apresentavam semelhança, mostrando o pragmatismo da guerra, mas a divisão dos homens por classes foi mantida mesmo nos momentos utópicos das batalhas.

ZÉ CARLOS

Na região da Faveira, perto de São Domingos, a cinquenta quilômetros de Marabá, a palavra "grilagem" não existia quando os comunistas chegaram. O agricultor Eduardo Rodrigues dos Santos, maranhense de Carolina, lembra que havia terra de sobra nesta parte do Araguaia. Ele mesmo comprou uma posse, montou um engenho e plantou cana, mandioca e feijão. Ninguém nunca o importunou. Nem mesmo os "paulistas", pessoas que adquiriram a terra de um vizinho, Pedro Frutuoso, sem explicar o que faziam.

Marabá, tarde de maio

— O pessoal chegou dizendo que era paulista. Todo dia chegava gente. Eles não falaram nada. Se tivessem dito, a gente não teria morrido de apanhar. O culpado foram eles, que trouxeram o inferno para nós. Estávamos sossega-dos.

Eduardo perdeu a casa, a terra, um filho, morto na explosão de uma gra-nada — o adolescente Sabino, de catorze anos —, e a mulher, que sofreu um infarto. Outro filho, Lauro, então com dezesseis anos, perdeu a mão esquerda no acidente da granada.

O agricultor não perdoaria Crimeia Almeida, a *Alice*, por entrar em sua casa quando ele não estava. *Zé Carlos*, Crimeia e outros guerrilheiros fizeram demonstrações de ataques aos filhos de Eduardo. Comeram carne de porco com farofa e foram embora. Já não eram os vizinhos que ofereciam remédios e davam dicas de agricultura e higiene. Eram homens e mulheres procurados pelo Exército, em busca de reafirmação, perto do desespero.

Prender guerrilheiros em povoados tomados de migrantes era buscar agulha no palheiro, embora jovens loiros e de comportamento urbano se diferenciassem da população morena. Era preciso enfrentar a mata densa e o labirinto de rios, igarapés, lagos, várzeas alagadas, igapós e florestas submersas. Mal acabaram de limpar a terra inóspita, posseiros foram retirados de seus sítios à força pelo Exército. Sem saber o motivo, eram presos, violentados e jogados nos porões de bases improvisadas. Desde o primeiro governo militar instaurado no Pará, no século XIX, do general Soares de Andrea, repressor dos cabanos, a região não tinha vivido um regime totalitário, com prisões de suspeitos nas ruas, toque de recolher e suspensão de direitos civis.

Mulheres e crianças, sem maridos e pais, foram para a beira das estradas vender pupunha, açaí e o próprio corpo. Adalgisa, mulher de Frederico, preso na base da Bacaba por ligação com Osvaldo, era um zumbi no comando de doze crianças. A família estava faminta, não teve tempo de colher macaxeiras. Os militares incendiaram a roça e a casa. Era num quarto daquela casa que *Sônia*, *Cristina* e *Rosinha* ficavam enquanto Adalgisa lavava e secava as roupas delas.

"[...] latas de querosene derramadas por toda a orla da casaria, avivando os incêndios." O relato de Euclides da Cunha sobre o fim do arraial de Canudos, em *Os sertões*, serve para descrever o que ocorreu no Araguaia. A mata era varrida. Na área de atuação efetiva da guerrilha, viviam cerca de 5 mil pessoas. Mais da metade dos homens foram presos, segundo calculou Elio Gaspari.

Sem registros da destruição de casas e sítios no Araguaia, os militares que estiveram lá foram, de certa forma, uma reencarnação do desconhecido Lídio, de Canudos, citado no romance *As meninas do Belo Monte*, oficial sempre pronto para cumprir ordens. "Às vezes não é possível ser humano. Vejam o major Lídio Porto. O general Artur Oscar mandou, o coronel Medeiros autorizou e o nosso major jogou querosene sobre o arraial desses fanáticos."

FLÁVIO

Os militares chegaram à Palestina, onde a farmacinha dos guerrilheiros estava abandonada. Em carta aos pais, guardada no arquivo do general Bandeira, o guerrilheiro Flávio, um dos donos da farmacinha, escreveu que "aqui não se morre em vida: vive-se a vida plenamente e em todos os minutos".

Palestina do Pará, início de noite, janeiro

Marcolina Gregória do Nascimento, uma das primeiras moradoras da Palestina, lembra que a farmacinha de Flávio, *Amaury* e *Fogoió* foi fechada de uma hora para outra.

— Nunca venderam um remédio. Davam de graça. Era tempo de borrachudo — diz, referindo-se aos mosquitos. — Um dia eles desapareceram. Acabaram com a farmácia.

Os "paulistas" reapareceram maltrapilhos e famintos, na companhia de duas mulheres, *Maria Dina* e *Japonesa*, também chamada de *Chica* — codinomes da estudante de alemão da Universidade de São Paulo Suely Yumiko Kanayama, de Coronel Macedo, cidade do interior paulista, filha única de uma família de descendentes de japoneses que imigraram para o Brasil no começo do século xx. Era o amor platônico de José Genoino. Magra e de estatura baixa, ela chegou ao Araguaia com 23 anos e se destacou pela persistência na mata.

Marcolina insistiu que iria matar uma galinha para alimentá-los. Eles disseram que não podiam esperar.

— Mas, mulher, é um instantinho, a gente faz uma galinha.

Chica começou a cortar uma abóbora na cozinha.

— Ela disse: "Abóbora é bom!". Eu disse: "Bom é carne".

Maria Dina e *Chica* colocaram pedaços da abóbora numa lata, se despediram de Marcolina e foram embora.

Fogoió, vice de Osvaldo no destacamento B, se desentendeu com os demais, insultou companheiros. A Comissão Militar resolveu destituí-lo, relatou Arroyo. A partir daí, passou a ser guarda e secretário do comandante Grabois.

Sem a presença dos guerrilheiros na Palestina, os militares levaram os homens do povoado para a Bacaba, um acampamento que lembrava os "currais de gente" da seca de 1932 no Cariri. Para lá foi o marido de Marcolina, José Alves dos Santos, o Zé Nazário. Bacaba, principal campo de concentração de agricultores, na Transamazônica, era um canteiro desativado da Mendes Júnior, uma das construtoras da rodovia. Bacaba é uma palmeira mais grossa que a guariroba e o açaí, e mais fina que o babaçu, o inajá e o dendê.

No tempo das obras da rodovia, um dos peões que moravam nos galpões da Mendes Júnior era o mecânico Manoel André Sobrinho, baiano de Santa Brígida, de onde saiu por causa da repressão aos parentes e aliados dos cangaceiros. Ele tinha trabalhado nas obras de formação do lago Paranoá, no começo de Brasília.

Manoel, a mulher, Eva, e o filho, Djalma, ficaram na Bacaba até a chegada do Exército para combater a guerrilha. Com o fim das obras, a construtora fechou o canteiro. Manoel foi trabalhar nas obras da represa de Tucuruí, e o filho ficou num barraco perto do canteiro desativado da Bacaba. Os militares ocuparam os galpões, lá instalando uma base de combate à guerrilha. Menino de catorze anos, Djalma viu entrar nos galpões conhecidos da região, presos, suspeitos de ajudar os "terroristas". Os galpões deixaram de simbolizar para o garoto um lugar animado, de festas, das noitadas com sanfonas, para virar aquele estranho local onde os mais velhos entraram em silêncio, às vezes com a cabeça encoberta por sacos. Seu Pedro Pires, cearense, dono de tropas de burros, foi um dos que chegaram acorrentados.

Marcolina conta que foi à Bacaba em busca do marido. Encontrou Nazário marchando. Ela falou para um major chamado Clécio:

— Por que vocês prenderam esses brasileiros, pais de família?

— Não, dona. Eles estão aqui porque sustentaram o povo da mata.

— Se os meninos fossem lá em casa comer, eu dava de comer.

— A senhora dava de comer?

— Dava. E, se você estivesse com fome, eu dava.

— A senhora tinha de ter espingardinha para matar essa gente.

— Nunca vou matar ninguém. Não nasci para isso.

Ela retornou à base dias depois, levando uma jaca. Entregou a fruta ao major.

— Toma. Mas solta meu marido.

O gesto da mulher comoveu o major. Zé Nazário foi solto.

— Os homens foram bons e voltaram doentes. Meu marido morreu logo, logo — lembra Marcolina, que não adquiriu o jeito raivoso da Marcolina de Canudos, uma agricultora aliada do Exército.

Os militares ainda ocupavam a Palestina quando apareceu, na casa de Marcolina, uma jovem clara, alta, com uma imagem de santa na mão. Marcolina achou que era uma amiga de Flávio e *Amaury*.

— Só lembro que ela gostava de cantar. Nunca mais vi a moça. Acho que foi presa, passou pelo vale da morte.

Marcolina diz que não esquece a manhã em que um vizinho, guia do Exército, passou com um corpo dentro de um saco amarrado numa mula, derramando sangue.

— Ele matou porque era perverso. Foi na mata e caçou uma moça. Esse homem, de espírito maligno, teve tanta dor de cabeça que morreu.

SINÉSIO

Após a morte de Nazário, Marcolina foi viver com Sinésio Martins Ribeiro, recrutado como guia do Exército durante a perseguição à guerrilha.

— Eu era um dos quarenta homens presos num curral pelo Exército, na base militar em Xambioá. Estava preso porque disseram que eu fornecia arroz, carne e farinha para o povo da mata. Um compadre, o Arlindo Piauí, tinha ganhado uma burra do Exército, na primeira campanha. A burra era dos guerrilheiros. Quando o Exército foi embora, os guerrilheiros exigiram que o Arlindo pagasse pela burra com farinha. Como ele não tinha, foi me pedir emprestado. Aí, o cabra, um vizinho chamado José Sucuriú, veio dizer para o Exército que eu tinha dado farinha para o povo da mata. Um dia, na base, perguntaram quem sabia onde era a Pedra do Almoço, um lugar na beira do igarapé Xambioá, perto de São Geraldo, onde os castanheiros param para comer. Era um lugar de um povo muito trabalhador. Mas o Exército tinha tirado todo mundo da mata. Nós fomos lá. Eu, um soldado e um tenente. Eu disse: "Olha, aqui não andou ninguém. Tem muito mamão, banana". O tenente perguntou: "Mas e esse lá em cima, com marcas?". "Foi tucano que comeu." "E aqui?" "Foi pipira." "O que é pipira?" "É um passarinho." Na mata, o Exército não sabia de nada. Na base, mandaram eu, o Iomar Galego e o Raimundo Baixinho, que também estavam presos, limpar armas. Melhorou nossa situação.

São Domingos do Araguaia, fim de tarde, maio

Afundavam em tonéis com água a cabeça dos agricultores presos para que eles contassem o que sabiam e o que não sabiam, davam-lhes choques pelo corpo e os amarravam pelos testículos em posição de matar boi. Frederico, marido de Adalgisa, foi pendurado assim e obrigado, numa tarde de sol intenso, a esvaziar com uma peneira um tonel de água.

— Era o dia todinho no sol, queimando. Me deram choque, botinada na cara — lembra Frederico Moraes, que ficou com sequelas.

Ele e outros presos eram obrigados a cantar o Hino Nacional e participar, toda manhã, do hasteamento da bandeira.

WALQUÍRIA

Em 1973, Curió recebeu informações de que *Osvaldão* e Walquíria tinham mapeado uma rota de fuga no sentido oeste do Xingu, o Tuyá, rio da Solidão. Ele pediu ajuda a caiapós para cortar terras indígenas e fazer o trajeto com uma patrulha. Pegou malária. Era um caminho de pouca água. Não havia cipó-d'água para acabar com a sede. Um cabo do grupo morreu envenenado ao beber água de uma poça esverdeada.

A cúpula da guerrilha rejeitou a rota de Walquíria e *Osvaldão* e a ideia de recuo. Os líderes consideraram *Osvaldão* homem defensivo. Walquíria era "profunda conhecedora da selva" e sabia chegar ao rio, registra relatório do arquivo Curió. A trilha feita pelos dois guerrilheiros era a mesma usada pelo pai do dono de castanhais Almir Moraes e outros seringalistas no passado. Os guerrilheiros avançaram pelas terras de xicrins e mapearam morros vermelhos de Carajás. Nessa época, "macacos voadores", apelido dado pelos mateiros aos helicópteros da empresa norte-americana United States Steel, sobrevoavam a serra para mapear jazidas de minérios, serras vermelhas de ferro.

Líderes da guerrilha escreveram uma mensagem para os soldados:

Lembrem-se que, não distante daqui, próximo a Marabá, as Minas de Serra Norte — as maiores reservas de ferro do mundo — estão nas mãos da poderosa empresa ianque United States Steel. Tenham em conta que a democracia acabou no Brasil e ninguém pode criticar os governantes. Vale a pena se sacrificar por uma causa tão ingrata? Meditem um pouco. Não permitam que os tornem autômatos e assassinos de seus irmãos. Os combatentes do Araguaia são jovens patriotas. Não cometeram nenhum crime. Querem acabar com a ditadura, construir uma nação livre e próspera, almejam o bem-estar de todos os brasileiros. Do mesmo modo que eles, vocês são filhos do povo trabalhador. Por que, então, combatê--los? O movimento guerrilheiro é invencível.

OS CHINESES

A serviço da Steel, o geólogo norte-americano Gene Tolbert saiu à procura de manganês e descobriu minério de ferro. Era a descoberta de Carajás. Adonias Dias de Abreu, funcionário da Companhia Vale do Rio Doce no lugar, contou num projeto de memórias da companhia que os norte-americanos tratavam com arrogância os colegas brasileiros. "Notei que consideravam os brasileiros como classe inferior. Andavam armados, com o revólver exposto, parecendo faroeste. Não admitiam ver o empregado sentado, conversando, fumando um cigarrinho. Implantaram um clima de terror. Todo mundo trabalhava com medo deles." O geólogo da Vale Vanderlei de Rui Beisiegel relatou: "Tinha também o pessoal que queria fugir da polícia, perseguido político. Pintava gente em Carajás de tudo quanto era lugar e de tudo que era jeito. Era um bom esconderijo".

A Steel foi pressionada pelo governo militar a se associar à estatal brasileira Vale. Os militares disseram que, por questões de soberania nacional, a empresa estrangeira não poderia explorar Carajás. A Steel e a Vale firmaram parceria. A Steel tinha 49% e a Vale, 51% do negócio. Mais tarde, a Vale pagou 50 milhões de dólares pela metade da Steel. Para bancar a compra, a estatal brasileira recorreu ao Banco Mundial, presidido pelo ex-secretário de Defesa dos Estados Unidos Robert McNamara.

Com o controle da Vale, o governo foi buscar compradores para o minério. Em expansão econômica, o mercado alternativo era a China. O país de regime comunista havia treinado em suas academias guerrilheiros que atuavam no Sul do Pará. O Planalto não esperou o fim dos combates aos guerrilheiros de inspiração maoista no Araguaia para reatar relações diplomáticas com os chineses. Estava em jogo o mercado de ferro no país asiático, na época com 800 milhões de consumidores. O Conselho de Segurança Nacional avaliou que a "práxis" chinesa desaconselhava agora atividades subversivas que, no passado, lhe tinham acarretado prejuízos desastrosos e que, se repetidas, não obedeceriam ao controle político e ideológico de Pequim. O general Hugo Abreu, um dos comandantes da repressão no Araguaia, deu parecer favorável a um acordo com a China. "As vantagens decorrentes do reconhecimento e do estabelecimento de relações diplomáticas com a República Popular da China superpõem-se aos eventuais inconvenientes que poderão advir com a efetivação desta decisão", afirmou. A parceria se consolidou no governo Figueiredo, quando o presidente ciceroneou o premiê do Conselho de Estado da China, Zhao Ziyang, na serra dos Carajás. Nessa época, Zhou Enlai estava morto. A Vale estimou que a reserva tinha 18 bilhões de toneladas de ferro, o suficiente para abastecer o mundo por quinhentos anos. Em discurso, Zhao Ziyang exaltou cinco vezes o nome de Deus por "criar" Carajás.

GRABOIS

João Amazonas só iria romper com a China após a liquidação da guerrilha. No Araguaia, o diário atribuído a Grabois registra a surpresa com a falta de

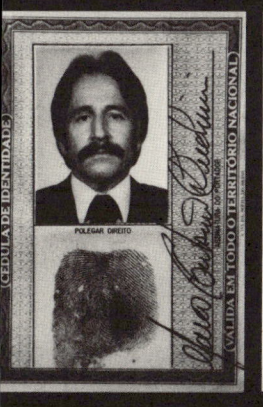

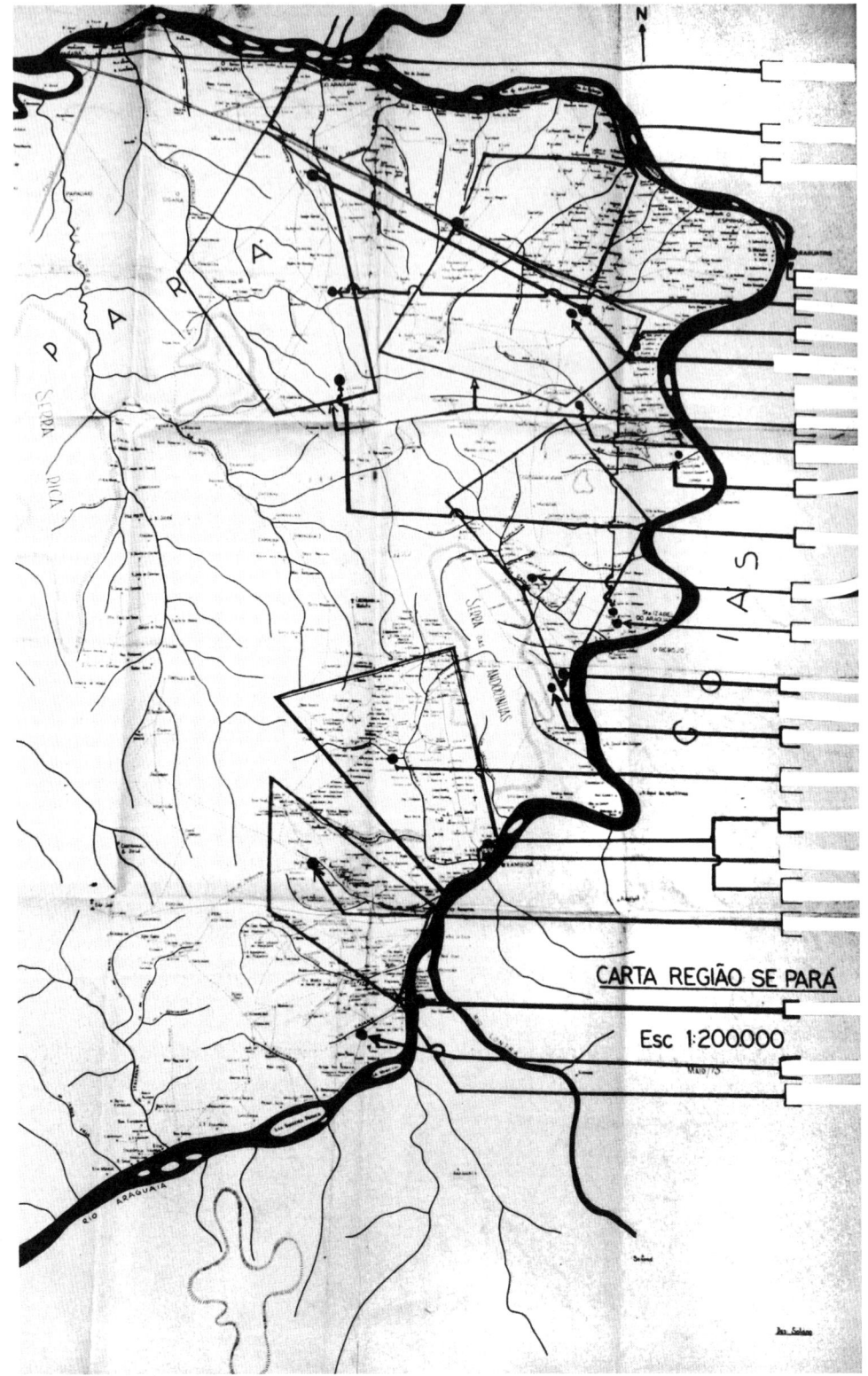

CARTA REGIÃO SE PARÁ

Esc 1:200.000

Brasília, 27 de julho de 1982.

Caros posseiros

Agradeço a confiança que vocês, os posseiros presos em Belém, depositaram em mim ao escrever-me. Acompanho, com tristeza, os problemas, as amarguras e as dificuldades que vocês e seus familiares enfrentam nesse período difícil e que tão bem retratam na simplicidade da carta que tenho em mãos.

Peço que não se deixem dominar pelo desespero e pela amargura desse período de suas vidas. Acima de tudo, peço a vocês que tenham, como eu tenho, absoluta confiança na ação soberana da Justiça.

Rogo a Deus para que Ele estenda a cada um de vocês e de seus familiares os benefícios de sua infinita bondade e que traga paz e concórdia entre todos os que vivem nesta terra abençoada, neste nosso querido Brasil.

João Figueiredo

João Figueiredo
Presidente da República Federativa do Brasil

POVO DA MOCOQUINHA!

Chegou a hora do vosso apôio.

Chegou a hora de elegermos para o governo do município homens de bem, que possam, de fato, falar em nome do pôvo.

O PARTIDO SOCIAL DEMOCRATICO tem na sua chapa UM FILHO da Mocoquinha:

Heitor Rodrigues Pimenta

Povo da Mocoquinha! Unidos lutaremos pela grandeza da Mocoquinha!

Para Prefeito Municipal:
José de Moura Soares

PSD

Para Vice-Prefeito:
Dr. José Alves de Figueiredo Filho

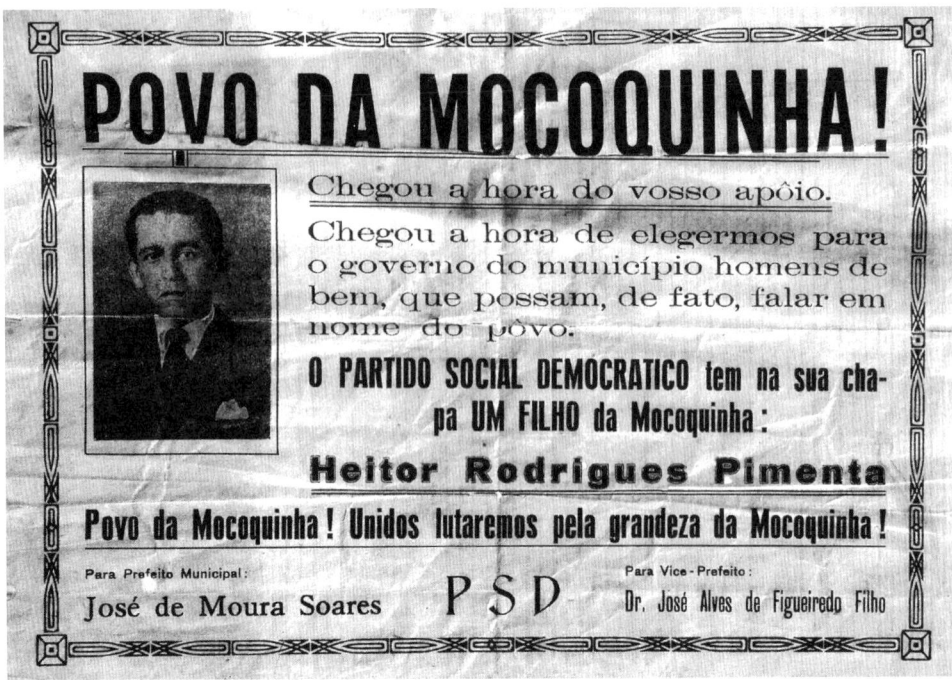

Cartaz da campanha de Heitor Rodrigues Pimenta, pai de Curió, para juiz de paz, em São Sebastião do Paraíso, Minas Gerais. [Arquivo Heitor Pimenta de Moura]

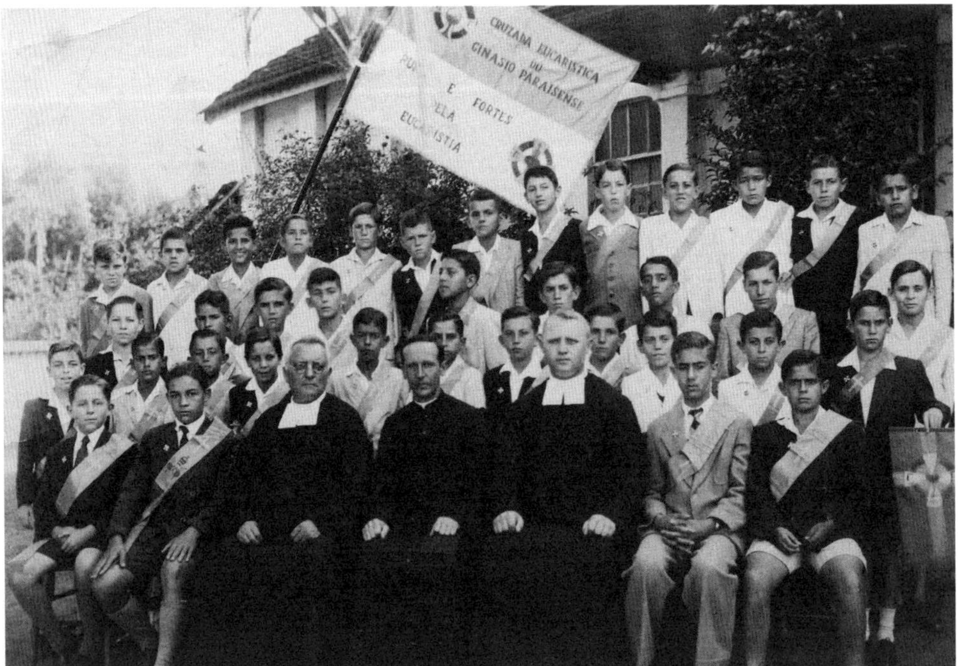

Curió no Ginásio Paraisense (na primeira fila, o primeiro à esquerda).

Curió no tempo
de cadete, em
Fortaleza.

A família posa na formatura de Curió na Academia Militar das Agulhas Negras (Aman). Antônia, a matriarca, está no centro.

Curió e um amigo encenam uma batalha, em Fortaleza.

Curió como cadete.

Futebol em São Sebastião do Paraíso, Minas Gerais. Em pé, Curió é o primeiro da direita para a esquerda.

Teresa Cândida
de Moura,
a avó materna
de Curió.

Os noivos
Maria de
Lourdes
e Curió.

Ginástica na Aman. Na primeira fila, Curió é o segundo da esquerda para a direita.

Curió, no centro,
em exercício militar,
no tempo da Aman.

O antigo pracinha
Sebastião Pimenta e
o sobrinho Curió, na
formatura na Aman.

GUERRILHEIROS NA INFÂNCIA

A guerrilheira Áurea
Elisa Pereira Valadão
brinca o Carnaval em
Areado, Minas Gerais.
[Arquivo família Pereira]

O guerrilheiro Arildo
Valadão, no tempo
de criança, e a irmã
Marlene, em Cachoeiro
de Itapemirim,
no Espírito Santo.
[Arquivo família Valadão]

Primeira comunhão de
Paulo Roberto Pereira
Márques, o guerrilheiro
Amaury, em Minas
Gerais. [Arquivo
Myrian Luiz Alves]

O guerrilheiro Arildo Valadão, à direita, e o irmão Altivo, de férias em Marataízes, Espírito Santo. [Arquivo família Valadão]

A guerrilheira Áurea no tempo do Colégio Nossa Senhora das Graças, em Areado, Minas Gerais. [Arquivo família Pereira]

Helena e o filho Arildo Valadão em Cachoeiro de Itapemirim, Espírito Santo. [Arquivo família Valadão]

Cilon Cunha Brum com grupo de amigos no Rio Grande do Sul. [Arquivo família Brum]

GUERRILHEIROS

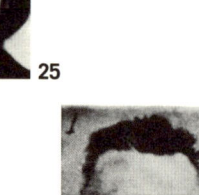

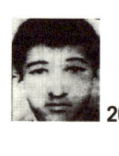

1. Áurea, 2. Arildo, 3. Dina, 4. Jaime, 5. Dower, 6. Luzia, 7. Helenira, 8. Pedro Gil, 9. Duda, 10. Flávio, 11. Idalísio, 12. Carlito, 13. João Araguaia, 14. Vitor, 15. Manoel do B, 16. Joca, 17. Amaury, 18. Landim, 19. Cazuza, 20. Lia, 21. Edinho, 22. Cristina, 23. Juca, 24. Alfaiate, 25. Rosinha, 26. Zebão, 27. Lourival, 28. João Amazonas, 29. Elza, 30. Arroyo.

31. Fogoió, 32. Paulo, 33. Raul, 34. Valdir, 35. Rosalindo, 36. Manoel do A, 37. Preto Chaves, 38. Maria Lúcia, 39. Beto, 40. Lauro, 41. Nunes, 42. João Goiano, 43. Ribas, 44. Zezinho, 45. Osvaldão, 46. Valquíria, 47. Genoino, 48. Peri, 49. Tuca, 50. Chica, 51. Bergson, 52. Sônia, 53. Grabois, 54. Daniel, 55. José Lima, 56. Antonio da Dina, 57. Maria Diná, 58. Lund.

Por medida de segurança as famílias se desfizeram de imagens dos guerrilheiros. Restaram poucas fotografias, a maioria sem boa resolução.

Curió no momento em que deixava Marabá para o combate com a guerrilheira Lúcia Maria de Souza, a *Sônia*. [Foto cedida por um militar que não quis se identificar]

Moradores do Araguaia abordados por uma blitz do Exército durante a guerrilha. [Arquivo Guilherme Xavier Neto]

Adalgisa Moraes, moradora do Araguaia que virou guerrilheira, com a foto de Lúcio Petit, o *Beto*, sua paixão. [Dida Sampaio]

Os guerrilheiros Dinalva Teixeira, a *Dina*, e Antônio Monteiro, o *Antônio da Dina*, antes da chegada do Exército ao Araguaia.

Beto Lúcio Petit, o *Beto*, foi para a guerrilha com os irmãos Maria Lúcia e Jaime.

Agentes da Aeronáutica na selva do Araguaia.

Militar na trincheira
durante combate
à guerrilha.

O médico guerrilheiro João Carlos Haas, o *Juca*, com moradoras de Porto Franco, Maranhão, meses antes de ir para a área dos combates. [Arquivo Myrian Luiz Alves]

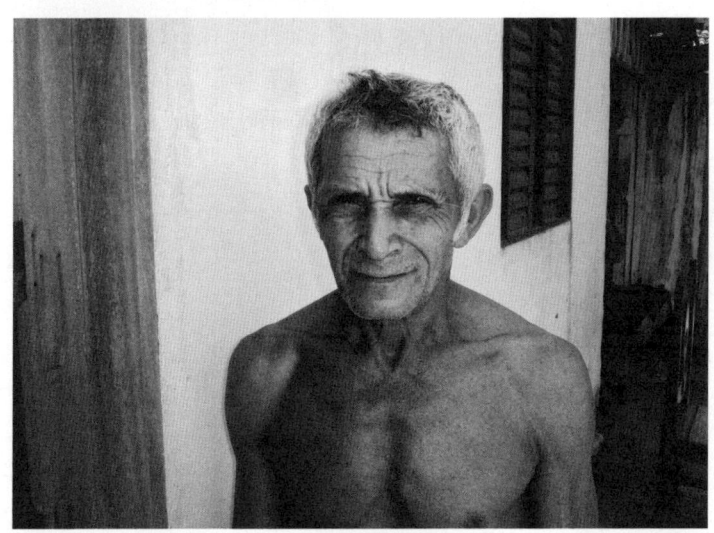

Josias Gonçalves, morador recrutado pela guerrilha. Sobrevivente da emboscada de mateiros que resultou na morte do guerrilheiro Arildo Valadão. [Leonencio Nossa]

Da esquerda para a direita, os irmãos guerrilheiros Lúcio, Jaime e Maria Lúcia Petit.

O guerrilheiro Antônio de Pádua Costa, o *Piauí* (primeiro agachado da esquerda para a direita), com um grupo de militares. [Foto repassada pelo mateiro Peixinho ao ativista Paulo Fonteles Filho]

Os guerrilheiros André Grabois, o *Zé Carlos* (no centro), e Gilberto Olímpio Maria, o *Pedro Gil* (primeiro à esquerda), em Porto Franco, Maranhão, antes da guerrilha. [Arquivo Myrian Luiz Alves]

Haas numa festa em Porto Franco. [Arquivo Myrian Luiz Alves]

O então deputado Maurício Grabois, depois chefe da guerrilha, assina a Constituição de 1946. O escritor Jorge Amado, da bancada comunista, aparece ao fundo (é o primeiro em pé, da direita para a esquerda).

O oficial Lício Augusto Maciel, o doutor Asdrúbal.

Em Xambioá, a luta é contra guerrilheiros e atraso

Do enviado especial

Enquanto as forças conjugadas do Exército, Marinha e Aeronáutica sondam, nas selvas da margem esquerda do rio Araguaia, cerca de cinco mil homens, na caça de guerrilheiros, o Exército iniciou, ontem, simultaneamente, em Xambioá e Araguatins, em Goiás, à margem direita do rio e no extremo norte do Estado, a Ação Cívico e Social — Aciso — visando levar assistência a toda a população da área.

Doutrinação durou seis anos

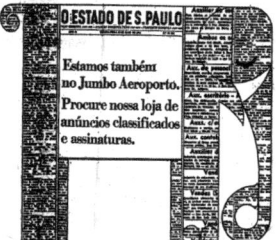

O ESTADO DE S. PAULO

Estamos também no Jumbo Aeroporto. Procure nossa loja de anúncios classificados e assinaturas.

O ESTATUTO DA IGUALDADE CONSAGROU JURIDICAMENTE A COMUNIDADE LUSO-BRASILEIRA

Depois de ter recebido em São Paulo, das mãos do Presidente Médici, a Ordem Nacional do Mérito, o Presidente Marcello Caetano foi alvo de várias homenagens, no último dia 8, no Rio de Janeiro. Na Academia Brasileira de Letras recebeu o título de sócio-correspondente e proferiu o seguinte discurso:

Reportagem do *Estadão* sobre o Araguaia que furou a censura do regime militar.

Carteira de garimpeiro de Arlindo Vieira da Silva, mais lendário guia do Exército durante a guerrilha.

Osvaldo Orlando da Costa (à direita), à época em que vivia em Praga, antes de se tornar um dos principais guerrilheiros no Araguaia.

O guerrilheiro Antônio Teodoro de Castro, o *Raul* (segundo da direita para a esquerda), em aula do curso de farmácia na Universidade Federal do Ceará. [Arquivo família Castro]

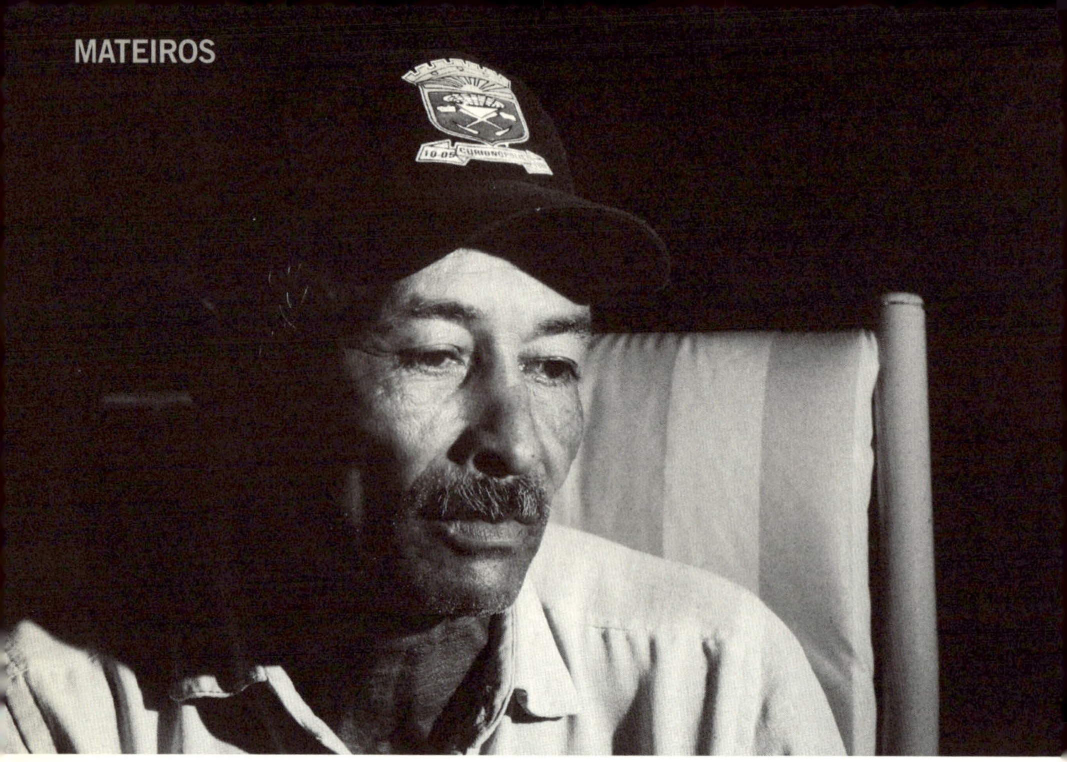

MATEIROS

O guia José Francisco Pinto, o *Zé da Rita*.
[Dida Sampaio]

O guia José Maria
Alves Pereira, o
Zé Catingueiro.
[Dida Sampaio]

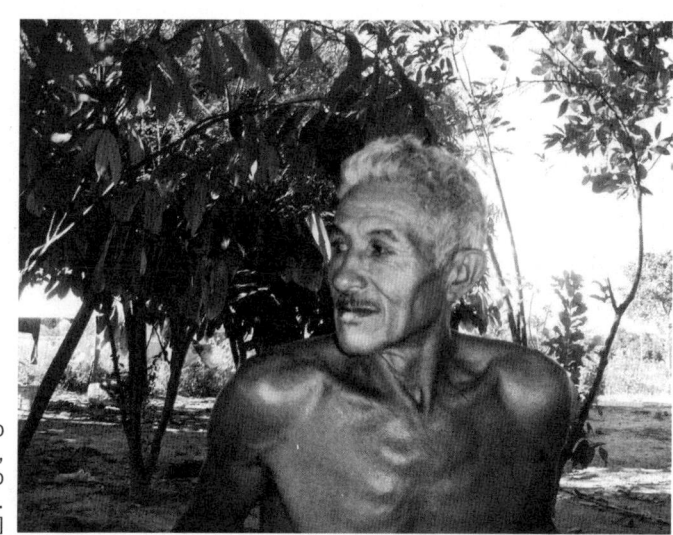

O mateiro Anísio Rodrigues da Silva, guia do Exército no Araguaia. [Leonencio Nossa]

O barqueiro Otacílio Alves de Miranda, o Baiano, um dos primeiros moradores torturados pelo Exército no Araguaia. [Leonencio Nossa]

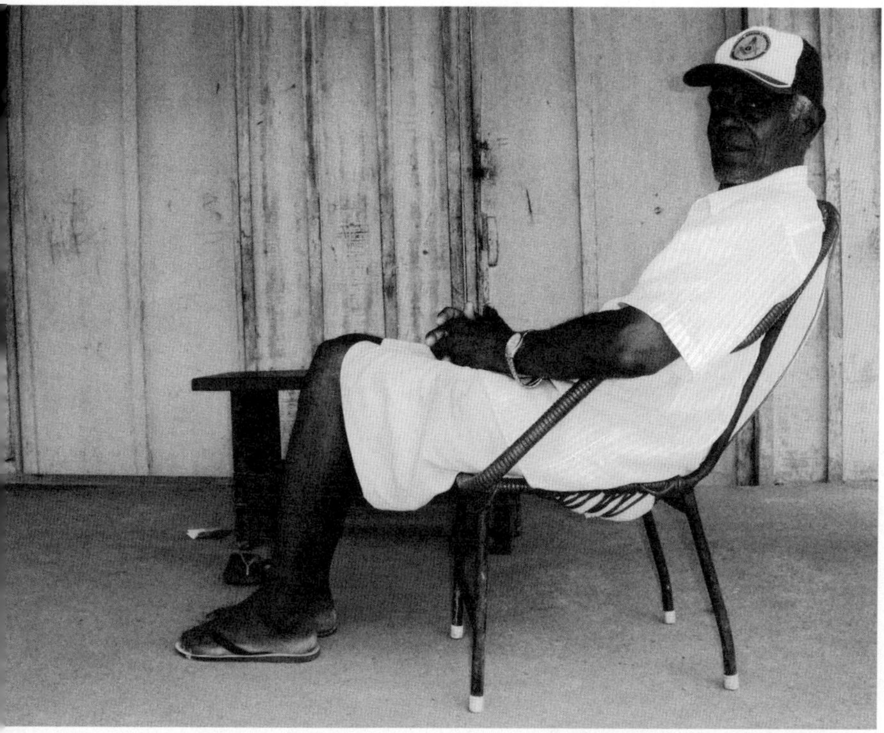

O guia Sinésio Martins Pereira, cortador de
cabeças. [Leonencio Nossa]

O guia Domingos Araújo, com a espingarda usada no dia da
prisão dos guerrilheiros Áurea e Batista. [Dida Sampaio]

O agente José Conegundes, o *Cid* (à esquerda), e Curió em aldeia carajá.
Cid segura a câmera na posição de quem segura uma arma.

O agente Joaquim Artur Lopes de Souza, o *Ivan*, em aldeia
carajá. Morte do militar foi queima de arquivo.

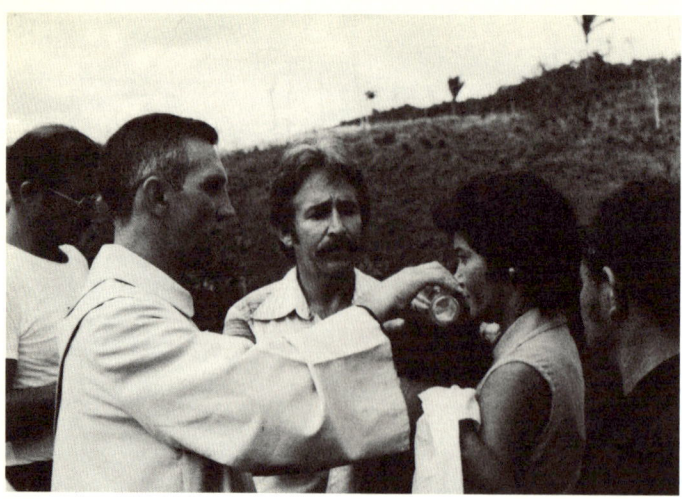

Curió acompanha o batizado de uma criança
na OP-3. É o "minicisma amazônico".

Na prisão, moradores que participaram
da Guerra dos Perdidos.

Curió em campanha para deputado
federal, no Araguaia.

d- INFE JE S. JOSÉ I (INFOM ANTONIO NONATO DA SILVA)

1) No dia 23 de JUN ultimo, houve uma festa na casa de MANEZINHO DAS DUAS MULHERES, em local denominado CENTRO DO MANEZINHO, proximo a S. JOSÉ I. Nosso informante achava-se presente, quando chegaram: PIAUI, SONIA, JOSÉ CARLOS e ZETO. A festa foi tocada a radiola, e os terroristas chegaram as 1800 hs e sairam as 2400 hs.

Em conversa com SONIA, esta o aconselhou a não tirar carteira de reservista, pois levava que se pudesse o entrar na mata para lutar contra eles (terroristas).

Disse o informante que os terroristas estão bem mal de roupas, pois SONIA está quasi-nua e PIAUI com a calça toda rasgada atrás.

Que desde a ultima vez que os viu, os mesmos não mudaram de roupas.

SONIA pediu-lhe para levar-lhes cigarros, ao voltar da mata.

SONIA disse-lhe ainda, que a qualquer dia atacariam o POSTO POLICIAL DE S. DOMINGOS. SONIA e PIAUI portavam METRALHADORAS.

2) O informante, na semana passada, esteve no CAÇADOR, na FAZ DO ALFREDO, e observou que haviam feito ro-

Relatório parcial da Operação Sucuri.

12. ANTONIO GUILHERME RIBEIRO RIBEIRO (ZÉ FERREIRA)-
DEZ 1973. SUA CABEÇA FOI LEVADA A XAMBIOÁ.

Relatórios de prisioneiros elaborados por Curió com base em informações de combate.

repercussão da guerrilha entre os "aliados" chineses. "Falando sobre propaganda, não sabemos por que a Rádio Pequim ainda nada disse sobre as guerrilhas de nossa região. Certamente, melhor informada dará cobertura à nova frente de luta criada no Brasil." O diário critica o revisionismo de Fidel Castro. "Também a Rádio Havana cala. Mas, esse silêncio é diferente. Tem outras causas. Fidel nunca nos deu e nem dará colher de chá. Continua em posição revisionista, na qual se atola cada vez mais."

O diário compara borboletas às bailarinas do Bolshoi.

Mas são estas que imitam as borboletas.

[...]

É frequente encontrar borboletas multicoloridas e dos mais diferentes recortes de asas, que se assemelham a balzaquianas de esplêndidos vestidos a despertar sentimentos reprimidos em guerrilheiros jejunos. A mata revela, assim, seus encantos e nos distrai num mundo de dificuldades e preocupações.

Os escritos atribuídos a Grabois não expunham lucidez ou delírio, verdade ou mentira. Eram registros típicos de quem está isolado na mata e faz de um diário um vínculo com a civilização. Avaliações reais da guerra ou dilemas pessoais marcantes, por mais que atingissem o grupo, podiam não ser descritos.

Não há nada, por exemplo, sobre a gravidez de *Rosinha* e Crimeia, a *Alice*. *Rosinha* ficou grávida de *Paquetá*. A Comissão Militar exigiu um aborto. *Paquetá* não aceitou. A cirurgia, feita por "bulas", os estudantes de medicina da guerrilha, foi arriscada e difícil. Crimeia, a *Alice*, engravidou de *Zé Carlos*, filho de Grabois. Ela foi retirada do Araguaia pelo guerrilheiro goiano Micheas Almeida, o *Zezinho*.

PAQUETÁ

Na mata cercada, *Paquetá* vivia num grupo onde não existia mais a confiança. Suas opiniões nas reuniões com a Comissão Militar eram ignoradas. Ficou isolado. A retirada dele dos encontros de tomadas de decisão tornou-se oficial quando o encarregaram de fazer a guarda dos acampamentos. Na sentinela, não podia participar das discussões. Passou a ser visto como um "problema" por Grabois. *Paquetá* foi acusado por "bulas" de simular uma paralisação das pernas para não fazer suas tarefas. O guerrilheiro foi examinado por Haas, que agora ocupava o posto de chefe de saúde e integrava a Comissão Militar. O médico constatou desvio na coluna de *Paquetá* provocado por uma queda de rede. Mas isso não seria motivo para se comportar como um paralisado. Grabois escreveu que, se *Paquetá* não mudasse de atitude, deveria ser julgado pelo Tribunal Revolucionário. "O Regulamento Militar é para ser aplicado, indistintamente, a todos", anotou. A punição prevista nesse caso era o fuzilamento. Em outra ocasião, *Paquetá* se desentendeu com *Manoel*, que mirou o revólver e apertou o gatilho contra o colega. A arma falhou. Por decisão do tribunal, *Manoel* entregou a arma.

Clínica da Dor, Mossoró, noite de novembro

Num consultório em frente a uma unidade do Exército, o médico João Carlos, o *Paquetá*, faz críticas à Comissão Militar:

— Era para sairmos matando em cima dos caras, fazer fustigamentos, emboscadas. Estava na cara que eles estavam despreparados. Eram recrutas. Tínhamos a vantagem de conhecer a área. Mas deixamos os caras conhecerem a região e perdemos essa vantagem. O pessoal perdeu o senso crítico. Quando alguém perguntava: "Como vamos fazer isso?", um outro respondia: "Não, a Comissão Militar resolve, a comissão sabe o que deve ser feito, não erra". Era algo religioso. Quando eu começava a falar, a reunião acabava. Sabe como é o partido. O cara fala meia hora, outro fala meia hora e, quando você vai falar, aí acaba a reunião. Apesar da segregação, me fiz de desentendido. Tudo bem, o negócio era derrubar a ditadura.

Paquetá lembra de um jovem que furou o cerco de vigilância da guerrilha e chegou ao acampamento do A. Enquanto levava socos dos homens da guarda, o intruso gritava:

— Vou ficar, vou ficar, vou ficar!

Alguém reconheceu o rapaz moreno, olhos castanhos, 1m70: era *Pedro Carretel*, morador da mata. Por mais que pregassem união com a "massa", os guerrilheiros resistiram a aceitar o "bronco", acusado de pistolagem, suspeito de matar um homem. Era o primeiro "formiga" a entrar para o grupo.

PEDRO CARRETEL

A maioria dos "formigas" que pegaram em armas não teve o nome registrado nos relatórios militares e comunistas. Os líderes dos dois lados do conflito se limitaram a citar apelidos — Carretel, Alumínio, Sabonete. Alguns desses agricultores se destacaram na guerra de guerrilha. *Carretel*, apelido de Pedro Pereira de Souza, foi um dos mais procurados. É descrito como "radical" nos documentos do arquivo de Curió. Como outros guerrilheiros recrutados no campo, é tratado nas publicações do PCdoB como "camponês" ou "elemento da massa", desprovido de técnicas de combate. Ágil, conhecia as trilhas da mata. Tinha dez anos ao chegar ao Araguaia. Não conheceu a mãe. Quando o pai foi assassinado por questões de terra em Pastos Bons, uma das cidades maranhenses tomadas no século XIX pelos balaios, pegou uma balsa em Imperatriz e atravessou o Tocantins em busca do tio paterno Manoel da Silva, o Manoel Carretel.

A relação de Pedro com o tio tornou-se tão intensa que só ele dos "filhos" de Manoel se chamou *Carretel*, nome dado pelos castanheiros às araras que faziam ninho nas castanheiras e comiam os frutos. Manoel era considerado um dos melhores catadores dos castanhais do Araguaia. Pedro ajudava o tio no plantio de arroz, feijão e mandioca. Aos dezoito anos, Pedro casou-se com Isaura, de quarenta, negra gordinha, quebradora de coco e fabricante de farinha de mandioca. O casal foi morar na Grota da Camisa, perto de São Domingos. Ali, conheceram Frederico, Adalgisa e os guerrilheiros do destacamento A. Pedro pegou em arma. Isaura foi presa pelo Exército. Levou choques na vagina. Contou que Zé Catingueiro era amigo de Pedro e do povo da mata. Zé Catingueiro passou 29 dias na Bacaba. Teve a costela quebrada por chutes.

Zé Catingueiro era um recrutado do destacamento A. O recrutamento se dava por intimidações. Um guerrilheiro fazia ameaças de morte ao morador. Em seguida, outro dizia ao ameaçado que o protegeria. O agricultor entrava no grupo por gratidão.

Zé Carlos, o destacamento A, perguntou a Zé Catingueiro:

— Você não vai ter medo de morrer?

— Tenho. Quem é vivo é mortal.

— Cuidado. O primeiro que a gente fuzila é você.

A guerrilha tinha o apoio de 194 moradores — 26 pegaram em armas ou tinham funções estratégicas. O pcdob, no entanto, apresentou um número menor de apoios. João Amazonas disse que foram quarenta e Arroyo, seis. A conta para baixo, manipulada ou fruto da falta de informação, serviu para reforçar o heroísmo dos quadros do partido que foram para a mata, e para ocultar outra guerra, a de posseiros contra grileiros e militares pela posse da terra.

Marabá, manhã de maio

Pedro Carretel desafiou as barreiras militares para ir buscar o tio Manoel, de 73 anos, que vivia em Marabá. A prima Jacinta relata o diálogo travado com o primo, no dia em que ele reapareceu, sobre o "povo brasileiro", como se refere ao grupo guerrilheiro:

— O que você veio fazer aqui, Pedro? O povo brasileiro só quer pisar nos pobres, fazer tapete.

— Não, o pessoal é muito bom, cuida dos pobres.

Pedro virou-se para Manoel:

— Tio, vamos pra lá. Eles vão cuidar do senhor. Os brasileiros tomarão tudo e darão armamentos para as pessoas se defenderem.

Pedro e Manoel se abraçaram. Jacinta interveio:

— Pode acabar, Pedro, com essa conversa... Deus me livre! Não quero saber de brasileiros!

Jacinta voltou-se para Manoel:

— Não, pai. O senhor não vai não. O senhor está vendo o exemplo do Baiano, pai, ele está todo machucado, bateram muito nele. Ficou doido. Dona Felicidade não sabe o que fazer. Pai, o senhor não vai. Esse povo brasileiro é perigoso.

Pedro retornou para a mata. O tio ficou, chorando.

O trabalho de parteira de *Sônia* facilitou a sua entrada no mundo dos ribeirinhos. Fumante compulsiva, ela chamava as pessoas de "querida" e "mana". A moça que se preocupava com o ser "humano" no cipoal das ideologias lamentava em conversas com *Paquetá* que nenhum casal se mantivera junto na guerrilha. Acabaram os relacionamentos de *Paquetá* e *Rosinha*, Antônio e *Dina*, e *Lourival* e *Lia*. O isolamento arrasava relações "inabaláveis" e formava outras. A guerrilha teve seus casos de amores não correspondidos. *Cazuza* era "louco" por Maria Lúcia Petit, que gostava de Arroyo, que não lhe correspondia. *Rosinha* e *Nunes* tornaram-se companheiros.

Embora a maioria dos guerrilheiros pertencesse à geração 68, a da liberdade sexual, predominava no Araguaia o conservadorismo do pcdob. A Comissão Militar aceitava mas não reconhecia relações nascidas na mata.

OS IRMÃOS PETIT

João Coioió e a mulher, Lazinha, posseiros amigos de Maria Lúcia Petit, contaram ao delegado Marra que a guerrilheira apareceria no sítio, na manhã seguinte, para buscar mantimentos que o casal tinha comprado a seu pedido. Marra e um grupo de soldados fizeram tocaia dentro da casa. Maria Lúcia se aproximou do sítio. Estava acompanhada de *Cazuza* e *Mundico*, que a ajudaria a carregar a compra. Um homem da equipe do delegado, Júlio Santana, de dezoito anos, atirou nos guerrilheiros, acertando a cabeça de Maria Lúcia. *Cazuza* e *Mundico* escaparam.

Regilena, mulher de Jaime, ouviu os tiros. Ao saber por *Cazuza* e *Mundico* que Maria Lúcia tinha sido morta, Jaime rolou no chão, demonstrando intensa dor.

A morte da mais nova dos Petit desmotivou Regilena, que optou pela vida e decidiu deixar a guerrilha. Jaime não quis sair. Estava irreconhecível, sem lucidez, nas palavras da mulher.

Ainda em junho, os guerrilheiros *Carlito*, codinome do economista carioca Kléber Lemos da Silva, e *Vítor*, o bancário mineiro José Toledo de Oliveira, saíram para um encontro com a Comissão Militar. No caminho, *Carlito*, rapaz alto e de corpo franzino, sofreu febre de malária e não conseguiu continuar andando — as pernas estavam tomadas pela leishmaniose. *Vítor* retornou para pedir ajuda e deixou o companheiro perto de um castanhal. *Carlito* foi encontrado pelo mateiro Pernambuco, que avisou os militares. O guerrilheiro levou um tiro no ombro. Tinha uma espingarda .20 e um revólver .38. Recebeu socos e chutes de soldados. Não resistiu à tortura. Chegou morto à base de Xambioá.

O diário atribuído a Grabois destaca de forma eufórica a divulgação da existência da guerrilha no *Estado de S. Paulo*. O jornal paulista rompeu a censura para publicar "Em Xambioá, a luta é contra guerrilheiros e atraso", em setembro, cinco meses após a chegada do Exército, a primeira e única reportagem divulgada no tempo dos combates, do repórter Henrique Goulart Gonzaga, o Gougon, da sucursal de Brasília. "A matéria publicada no *Estadão*, embora tendenciosa é útil para nós. Tornou conhecida para novas camadas da população a nossa resistência armada à ditadura", afirma. "Deixou claro que não somos terroristas, mas sim guerrilheiros com profundas vinculações com as massas."

IDALÍSIO

Os guerrilheiros marcavam encontros tomando árvores, pedras e rios como pontos de referência. Diante do cerco, honrar o compromisso era para eles a garantia de sobrevivência. Os encontros eram marcados para ocorrer a cada quinze dias. Na hora exata, o guerrilheiro deveria estar ali, rondando a árvore, escondido, com cuidado para não ser visto por um militar. Por faltar três vezes a esses encontros, o destacamento C, de Paulo, ficou quase um ano sem contato com a Comissão Militar.

Perder-se na mata era comum e, às vezes, fatal. Idalísio, marido de Walquíria, saiu para caçar e se perdeu. Foi surpreendido na região dos Perdidos por militares, um mês após a morte de *Carlito*. Idalísio descarregou a arma e acabou metralhado. Era a primeira baixa do B, destacamento de *Osvaldão*. A ousadia foi reconhecida como ato de bravura pelos militares. Walquíria ficou sozinha na mata.

Numa manhã de setembro, militares surpreenderam a guerrilheira Helenira, a *Nega*, no alto de um morro, a 34 quilômetros da vila de São Domingos. De família simples, a paulista Helenira Resende, a *Fátima*, de Cerqueira César, sofria o jejum de vitórias do Corinthians e planejava ser crítica de arte. Era considerada uma esforçada estudiosa de Marx. Esteve no Congresso Estudantil de Ibiúna, no interior de São Paulo, em 1968, estourado pela polícia.

Helenira e o guerrilheiro *Lauro* faziam a vigilância para o deslocamento de um grupo chefiado por *Nunes*, que se enfurnava na mata. As espingardas de Helenira e *Lauro* falharam num primeiro momento. Ela sacou um .38, ele entrou na mata.

Paquetá relata que, ao ouvir tiros, ele, *Lauro*, *Sônia* e *Manoel* sugeriram a *Nunes* que partisse para o ataque. *Nunes* teria ordenado que ficassem onde estavam. O grupo se desentendeu. Uma parte dos guerrilheiros avaliou que, se avançassem, tomariam armas de uma tropa inexperiente e salvariam Helenira. Acuada, a guerrilheira atirou num militar, possivelmente Cláudio Roberto da Cunha. Ferida, sacou novamente a arma. Era a segunda pessoa da guerrilha a ser presa e torturada. Foi morta na fazenda Oito Barracas.

Paquetá dá sua versão:

— Foi ação malfeita. Estávamos num acampamento. Saímos eu, a *Sônia*, o *Manoel*, o *Nunes* e o *Zebão* como ponta de lança para abrir caminho. Atravessamos a estrada, um caminho mais batido, deixamos a *Nega* e o *Lauro* na guarda, e nos internamos no mato, quatrocentos metros. Se a gente tivesse ficado, teria acabado com os militares. A arma da Helenira enguiçou, ela pegou um .38, a do *Lauro* também falhou, e ele se perdeu na mata. Ficamos lá escutando os tiros. Se tivessem seis ou sete para proteger a passagem, o resultado seria outro. Alguma arma funcionaria.

DOUTOR HAAS

Maltrapilho e barbudo, o médico Haas chegou à casa de Virgínia Macedo, uma sitiante, e pediu comida. Viu que havia uma criança doente. A mulher era de Paraíso, vilarejo perto de Porto Franco.

— A senhora já ouviu falar do doutor João Carlos? — perguntou.

— Ah, um deus — respondeu a mulher.

— Sou eu.

— Mas, moço, o que o senhor faz neste mato?

— Minha vida é esta.

O menino foi curado.

No mesmo dia em que Helenira morreu, Haas e quatro companheiros estavam na área do Caianos na missão de encontrar o grupo de Paulo, que não fazia contato havia cinco meses.

O Caianos estava cercado. O sítio de Davi dos Perdidos, que tinha sido tratado pelo médico, era usado pelos militares como pouso.

Pela manhã, uma tropa havia acabado de deixar o sítio quando Haas e outro homem apareceram. Davi "esfriou". Os militares estavam perto. Pálido, com picadas de muriçoca na pele, Haas pediu:

— Você pode nos dar mamões, bananas?

— Podem comer mamão e banana que estão se perdendo, o bicho vai comer. Tem mandioca-mansa para cozinhar. Mas vocês arranquem. Não cortem de facão. Vou dizer que foi caititu.

O médico concordou.

— Vocês querem comer alguma coisa aqui em casa?

— Vamos embora. Não queremos que aconteça nada com você.

— Só andam vocês dois?

— Não, estamos em cinco.

Antes de os guerrilheiros seguirem para a roça, o posseiro combinou que, caso os militares retornassem e o obrigassem a levá-los à roça, iria conversando alto para alertá-los.

Os dois guerrilheiros partiram. Estavam a cinquenta metros da casa quando homens do Exército chegaram afobados.

— Cadê os terroristas? — perguntou um militar.

— Não tinha terrorista aqui.

— Tinha sim.

— Se tinha, por que vocês não atiraram?

— Estava com medo de te matar.

O posseiro foi empurrado com a boca de um FAL.

Grabois temia pela vida de Haas. O médico era o "guerrilheiro exemplar", um potencial substituto na "luta prolongada" na mata. Haas faltou a encontros marcados. *Piauí* entregou a Grabois uma carta escrita pelo "esculápio" endereçada aos moradores de Porto Franco e Tocantinópolis.

Forçado a deixar a região do Tocantins, não pude explicar aos amigos as causas daquele afastamento nem atender aos reclamos da população, inclusive de S. Excia. Revma., o bispo de Tocantinópolis, e outras pessoas de destaque, capazes de compreender os prejuízos que acarretaria a falta de médico no lugar. As demonstrações de apoio e propostas de ajuda, que recebi, então, são claro indício da presente necessidade de maior assistência médica para o interior de nosso país. Sou grato aos moradores de Porto Franco e cidades vizinhas. Nossas forças armadas, as FORÇAS GUERRILHEIRAS DO ARAGUAIA, estão lutando já há cinco meses no Sul do Pará, Norte de Goiás e Oeste do Maranhão e já tivemos vários choques com os soldados da ditadura, tendo-lhes causado perdas em mortos e feridos. [...] Peço a quem tomar conhecimento desta carta, divulgá-la entre amigos e conhecidos. De um lugar do Araguaia

Os armeiros *Ari* e *Joca* saíam para localizar o médico. Passavam dois ou três dias na mata e voltavam sem informações de Haas, apenas com jabutis, guaribas, pacas e latas de castanha. Grabois estava cada vez mais desnorteado com o sumiço do doutor.

Quando Haas, Flávio, *Gil*, o operário paulista Manoel José Nurchis, *Raul* e Walquíria se aproximaram, pela mata, do Caianos, um soldado deu ordem de prisão. Flávio, o mais afastado deles, matou-o com um tiro. No dia seguinte, Haas percebeu que casas e sítios da área estavam ocupados pelo Exército. O médico ainda viu um cartaz do Exército pregado numa árvore. Mandou um guerrilheiro ler o que dizia o comunicado. Outro soldado estava perto da árvore. O guerrilheiro atirou e errou. O militar correu.

João de Deus, cunhado de Davi dos Perdidos, contou que Haas passara pela casa de um posseiro de nome João. Antes da chegada do Exército, o médico tinha feito o parto de Nilza, mulher do posseiro. O posseiro avisou os militares da presença do guerrilheiro.

— *Juca* [Haas] deu toda a assistência e confiou que não ia acontecer nada com ele, pensava que não seria traído. Eles ficaram na usura de dinheiro, pensaram em ganhar dinheiro do Exército.

Por volta de sete horas, na Piçarra, na margem esquerda do Araguaia, a trinta quilômetros de São Geraldo, o grupo se deslocava quando *Gil* perguntou se poderia amarrar a botina. Falou alto. Uma rajada de metralhadora foi disparada, acertando Haas. *Gil* tentou reanimar o médico e acabou fuzilado. Flávio e Haas se contorciam no mato. Haas morreu. Ao perceber a aproximação de militares, Flávio apontou o cano do .38 para a própria boca e atirou. *Raul* levou um tiro de raspão no braço e entrou numa picada, quando Walquíria o alertou da presença de agentes naquela direção. Os dois guerrilheiros escaparam.

Os militares envolveram os corpos em cipós, os amarraram em troncos e carregaram nos ombros por uma trilha até São Geraldo. Dali, puseram os corpos em barcos, atravessaram o Araguaia e chegaram a Xambioá. Os guerrilheiros foram velados em frente à delegacia, sob sol abrasador. Moradores puderam ver o doutor, barba por fazer e calça suja, lembra Clênio Brito, da sapataria. Estava "acabado" de fome, completa o barqueiro Délio Brito. A morte do médico foi um baque para a guerrilha e um assombro para os caboclos.

Um mateiro informou à Comissão Militar que viu corpos de guerrilheiros dentro de sacos em Xambioá. Grabois considerou "perdido" o grupo de Haas. Dois meses depois, Arroyo encontrou Walquíria num acampamento. *Raul* tinha saído para caçar. Ela relatou que Haas morrera a seus pés. Ainda viu mortos Flávio e *Gil*. Arroyo se consolidou como segundo homem do partido na mata.

PRETO CHAVES

Naquele setembro, *Vítor* e *Cazuza* iam para um encontro com *Dina, Antônio da Dina* e *Preto Chaves* quando ouviram vozes. *Cazuza* pensou que fossem colegas de guerrilha. Horas depois de uma caminhada, caiu dentro de um acampamento militar. Foi fuzilado pelos soldados. *Vítor* conseguiu localizar os três colegas do C. Numa caminhada, o guerrilheiro viu rastros de botinas e decidiu observar. *Preto Chaves* fez barulho, atraindo soldados. Horas depois, militares dispararam contra o grupo. *Dina* levou um tiro de raspão no pescoço e conseguiu se jogar no mato. *Vítor* e *Preto Chaves* caíram mortos. Antônio foi preso e executado na prisão.

Preto Chaves, codinome de Francisco Manoel Chaves, se passava por curandeiro de terecô, a religião das chapadas maranhenses. Era marinheiro nos tempos de Vargas quando participou, ao lado do capitão do Exército Lincoln Cordeiro Oest, da Intentona. Tinha mais de sessenta anos quando recebeu de Amazonas o convite para entrar na guerrilha. "É meu lugar, estou lá!", respondeu. Era um negro de energia e sempre ocupado na prisão em "conciliábulos", escreveu Graciliano Ramos nas *Memórias do cárcere*. No presídio da ilha Grande, na ditadura Vargas, Zé Francisco conheceu Graciliano e o sindicalista Celso Cabral, que mais tarde foi mandado pelo PCB ao norte do Paraná para atuar junto com guerrilheiros caboclos de Porecatu, no primeiro movimento de luta armada moderna no país.

Foi Haas, porém, quem virou entidade nos terreiros de terecô e santo nas preces das mulheres desesperadas.

Felicidade, mulher do barqueiro Baiano, tentava salvar o marido, que sofria em casa os efeitos das sessões de tortura. Os gritos dele à noite espantaram os fregueses do Hotel Alvorada, que Felicidade mantinha em Marabá. Ela pediu a Bom Jesus da Lapa:

— Se é para abreviar, me ajude no enterro do Baiano, porque não tenho mais dinheiro, e, se for para dar um jeito, me dê a solução.

No quarto, ela sonhou que estava na rua Sete de Julho, esquina com a Getúlio Vargas, no centro de Marabá, quando alguém bateu no seu ombro. Ao se virar, viu um homem de branco e com quepe e pensou: "Já chega o Exército, agora vem a Marinha". "Você está procurando recursos para tratar do Baiano?", perguntou o homem. Se o Exército tinha dinheiro, pensou Felicidade, a Marinha poderia ter também. "Sim, você tem a solução?" O homem disse que Baiano só teria vinte dias de vida e precisava ser levado para São Paulo. Mandou que tirasse uma estrela de uma caixa de madeira repleta de joias. Ao acordar, ela lembrou de um lote que possuía em Marabá. O milagre aconteceu: um homem apareceu e propôs comprar o terreno. Com dinheiro na mão, procurou João Grande, dono de castanhal e comerciante, um homem que diziam ter vendido os ossos de marfim ainda em vida, para saber como se chegava a São Paulo. Ele a orientou a levar castanha e carne-seca para uma conhecida que trabalhava no Hospital das Clínicas. Felicidade não precisou entrar na longa fila de atendimento. Após a cirurgia que extraiu um tumor do cérebro de Baiano, ela voltou a lembrar a fisionomia do rapaz da estrela, semelhante à de Haas.

OSVALDÃO

Uma carta de *Osvaldão* chegou às mãos dos militares:

Prezado amigo... encontro-me nas matas do Araguaia, de armas nas mãos, enfrentando soldados que pretendem me apanhar vivo ou morto. [...] Há mais de seis anos morava nesta região, dedicando-me, honesta e pacificamente, ao duro trabalho de garimpo ou do "marisco". [...] Internei-me na mata, que conheço bem, para combater os inimigos do povo. Quero que o Pará e o Brasil sejam terras livres, onde todos possam trabalhar sem grileiros, sem perseguições policiais e contando com a ajuda de um novo governo, progressista e popular. [...] Peço-lhe que transmita a todo o revoltado, a todo inconformado com a situação de pobreza e de falta de liberdade, a todo perseguido pelos poderosos e pela polícia, que será bem recebido pelos combatentes. Aqui, entre os revolucionários, ele poderá se refugiar e lutar. Sou um patriota, um filho do povo. Aspiro ardentemente livrar a nação do cativeiro, do domínio dos gringos norte-americanos e da ditadura. Osvaldo, de algum lugar do Araguaia

Chegou às bases a informação de que o cabo Odílio da Cruz Rosa fora morto com tiro na virilha pelo grupo de *Osvaldão* e *Simão*, perto de Duas Margens e Couro Dantas, entre a Palestina e São Geraldo, antigos garimpos de cristal. *Osvaldão* teria dito a moradores que o Exército não teria coragem de resgatar o corpo. O tenente Siqueira Campos, da Coluna Prestes, ficara fascinado com a decisão das tropas legais de dar trégua para o recolhimento de corpos em 1925. "A postura exemplar da tropa inimiga reflete admirável formação militar."

A morte do cabo acentuou o ódio dos militares aos comunistas e tornou visíveis as divergências no Exército. O resgate do corpo expôs a rivalidade entre as tropas convencionais, geralmente formadas por homens de origem pobre, e os paraquedistas, muitos de famílias tradicionais.

Trinta e seis paraquedistas comandados pelo coronel Sotero Vaz, instrutor de oficiais no Amazonas, foram resgatar o corpo de Odílio dez dias depois. A passagem de Sotero pelo Araguaia foi tão curta quanto a experiência em Canudos do coronel Sotero, comandante da polícia no Amazonas — deste só ficou o registro da tomada de igrejas.

Na versão do sargento João Santa Cruz, ligado a Curió durante os combates, as supostas ameaças de Osvaldo não retardaram o resgate do corpo. Santa Cruz disse que a demora ocorreu porque o comando achou que só os paraquedistas estavam preparados. "O paraquedista é super-homem?", questionou. Capturar guerrilheiro era marcar ponto no jogo das vaidades. Não encontrar comunista passou a ser humilhação. Os oficiais se dividiam em "príncipes", no caso filhos da tradição militar, geralmente os que pertenciam à Brigada de Paraquedistas, e "peões", os de outros batalhões, que cresciam na carreira sem laços sanguíneos. Os paraquedistas eram tratados por "boinas pretas" e os de selva, por "boinas verdes". Os "príncipes" viam na Amazônia a chance de repetir os feitos de avós e bisavós, que tinham estado no Paraguai e na Itália. Os "peões" travavam luta pessoal para se sentirem incorporados à família militar. Lício Maciel, sem parentes militares, disse ao repórter Luiz Maklouf Carvalho que andava à paisana, "barbudão", como "deveria ser" na guerra de guerrilha, e Álvaro Pinheiro andava "fardadão".

Marabá, tarde de junho

Na patrulha que prendeu Eduardo, irmão de *Antônio da Dina*, estava o soldado José Admilson de Gama, dezoito anos, filho de Luiz e neto de José Pernambuco de Gama, donos do castanhal Surubim. José conta que a família quis dar *status* a ele, exigindo que participasse da guerra. O jovem se assustou quando recebeu ordens de descer correndo de um helicóptero na Transamazônica. O comandante avisava aos recrutas que a guerra era de verdade.

— Vocês estão fodidos! — gritou o comandante.

José havia aprendido a atirar em espingarda caseira com os castanheiros do Surubim.

Os soldados não sabiam o motivo da guerra. Muitos acreditavam estar no "cativeiro", disse à Ordem dos Advogados do Brasil o ex-recruta Rosimar Nunes. A professora Maria da Paz, filha do vaqueiro Antônio Menezes, lembra de sua época de criança, quando ouvia os soldados parodiarem a música "Camisa dez", que se inicia com "Desculpe seu Zagalo", cantada por torcedores na Copa do México:

Já estou cansado de fazer a guerra
Quero voltar logo pra minha terra
Já estou cansado de caçar o Osvaldão
Mas eu não sou leão
Desculpe seu Roberto
Já gastei dois pares e meio de botina
Andando e procurando uma tal de Dina
E ouvindo pelo rádio: prossiga na missão
Mas não faz isso não
Eu vou voltar neste avião.

Farmácia de manipulação em Teresina, tarde de sol, julho

O farmacêutico e deputado estadual Guilherme Xavier Neto mostra o diário escrito no período em que chefiou um grupo de dezesseis homens no combate à guerrilha. Cursava Faculdade de Bioquímica quando foi convocado para servir de tenente R2, um oficial temporário — na mata, os temporários enfrentaram guerra velada com os agentes de carreira das Forças Armadas, que os viam com desconfiança.

Recrutado em faculdades, um R2 não tinha planos de carreira no Exército. Farmacêuticos, médicos e advogados passavam por cursos rápidos nos quartéis. No *front*, pensavam na vida fora do meio militar. Eram vistos ora como invejosos da condição dos oficiais R1 — formados pela Academia Militar —, que podiam chegar ao generalato, ora como infiltrados. No Araguaia, tanto os R1 quanto os R2 usaram farda nas primeiras campanhas. Porém, nos relatos dos comandantes da repressão, somente os R2 foram tachados de "convencionais" e "despreparados", que perderam as duas batalhas iniciais, a primeira e a segunda campanhas, em 1972. Os R2 saíram da mata depois de neutralizar, em oito meses de operações, vinte guerrilheiros — desse total, doze foram presos, sendo dois executados após a prisão. Os R1, "especialistas" de selva, mataram na fase final em combates ou fuzilamentos 39 guerrilheiros. Ambos os grupos sofreram cinco baixas. Os "especialistas" eram doutrinados para combater "subversivos" até o último segundo. Já os temporários achavam que não fazia sentido continuar a atacar um inimigo sem condições de luta. A retirada dos R2 e a presença apenas de R1 na mata e o início da terceira e última campanha, a partir de outubro de 1973, constituíam o terceiro expurgo significativo nas Forças Armadas em menos de trinta anos. Após os movimentos militares que derrubaram Getúlio Vargas, em 1945, e João Goulart, em 1964, os oficiais golpistas afastaram dos quartéis colegas considerados comunistas.

No diário, Xavier relata o fuzilamento acidental do soldado Antônio Luiz Ferreira, que tinha deixado o acampamento para ir ao banheiro por volta de dez horas da noite, momentos antes da troca de sentinela. O militar que deixou a guarda não avisou ao substituto que o soldado estava no mato. No momento em que Ferreira retornava, o guarda gritou. Militares atiraram. Agonizando, o soldado foi levado numa rede para o acampamento de Xavier Neto, a mais de cinco quilômetros dali. Ferreira morreu às 4h45 do dia seguinte. "O tiro rasgou o seu abdômen. Os intestinos estavam de fora. Ficamos esperando o dia amanhecer para que o ferido fosse removido. Nunca vi um minuto durar tanto! O pobre gemendo e nós sem podermos fazer nada."

Fala Xavier Neto:

— O general Bandeira apareceu de helicóptero para retirar o corpo. Ele meteu um bastão no rosto do soldado para abrir um dos olhos. Ficamos chateados com a atitude de durão, super-homem. Segurei no braço do general, que não gostou: "Olha, tenente, sei de sua preocupação, mas, do mesmo jeito que estamos aqui para prendê-los ou matá-los, eles estão aqui para matar". Os soldados tinham medo de entrar no mato, medo de os guerrilheiros virarem folha. Houve muito estresse. À noite, os guerrilheiros ficavam rondando os acampamentos. Ninguém acendia fósforo ou lanterna.

Ao deixarem o Araguaia após duas campanhas, os militares argumentaram que a chegada do tempo das chuvas punha em risco a vida das tropas. Foi o mesmo argumento usado pelo major Miranda Curió, chefe do serviço sanitário em Canudos, para solicitar ao general Artur Oscar a mudança do acampamento militar da margem do rio Vasa-Barris para lugar mais elevado. "Considerando que diante da inundação as águas tornar-se-ão de péssima qualidade, o impaludismo já se manifesta como se manifestam outras entidades mórbidas multiplicadas com a fraqueza de nossos soldados, venho pedir-vos respeitosamente providências para a mudança imediata de todo o acampamento para o lado oposto do rio, uma vez que não seja possível a retirada para ponto mais distante."

Os guerrilheiros comemoraram a saída das tropas do Araguaia pela segunda vez, em novembro do primeiro ano de enfrentamentos.

O destacamento C ainda estava sem fazer contato com o restante da guerrilha. Localizado na Palestina, o grupo só contava com nove dos vinte da formação inicial. Humilhado, o chefe Paulo foi destituído e transferido para a guarda da Comissão Militar. A cúpula da guerrilha juntou os destacamentos B, que ainda contava com catorze membros, e o C. Depois, voltou a dividi-los, reforçando o C. A chefia do destacamento foi assumida por *Pedro Gil* e *Dina*. Vice-comandante, ela tornou-se, na prática, a primeira e única mulher a ocupar posto de chefe. Encerrava um hiato na história do Araguaia, que não citava mulheres influentes ao longo do rio desde a sertanista Damiana da Cunha, baixinha "civilizadora" de índios no século XIX. Correm pela mata do Araguaia os feitos de *Dina*, seus confrontos com equipes do Exército, e sua fama de boa atiradora e combatente destemida.

Sem ataques do Exército, a guerrilha respirou aliviada. Os guerrilheiros não aproveitaram a trégua para buscar armas e se preparar para novas investidas dos militares. *Osvaldão* foi acertar contas com "dedos-duros". Arrombou a porta da casa de Pedro Ferreira da Silva, o Pedro Mineiro, informante do Exército e jagunço da fazenda Capingo, e o levou até a porteira. O pistoleiro foi amarrado e virou réu do Tribunal Revolucionário. Um pelotão formado por *Dina, Chica, Tuca* e *Maria Dina* o matou. *Osvaldão* escreveu:

Julgado pelo Tribunal das Forças Guerrilheiras do Araguaia, foi condenado à morte, o pistoleiro conhecido pela alcunha de Pedro Mineiro, assalariado do facínora Capitão Olinto, membro do grupo canalha "Capingo" protegido da ditadura. Pedro Mineiro, responsável pela morte de vários lavradores e peões, paga com a vida seus crimes contra o povo. Morte aos pistoleiros e bate-paus! Morte aos grileiros! Morte aos Generais fascistas! Abaixo o Incra! Abaixo a Ditadura Militar! Viva a Terra livre! Viva o povo brasileiro! Viva as Forças Guerrilheiras do Araguaia!

O agricultor Osmar, amigo de *Osvaldão*, foi acusado de passar informações a militares. Os guerrilheiros sobreviventes não dão pistas de quem matou Osmar. Os militares dizem que os guerrilheiros o mataram. Pelo menos em Canudos, Negro Vicentão era "chefe muito malvado. Bastou desconfiar que Antônio da Mota, comerciante do arraial, estava mandando cartas de denúncias para as tropas, matou o homem e os parentes masculinos dele". O depoimento foi dado pela moradora de Belo Monte Francisca Guilhermina ao repórter Odorico Tavares.

Em agosto de 1972, *Mundico* e *Dina* montaram uma emboscada numa trilha de Pau Preto para o agricultor João Pereira. Os guerrilheiros queriam "justiçar" Pereira por "traição". Eles se enfureceram ao saber que o agricultor acompanhou, em abril, a patrulha de Lício. Um dos nove filhos do pequeno agricultor José Pereira, João foi obrigado a trabalhar para o Exército. A família Pereira, que morava na beira do Araguaia, era amiga dos guerrilheiros até a chegada dos militares.

João e Paulo, um trabalhador da família Pereira, estavam numa caça quando encontraram os guerrilheiros. Um tiro acertou João. Paulo foi espancado. Com o estrondo, Antônio correu para o local da emboscada. Ele ainda segurou João, que agonizava. Dias depois, o general Bandeira mandou chamar José. O oficial propôs que o agricultor vingasse a morte de João matando um guerrilheiro preso na base de Xambioá. José respondeu que a vingança não traria o filho de volta.

PEDRÃO DO OLHO SÓ

No acampamento do C, Áurea e Arildo se desentenderam. A relação entre os dois deixou quase insuportável o clima no destacamento. Maurício Grabois ordenou que a guerrilheira fosse transferida para o destacamento A. Ela não se adaptou ao grupo e, por conta própria, voltou ao C. Naquele momento, os integrantes do destacamento C tinham se juntado ao B, de *Osvaldão*.

Áurea passou a andar na mata com *Mundico* e *Osvaldão*. Numa tarde, os três guerrilheiros chegaram ao sítio de Pedrão do Olho Só, apoio do grupo, assustando a mulher dele, Maria da Soledade. Pedro Pinheiro Dias, o Pedrão, negro maranhense, de Grajaú, com olhos esbugalhados, rezava terecô e benzia.

Brejo Grande do Araguaia, tarde de julho

Maria da Soledade lembra que o marido descobriu ainda jovem, em São Luís, que era "cientista", feiticeiro. Foi Zé Bruma, famoso senhor dos terreiros maranhenses, quem disse. De terno branco e com rosário no pescoço, Pedrão rezou diante de um altar pelos guerrilheiros. Áurea estava com camisa branca e calça azul. Na mata, a estudante de física abandonava a crença na ciência e retomava a religiosidade dos tempos do colégio de freiras de Areado.

MUNDICO

Mundico e Áurea estavam mais próximos. Naquele momento de trégua, o guerrilheiro se desentendeu com *Dina*, que estaria dando missões demais para Áurea. Antes da guerrilha, *Mundico* e *Dina* tinham militado juntos no movimento estudantil de Salvador, e chegaram a dividir apartamento. O guerrilheiro manifestou o desejo de sair do Araguaia.

Certo dia, *Mundico* apareceu morto com tiro disparado da própria espingarda. O agricultor José Maria de Oliveira, o Zeca do Jorge, de São Geraldo, dá sua versão:

— Meu vizinho, João do Buraco, ia numa trilha quando ouviu seus cachorrinhos, bons de caça, latindo, latindo. Foi lá olhar. *Mundico* tinha se suicidado. "Poxa, o *Mundico* está morto." Voltou. Encontrou a *Dina* e uma turma. Ela disse: "Seu João, o *Mundico* sumiu". "Não, ele está bem morto." Aí foram lá, João mostrou o corpo.

Os guerrilheiros sepultaram *Mundico* numa cova rasa.

Em busca de um colega desaparecido, soldados desenterraram o corpo do guerrilheiro. Cortaram a cabeça, para identificá-lo. A queda de *Mundico* foi circunstancial. Os militares estavam de volta à mata desde maio. À paisana, não usavam armas nem prendiam. Era a *Operação Sucuri*, para recolher informações e conseguir, mais tarde, sufocar a guerrilha.

PAQUETÁ

A presença de infiltrados foi percebida por *Paquetá*. Ele reclamava uma atitude da Comissão Militar em relação a madeireiros e sitiantes que chegavam. O guerrilheiro enfrentava o poderio dos militares e a desconfiança de companheiros. No dia em que um grupo foi encarregado de assaltar o posto policial de São Domingos, ele recebeu missão menos ousada, liderada por *Edinho*. Não foi informado do objetivo dessa ação. Ao se aproximar de uma roça, *Edinho* mandou *Paquetá* se locomover rápido, pois a área era limpa e podiam ser vistos.

Mossoró, noite de novembro

— Eu atravessei a roça e fiquei esperando os demais. Esperei, esperei, esperei dois dias. Voltei para procurá-los. Sinceramente, não sei se me abandonaram. É uma hipótese. Fui embora. Atravessei o Bico do Papagaio, cheguei a Imperatriz. No Araguaia, era uma adrenalina, viciava. Era tudo silencioso. Ficava uma pessoa atrás da outra. A pessoa falava baixinho, uma terceira não escutava.

Paquetá conseguiu voltar para o Rio de Janeiro. Ficou escondido na casa do jogador Afonsinho. O suposto diário de Grabois registra a "fuga" de *Paquetá* e uma promessa de vingança.

Esse indivíduo, verdadeiro crápula, que causara os maiores aborrecimentos, parecia ter se aquietado, embora não merecesse a menor confiança. As suas possibilidades de sair da região são mínimas e acabará caindo em mãos do Exército ou da polícia. Preso pelo inimigo, Paulo representa perigo, pois é covarde e conhece camponeses amigos nossos. Conhece áreas onde os combatentes costumam circular ou acampar. Na certa, se a reação o pegar, dirá tudo o que sabe. Estou torcendo para que não o prendam. Mais tarde, as FFGG ajustarão contas com esse traidor.

Com sensação de derrota por não ter capturado os mitos *Dina* e *Osvaldão*, e pressionado a encerrar um conflito que poderia ganhar impacto no exterior, o Exército mudou de tática no Araguaia. A *Operação Sucuri* devolveu ao Exército a tradição da guerra de guerrilha, da Batalha dos Guararapes, em Pernambuco, e da repressão à Cabanagem, no Amazonas e no Pará. Desses episódios até o Araguaia, os militares usaram conceitos convencionais de guerra de forma desastrosa em Canudos, na Bahia, e no Contestado, no Paraná e em Santa Catarina. O capitão Curió, que tinha conquistado a confiança do general Antônio Bandeira, tornou-se a cara do modelo de guerra de guerrilha que o regime se dispôs a fazer na Amazônia. Ele chegou a Araguaína, na época estado de Goiás, em maio de 1973, usando a identidade de Marco Antônio Luchini, engenheiro do Instituto Nacional de Colonização e Reforma Agrária, o Incra, órgão responsável por resolver conflitos de terra.

6.

Araguaína, manhã de 35 graus

"Servir e proteger", diz a inscrição no muro do 2º Batalhão de Polícia Militar do Tocantins, antigo 3º BPM de Goiás. Araguaína está a 120 quilômetros de Xambioá e 110 de Carolina. O Araguaia fica distante oitenta quilômetros. Um rio menor, o Lontra, passa no centro da cidade, que cresce desde a construção da Belém-Brasília. Foi esta a cidade escolhida para ser a sede do comando da *Operação Sucuri*. Aqui, Curió dizia que tinha por objetivo fazer um levantamento para entregar títulos de terra. Ele se hospedou numa pensão na praça. Alugou uma casa entre a zona dos cabarés e o quartel de polícia, área movimentada. Pela manhã, jogava futebol com militares. Comprou um Fusca vermelho, arrumou namorada, a enfermeira Helena, e abriu conta no Banco do Brasil para receber salário, em nome de Marco Antônio Luchini. À noite, retirava uma telha do teto e instalava antena de radioamador para se comunicar com Brasília.

Naquele tempo, o guerrilheiro *Edinho* dava um aparelho de rádio para Adalgisa e Frederico acompanharem as transmissões da Ave-Maria às dezoito horas e, mais tarde, a Rádio Tirana, da comunista Albânia. A rádio divulgava informações em português sobre a guerrilha repassadas por João Amazonas, no exílio. As transmissões subestimavam o poderio das Forças Armadas. Os militares suspeitavam que os padres de Conceição do Araguaia operavam equipamentos de retransmissão.

— À noite, vocês devem ouvir a Rádio Tirana — disse *Edinho*.

Curió recebia agentes com malária, facilitava a comunicação dos infiltrados com parentes, e juntava em relatórios informações repassadas pelos subcoordenadores Aluísio Madruga e Roberto Amorim Gonçalves. Madruga, que dizia ser engenheiro da Sucam, órgão da área de saúde, passou a morar num hotel de Marabá. Era responsável pelo trecho da Transamazônica e operava num posto da Secretaria da Fazenda de Goiás, em Estreito. Gonçalves interpretou o papel de engenheiro do Incra, num escritório de madeira em São Geraldo.

Curió usava o helicóptero para conquistar mulheres. O perfil do capitão, que não perdia oportunidade nem na guerra, irritou outros oficiais. Ele era um dos conhecidos de Chicona, dona de bordel de Marabá. Os agentes e seus homens fechavam o "forró" para noitadas.

Curió infiltrou um por um, com intervalos, os 32 agentes nos povoados e sítios onde atuavam os guerrilheiros, numa área de 12 mil quilômetros quadrados. Montou duas bodegas na beira do Araguaia. Uma das bodegas foi instalada em Santa Cruz, onde atuava Osvaldo, e outra foi comprada de um comerciante de São Domingos. Em volta das bodegas, soldados e sargentos eram infiltrados, vestidos de posseiros. Em Pau Preto, Abóbora e Gameleira, os agentes derrubaram a mata, levantaram cabanas e fizeram roças. Na Palestina, um agente era vendedor de arroz. No antigo garimpo do Matrinxã, apareceu um cozinheiro. Era o agente Juscelino. Os infiltrados tinham o temperamento tranquilo, de caboclo, um perfil ideal para o trabalho de inteligência. Eram homens da Amazônia ou do interior de Goiás. Eles entraram na região com mulheres e armas civis de defesa pessoal — revólveres, espingardas de caça e facões. Os donos das bodegas levaram apenas certidão de nascimento, pois outros documentos não eram usados na área. O grupo do capitão Curió era maior que a equipe do médico José de Miranda Curió, que chefiou trinta profissionais do serviço sanitário do Exército em Canudos.

No Araguaia, os donos das bodegas memorizavam informações dos agricultores sobre os guerrilheiros, que nos fins de semana faziam compras. Às segundas-feiras, Curió passava de lancha voadeira para recolher os dados. Um dos bodegueiros lhe disse que o guerrilheiro *Zé Carlos* pediu munição.

— Pode dar as balas. A gente volta para buscá-las.

Ao receber os dados fornecidos pelos informantes, Curió escreveu num caderno que *Osvaldão* estivera nos povoados de Couro Dantas, no dia 15 de junho, Saranzal, dias 10 e 24 de julho, e Grota da Lima, 26 de julho. Fora visto em Sucupira, Fortaleza e Grota do Taquara. O movimento do guerrilheiro foi traçado num mapa.

Informe de São Geraldo, agente Jeremias: "Os terroristas apresentam-se de diversas maneiras, alguns bem barbudos, outros barbudos, alguns bem vestidos, outros maltrapilhos, alguns calçados, outros de lambreta [sandálias Havaianas], todos aparentam bom aspecto físico e estarem bem alimentados".

Informe de Brejo Grande, agente Régis: "Na localidade de Bom Jesus, a 14 km da Transamazônica, estiveram vários subversivos. Chegaram por volta das 3 horas. Colocaram grupos em posições estratégicas, entradas e saídas, enquanto outros visitavam as casas da vila, em número de 20. Portavam cartucheiras 20, revólveres e metralhadoras. Concitavam a população a não temê-los, pois o que querem é combater o governo. Estiveram no local: José Carlos, Piauí, Joca, Valdir, Alfredinho e uma mulher de estatura mediana e forte de nome Cristina. Permaneceram por muito tempo na casa de José Salim".

Informe de São Domingos, agente Edgar: "Em Consolação, tomou-se conhecimento de que um guerrilheiro acompanha Osvaldão. Características do mesmo: Fogoió — 20 a 25 anos — rosto de garoto — anda sempre sorrindo".

Informe de Itaguatins: "Manoel Domingos, velho residente em São Domingos, declarou que o Exército anda de carro para cima e para baixo, sem entrar na mata, ocasião em que os soldados são vistos pelos terroristas, mas não os veem; que Osvaldão disse-lhe que os terroristas estão em más condições de roupas e bem de munição e armamentos, os quais fabricam na mata. Declarou ainda que os terroristas estão com feridas nas pernas".

Informe de Abóbora: "Raimundo, castanheiro em Cajueiro, estando hospedado na casa do agente em Abóbora, disse que a Dina mandará um bilhete para os castanheiros, concitando-os a ajudarem os terroristas a ganharem a guerra".

Embora acusado de não dar satisfações ao comando, o major Miranda Curió, em Canudos, deixou relatórios diários sobre mortos e homens sem condições de continuar na guerra. Entrar na lista dele era chegar à porta de saída do inferno.

Os agentes elaboraram três mapas com a rede de apoio dos guerrilheiros, as casas de agricultores e os locais onde os comunistas tinham acampado. Com previsão de terminar em sessenta dias, a *Operação Sucuri* se estendeu por cinco meses. O prolongamento causou desentendimentos na equipe. Teriam ocorrido diálogos ásperos. Curió relata:
— O Madruga disse: "Para você, está bom, porque fica em Araguaína, com a namoradinha, o Fusca". Mas meu papel era ser engenheiro do Incra, frequentar a sociedade, jogar pelada com policiais.
Outro integrante da *Operação Sucuri* avalia que a prorrogação do trabalho foi necessária para a coleta de dados que faltavam. O "escalão superior" aguardava o desmonte da estrutura do PCdoB nas cidades, a qual dava apoio à guerrilha.

As Forças Legais estavam obtendo êxito naquela missão. Daí a ideia de que valeria a pena prolongar a Sucuri já que esta vinha se desenvolvendo normalmente, buscando assim a possibilidade de obtenção de dados mais importantes do que os até então obtidos e ainda se contar com a desorganização total do partido nas cidades, obrigando o posterior abandono da área pela guerrilha. Isto não aconteceu. O PCdoB foi aos poucos sendo desarticulado nas cidades, mas a guerrilha permanecia, até que foi verificado que a infiltração começava a ser evidenciada pela guerrilha e dados mais precisos do que os até então existentes seria impossível obter, pois os guerrilheiros não tinham acampamentos fixos e cada vez mais se internavam a oeste. Só aí foi decidido partir para a nova fase.

Pelos relatos, os guerrilheiros estavam otimistas. Diziam esperar um carregamento de armas que viria pelo Solimões. No mundo real, a ditadura exterminara de forma cirúrgica membros do Comitê Central do PCDOB, apoios da guerrilha fora do Araguaia. No Rio, o DOI-CODI prendeu Lincoln Cordeiro Oest, 65 anos, e o capixaba Lincoln Bicalho Roque, 28. Oest, o recrutador de guerrilheiros, levou nove tiros num terreno baldio. O corpo de Roque apareceu com quinze perfurações de arma de fogo em São Cristóvão. Ao ler num jornal que Roque tinha sido morto num "combate", Altivo Valadão percebeu ter perdido o único contato com o irmão Arildo. Em São Paulo, Laura, irmã dos Petit, se espantou ao ver estampada no jornal a foto de *Antônio*, o homem do partido que servia de mensageiro, morto. Era Carlos Danielli, o Carlinhos, 43, torturado no DOI-CODI durante três dias pela equipe do major Carlos Alberto Brilhante Ustra. Morreu sem dar informações: "É disso que vocês querem saber? Pois é comigo mesmo, só que eu não vou dizer". A queda dos apoios externos da guerrilha chegou por rádio ao Pará. Grabois reconheceu que haveria reflexo na ajuda política ao grupo na mata. "Perco velhos amigos e companheiros de dezenas de anos", teria escrito o chefe guerrilheiro.

Fazenda Água Branca, fim de manhã, julho

A base da Casa Azul foi construída na margem direita do rio Itacaiunas, em Marabá. A sede é uma construção avarandada, no barranco do rio, coberta de folhas de zinco pintadas de azul, originalmente erguida numa viagem do presidente Médici, em 1972, para inspecionar a obra da rodovia Transamazônica. A casa ficou conhecida como "ninho das pombas", graças à presença frequente de mulheres nos dormitórios. Uma casa em forma de L, próxima, abrigava as celas. Anos depois, um novo trecho da Transamazônica foi aberto, cortando ao meio o espaço da base, separando a área das casas da pista de helicópteros e aviões, onde desciam e embarcavam os prisioneiros.

Na terceira e última campanha, os militares utilizavam ainda as bases de Xambioá, sede dos paraquedistas, na beira do Araguaia; da fazenda Bacaba, em

São Domingos; Branca, no Embaubal; São Raimundo, na OP-2; Urutu, na serra das Andorinhas; e São Geraldo, perto do rio. As fazendas Consolação e Rainha do Araguaia, em Brejo Grande, viraram pequenos quartéis.

Foram trabalhar de guias para os militares na fase final dos combates os sitiantes Raimundo Negro, Raimundo da Madalena, Rufino, Manezinho das Duas, Sinésio, Raimundo Garimpeiro, Iomar Galego, Baixinho, Expedito, Abel, Cícero Mariano e Paraíba. A lista incluía ainda Zé Catingueiro, guerrilheiro preso, que enfrentou um mês de tortura na Bacaba, *Peixinho*, e Luiz Garimpeiro, que integravam o destacamento A. Raimundo Nonato dos Santos, o *Peixinho*, diz:

— Os guerrilheiros vinham fazer reunião aqui em casa. Eram dez, quinze, vinte. Eu participava para assuntar. Era um povo bom, dava remédio para malária. Tratava na hora. Aí o Exército começou a chegar. É que os guerrilheiros queriam fazer um governo na mata. No início a gente não achava difícil. Quando o Exército chegou, a gente achou. O Exército não veio falar comigo, já chegou na taca. A gente não fez guerra. Nem sabia o que era guerra.

A transição de Garimpeiro, de guerrilheiro para guia do Exército, começou quando Curió e o agente Ivan o surpreenderam num casebre na mata. Ivan chegou a apontar a arma para a cabeça dele, mas Curió empurrou o braço do colega militar e garantiu a vida do homem. Preso na Bacaba com Raimundo das Moças e Pedro Loca, apoios da guerrilha, Garimpeiro foi transformado numa espécie de Jesuíno, o homem que passou de jagunço do Conselheiro para "abnegado guia" do Exército em Canudos, nas palavras do combatente Marcos Vilela Júnior.

ZÉ DA RITA

Brejo Grande do Araguaia, tarde nublada

O caçador de onças Zé da Rita, que nunca apoiou guerrilheiros, ganhou três fardas e um FAL dos militares. Curió confiava nele.

— O povo ganhava espingarda. Eu trabalhava com FAL. O Catingueiro usava só espingarda. Ele foi flagrado com o pessoal. Apanhou demais, sofreu demais. Não sei por que ele está vivo. Só depois ele pegou confiança, mas não confiança de confiar.

Zé da Rita conhecia Osvaldo dos garimpos de Matrinxã e da Palestina. Depois, via o "homem grande" com "bandos" de antas nas costas. Foi quando Rita passou a trabalhar de mariscador e caçador.

— A onça-preta não valia nada. A onça-vermelha não valia nada. Valiam muito a pintada e a preta de malha encoberta. No sol dá para ver a pinta dela. É preta, mas no sol fica pintada. A preta pode ser de dois tipos: a marajaíra, pinta pequena, e a pintada verdadeira, da malha grande. O gato-maracajá valia bastante. Era o mesmo que garimpo de ouro. Em seis meses no mato cacei 25 gatos e doze onças boas.

Às vésperas da volta dos militares, a guerrilha possuía uma submetralhadora, duas carabinas, onze fuzis, quinze rifles, duas metralhadoras, 23 espingardas e 56 revólveres .38, anotou Arroyo. Só tinha quarenta balas para cada revólver. Os alimentos dariam para quatro meses. O tempo de trégua do Exército não garantiu novos guerrilheiros e armas. A guerrilha ainda contava com oito pessoas na Comissão Militar, 22 no destacamento A, doze no B e catorze no C.

Piauí, Sônia e *João Araguaia* apareceram na roça de Pedro Mariveti, perto de Bom Jesus. O agricultor se assustou:

— Ué, *Piauí*, vocês existem ainda?

— Agora que todo mundo vai saber quem somos.

— *Piauí*, não dá para vocês voltarem para a cidade?

— Não tem mais jeito. A gente está sendo procurado. É tudo ou nada, é vida ou morte.

OS FERREIRA

Se o destacamento C da guerrilha foi prejudicado por estar perto de Xambioá, cidade-base do Exército, o grupo A estava instalado numa área dominada pelos Ferreira, família com ramificações nos sertões do Cariri, Inhamuns, Moxotó e Pajeú. Era o sobrenome de Virgulino, o Rei do Cangaço. Os Ferreira, que ocupavam as margens do Saranzal e do Sororó, afluentes do Araguaia, consideravam inimigos os homens do governo e os rebeldes. Só entravam em disputas que eram deles. Aprenderam a não levar em conta a amizade e não retribuir favores em dias de guerra. Eles se uniam a quem tinha mais força e delatavam um amigo, se necessário, para se livrar da tortura, palavra diabólica sempre associada à imagem do punhal nos olhos, cena típica da violência do cangaço.

Pelo controle do clã, os Ferreira viviam em guerra. Ainda no semiárido, a família se dividiu em cinco sobrenomes depois de Antônio Ferreira matar um primo e ferir outro por causa de dívida. O clã se reagrupou nos sobrenomes Ângelo, Diniz, Souza, Pernambuco e Ferreira — que ficou com o grupo mais forte, o de Antônio.

O primeiro membro da família a chegar ao Araguaia foi Jacob Eloy, nos anos 1950. Na época, as rádios tocavam a música de Luiz Gonzaga, "Pau de arara":

Quando eu vim do sertão, seu moço,
do meu Bodocó,
a malota era um saco
e o cadeado um nó,
só trazia a coragem e a cara

Jacob trabalhou em castanhais de São João. Cansado da vida difícil, penetrou na mata e se instalou numa área onde estavam alguns agricultores. Trabalhou anos na extração de castanha. De cortador passou a atuar como vendedor. Ficou rico e voltou para a cidade centenária, da qual se tornou prefeito. Ele fundou o vilarejo de São Domingos das Latas, atualmente São Domingos do Araguaia. A 49 quilômetros de Marabá, o lugar serviu de acampamento para as construtoras da Transamazônica. Os guerrilheiros conviviam com agricultores e operários. O número de moradores do povoado cresceu quando o Exército construiu, entre as casas de barro e palha, uma pista de pouso de aviões, que serviria mais tarde de avenida.

Jacob trouxe de Pernambuco os irmãos Antônio e Manoel. Manoel fundou um povoado, a Metade, lugar escolhido pela guerrilha para montar o destacamento A. Veio ainda Carlota Ferreira, prima de Jacob e mulher de João Ângelo.

Os Ferreira não tinham relações com os maranhenses, que viviam em sítios na mata. As famílias maranhenses dos Moraes e dos Nogueira compunham uma casta inferior na hierarquia da sociedade que começava a se formar. Estavam havia anos sem viver uma guerra. A última em que estiveram foi a Balaiada, no século XIX. Os Ferreira ainda tinham as facas enferrujadas de sangue do cangaço. Experientes no "mundo dos bravos", escaparam da tortura.

Os Moraes apostaram na guerra duvidosa. Participaram das reuniões da guerrilha, se encantaram com os romances lidos por *Mundico e Beto* sobre a "vitória do povo brasileiro" contra a opressão — folhetos de cordel que tinham raízes nos *campi* de Salvador, Itajubá e Rio. Os maranhenses acreditavam na vitória da guerrilha. Os Ferreira, por sua vez, tinham a poesia na língua, usavam-na até no dia a dia. Eles convenceram os militares, com rima, de que não "acoitavam" gente do Vale da Égua — lugar dos homens valentes.

São Domingos do Araguaia, manhã de maio

Em sua casa, o octogenário João Ângelo, ex-informante do Exército, diz que um homem "simples" não deve entrar de peito aberto numa guerra contra tropas legais, mesmo que tenha recebido remédios e atenção dos rebeldes. Ele é filho do ex-soldado cearense Ângelo Lopes da Silva, participante da Sedição de Juazeiro do Norte, movimento de Padre Cícero e do coronel Floro Bartolomeu contra o governo cearense. O bisavô e o avô paternos dele, João Lopes da Silva e João Lopes da Silva Filho, viveram no sertão pernambucano no século XIX, na época do ressurgimento do cangaço.

— Nasci no ano de 23, a 23 de setembro. Conheci Padrinho Cícero Romão Batista, tenho uma estatuazinha guardada. Foi quem me batizou. Nasci à noite. A minha tia perguntou ao Padrinho se eu me criava. "Esse menino, minha filha, vai comer tanto feijão no mundo que vai ser um absurdo." Ele acabou a guerra na Alemanha. Alemão dizia: "Eu mato ele". Mas uma nuvem baixou um pouco e o povo falou: "É Deus!". "Não é Deus, eu sou o padre!" Era um padre santo. O crente não gosta dele. Eu não gosto do crente. Morreu o Padrinho. Eu tava em juízo, botei luto. Meu pai serviu o governo dez anos em Fortaleza. Meu pai era baixinho. Nosso governo gostava de homem baixinho, que era bem ligeiro. Conheci doutor Flora do estrangeiro. Ele tinha raiva de ladrão. Uma mulher apareceu: "Doutor Flora, fulano comeu meu peru". "E foi?" A oito dias o peru apareceu. O doutor Flora disse pra ela: "Agora, vai você pra rodagem". São José do Egito! Homem tarasco! Doutor Flora fez estátua grande de Padrinho Cícero. Padrinho disse pra ele: "Flora, quem faz grande faz pequeninho". Flora morreu. Lampião era muito religioso a Padrinho Cícero. Lampião bulia nego ruim. Viu o matuto cantando: "Lampião diz que não corre, ele é corredor, correu lá da matinha, que a poeira levantou". Gostou: "Agora você vai cantar pra gente dançar até amanhã". Dançou a noite toda com Maria Bonita. Só quem gozava Maria Bonita era ele. Bonita mesmo.

Pergunto se a guerrilheira *Cristina* também era bonita.

— Todas duas eram decentes, porque esse povo estrangeiro tudo é bem-parecido. *Cristina* me deu remédio, era doutora. E eu recebi e contei ao homem da lei tudo direito. Não vou apanhar em Goiânia, de jeito nenhum. O *Nelito* e a *Cristina* davam remédio pros meus filhos. Assim como contei aos homens pra mó de ficar sabendo. Cheguei ao Pará por causa da seca. Vou morrer na lama. E tenho vontade de voltar. No tempo da força armada, a força armada me cercou. Governo apontou metralha em mim: "Diga já quem é você". "A gente não acode terrorista." Governo é que é o maior. Conheci o Curió no povoado da Metade, perto de São Domingos, veio passear.

Fala do Araguaia:

— Cheguei na Juliana na Metade. O Curió, eu vi ele. Bem armado, bem equipado. É o homem da metralha, aquele que carece agir. De verdade nunca apanhei nem bati. Mas patrício Antônio Borges dos Santos foi dependurado. Era professor de aula, tinha mais de cem meninos estudando. E aquele avião vinha. Os meninos com paus apontaram pra cima: "Pou, pou!". Foi o castigo dele. Vai sofrer o castigo. O homem é tarasco, tarasco. Estudou mas é tarasco. O homem tem de aceitar, porque nós somos civis. A força armada é o mal. Graças a Deus nunca dei e nunca apanhei. E houve a revolta na Metade. E recebi terra da força armada. Ganhei terra na OP-1. A força armada me perguntava: "O senhor conhece o povo da mata?". "Conheço. E dou comida. Dou até encher a barriga". "Por que dá?" "Dou de comer, doutor, com licença da palavra: uma bala na testa assim!" "É?" Chamaram eu pro mato. Vou não. Me chamaram pra comer jiboia. Deus me livre, doutor. Padrinho Cícero disse que eu ia comer só feijão. A pessoa era *Cristina*, a pessoa era *Dudinha*, a pessoa era

Nelito, a pessoa era *Dina*. Esse povo do estrangeiro era tudo bem-parecido. Homem valente, com o capuz e a espada na mão, dizia pra mim: "Estamos aguentando o Brasil, seu João. O senhor vai se dar bem!". Sujeito valente a gente tinha de respeitar. Um olho azul, bem avinho. E dava risada: "Riririri". A risada era devagarinha. Mas esse povo assim a gente só respeita. Quem não respeita toma castigo. Seu Zé da Luz me chamou para ajudar a esconder três terroristas pro governo não matar. "Olha, seu Zé da Luz, você me respeita. O senhor é mais velho que eu. Dá meia-volta, seu Zé da Luz! O senhor não queira, o senhor não queira. Não queira dar apoio a esse povo. Esse povo não é nosso. Nosso é o brasileiro. Esse povo é da Baixa da Égua." Nunca graças a Deus. Esse povo tudo mais ou menos. Entrou, a bem dizer, tudo pelo cano. Agora, doutor, estou sozinho. A gente vê como inicia e não vê como afunda. Deus é maior! Você tem de andar na diocese, respeitar homem da lei.

ADALGISA

São Domingos do Araguaia, outra manhã de maio

Os maranhenses não tinham a poesia bruta e a astúcia dos Ferreira. Moradores do povoado de Fortaleza, perto de São Domingos, Frederico Lopes e Adalgisa Moraes, amigos e seguidores de Osvaldo desde o garimpo de Matrinxã, só se aproximaram dos Ferreira quando o filho Pedro, bem mais tarde, se casou com Nena, filha de Antônio Ferreira e sobrinha de João Ângelo.

Os maranhenses só não andavam armados porque faltavam espingardas e revólveres. Adalgisa foi apelidada de Delegada, a delegada do partido. O filho Pedro recebeu treinamento de tiros.

Sônia pediu a Adalgisa:

— Olha, mana, quando os milicos chegarem, não dê notícia nossa.

— Eu não dou notícia de vocês nunca.

— Ô mana, quando a guerra começar, se previna com sal, para dar para nós.

Cristina reforçava os alertas:

— Vocês vão sofrer, mana, vão sofrer.

— Não tô nem aí. Eu tenho é que ajudar.

* * *

Enquanto os militares não apareciam em São Domingos, *Sônia* continuava o trabalho de auxílio às famílias de posseiros e sitiantes. Fez o parto de Adalgisa e batizou a menina Valderice, no primeiro dia de 1972, três meses antes do início dos combates.

Difícil foi tratar de Sertão, um agricultor que feriu a cabeça com um pedaço de pau.

— A gente via os miolos dele. Ficou curado — lembra Adalgisa.

Edinho ajudava Adalgisa a socar arroz no pilão. Era "altão" para os padrões do Araguaia, "cabelo bom", "branquinho", "fino" e "alegre".

Adalgisa levava os recados dos guerrilheiros a frei Gil Vilanova, apoio deles na Igreja Católica.

De surpresa, *João Araguaia*, guerrilheiro arisco e adaptado à selva, fazia a guarda de Adalgisa na coleta de coco-babaçu na mata, protegendo-a das onças e porcos. Ela percebia a presença dele atrás das árvores pelo cheiro do tabaco.

— Olha, estou lhe colocando sentido. Você não tem medo de onça? — perguntou o guerrilheiro.

— Não, onça não come gente feia.

Rosinha explicava aos filhos de Adalgisa e Frederico o funcionamento dos satélites lançados no espaço.

— Ela dizia para a Creuza e a Raimundinha: "Vou botar uma escola para vocês estudarem". As meninas ficaram a vida toda esperando — lembra Adalgisa.

Quando Oronildo, um vizinho, quis tirar satisfação por causa do jumento da família que entrou na plantação de feijão, Adalgisa correu para pedir a intervenção do "povo da mata". *Beto*, armado, dormiu três noites na casa dela.

Adalgisa se apaixonou por *Beto* no dia em que o conheceu. O guerrilheiro montava numa mula quando arrebentou a rabichola, cinto que prende a cangalha ao animal. A mulher o alertou para o perigo.

— Obrigado, dona!

160

A crença de Adalgisa na vitória da guerrilha se fortaleceu quando *Cristina*, *Zebão*, *Beto*, Orlandino, *Sônia*, *Zé Carlos*, *Rosinha*, *Edinho*, Alfredo e *João Araguaia* chegaram à casa dela, na manhã de uma sexta-feira, comemorando o maior feito do movimento armado: a invasão do posto policial na Transamazônica. O grupo rendeu os soldados, obrigou-os a correr de cuecas, e levou armas e munições.

— Mana, aumenta a farofa! — gritou um guerrilheiro ao se aproximar da casa.

Sônia estava com uma faca da polícia. Alfredo vestia farda. O grupo carregava rifles e balas.

Certa noite, um "viajante" apareceu na casa dos Moraes. Frederico, que preparava a farofa, abriu a porta e deu abrigo. Era Curió, que voltaria mais tarde.

— Vamos embora, *Cristina*, a cobra vai fumar! — disse o agricultor Sinvaldo Gomes, vizinho dos Moraes.

— Moço, meu lugar é aqui. Meu lugar é aqui com meus companheiros, lutando para livrar o país dessa ditadura fascista. Vai, companheiro, tira a sua mulher e seu filho. No futuro, não se esqueça de contar a nossa história.

O relato foi feito pelo próprio Sinvaldo ao pesquisador Paulo Fonteles Filho.

Sinvaldo estava na estrada com a mulher, Dalila, e o filho pequeno quando Curió e dez homens chegaram de madrugada ao sítio de seus sogros, Alfredo e Oneide. Era ali que os guerrilheiros *Zé Carlos* e *Zebão* se alimentavam, destacavam os informes da *Operação Sucuri*. A *Operação Marajoara*, a última de combate à guerrilha, começara à meia-noite com cerca de 250 homens vindos do Centro de Instrução de Guerra na Selva, de Manaus.

7.

ZÉ CARLOS

Curió invadiu a casa de Oneide, sogra de Sinvaldo. Ela não se desesperou. Duas turmas de cinco militares foram posicionadas do lado de fora. Da janela, de frente para a estrada que dava acesso ao sítio, o chefe da patrulha viu um vulto. Engatilhou a arma e percebeu que era um militar. Passaram-se horas. De repente, Oneide começou a rezar o credo em voz alta. Era a senha para os guerrilheiros não se aproximarem. Oneide foi presa e torturada.

Horas após a invasão da casa de Oneide, Lício iniciava a perseguição a *Zé Carlos*, filho de Maurício Grabois. Uma semana depois, encontrou o guerrilheiro. Às seis horas, o agente e seus homens, entre eles o guia Manoel Leal, o Vanu, ouviram tiros e guinchadas de porcos. Os guerrilheiros matavam um porco num sítio abandonado. Lício esperou o início da tarde para deflagrar o combate. *Zé Carlos* estava sentado, com uma arma e a farda e o gorro do chefe da delegacia da Transamazônica.

— Solte a arma — gritou Lício, a dois metros.

O guerrilheiro deu um pulo, não se rendeu. Foi metralhado. Alfredo, o pai de Dalila, atirou duas vezes nos militares e errou. *Zebão* tentou se esconder atrás de uma castanheira, mas também foi alvejado. *João Araguaia* escapou. Lício escreveu que *Nunes*, companheiro de *Rosinha*, foi ferido com uma bala que entrou pelo quadril e saiu na axila.

Interrogado na mata, *Nunes* deu os nomes dos mortos. Lício contou, mais tarde, que levou os mortos em mulas e *Nunes* para o sítio de Oneide, seis horas de caminhada dali. Com sangue escorrendo pela boca, *Nunes* foi levado de helicóptero para Marabá.

Vanu chegou à base em outro helicóptero. Viu os soldados levarem *Nunes* para a Casa Azul numa maca de cordas improvisada. Numa cela, o guerrilheiro passou por mais interrogatório. Falou de cursos no exterior, da vontade de ver sua história contada pelo *Jornal Nacional* da TV Globo e de enfrentamentos com policiais.

No começo, a guerrilha não era um bloco único de totalitários extremistas ou sonhadores exagerados. Virou um grupo homogêneo apenas no final, quando seus integrantes começaram a descer de helicóptero na pista da Casa Azul, despindo-se dos últimos fiapos do combate, adquirindo a face de prisioneiros. A partir desse momento não existia mais guerra, e qualquer crime era responsabilidade do vencedor.

O tenente da reserva José Vargas Jiménez relata que, dias depois do combate, viu os corpos de *Zé Carlos*, Alfredo, *Zebão* e *Landim* expostos ao sol. É a barbárie:

— Estavam cheirando mal. Um dos meus soldados foi até um dos cadáveres e com sua faca cortou um dos dedos, retirou o resto da carne que já estava em decomposição, ficando somente com os ossos, que pendurou no seu pescoço, dizendo: "Esse amuleto é meu troféu de guerra!". Eu encontrei um gorro feito do couro de quati na cabeça do *Zé Carlos*, era do tipo de Daniel Boone, peguei para mim.

O gorro pertencia a *Landim*, lembra Adalgisa Moraes. Naqueles dias, ela e o marido, Frederico, preparavam farofa de carne de porco para a turma de *Beto*. Adalgisa levava a comida para os guerrilheiros numa bacia escondida numa trouxa de roupas. Passava pelas tropas sem ser revistada. Às vezes, *Beto* buscava a comida na casa dela. Sempre ao meio-dia, se aproximava com cuidado do sítio. Ficava detrás de um tronco atrás da casa. Entrava quando recebia sinal.

Frederico foi preso e obrigado a dançar carimbó na Bacaba. A casa da família foi incendiada e o jumento, morto pelos soldados. Nem Delegada nem Frederico entraram para a história oficial do PCdoB. O partido divulgou que Frederico era "apoio", "elemento da massa", rebaixando-o de posto na guerrilha. A história de Adalgisa e Frederico foi contada pelos cordelistas, memorialistas do povo "formiga". Ela me dá de presente o folheto "Tortura, dor e sofrimento", do poeta Caveirinha.

Curió ia na frente
Para acabar com os comunistas
Um guia sempre de lado
Para não perdê-lo de vista
Matava homem e mulher
Para aumentar sua lista

Frederico coitadinho
Apanhou que nem jumento
Le deram tanta porrada
Isso sem merecimento
Hoje vive adoentado
Sua vida é um tormento

A polícia lhe pegou
E amarrou pelo saco
Botou cabeça baixo
E colocou num buraco
O pobre quase morrendo
Ficando muito mais fraco

Depois dele amarrado
Para aumentar a maldade
Colocaram em seu ouvido

Fio de eletricidade
E a polícia ali sorrindo
Sem ter uma piedade.

Ao ser informado da morte do amigo *Zebão*, *Zezinho*, o armeiro, se de-sesperou e perdeu o prazer de fabricar espingardas. Grabois teria registrado em diário o sofrimento ao saber da morte do filho *Zé Carlos*.

Más notícias do DA [destacamento A] — para mim particularmente terríveis — deixaram-me em estado de não poder escrever coisa alguma... o D foi duramente golpeado. Perdeu seu comandante, homem capaz e um dos mais puros revolu-cionários. Estava ligado ao P. [partido] desde os 16 anos. Ainda podia dar muito à revolução. Era excelente comandante. O primeiro erro que cometeu foi-lhe fa-tal. Tinha 27 anos. Seu verdadeiro nome era André Grabois.

O diário atribuído a Grabois foi publicado na internet pelo militar da re-serva e pesquisador Carlos Azambuja, 33 anos após a morte de *Zé Carlos*. Mais tempo levou para ser divulgado o relatório do tenente Marcos Azambuja, com-batente em Canudos, sobre a derrota da expedição do coronel Moreira César. Mais de cem anos depois, o texto de Azambuja, de Canudos, divulgado pelo Arquivo Histórico do Exército, confirmou que as estratégias do chefe da tropa foram equivocadas. "Depois desse quadro horroroso que presenciei eu pouco podia andar, não só devido ao estado de fraqueza, pelo muito sangue que havia perdido, como também pela falta de alimento."

Numa madrugada de outubro, a patrulha de Curió saiu da Casa Azul em direção a Bom Jesus. Ali viviam apoios da guerrilha com prioridade "1" de prisão — José Salim, Leonel, Severino, João Mearim e Luiz. Também moravam no povoado *Luizinho*, Leonda e Salomão — prioridade "3". A patrulha cercou a corrutela, entrou nas casas. Mulheres e crianças se desesperaram. Cerca de quarenta homens "com idade para lutar" foram levados amarrados e em fila indiana para a Bacaba. Entre eles estava o agricultor Pedro Mariveti, amigo de *Edinho*, *Valdir* e *Piauí*.

Depois de retirar os moradores, o Exército arrasou o povoado. A mata ficou vazia, semelhante à selva descrita por comunistas e militares. Era o tempo de guerra, diziam os posseiros, os barqueiros e lavadoras do Baixo Araguaia. Agricultores presos lotavam as bases militares da Bacaba, de Xambioá e Marabá, espécies de campos de concentração. Enquanto os homens não voltavam, as mulheres iam para a Transamazônica. Crianças eram oferecidas a caminhoneiros.

Cento e cinquenta anos antes, o governo imperial fez um apelo aos oficiais que combatiam forças contrárias à independência do Pará: "Que nestas diligências usassem sempre de prudência e moderação, nunca aterrando os habitantes que deviam ser tratados com as atenções que a lei exige para com os cidadãos em suas casas", escreveu Domingos Raiol, em *Motins políticos*.

O bispo de Marabá, d. Estêvão Cardoso de Avelar, pediu aos militares que soltassem os presos. Ele não teve permissão de entrar nas bases. Avelar foi a São Paulo informar e denunciar à Conferência Nacional dos Bispos do Brasil, a CNBB, a prisão dos agricultores. Os agentes avaliaram que o bispo fazia propaganda a favor dos "terroristas". Dividida, a CNBB silenciou no momento mais trágico do conflito. A entidade era considerada "progressista", mas valia a força do cardeal d. Agnello Rossi, prefeito da Congregação para a Evangelização dos Povos, no Vaticano. Nenhuma ação foi tomada pela CNBB. Não era a primeira ausência de Deus no mormaço amazônico nem a primeira vez que um dominicano reclamava que os sertanejos do Araguaia se tornavam vítimas de rebeldes. Frei José Maria Audrin, que hospedou quase cinquenta anos antes os chefes da Coluna Prestes no convento de Porto Nacional, lamentou a "luta insana" em carta aos revoltosos. "A passagem da coluna revolucionária através dos nossos sertões e por nossa cidade tem sido um lamentável desastre que ficará, por alguns anos, irreparável. Em poucos dias, nosso povo na maioria pobre, viu-se reduzido à quase completa miséria."

As polícias distribuíam cartas de autorização para as pessoas circularem pelo Araguaia com a frase: "A Revolução de 64 é irreversível".

Pedrão do Olho Só, o guia espiritual dos guerrilheiros, foi amarrado de cabeça para baixo num buraco e levado à mata para localizar conhecidos. Maria da Soledade, mulher dele, foi expulsa do sítio pelos militares. Vagou como fantasma pela Transamazônica, faminta, com um filho na barriga.

— Só não pedia esmola porque não tinha saco.

Pedrão sobreviveu ao cerco do Araguaia. O mesmo ocorrera com o Pedrão de Canudos, fervoroso aliado de Conselheiro, que só deixou o arraial de Belo Monte quando o líder morreu.

São Domingos do Araguaia, tarde de julho

Luizinho, agricultor recrutado pela guerrilha, estava com o filho Zezinho no momento em que apareceu uma patrulha. Zezinho escapou. O pai foi morto. Vagando pela mata, o filho viu, meses depois, os restos do corpo do pai no mesmo local do ataque. No Araguaia, a tradição universal de dar sepultura ao morto é compartilhada por caboclos e índios. Os suruís-aiqueuaras acreditam que, sem o enterro do corpo, os asomeras, espíritos que vagam pela terra, não conseguem se juntar aos karuáras, as almas dos pajés, provocando doenças e mais mortes.

Zezinho gravou na memória o "romance" — como no Araguaia são chamadas as poesias de cordel — que *Beto* escreveu e recitava à noite nos acampamentos na mata.

Eu que nunca fui poeta
Que nunca fui cantador
Agora vou contar a vida
De um homem trabalhador

Eu nasci não sei bem onde
Maranhão ou Ceará
Andei Piauí e Goiás
Rolando a deus-dará

Andei Norte, Nordeste
Viajando mais que a peste
Eu vim te encontrar
Aqui no Pará

Tinha uma casa formosa
Canteiro de alho e coentro
Muita fruteira plantada
No meu sítio lá no centro
Morando perto do posto
Deixei todo esse conforto
E me soquei pro mato adentro.

SÔNIA

Um militar me enviou por e-mail uma fotografia de Curió tirada na hora em que o agente seguia para o combate com *Sônia*. Mostrei a Curió a imagem para identificar a data. Ele se assustou:

— Cadê os demais integrantes da patrulha?

É paradoxal que ele, depois de anos omitindo nomes de colegas nos relatos, tenha lembrado que não estava sozinho naquele dia.

Percebi que a imagem tinha sido alterada por computador. O militar que me passou a fotografia confidenciou, depois, que também estava no retrato, mas apagara sua imagem para não parecer colaborador de um livro sobre Curió — há rancores entre os homens da repressão.

A fraude ilustra a construção da memória da guerrilha. Por décadas, diante do silêncio dos colegas que estiveram no Araguaia, Curió fez muitos acreditarem que ele era o único remanescente vivo do combate com *Sônia* e de outros dias. Foi, sim, o único dos oficiais a permanecer em guerra pelo controle da mata após o extermínio dos guerrilheiros. Os colegas de farda optaram pela quase clandestinidade. Ele formou um exército próprio com soldados e mateiros abandonados no *front*. Montou um mosaico de cacos da memória do conflito e divulgou em frações histórias que colhia. Tornou-se um proprietário da história da guerrilha, que começou a ser contada com o fim da censura nos anos 1980, época em que ouvíamos o rock de novas bandas. Da efêmera RPM era a música "Rotações por minuto":

Ouvimos qualquer coisa de Brasília
Rumores falam em guerrilha
Foto no jornal,
Cadeia nacional
Viola o canto ingênuo do caboclo
Caiu o santo do pau oco
Foge pro riacho,
Foge que eu te acho sim.

Da Casa Azul, segundo Curió, ou da Bacaba, na versão de Lício Maciel, saiu em outubro uma patrulha para o combate com *Sônia*. Além de Curió, integravam o grupo chefiado por Lício o subtenente João Pedro do Rego, o Javali Solitário, o sargento José Conegundes, o Cid, e o soldado Gonorreia. A patrulha era guiada pelos mateiros Peito Largo e Luiz Garimpeiro. Lício usava uma pistola Browning, Curió, um ParaFAL, e Javali e Cid, Berettas. Os mateiros carregavam espingardas.

Leblon, domingo de Carnaval

Encontro Lício numa padaria da Zona Sul do Rio. Ele não aceita a versão de que o Exército fez guerra suja no Araguaia e reclama que os jornalistas são "comunas". Faz poucos comentários sobre sua participação nos combates. Ele se irrita a uma observação:

— Coronel, o problema é que os senhores mataram prisioneiros.
— Não existe essa história de guerra suja, existe guerra.

Um depoimento de Lício na Câmara dos Deputados sobre a morte de *Sônia*:

Encontramos pegadas nítidas no chão. [...] Fomos encontrar as batidas, depois, soubemos que era do grupo B, do Osvaldão. Eu já estava a menos de cem metros deste grupo. O guia já estava saindo para retaguarda, porque o guia era morador, ele não tinha nada com a guerra. Ele estava lá auxiliando o Exército a pegar os paulistas, que era como eles chamavam os guerrilheiros. Vi que a coisa estava feia, e continuei. Nisso, um dos guerrilheiros retorna, inesperadamente, e dá de cara comigo. Eu agachado, ele olhando para mim. Foi quando dei ordem de prisão: "Mãos na cabeça". Ele levantou uma mão, foi quando vi que era uma mulher. Ela levantou uma mão, mas desamarrava o coldre. Dei três ordens de prisão, mas ela não obedeceu. Quando eu vi que ela estava desamarrando o coldre ainda dei três ordens: "Não faça isso", gritando, porque sempre falei alto, meu tom de voz é esse. Quando ela sacou a arma vi que não tinha jeito e atirei. Acertei a perna e ela caiu. Ela caiu feio; não caiu, desmoronou. Ela deu um salto como se tivesse recebido uma patada de elefante. Eu corri, ela não estava mais com a arma, estava nos estertores da dor, chorando e gritando. Eu disse: "Fica calma que vamos te salvar". Meu erro: não deixei uma sentinela com ela. Éramos poucos, eles eram 20, eu precisava de gente. Continuamos a perseguição. Eles atravessaram o córrego. Resolvi voltar, já estava escurecendo. Quando me agachei, ela atirou à queima-roupa. Me deu um tiro na mão e acertou na face, que atravessou o véu palatino e se encaixou atrás da coluna. Eu caí. O outro tiro acertou o braço do Curió.

A versão de Cid divulgada por Lício:

Ela se arrastara para dentro de uma moita. A pouca claridade, quase escuridão, impedia que a enxergássemos. Javali pela direita e eu pela esquerda varremos uma área de quinze metros. Ela não podia estar longe. Ouvimos um gemido. Chegamos perto, ela estava deitada de barriga para cima, em estado deplorável, ensanguentada, arma na mão direita. Pisei em seu braço, impedindo que levantasse a arma, e perguntei enquanto ela procurava pegar a arma com a mão esquerda: "Qual é o seu nome?". Com ar de deboche e ódio, respondeu aos gritos: "Guerrilheira não tem nome". Eu e João Pedro a metralhamos.

Curionópolis, fim de tarde

O prefeito Curió relata:

— Cheguei à Casa Azul, ao "ninho das pombas", depois de quinze dias na mata. O Lício propôs: "Negão, tem uma boca quente aí, pô, vamos comigo, vamos comigo". O coronel Flávio de Marco disse: "Ô Asdrúbal, o Luchini chegou de uma missão". Eu decidi ir: "Vou contigo. Só me deixa comer um bife". Por ele ser major e eu, capitão, ele foi no comando. Chegamos a um sítio onde *Sônia* tinha sido vista. Sabíamos que os moradores do lugar tinham boa relação com os guerrilheiros. Avistamos três homens limpando um porco selvagem. Nos aproximamos de um deles, um jovem negro. Perguntei: "Você é João do Hilário?". "Não senhor." "Levanta a calça da perna esquerda." Tremendo, o caboclo levantou. Tinha um curativo bem-feito na perna, trabalho de especialista. Não escondia o nervosismo quando examinei o curativo na ferida de leishmaniose. "Isso aí foi a *Sônia* que tratou." "Não senhor..." "Você sabe onde ela está." "Não senhor, não sei." "Sabe, e vai nos levar lá." Ele nos guiou por uma trilha. A gente rastejou no chão úmido, atravessou por meia hora um igapó, que é uma área pantanosa alimentada por um riacho, com água até a cintura. A penumbra do final da tarde dificultava enxergar. Só víamos vultos entre os troncos. Às dezessete horas, a luz começou a cair. É a hora da penumbra, quando não há luz intensa nem escuridão, os olhos têm dificuldades de enxergar com nitidez, um problema que aumenta no interior da mata, onde a visibilidade não passa de três metros. Encontramos na beira do pântano um par de coturnos avermelhado. Mais à frente, encontramos um rancho, um ponto de parada de tropeiros. Um mateiro achou uma tampa de Bic no chão. Propus ao Lício retornar. Os guerrilheiros poderiam estar em quinze ou vinte. Retornamos. Quando íamos entrar novamente na água do igapó, ouvimos uma conversa e assovios. Uma das vozes era de mulher. Deveriam estar em três. Mandamos os guias ficarem atrás e seguimos. *Sônia* voltou inesperadamente, talvez para apanhar o coturno. Ainda gritou para os companheiros, pensando que um deles tinha levado o calçado por brincadeira. Toda a patrulha estava dentro do pântano. Lício deu alguns passos à frente, a dez metros da gente. Foi quando viu a *Sônia*. Com água na cintura, ele gritou: "Quieta!". *Sônia* pôs as duas mãos para cima. Na verdade, apenas uma mão estava na cabeça. Com a outra, disparou contra Lício. A gente viu Lício rodar e virar para trás. Foi um tiro certeiro no rosto e na mão dele. O Javali Solitário abriu fogo. A *Sônia* voltou a atirar. De onde eu estava não conseguia enxergá-la. Atirei em um vulto que escapou por uma moita de açaizal, possivelmente companheiro dela. Eu gritei para o pessoal da patrulha: "Cessa, cessa, cessa!", para prestar socorro a Lício. Ajeitei a cabeça de Lício num dos braços. Mandei o soldado Gonorreia ajudá-lo. O Gonorreia me perguntou: "O senhor já viu o seu braço?". O meu cotovelo direito estava ensanguentado. Gonorreia fez um torniquete para segurar o sangue e amarrou com cordão de coturno. Entreguei a ParaFAL para ele, que me deu a Beretta, arma menor. Eu, Cid e um soldado seguimos no rumo de um murmúrio. Galhos e folhas atingidos pelas rajadas ainda se desprendiam, fazendo um eco. Começou o silêncio. Era quase noite. Ouvimos gemido. Vi um rastro no barranco do igapó. À frente, achei um .38. *Sônia* estava adiante, de bruços. Usava camiseta Hering de algodão e bermuda acima do joelho, tingidas de preto. As pernas grossas e claras, de quem não via o sol há tempo, estavam picadas por insetos. Suspirava. "Deus, o que é isso? O que é isso?" Me aproximei: "Seu nome?". "Guerrilheiro não tem nome. O que é isso..."

"Horror! E mais horror!", escreveu o estudante baiano de medicina Manoel Horcades, que acompanhou o médico Curió em Canudos.

Grota da Sônia, manhã de julho

A antiga Grota da Borracheira, onde *Sônia* morreu, fica na fazenda Água Fria, em São Domingos. O igapó e as gameleiras ainda existem. *Peixinho*, ex--guerrilheiro e ex-guia dos militares, anda com dificuldades pela galharia para apontar o local do combate.

— *Sônia* não foi enterrada. Ficou aí. A gente não enterrou, com medo de apanhar do Exército. Um soldado, meses depois, tirou o osso da alcatra [fêmur] e pendurou na cintura. O grupo do Curió disse para o Hilário: "Você vai dar conta da *Sônia*. É pena de morte!". A *Sônia* estava com um menino. Uma bala acertou uma bolsa do menino, que escapou.

José Wilson de Brito, na época com catorze anos, lembra:

— Eu e a *Sônia* fomos para um encontro com o *Valdir* e a *Cristina*. O tiroteio foi feio. Uma bala acertou a boroca de balas que eu levava. Consegui escapar naquele dia. Fui preso um tempo depois.

Lício foi carregado até o povoado de São José numa padiola improvisada, feita de camisas. Retiraram de uma mochila o rádio transceptor, envolto em plástico impermeável, e fizeram contato com Marabá. Curió e mais dois passaram a noite na mata. Pela manhã, foram resgatados de helicóptero. O agente

Ricardo Loureiro, o Ricardão, do resgate, fez fotografias do corpo de *Sônia*, atacado por animais. A agricultora Margarida Ferreira Félix viu ossos no campo seis meses após o combate.

Curió recebeu, ainda na mata, os primeiros curativos. O médico responsável devia ser um oficial, como o major que cuidava dos feridos em Canudos. O tenente Marcos Vilela Júnior, combatente no sertão baiano, escreveu: "O Major-médico dr. José de Miranda Curió examinou-me e constatou que havia um projétil alojado. Fiquei com o braço ligado ao corpo pelas ataduras".

Curió foi recebido no aeroporto por Miltinho.

— General, quero voltar para o combate.

— Só quando você der uma cortada numa bola de vôlei.

Após vinte dias de tratamento, Curió foi ao gabinete de Miltinho com uma bola de vôlei. Na frente do general, pediu ao coronel Léo Etchegoyen que levantasse a bola. Curió fez o corte. A bola bateu na cortina.

— Etchegoyen, bota esse maluco no primeiro avião para o Araguaia.

MARIA DINA

Os guerrilheiros estavam quase nus, tomados por feridas e sofrendo delírios por causa da falta de comida. Era perigoso caçar com arma de fogo, sob risco de atrair os militares. As espingardas estavam úmidas. Eles já não podiam se fartar da carne de veados, pacas, mutuns, jacus e carumbés. Com muita sorte, abriam depósitos de leite em pó e enlatados feitos antes da chegada do Exército ou esbarravam nos cajueiros e cajazeiros cheios de frutas. Os piuns eram dramas da beira do rio. Nas partes elevadas da mata, os combatentes sofriam mordidas de morcegos e picadas de formigas-de-fogo e escorpiões. A leishmaniose, "lecho", rivalizava com a malária nos ataques sem trégua. Acabara o estoque de Glucantime, medicamento usado no tratamento da "lecho" e de micoses. As poucas casas de sitiantes que os militares deixaram de pé na mata, embora miseráveis, eram oásis e, ao mesmo tempo, iscas certas. As cozinhas tinham sempre leite de castanha, farinha e pedaços de carne-seca. Aproximar-se delas era uma aventura pela sobrevivência.

Numa tarde de agosto, um grupo de dez guerrilheiros liderado por *Maria Dina* e *Peri* esteve no Matrinxã, nas cabanas de Juscelino, infiltrado da *Operação Sucuri*, e de Bernardino, informante do Exército, em busca de alimentos. *Peri* estava descalço, pés inchados. Usava bermuda preta esfarrapada e óculos de grau com armação preta. Carregava espingarda .20, revólver .38, facão e bússola. Ao seu lado, estava sua namorada, *Tuca*, de cabelos curtos. Antes da guerrilha, ela havia se formado em enfermagem na Universidade de São Paulo e trabalhava no Hospital das Clínicas, onde se especializou em doenças tropicais.

Maria Dina usava botas, calça, camisa preta, óculos de lentes esverdeadas. A carabina que a guerrilheira segurava era do pistoleiro Pedro Mineiro, fuzilado por ela, *Tuca* e *Chica*.

Maria Dina e *Chica* também tinham cortado os cabelos. *Chica* se recuperara de um acidente na mata. *Osvaldão* foi cortar coco com um facão e decepou o indicador esquerdo da colega de guerrilha. *Manoel, Amaury* e *João Goiano* havia tempo não faziam a barba e o cabelo. *Goiano* disse a Juscelino que eles tinham viajado a manhã toda. Os guerrilheiros falaram sobre o motivo da "luta" e disseram que contavam com pessoas em Mato Grosso, Brasília, Bahia, Goiás e Maranhão. O movimento que "dava luz", segundo eles, era o do Pará e de Mato Grosso. O infiltrado se ofereceu para comprar bota para *Osvaldão*, que andava descalço. Juscelino deu aos guerrilheiros duas latas de doce, dois pacotes de fumo, um saco de sal, um pacote de açúcar e um litro de querosene. Às dezenove horas, os guerrilheiros foram embora. Na saída, disseram que o Exército havia lhes dado o "ano", o tempo necessário para eles se organizarem. Afirmaram que iriam calçar todos os integrantes da guerrilha e não tinham problemas com armas e munição, pois um deles fazia uma "metralhadora" por dia. Eles se referiam a *Zezinho*, o armeiro.

— Quem entrar na mata agora morre, pois estamos com tanta gente que não se conhece todos! — disse um guerrilheiro.

Patuá, hora do almoço

Euclides Pereira de Souza, o Beca, festeiro do Divino Espírito Santo, mora com a mulher, Francisca, numa casa de madeira, coberta de folhas de palmeira e chão de barro batido, num sítio a 27 quilômetros por estrada de terra da BR-153, que liga São Geraldo a São Domingos. Amigo dos guerrilheiros, ele perdeu os dentes e os movimentos dos braços em sessões de tortura na base de Xambioá. A bandeira vermelha e o tambor de pele de catingueiro usados na folia estão guardados num dos três cômodos da casa.

Ele vivia em outro sítio, em Cajueiro, vilarejo de São Geraldo, quando viu Arildo e Áurea pela última vez. Na noite de 30 de agosto de 1973, véspera da Festa de São Raimundo, catorze guerrilheiros chegaram à casa de Beca. Passaram a noite acampados na mata em volta e, na manhã seguinte, tomaram café com o sitiante. Os guerrilheiros se dividiram em dois grupos de sete — um, onde estava Arildo, iria para as bandas do castanhal Dois Irmãos e outro, grupo de Áurea, para a serra das Andorinhas. Quando o grupo de Arildo já estava entrando na mata, o guerrilheiro permanecia estático, se apoiando com a mão esquerda no rifle fincado no chão e olhando para Áurea, que seguia no rumo da serra.

— Era um olhar piedoso. Fiquei com pena. Arildo ficou olhando a Áurea, olhando, até o grupo dela desaparecer no caminho que fazia uma volta antes de terminar na mata — diz Beca.

Na noite de 31 de agosto, o grupo de Áurea arranchou na beira do igarapé Xambioazinho, em São Geraldo, perto do sítio de Ana Costa, organizadora da Festa de São Raimundo. Walquíria pediu emprestada a sanfona de Simplício, um morador do lugar, e tocou. Um dos mais animados da festa era *Izaldo*, codinome do castanheiro João Batista, um maranhense baixo, de cerca de quarenta anos, com o olho direito furado, que se juntou aos guerrilheiros. *Izaldo* era cantador de Lindô, cantiga tradicional no Baixo Araguaia.

Boi, boi, vamos vadiar
Menina diz seu nome que eu digo o meu
Boi do brejão, vamos vadiar...

ARILDO

Num acampamento às margens do riacho Mutuma, no castanhal Dois Irmãos, em São Geraldo, terra de Almir Moraes, *Osvaldão* orientou Arildo, *Raul* e *Jonas*, um trabalhador recrutado da propriedade, a localizar um depósito de feijão, arroz, leite em pó e latas de sardinha feito antes dos combates.

Naquele momento, Arildo e *Raul* eram guerrilheiros que tinham assimilado táticas de sobrevivência na mata e técnicas de combate. Comandavam as caçadas de porcos, tatus e macacos para alimentar os colegas e assumiam as tarefas mais nobres na guerrilha: verificar posições do inimigo, definir rotas e localizar companheiros.

Por conhecer o local, Arildo foi à frente com um rifle e um .38. Estava barbudo, com camisa clara e calça escura. Eram oito horas. Os três nada falaram durante a caminhada. Na mata, não se tem um campo visual extenso. O inimigo poderia estar a quilômetros ou a poucos metros. A distância de seu potencial alvo ou matador era de uma castanheira para outra. Os troncos serviam de escudo ou esconderijo para o atirador. Era preciso estar atento aos ruídos e cantos. Os pios, sabia qualquer menino de Cachoeiro, podiam ser de gente.

Palestina, tarde de junho

Sinésio Martins Ribeiro, chefe do grupo de mateiros que emboscou Arildo, *Raul* e *Jonas*, relata:

— Na base, um coronel mandou me chamar. "Sinésio, vamos precisar de você para dar uma volta na mata, porque a gente não sabe desse povo da mata." Aí, pensei: me lasquei. "Doutor, o senhor pode deixar eu dar a resposta amanhã? Vou pensar em como fazer." Quando foi de manhã, no outro dia, ele voltou a me chamar. Eu pedi para ir com o Iomar Galego e o Raimundo Baixinho e não levar nada, só espingarda, pois todo homem anda de espingarda, uma farinha, uma sardinha, para os guerrilheiros não desconfiarem. "E se topar com o povo da mata?", perguntou o coronel. "Aí é Deus que resolve. Se eu topar, eu digo que nós três fugimos do Exército." Levaram a gente de avião até um sítio. Dormimos no mato. Viajamos no outro dia, e no outro dia, às nove horas, chegamos numa aguadazinha. Eu era um comandante. Chegamos na água, falei: "Vamos merendar um pouquinho". Estava com medo, nervoso, não é fácil. Voltamos a caminhar. Passamos perto de uma lagoa, cheia de ubim, um coqueiro baixo que dá uma palha. Foi quando a gente viu chiar o ubim: vrá, vrá, vrá. Olha como a gente era inocente. A gente pensava que era um veado ou uma anta que passava. A gente estava numa cabeceira da lagoa. Iomar ficou atrás de um pau, eu mais afastado em outro e o Baixinho, em outro, todos com espingarda. "E se for veado?", perguntou o Iomar. "Só atira se for gente." Enxergamos um boné, uma cara, o peito. Era gente que passava ao lado do Iomar. O Iomar atirou bem no coração. Eu atirei em outro homem que vinha atrás, mas o tiro acertou um prato de esmalte que estava na mochila dele. O chumbo não vazou. Um terceiro guerrilheiro correu. Nos aproximamos. Era o *Ari*, que eu conhecia. Ele estava com uma roupinha, a barba meio grande. Não tem homem que resiste a um chumbo de espingarda no coração. A gente andava com saco de plástico grosso. Se acontecesse o que aconteceu, cortar o bico do papagaio e botar no saco, para levar e provar que matamos. Na guerra, não se falava em arrancar cabeça. A gente falava que era bico do papagaio. Ligeiro, chegamos ali, retiramos a cartucheira, o revólver, rifle, o bico do papagaio. Eu mandei o Baixinho levar. "Eu não levo essa desgraça." "Você leva." "Levo porque sou mandado pelo senhor." Saímos correndo. Chegamos numa serra. Deus é mesmo protetor da gente. Eu desconfiei que ali tinha um grupo de guerrilheiro acampado. Com o bico do papagaio na sacola, a gente ia ser morto, não tinha explicação. Então, mudei o rumo. Passamos pelo castanhal Fortaleza, do Almir Moraes. Quando a gente chegou numa base no sítio que era dos Galego, eu disse: "Quem é o comandante daqui?". Apareceu um militar. "Sou eu." "Olha aqui um bico do papagaio." "Não quero nem ver." "Não recebe não?" "Leva pra lá esse bico do papagaio. Vai no sítio do Paulista, lá tem militar. Aqui não recebo de jeito nenhum." Conseguimos uns burros para chegar até o Paulista, cinco dias depois de andar com o bico do papagaio.

O doutor César, codinome do oficial José Teixeira Brant, pagou pela cabeça de Arildo. Brant teve também atuação destacada nos combates a guerrilheiros e adversários do regime militar nas cidades. Ele está envolvido na história da Casa de Petrópolis, na serra fluminense, centro de tortura onde o deputado Rubens Paiva teria sido morto.

São Geraldo do Araguaia, manhã de outubro

Jonas relata:

— Olhei pouco. O *Ari* se batia. Estava quase morto. Por trás da árvore, vi cortarem a cabeça dele e carregarem.

Jonas passou três meses perdido na mata. Recebia ajuda apenas de um casal de velhos que vivia numa clareira e lhe dava comida. Um dia, os velhos disseram para ele se entregar, pois seu pai, José Gonçalves, tinha sido preso e seria morto se o filho não aparecesse. *Jonas* se entregou. Por ter um corpo franzino, os militares pensaram se tratar de um menor e o pouparam. José não suportou a tortura e morreu. Arroyo, em seu relatório, acusa *Jonas* de traição.

O único documento militar que relata palavras de um Valadão numa guerra foi produzido em Canudos, quase um século antes do conflito no Araguaia. O militar Marcos Vilela Júnior descreve a última vez que viu o tenente Valadão, companheiro de farda: "Valadão acordou assustado. 'É inimigo? Estamos fritos!' Mas não era nada... estava ferido em um braço, porém com os pés sãos podia marchar bem, e assim sendo distanciou-se de mim, desapareceu".

Naqueles dias, Beca, o festeiro do Divino, estava preso na base de Xambioá. Beca foi levado por militares até um buraco para reconhecer "bicos de papagaio".
— É a cabeça do *Mundico*.
Depois mostraram outra cabeça.
— É o *Ari*.

CHICÃO

Áurea, Ribas, Jaime, *Lauro*, *Simão*, Daniel, *Chicão* e Toninho, um morador de quinze anos, montaram acampamento para consertar armas, caçar jabutis e costurar roupas. Ribas ficou na guarda. Jaime foi buscar coco. *Chicão* e Toninho, que caçavam jabutis perto do acampamento, foram surpreendidos pela patrulha de um certo doutor Silva — o militar seria um sargento de sobrenome Ulke, que adotava o codinome Patrício. O guia Raimundo Severino disparou a espingarda e acertou o peito de *Chicão*. O guerrilheiro pôs a mão no rosto e urrou. A morte do filósofo que condenava a piedade e o emocional comoveu os caboclos a serviço dos militares. Ao ouvirem tiros, os guerrilheiros que estavam no acampamento correram, deixando para trás mochilas, bornais, armas, munições, redes, roupas e panelas. Áurea largou a espingarda .20. Daniel, um .38.

Por ordem de Silva, o mateiro retirou o facão da bainha e cortou a cabeça de *Chicão*, que foi levada num saco para Marabá. Não se sabe a identidade de Silva. O corpo de *Chicão* ficou na mata. Depois de dois dias de caminhada, sem fósforos, isqueiros e comida, Áurea, Daniel, Toninho, *Lauro* e *Simão* chegaram ao acampamento de Maurício Grabois. Na semana seguinte, Toninho abandonou a guerrilha. O próprio Grabois reconheceu que o adolescente não era bem tratado por alguns guerrilheiros.

RIBAS

Outra cabeça chegou a Xambioá. Era de Ribas. O corpo foi deixado na mata. A falta de informações sobre a decapitação de Ribas e o acordo de silêncio dos militares transformam todos os oficiais que estiveram no Araguaia no major Miranda Curió, de Canudos, que não deixou escritos sobre o que viu nos últimos dias da guerra nem sobre o corte da cabeça do Conselheiro, tio-tataravô do guerrilheiro *Duda*. Para sorte da história, o tenente Henrique Macedo Soares estava na Bahia para anotar: "O crânio do Conselheiro foi cerceado do tronco sob as vistas do dr. Curió, que o transportou para a capital do Estado com o objetivo de ser estudado".

JAIME PETIT

Dias antes do Natal, Jaime e *Lauro*, remanescentes do combate em que morreu *Chicão*, apareceram no sítio de Beca para pedir mandioca.

— Podem arrancar — disse Beca.

Ao ver uma plantação de inhame, Jaime pediu:

— Beca, posso arrancar algumas raízes?

Os guerrilheiros encheram dois sacos de mandioca e inhame.

Dias depois de distribuir as raízes entre colegas de guerrilha, Jaime se perdeu dos amigos.

Uma patrulha de militares e mateiros estava no seu encalço. O grupo era comandado por um oficial chamado de doutor Silva — outros o conheceram pelo apelido Piau — e contava com os experientes guias Iomar Galego, Raimundo Baixinho e Sinésio Martins Ribeiro, que tinham matado Arildo. A patrulha levava *Josias*, o Tobias, guerrilheiro capturado, usado como informante pelos militares. Ele sabia apontar o local de uma choupana onde Jaime se escondia.

Palestina, início de tarde, junho

Sinésio relata o combate em que Jaime morreu:

— Dias depois da morte do *Ari*, encontramos rastros de guerrilheiros. Fomos atrás deles. Perto de um açaizal, o guia Arlindo Vieira atirou, eles correram. Na correria, a *Dina* deixou uma sacola com documentos, um cordão de ouro, muito bom, e uma calça com agulha espetada. Ela costurava naquele momento. Continuamos a perseguir o grupo. Agora, a patrulha era formada por mim, pelo Iomar Galego e pelo Raimundo Baixinho. O chefe era um militar que a gente conhecia por Piau. Um dia demos fogo num guerrilheiro, no alto de um morro. Ele atirou de fuzil na gente primeiro. A bala passou por cima de nós. Foi só um tiro. O fuzil tem uma língua no lugar que dispara. Ele deu com força, e a língua ficou por cima, e engasgou a bala, ficou difícil. Aí, nós começamos a atirar. Depois, o Piau mandou a gente esperar a fumaça do tiroteio abaixar. Quando a mata ficou limpa, ele disse: "Vocês ficam aqui, que eu vou me arrastar". Fomos atrás dele. Encontramos o corpo do guerrilheiro. Era o Jaime. Não tinha chumbo de espingarda de mateiro, era tudo buraco de FAL, tudo tiro de militar, do Piau. O Jaime tava todo doente, esbagaçado, sofrido, magro, velho, acabado, barbudo, com as pernas feridas de "lecho". Estava vivendo numa cabaninha. Tinha um foguinho, com uma lata em cima dos gravetos. Ele estava cozinhando milho com sal. O Jaime era só farrapo, esse povo não tinha mais roupa, não. Vestia um bagacinho de roupa, estava barbudo, com pernas de "lecho". Tiramos o bico do papagaio. Eu fazia essas coisas com pena.

Documentos militares informam que Jaime, naquele dia, teria feito dois disparos. Um dos tiros acertou Tobias de raspão. Relatório de Curió descreve que o guerrilheiro estava numa rede na cabana no momento em que os militares o mataram. Até o momento, não apareceram documentos ou depoimentos comprovando o assassinato de militares dormindo na Intentona, no governo Vargas, como descreveu o *Correio da Manhã*, em 1935. Aluísio Madruga, subordinado de Curió na *Operação Sucuri*, publicou em suas memórias a acusação do jornal de que um oficial foi morto enquanto dormia. "Teria sido fácil prendê-lo e desarmá-lo."

NILTON CERQUEIRA

Do rio Saranzal para o sul, o major Nilton Cerqueira, que liquidara Lamarca na Bahia, liderava os paraquedistas no combate aos guerrilheiros. Recebeu a missão de Miltinho, seu antigo chefe no 3º Regimento de Infantaria, em Niterói. O velho e orgulhoso general Hugo Abreu, raro veterano da Segunda Guerra naquela lama, comandante da brigada, era figura que servia para dar charme à atuação da ss sertaneja. A imagem sem mácula da Força Expedicionária Brasileira não era poupada do recuo do Exército à barbárie, palavra que define o momento no *front* em que não há mais guerra.

Copacabana, tarde de novembro

Encontro o general Cerqueira no seu apartamento.

— Entrei na selva com setenta homens. A operação era para durar noventa dias, mas durou 180 dias. Fomos caçar. Atuamos na área ao sul de Xambioá. Não tinha acampamento fixo. Só parávamos para montar antenas, retransmitir informações por rádio e permitir o contato das patrulhas. Uma patrulha era constituída de, no máximo, três militares: um chefe, um auxiliar e um rádio-operador, além de um guia local regiamente gratificado. Eu fui para o Araguaia com o compromisso de não fazer comunicação com o Rio durante o período em que estivesse lá. Quando o cara tem contato com a família, ele perde a racionalidade. Helicópteros estavam proibidos de entrar na nossa área. Foi preciso fazer uma divisão de áreas, pois os antecedentes recomendavam essa duplicidade de comando, respeitando a autonomia de cada setor. Uma divisão territorial difícil de ser identificada.

GRABOIS

Agentes de Cerqueira encontraram rastros da Comissão Militar. Naquele momento, Grabois estava quase cego, faminto e sem força para andar. Teria escrito em diário que a sua doença prejudicava os demais guerrilheiros. Contava com *Fogoió* até para montar rede. O comandante não comentou a possibilidade de rendição coletiva. Ele e Arroyo, chefe militar da guerrilha, não usaram a estratégia do recuo, que consta nos manuais da luta armada, para tirar combatentes da selva. Cento e cinquenta anos antes, o líder cabano Angelim só se retirou de Belém depois de negociar a saída de seus guerrilheiros.

Devido ao agravamento do problema de visão, Grabois esperava que Arroyo, já em fuga, chegasse ao acampamento, para pensar numa saída da área. O Natal se aproximava. Grabois escreveu que a doença nos olhos tinha piorado. Na manhã do dia 25, ele e outros quinze guerrilheiros se reuniram num morro do Grotão dos Caboclos, nas terras de Almir Moraes, próximo à Palestina. Na ceia da guerrilha havia quatro latas de farinha de mandioca. Na parte de cima do morro estavam Grabois, Paulo, *Pedro Gil*, *Joca*, *Tuca*, *Dina* e *Luís*, os dois últimos com febre. Embaixo, *Fogoió*, *Lourival*, Daniel, *Raul*, *Lia*, *Lauro*, Osvaldo e Batista, um posseiro maranhense. Grabois lamentou no diário o fato de não estar no grupo o armeiro *Zezinho*, desaparecido quando tentava encontrar farinha. "Não sabemos se teve ataque epilético ou desertou", escreveu. Para Grabois, *Zezinho* não escondia a insatisfação com a falta de "boia" e a revolta com a morte do amigo *Zebão*. O comandante estava preocupado, pois *Zezinho* conhecia todos os depósitos de comida e munição, e só ele tinha condições de consertar as catorze armas que se encontravam numa oficina camuflada na mata.

A patrulha paraquedista estava a caminho do acampamento de Grabois. O mateiro Zé Catingueiro acompanhava os militares. No trajeto, um índio que servia de guia, da tribo suruí, viu uma tiranaboia — inseto que alguns conhecem como cobra-de-asa, serpente voadora e jequitiranaboia, cuja cabeça tem o formato da de um réptil — e se desesperou. Mesmo inofensiva, a cobra-voadora fez o índio desistir de continuar. Nativos acreditam que a tiranaboia, que chega a ter dez centímetros, seca árvores e mata homens e bichos. Usam esse nome para designar pessoas de má reputação. Xamãs carregam o inseto como amuleto por acreditarem que ele é mágico, capaz de deter forças negativas. No livro *Infância*, Graciliano Ramos chama a espécie de "cavalo de asas".

Na manhã chuvosa de Natal, os militares se aproximaram do acampamento no alto do morro. Um dos soldados se assustou ao deparar, na trilha, com uma cobra surucucu-bico-de-jaca. *Raul* e os demais guerrilheiros, que estavam na parte baixa, ouviram seu grito e fugiram. A patrulha prosseguiu a marcha atabalhoada e chegou ao acampamento. Não encontrou a Comissão Militar, mas um grupo de homens praticamente inertes. Um chefe sem força e sem visão, combatentes com febre, fome e dificuldade para se locomover. *Joca*, *Tuca* e *Dina*, os únicos em condições de andar ligeiro, conseguiram escapar. Grabois levou um tiro no braço, que se deslocou. Paulo, *Pedro Gil* e *Luís* morreram na hora. Nas suas memórias, Jorge Amado observou que Grabois "morreu comunista".

A morte do chefe da guerrilha era um feito militar. Mas os agentes exageraram nos relatos. Pregaram que no "chafurdo" toda a Comissão Militar foi eliminada e morreram nove guerrilheiros. Não foi bem assim. *Joca* e *Tuca*, do comando, fugiram. *Amaury*, que aparece nas listas de mortos, se entregou ferido dias depois. *Carretel* foi atingido pela espingarda do desafeto Zé Catingueiro, mas teve forças para escapar.

LÍCIO

Os guerrilheiros não tinham mais comandantes nem armas. Teco-tecos, os "paqueras", jogaram cópias de carta dos generais. Lício, recuperado do combate com *Sônia*, fazia esses voos. Numa carta aos guerrilheiros do Araguaia, os militares escreveram:

Oferecemos a possibilidade de abandonar a aventura com vida, com tratamento digno e julgamento justo. Basta procurar qualquer dos moradores que eles lhes encaminham em segurança até a tropa. Convém tomar cuidado ao se dirigir diretamente à tropa, pois ela tem ordem de atirar ao menor sinal de reação. Esta é

a alternativa que oferecemos aos que desejarem se libertar de seus vaidosos chefes de Destacamento e Comando Militar, que insistem na aventura, por interesse
pessoal em se afirmarem e "fazer média" junto aos dirigentes do Partido, que a
esta altura dos acontecimentos talvez já tenham até sido presos. Lembrem-se: O
Brasil precisa de todos os seus filhos, mesmo daqueles que, em alguma época de
suas vidas, apesar de movidos por boas intenções, enveredarem por caminhos
condenáveis.

Os militares no Araguaia repetiram o major Henrique Cordeiro Oest,
irmão de Lincoln, que na Segunda Guerra foi levar proposta à 148ª divisão
alemã para se render em troca de respeito humanitário. Mas não repetiram
Henrique e os demais oficiais da Força Expedicionária Brasileira na etapa seguinte: os pracinhas antifascistas cumpriram o acordo com os inimigos. O
marechal Mascarenhas de Morais, que posou ao lado dos rendidos, escreveu
que se orgulhava de ter "incorporado" a fotografia de 14 mil prisioneiros à
história do Brasil.

Os guerrilheiros se entregavam em sítios e estradas. *Zezinho*, o armeiro,
foi preso na Transamazônica no dia seguinte ao Natal. Dele nunca mais se
soube notícia. Pelo menos nove deles se tornaram fantasmas nos corredores da
Casa Azul. O estudante de medicina Josias, um dos presos de Marabá, estava
sempre cabisbaixo. Só ficava preso na cela à noite. Ajudava a fazer comida e
limpar corredores e banheiros. Dizia-se arrependido e reclamava dos líderes
da guerrilha. Outro hóspede da Casa Azul, o fotógrafo *Ivo*, irmão de *Nelito*,
tinha participado meses antes de emboscada a uma patrulha. Foi pendurado
no pau-do-capitão, como o pau de arara era chamado no Araguaia. Morreu
engolindo sangue.

Amaury foi espancado por se recusar a dar informações e entregar colegas.
Em relatórios, os militares escreveram que ele era "sanguinário", "capaz de
reservar o último projétil para si mesmo". Ficou na Casa Azul por poucos dias.
Entrou num helicóptero com as mãos amarradas. Foi fuzilado perto do rio
Saranzal.

Outro sobrevivente do Natal, *Fogoió* foi capturado em abril do ano derradeiro da guerrilha, num sítio. Um sargento que o prendeu levou cuspida na cara ao perguntar seu nome.

PEDRO CARRETEL

Na base da fazenda Consolação, em Brejo Grande, chefiada por Doca, codinome de um militar moreno, alto e de cabelos lisos, chegou uma multidão puxando um homem amarrado. *Pedro Carretel* estava com a barriga ferida por estilhaços do combate do Natal. Andava com dificuldade. Na prisão, teria sido apresentado vestido de mulher a sua Isaura. O tio de Pedro, Manoel, soube que o sobrinho estava numa base do quilômetro 8 da Transamazônica, mas não podia se aproximar. O velho teve crise de choro, adoeceu. Morreu meses depois.

SIMÃO

Na Consolação chegou o estudante de economia gaúcho Cilon da Cunha Brum, o *Simão*, adoentado, magro, usando uma calça de tergal escura folgada, amarrada com barbante. A roupa foi dada pelos militares que foram buscá-lo num sítio, onde ele havia se entregado. Estava com um olho roxo. Alto, branco, cabelos pretos cortados, *Simão* passou dois meses na base. Não era maltratado. Andava e dormia sem algema. Não tinha hábito de usar camisa.

Vivia na base a família do vaqueiro Antônio Menezes, que veio de Araguatins com a mulher, Maria, no início da terceira campanha.

Brejo Grande do Araguaia, tarde de julho

A professora de ensino primário Maria da Paz, filha de Menezes, era criança na época em que viu *Simão* na base da Consolação.

— Chegou fininho, mas depois engordou. Vivia deprimido na base, falava pouco. Estava sempre com a cabeça baixa.

Simão não escondia o carinho pelas crianças, filhas dos funcionários da fazenda. O guerrilheiro, nas poucas vezes que conversava com vaqueiros e soldados, relatava seus planos.

— Tenho fé em Deus que verei meus sobrinhos e que terminarei os estudos — disse *Simão*, segundo relato do vaqueiro Antônio Menezes.

Por algumas semanas, *Simão* foi poupado para relatar aos militares os "pontos" na mata. Quase todo dia, ele saía cedo com um grupo de militares para encontrar os companheiros.

Simão levou uma patrulha a um ponto com *João Goiano*, marido de *Maria Dina*, na Grota da Lima, no Matrinxã.

De longe, *João* teria percebido que *Simão* estava com roupa diferente, possivelmente estava refém de militares e acompanhado.

— Se entrega, *João* — disse *Simão*.

João sacou a arma para atirar no companheiro de guerrilha. Os militares dispararam contra *João*.

Na Consolação, soldados atiravam ossos para guerrilheiros. As crianças da fazenda estavam com *Simão* quando um militar perguntou se ele queria escrever à família antes de mais uma viagem, dessa vez para a Casa Azul. Depois de certa resistência, *Simão* começou a escrever a carta. Chorava. Foi executado na mata.

RAUL

A arma sem precisão era um peso para quem não tinha força. O guerrilheiro exausto não podia se desfazer do objeto que lembrava sua condição de combatente. Tudo se tornava, de um minuto para outro, um branco. A visão ficava turva. A lucidez era retomada para fazer lembrar a fome e as micoses e feridas que destruíam quase toda a sola dos pés. Percorriam-se sem destino caminhos interrompidos pelas marcas de botinas.

Naquele janeiro de 1974, mês de coleta de castanha, *Raul* chegou esfarrapado e faminto às terras de Almir Moraes, lembra o barqueiro do castanhal Francisco Machado. *Raul* pediu comida aos peões. Um vaqueiro lhe deu leite e o amarrou numa árvore. Havia três semanas que o guerrilheiro estava afastado dos companheiros. Ele era veterano de quatro embates com o Exército. Sobreviveu aos ataques de Piçarra, quando o médico Haas morreu, Pau Preto, emboscada que resultou na morte de Arildo, e ao massacre do Natal. Foi ainda perseguido por militares, que dispararam sete tiros sem acertá-lo. Um helicóptero apareceu no fim do dia no castanhal para levá-lo à Casa Azul.

Em Fortaleza, oito irmãos de *Raul* animavam a mãe, Dita, que esperava notícias do filho. Paulo, o mais velho, colocava o dedo dela no ponto da Bélgica no mapa-múndi afixado na parede da varanda da casa, agora na avenida Bezerra de Menezes.

— Faz carinho no seu filho que está na Bélgica.

Dita sorria.

No dia em que *Raul* chegou a Marabá, estava no comando temporário da base Wilson Romão, militar ligado à família do guerrilheiro. Geraldo Magela de Castro, tio de *Raul*, estivera com Romão e Lamarca, na década anterior, na força das Nações Unidas que ocupou o canal de Suez. Quando surgiram os primeiros indícios de que *Raul* estava no Araguaia, a família não pediu ajuda a Geraldo para localizar o jovem. Temia comprometer o parente militar. E Romão guardaria silêncio sobre o Araguaia, comportamento parecido ao do alferes Romão da Luz, que em Canudos não deixou rastros sobre seu papel no combate travado com jagunços num lugar chamado Angicos.

AFONSINHO

Copacabana, início de tarde de setembro

Em seu apartamento, a poucas quadras do prédio onde mora o general Cerqueira, o jogador Afonsinho, que escondeu *Raul* da perseguição dos agentes da repressão, antes da guerrilha. Ele fala pouco desse período e lembra dos tempos em que causava polêmica ao defender direitos de trabalhadores do futebol.

— O jogador nunca briga por seus direitos.

Afonsinho entrou na Justiça para exigir o direito de seu passe. Ele estudava na Escola de Cirurgia do Rio de Janeiro, a mesma onde *Lourival* e *Sônia* trancaram o curso para entrar na guerrilha. O jogador foi chamado de "subversivo" por usar barba. Enquanto existiu a ditadura, o Botafogo, time de *Raul* e *Osvaldão*, não ganhou campeonatos. Os cartolas que comandaram o clube se afinaram com os militares, levando o Botafogo à bancarrota. O campo da rua General Severiano, onde jogaram Paulo Valentim, Heleno e Garrincha, foi vendido para a Vale. Afonsinho não teve chance na Seleção. Discreto, foi o maior nome do futebol na luta contra a ditadura. João Saldanha, o técnico alvinegro campeão carioca de 1968, outro com fama de comunista, foi contratado pela CBF e mais tarde demitido da Seleção às vésperas da Copa do México. Só 21 anos depois, quatro após o fim do regime militar, o Botafogo, clube da resistência, voltou a ser campeão carioca.

Os principais líderes do PCdoB nas cidades estavam mortos e a guerrilha não tinha condições de luta. A rede internacional de apoio ao movimento se limitava às transmissões de rádios comunistas e à publicação de panfletos, como o *Noticiero Brasileño*, de Buenos Aires, divulgado às vésperas do golpe contra Isabel Perón. Eram falsas as informações dadas à imprensa alternativa por João Amazonas de que a guerrilha estava forte. Os guerrilheiros tentavam encontrar a saída da mata, se entregavam, corriam de militares e de milícias de agricultores ou dos companheiros que insistiam na resistência. Os remanescentes se reuniram em pequenos grupos. O ódio e a tensão entre os próprios guerrilheiros aumentaram. *Paquetá* furou o cerco militar e deixou o Araguaia.

Curió adotava a "estratégia da surpresa", usada por João Bezerra, o oficial da Polícia Militar de Alagoas que chegou de madrugada ao acampamento de Angicos, onde estava Lampião.

— A doutrina de guerra na selva diz que, ao escurecer, é preciso parar, formar a base de patrulha. Eu não parava à noite, o subordinado reclamava que eu não dava trégua. Quando o inimigo pensava que eu estava a dez quilômetros, eu amanhecia o dia em cima dele. São adaptações da doutrina acadêmica. O material é uma mochila com lata de leite condensado, vitamina Rarical e pacote de sopa Maggi. Aqui aprendi com o mateiro a carregar mocozinho de palha, um bornalzinho nas costas, com pouca coisa, para ter flexibilidade.

CRISTINA

Os homens de uma patrulha ouviram barulho. Era o guerrilheiro *Nelito*, que carregava abóboras e pepinos numa lata. Com ele estavam *Cristina*, sua companheira, *Pedro Carretel*, *Rosinha*, *Duda* e Arroyo.

O capitão que chefiava a patrulha orientou o mateiro Zé Catingueiro a não atirar.

— Deixe que o pessoal atira.

— Não, não vou atirar em ninguém.

Antes de virar guia do Exército, Catingueiro tinha atuado na guerrilha. Preso e torturado, passou a ajudar os militares.

Era início de tarde quando a patrulha formada por dezesseis agentes entrou num bananal. Catingueiro percebeu rastros. Guerrilheiros acampavam ali perto. Começou o tiroteio. *Nelito* morreu. *Pedro Carretel* saiu ferido. Arroyo escapou.

Um mês depois, *Cristina* e *Rosinha* foram surpreendidas por militares e mateiros. Zé Catingueiro estava na patrulha. *Rosinha* ficou atrás de um tronco, escondida. *Cristina* levou um tiro nas costas. Caminhou vinte metros antes de tombar, lembra Catingueiro. Os integrantes da patrulha pensaram que o tiro acertara um homem. *Cristina* estava de boné e camisa de malha. Ao se aproximarem do corpo, os militares perceberam que era uma mulher e se surpreenderam com sua beleza.

Num relato publicado por Elio Gaspari, o ex-mateiro José Veloso de Andrade disse que *Cristina* foi morta por Catingueiro. Antes da chegada do Exército, Catingueiro e *Cristina* conviveram no mesmo destacamento da guerrilha.

São Domingos do Araguaia, início de tarde

Pergunto a Catingueiro se ele matou *Cristina*. Ele demonstra nervosismo. Devagar, diz:

— Esse povo conversa demais. Não matei *Cristina*. O soldado que matou ficou doido. Quando percebeu que tinha atirado numa mulher, quis atirar nos próprios companheiros. Eu não matei.

Quando a cangaceira Cristina se desligou do grupo de Lampião, não foi o companheiro Catingueiro quem cumpriu a ordem de eliminá-la. Os bandoleiros Luís Pedro e Candeeiro teriam feito o serviço, para impedir que segredos do grupo fossem relatados à polícia.

São Domingos, Buíque, sertão de Pernambuco, manhã de sol

Encontro Candeeiro, um senhor perto de completar cem anos, numa casa simples do povoado de São Domingos. Depois de horas ouvindo seus relatos sobre o cangaço, pergunto se ele matou Cristina. O ex-cangaceiro muda a fisionomia e se levanta da cadeira.

— Acabou. Não tem mais conversa. Eu te recebo na minha casa, trato com respeito, e o senhor vem dizer que matei Cristina? Não, de jeito nenhum. Isso já tem oitenta anos. Se eu fosse malvado... isso não tem futuro.

Tento convencê-lo a continuar a conversa.

— O povo queria ir embora, não podia. Fugia, mandava matar. Dizem que foi o Corisco quem mandou matar. Eu nunca assisti. Foi o Luís Pedro. Eu tava junto, fiquei sentado. É um desrespeito o senhor vir aqui me perguntar uma coisa dessas. Eu não matei. Nunca matei ninguém, sou homem de bem. Por que o senhor vem querer saber quem matou quem?

DUDA

Duda não era o primeiro da família Maciel a resistir a tropas militares. A linhagem materna do guerrilheiro viveu guerras na caatinga e na floresta amazônica ao longo de quase trezentos anos. A história do clã começou na Vila Nova, sertão cearense, no século XVIII, auge da pecuária que seguia sua trajetória rumo ao oeste, com o vaqueiro Miguel Ferreira Maciel.

Veio a guerra de 1833, entre os Maciel e os Araújo. Com influência em Quixeramobim, a família Araújo conseguiu ordem de prisão do patriarca Miguel Ferreira Maciel, por suspeita de roubo. Era ataque à honra. Os Araújo prometeram levar vivos Miguel e o irmão Antônio para a Justiça. Os presos foram trucidados. Depois, Miguel Filho e a irmã Helena, filhos do patriarca, foram fuzilados. A irmã deles, Luzia, se mudou com o filho Miguel Ferreira para Icó, onde o menino poderia crescer sem alimentar vingança. Um filho bastardo do patriarca, Vicente, deixou a vida de vaqueiro e montou um comércio. Ele se casou com Maria Chana e teve três filhos, um deles, Antônio Maciel, o Antônio Conselheiro de Canudos.

Primo de Conselheiro e filho de Luzia, Miguel Ferreira cresceu e assumiu o comando da família Maciel. Na seca de 1877, época em que a pecuária estava em franca decadência no Ceará, um de seus filhos, Felício Maciel, pegou um navio em Fortaleza rumo aos seringais do Acre, na Bolívia.

Na selva, Felício Maciel, bisavô de *Duda*, resistiu ao paludismo e ao beribéri, enfrentou formigas, juntou homens para extrair borracha, construiu rancho, desceu a produção pelo labirinto de rios e igarapés até Manaus, comprou armas e ganhou o título de coronel da Guarda Nacional. O seu feudo na mata, o Entre Rios, tornou-se pouso de viajantes no Alto Acre. Lá, ele hospedou o general José Manuel Pando, mais tarde presidente da Bolívia, que estava em viagem para inspecionar a presença de brasileiros no território acriano. A viagem de Pando resultou no envio de uma delegação boliviana para Xapuri, cidadezinha de quinhentas "almas", a maioria nordestina. À frente de uma milícia de duzentos homens, Felício Maciel surpreendeu o major Benigno Gamarra, chefe da delegação: "Desocupe imediatamente o território brasileiro, sendo no caso negativo, como representante do governo boliviano, responsável de seus atos, pelos prejuízos e por qualquer conflito que deste resultar contra o comércio brasileiro e estrangeiro". Era o início da Revolução. Estava aberto o caminho para as revoltas do fanfarrão jornalista Luiz Galvez Rodríguez de Arias e do mercenário gaúcho Plácido de Castro.

Felício Maciel recebeu autorização dos chefes revoltosos para montar uma guerrilha de 25 praças. Ele rompeu com o comando quando, em busca de armas e alimentos, atacou a Expedição dos Poetas, um grupo de boêmios e artistas enviado pelo governo do Amazonas para ajudar na expulsão dos bolivianos. O poeta João Barreto, filho de Tobias Barreto, parente pelo lado paterno do guerrilheiro *Valdir*, do Araguaia, estava no grupo atacado.

Homem maduro, Felício Maciel casou com Isabel, uma jovem descendente de índios. Numa viagem ao Rio para buscar recursos financeiros e divulgar a causa da Revolução Acriana, o casal teve a filha Francisca, a avó de *Duda*. Os pais deixaram a menina aos cuidados de uma tia e retornaram ao Acre, onde foram massacrados. A chacina no Entre Rios foi atribuída a índios. A família nunca acreditou na versão.

Mesmo no distante Acre, sinônimo nos velhos dicionários de "lugar da morte", a história não perdoaria Felício Maciel por ser parente do líder de Canudos. Em *Amazônia, a terra e o homem*, Araújo Lima escreveu: "Felício Maciel, descendente dos famosos Maciel (estirpe que deu Antônio Conselheiro), fez-se grande proprietário no Acre, onde firmou reputação de homem mau, poderoso, déspota, mandão".

Conselheiro era homem "esquisito", que foi abandonado pela mulher e andou igual a um "louco" pelos sertões, contava Francisca, avó de *Duda* e sobrinha-neta do líder sertanejo. A mulher do Conselheiro tinha de sair de casa vestida de homem por causa do ciúme do marido, relatava a avó aos netos, que eram levados para a casa dela durante as prisões do pai pela ditadura Vargas. O perfil que os republicanos traçavam do Conselheiro influenciava as narrativas familiares. "Não é mérito pra ninguém ser parente de maluco", dizia Francisca.

Duda e *Edinho* foram surpreendidos por uma patrulha. Houve tiroteio. Os guerrilheiros foram presos. *Edinho* levou três tiros e foi colocado numa padiola. *Duda* não estava ferido, conta *Peixinho*. Após duas tentativas frustradas nos séculos XIX e XX, o Exército punha as mãos num Maciel vivo. A prisão de *Duda* ocorria 77 anos depois de o general Artur Oscar, comandante em Canudos, lamentar não ter encontrado com vida Antônio Conselheiro, tio-tataravô do guerrilheiro. "Os Maciel conheciam qual o seu fim, caso caíssem sem garantias nas mãos de seus inimigos", escreveu o repórter Manoel Benício, correspondente em Canudos.

Duda e *Edinho* foram levados de helicóptero para a Bacaba. Na base estava *Rosinha*, capturada dias depois da morte de *Cristina*, lembra Adalgisa Moraes. Após três dias, a guerrilheira foi transferida para Marabá. Ela recebeu choques elétricos, tapas nos ouvidos e no rosto, socos no estômago e chutes nas pernas. Sob tortura, contou sua vida no Rio, as dificuldades na mata, a gravidez e o aborto que foi obrigada a fazer. Disse que, antes de se embrenhar na mata, não estava certa de que a guerrilha teria êxito. Havia combinado com um irmão que escreveria uma carta com canetas de várias cores se não gostasse da experiência da luta armada ou uma apenas azul se pensasse o contrário. Chegou a escrever uma carta com todas as cores do "arco-íris".

ELMO E ROSINHA

Enquanto *Rosinha* era torturada na Casa Azul, em Marabá, e seu irmão Elmo perambulava na mata, o pai, Edgar, estava parado numa barreira na Belém-Brasília. Ele sabia que os filhos estavam na guerrilha, mas não conseguia passar pelas tropas. O Exército tinha cercado o Araguaia.

Com uma espingarda sem munição, Elmo entrou na cabana de Raimundão, um castanheiro do Dois Irmãos, na beira do rio Sororó. Pôs o cano da arma no rosto de Raimundão e exigiu comida. A mulher do castanheiro foi até o fogão improvisado. Enquanto o guerrilheiro vigiava Raimundão, a mulher misturava farinha de mandioca, dois ovos e Aldrin, uma pasta esverdeada usada para matar ratos e formigas. Ao entregar um prato com a farofa para Elmo, ela disse:

— Moço, não repara não. A farofa ficou escura porque eu não tinha banha, só coco.

— Não tem problema, não, dona.

Mais afastado de Raimundão, Elmo comeu rapidamente a farofa. Saiu de costas da cabana, pegou uma trilha que dava num lago, atravessou a água, caiu morto.

O Exército tinha distribuído Aldrin nas cabanas de castanheiros. No Araguaia, não foi respeitada a lei de Lampião, que não envenenava riachos por onde passavam inimigos.

Na pista da Casa Azul, *Rosinha* e *Piauí* entraram num helicóptero. Militares espalharam a versão de que foram levados para Brasília, destino de Danilo e Genoino, capturados dois anos antes. O helicóptero pousou num trecho da estrada PA-70, atual BR-222, aberta para ligar Marabá a Conceição do Araguaia. Os guerrilheiros desceram do helicóptero com os olhos vendados e as mãos na cabeça. Andavam na direção do Gameleira quando foram metralhados na cabeça. Militares ainda tentaram manchar a imagem de *Rosinha* escrevendo em relatórios que ela matou *Piauí* a facão.

PIAUÍ

Piauí foi jogado no Vietnã, buraco aberto no fundo da Casa Azul. Ali dormia, recebia lavagem e pauladas. Na cela, sofria choques de 220 volts de energia gerada por bateria de telefone, tapas simultâneos nos dois ouvidos e socos nos rins, no fígado, no estômago, no pescoço e no rosto. A cabeça era prensada aos poucos por uma pequena geringonça, o insuportável "anjinho". Passou fome e sede. Foi colocado descalço em cima de latas de leite condensado e recebeu socos e empurrões. Levado em incursões pela mata, mostrava ao sargento Santa Cruz depósitos de mantimentos e esconderijos. Dessas viagens, ficariam na lembrança do militar comentários do estudante de astronomia sobre a Via Láctea.

Piauí foi capturado com *Zezinho*, filho de Luiz Vieira, pelo sargento Vargas Jiménez, que entra nesta história para ajudar no perfil do tenente Vargas, de Canudos, pouco lembrado nos livros, citado apenas nas memórias do tenente Henrique Macedo Soares. "Estabeleceu-se um entrevero e então surgiu Vargas Neves armado de fuzil, com número razoável de praças e, estendendo-os em linha, começou a carregar em cima dos jagunços."
Há duas versões sobre a prisão de *Piauí* e *Zezinho*. A primeira é de Vargas Jiménez. Em livro, ele relatou que encontrou os dois guerrilheiros numa cabana em São Domingos. Estavam magros, barbudos, com os olhos fundos. Foi travada uma luta corporal. Com coronhadas e murros, os guerrilheiros foram deitados no chão, com a cabeça para baixo, e levados de camionete

para a Bacaba. Pelas ruas do povoado, Jiménez e o tenente Miracis Rogério Flores os conduziriam a pé, com o pescoço amarrado, igual a negros no Império.

Piauí resistiu a 41 dias de sessões de tortura na Casa Azul, um recorde e uma proeza.

Brasília, meio-dia

Encontro Vargas Jiménez numa lanchonete de shopping. Ele retira de uma pasta cópias de textos publicados na internet por militares da reserva com críticas a Dilma e outros políticos que no passado se envolveram na luta armada. Tento demonstrar interesse nos "documentos". Pergunto se ele sabe quem bateu em *Piauí*. A resposta é rápida:

— Eu torturei o *Piauí* logo que o prendi, essa é a verdade. Ele apanhou também na Casa Azul.

São Domingos do Araguaia, oito horas

A segunda versão, de *Zezinho*, que sobreviveu, não descreve momento de glória militar. Estavam na casa de um tio de *Zezinho*, Antônio, em São Domingos, quando Jiménez e Miracir chegaram. Como havia outras pessoas na casa, *Piauí* pôs a espingarda .44 e o .38 num canto e se entregou. Os guerrilheiros foram amarrados pelas mãos e levados pelas ruas, sob os gritos desesperados da mãe de *Zezinho*, Joana. Depois de ser torturado, *Zezinho* foi obrigado a servir ao Exército. No quartel de Altamira, onde ficou um ano, pensava no pai morto. Era o primeiro guerrilheiro a virar militar, ainda que à força.

JOÃO ARAGUAIA

Descrito como "valente" nos documentos militares, o lutador de judô *João Araguaia*, amigo do casal de camponeses Adalgisa e Frederico, perambulou dois meses pela mata, sem acender fogo para não despertar atenção. Foi capturado pelo sargento João Santa Cruz e levado para a Casa Azul. O guerrilheiro pediu a um soldado para ir ao banheiro. Retornou com a lata de refrigerante que usava para beber água e jogou no rosto do soldado a urina que pusera ali. O militar reagiu, matando-o com um tiro certeiro no peito. O sargento Vargas diz ter presenciado a morte dele. Não ficou uma versão do guerrilheiro sobre aqueles dias. Ele poderia ter repetido as palavras de José Rebelo, do *Grande sertão*, preso pelo grupo do jagunço Curiol: "[...] não nasci gostando de soldados... Coisa que eu queria era proclamar outro governo... A gente tem de sair do sertão! [...] Agora perdi... — isto é — por culpa de má hora de sorte... De ter sido guardado prisioneiro vivo...".

ÁUREA

Áurea perdeu o contato com o seu grupo. Fugia sem rumo quando encontrou *Izaldo*, o cantador de Lindô, agricultor que aderiu à guerrilha. Eles se escondiam na mata do córrego Ezequiel, em São Geraldo. Áurea e Batista passaram a se alimentar na casa de Petronilha, viúva de Zacarias, que morava no sopé da serra das Andorinhas.

Jatobá, São Geraldo, manhã de junho

Em abril de 1974, Áurea e Batista perambulavam sem rumo pela região do córrego Ezequiel, no começo da serra das Andorinhas, quando encontraram a casa de Petronilha, uma viúva. Batista conhecia a mulher. Numa noite, os dois guerrilheiros bateram à porta para pedir farinha. Pela manhã, foram se esconder ao lado de uma castanheira tombada, a um quilômetro dali. Repetiram a visita à casa nas cinco noites seguintes.

Anísio Rodrigues da Silva, que trabalhou no castanhal de Almir Moraes e depois virou mateiro do Exército, relata:

— O *Izaldo* era daqui, tinha uns quarenta anos, trabalhava no castanhal do velho Almir Moraes. Ele era conhecido como Batista, quem colocou o nome dele de *Izaldo* foi o pessoal da guerrilha. Ele e a Áurea tinham se perdido dos demais. Quando era meia-noite, eles chegavam na casa de uma velha, a Petronilha, para pedir comida. O *Izaldo* disse: "Olha, dona, você não vai falar para esses canalhas do governo que estamos andando por aqui. A gente te mata". A velhinha ficou com medo. Na casa comiam um peixinho, uma farinha, uma banana e, de madrugada, voltavam para o mato. Um dia, a velha só esperou eles saírem para ir até a casa do Arlindo Piauí, que era o mateiro mais querido do Exército. A casa era de certa forma uma base militar. Ela chegou assombrada: "Cadê o Arlindo?". O Arlindo não estava. "Saiu um pessoal lá em casa, há dias que eles saem lá, de noite. Eles disseram que, se eu avisasse, iriam me matar." Um grupo de mateiros foi para a casa da velha, passar a noite lá: o Domingos Araújo estava nessa patrulha. Eles ficaram num quarto da casa esperando os guerrilheiros. Quando a Áurea e o *Izaldo* chegaram, os mateiros saíram do quarto apontando as armas.

Coxiu, São Domingos do Araguaia, tarde de quinta-feira

O ex-mateiro Domingos Araújo, natural de Baixada de Monção, Maranhão, ainda guarda a espingarda que usou na prisão de Áurea e Batista. Ele relata que um certo doutor Piau, oficial de identidade ainda desconhecida, homem alto, moreno e magro, que atuava na "base" do Arlindo, ordenou que fosse esperar os guerrilheiros na casa de Petronilha. Domingos e o cunhado Manoel Alves dos Santos esperaram os militantes nove dias e oito noites num dos quartos da casa de estuque.

— A ordem era para derrubar guerrilheiro, nada de espantar. O dia não passava. E à noite eu não tinha sono.

O relato abaixo tem por base o depoimento de Araújo.

À noite, os mateiros escutaram pisadas na cozinha da casa.

— Comadre, comadre Petronilha.

— Quem está me chamando?

— Ah, comadre, é o Batista.

— Batista?

— Eu mesmo, comadre. Estou com fome.

No quarto, Araújo e Manoel estavam com as espingardas nas mãos, com o cano em buracos na parede.

— Cadê a menina, compadre? — perguntou Petronilha.

— Na biqueira da casa [do lado de fora].

Petronilha deu um abraço em Batista:

— Compadre, se entrega pelo amor de Deus!

Batista percebeu uma movimentação no quarto.

— Está com falsidade, comadre.

Os mateiros se aproximaram.

— Tô entregue, tô entregue!

— Não é falsidade, compadre, você está circulado.

Batista reconheceu os mateiros, seus antigos vizinhos:

— Manoelzão?

— Oi.

— Domingos?

— Oi.

Petronilha continuava abraçada a Batista.

— E a mulher? — perguntou Araújo.

— Está atrás da casa — respondeu Batista.

— Ela se entrega?

— Aí tem que conversar com ela.

Mesmo com a conversa e a movimentação, Áurea permaneceu estática do lado de fora da casa. Ela foi chamada para entrar. Estava sem força, pálida, com uma calça e uma blusa encardidas e em fiapos. Carregava na cintura um revólver .38 e um facão.

— Boa noite — disse a guerrilheira.

— Boa noite — respondeu Araújo.

O mateiro perguntou se ela se entregava.

— Vou me entregar hoje para morrer amanhã?

— Você tá com a gente. Ninguém vai matar você.

— Vou morrer.

— Morrer, não. Quem sabe você vai viver. Eu peço a Deus para que você tenha vida prolongada.

Áurea começou a chorar.

— Entrega.

— Me entrego.

— Me dá sua arma.

— Deixe eu ir armada para a base.

— Não, entrega com honra.

Ela desceu a mão direita em direção à cintura.

Os mateiros apontaram as espingardas. Araújo advertiu:

— Pega não.

Sem o revólver e o facão, a guerrilheira voltou a chorar.

— Vou entregar vocês na base amanhã. Conversa bem com eles. Se não servir de melhor, pior não fica.

Áurea não parava de chorar.

— Não chora, quem sabe você não vai ser premiada, vai se livrar? — diz Araújo, enquanto Manoel permanece calado.

Batista diz que está com Deus.

— Se eu viver, vivi. Se morrer, morri. No mato não entro mais. Entrei numa conversa errada do povo da mata. Se você não quiser, Áurea, eu vou ser o primeiro a te pegar.

Vigiados pelos mateiros, os guerrilheiros tomaram banho de caneca. Petronilha deu um vestido branco com desenhos de pequenas flores verdes e azuis para Áurea e ajudou a guerrilheira a pentear os cabelos. Enquanto comiam arroz, feijão e sardinha, Áurea perguntou o nome de Araújo.

— Seu Domingos. Eu digo que não saio para andar nesse mato nunca mais. Comi cobra e lagarto. Qualquer jeito é morte.

— Agora, vocês não vão morrer mais — afirmou o mateiro.

Áurea passou a noite no quarto de Petronilha. Batista ficou no quarto com os mateiros. Os guerrilheiros pegaram no sono rapidamente.

Petronilha levantou às seis horas para preparar um café. Os demais acordaram em seguida. Araújo perguntou a Áurea:

— Menina, como é que você entrou num lugar assim?

— Por amor.

— Por amor?

— Eu era estudante. Conheci meu esposo, que também era estudante. A amizade cresceu e a gente se casou. Ele me falou da função dele aqui.

— Você não é do estrangeiro?

— Não. Meu povo é brasileiro.

— Mas por que você não fez a separação dele?

— O amor não deixou. Eu não tinha coragem de separar.

— É duro gostar. Você não bota a culpa nele?

— Não boto.

— Você sabia então.

— Sabia. Ele me disse que a gente podia vencer ou ser vencido.

— Tá certo. É amor, é amor mesmo. Você sabe se seu marido está vivo?

— Morreu.

— Onde?

— Lá perto da Mutuma. Eu não estava com ele na hora. Soube que estava andando na mata quando recebeu tiro e caiu. Chegaram no acampamento e me deram a notícia: "O *Ari* morreu!". Fomos lá. Tinham cortado o pescoço dele, tirado a cabeça. Não conseguimos saber quem era. A gente não podia enterrar o corpo.

— E como foi sua reação?

— Forte, quase morri. Estava no meu tempo [fase de menstruação]. Não é fácil para uma mulher.

— Nesse tempo, você teve filho?

— Não, nunca tive.

Zeca do Jorge, vizinho de Petronilha, diz ter visto os guerrilheiros passarem escoltados numa trilha perto de seu sítio.

Depois de uma hora de caminhada, os mateiros, Petronilha e os guerrilheiros chegaram à casa de Arlindo. Piau recebeu Áurea e Batista. A guerrilheira chorou novamente. Ainda pela manhã, o doutor Brito, outro oficial não identificado, desceu de helicóptero.

— Essa é a Áurea — disse Piau a Brito.

— Que bonita! Vira as mãos para cá, Áurea.

Áurea pôs as mãos para a frente. O oficial trançou os punhos dela com uma corda de náilon.

Os militares perguntaram a Petronilha por que só naquele momento ela resolvera delatar os guerrilheiros que estiveram outras vezes em sua casa.

— Doutor, quando a gente quer pegar galinha no terreiro, não joga o milho de uma vez. É aos poucos, pra pegar com facilidade.

— A cabeça da Áurea vale mil cruzeiros. A do Batista também.

— Vou poder comprar umas coisinhas.

— É, velha, agora a senhora vai poder arrumar marido.

— Para comer meu dinheiro, doutor, minha fome basta.

O ex-mateiro Anísio Rodrigues da Silva lembra:

— Eu estava na casa do Arlindo quando vi a Áurea e o *Izaldo* chegarem. Ela estava amarela, de tanto ficar na mata fria, com as pernas inchadas, estragada de muriçoca e tatuquira. A Áurea vestia um camisolão. Os cabelos estavam compridos. Estava quieta de doente, medo ou raiva. Eu cheguei perto do *Izaldo* e fui tirar satisfação: "Você andou dizendo por aí que, se achasse um mateiro sem-vergonha do Exército, ia cortar bala na testa". "Eu não falei isso." "Falou, porque teve gente que ouviu." A Áurea chegou perto: "Ele não disse isso. Ele nunca atirou". Ela me contou depois que, um dia, me viu passar no mato. "Eu sempre soube que vocês andam com o Exército obrigados. Vocês são inocentes, eu não iria atirar." Os militares que chegaram na casa do Arlindo perguntaram para ela onde estavam os outros guerrilheiros, onde estava a *Dina*. "A Maninha", como ela chamava a *Dina*, "desapareceu. Não estamos tendo contato. Só ando mais ele." Ela pediu para não ser amarrada. "Eu disse que não me entregaria, não sou covarde, mas não vou fugir. Não me amarrem." A Áurea me contou: "Você passou muito perto de mim na mata. Eu não atirei porque não queria atirar em gente inocente". Os militares me mandaram buscar as coisas da Áurea e do *Izaldo* que estavam no mato. A Áurea disse que suas coisas estavam dentro de um tronco tombado de castanheira, a um quilômetro da casa da Petronilha. Cheguei lá e encontrei uma garrafa de aguardente, que era um remédio muito usado no mato, um pacote de sal e roupinhas rasgadas e muito sujas. O revólver dela não atirava. A bola estava travada, de tanta umidade. Quando voltei, não vi mais a Áurea e o *Izaldo*.

Brito, Petronilha, os guerrilheiros e os mateiros entraram no helicóptero rumo a Xambioá. Na base à margem do Araguaia, Áurea e Batista foram entregues ao doutor César, codinome de José Teixeira Brant, o mesmo oficial que recebera a cabeça de Arildo.

De volta à casa de Arlindo, os mateiros tiveram que responder por que não atiraram nos guerrilheiros.

— Não houve necessidade, doutor — respondeu Araújo.

— Tá bom demais — disse Piau, em tom de desconfiança.

— Porque se entregaram com honra. Achei que trazer vivos era melhor para mim, para eles e para o senhor.

— Podem ir colher o arroz de vocês.

Os mateiros receberam novecentos cruzeiros pelo serviço. Araújo gastou quatrocentos na compra de um cavalo. Com o resto do dinheiro, ele comprou roupas e alimentos.

Francisco Amaro Lins, um militante do PCdoB que, por ter se envolvido com a moradora Neuza Rodrigues, desistiu da guerrilha antes de o Exército chegar, registrou em cartório que viu Áurea no 52º Batalhão de Selva, no quilômetro 3,5 da Transamazônica, em Marabá, onde estava preso. Ela estava em "boas condições", segundo relato de Lins. Com uma dezena de pavilhões de alvenaria, essa base se diferenciava das demais no Araguaia, formadas por cabanas improvisadas de lona e palha. Na época, o capitão Manoel Valder de Carvalho Lima era o comandante do lugar.

Na base de Xambioá, a guerrilheira era vista com macacão da Aeronáutica. Há poucas informações sobre a execução dela. Áurea teria recebido um tiro no peito. Foi enterrada no cemitério da cidade e depois exumada, indicam manuscritos de Curió.

Durante o período de prisão, Batista serviu de guia para o Exército. Ele disse a mateiros que seria liberado se conseguisse mostrar aos militares as "coisas" de *Osvaldão* na mata. Ele nunca conseguiu encontrar depósitos. A Zeca do Jorge, que passou pela Bacaba, Batista disse que na guerrilha deixou até mesmo de ter atração sexual.

— Caiu o nervo, virei uma mulher.

Batista teria sido fuzilado. Ele entrou para a história da guerrilha apenas com o sobrenome. Foi o mesmo caso do cangaceiro Batista, morto 51 anos antes, que aparece sem prenome nas narrativas da caatinga.

A Áurea e o Batista do cangaço também foram executados. No sertão nordestino décadas antes, Áurea foi morta com tiro de rifle num forró na localidade de Palestina. O livro de cordel *As mulheres e o cangaço*, folheto anônimo, registra que as cangaceiras Cristina, Rosinha, Enedina e Maria não tiveram sorte diferente.

Da história do cangaço
Muito tem pra se saber:
O destino de Cristina
Foi morrer assassinada.
Diferente de Enedina
Que morreu duma rajada
Da volante, ou traição,
Elas morriam no sertão.
Faca, pau, bala crivada.

Rosinha, Áurea, Maria,
Pela volante tombaram...
Durvinha e Arvoredo,
Cangaceiros do sertão,
Figuras de um enredo
Com muita decapitação.

LÚCIO PETIT

Em abril de 1974, Antônio Ferreira Pinto, o *Alfaiate*, *Beto* e *Valdir* pediram sal no sítio de Manezinho das Duas. O agricultor os denunciou aos militares, relata a camponesa Margarida Ferreira. Os guerrilheiros foram transportados de helicóptero para a Bacaba. Foram vistos no desembarque por Adalgisa e duas filhas — mulheres de agricultores eram levadas para as bases, onde cozinhavam e faziam serviços de limpeza sem remuneração. Muitas vezes eram violentadas por soldados. Adalgisa lembra que *Valdir* assobiava, cantava e pulava — estava com as pernas tomadas pelas feridas da leishmaniose.

— Fiquei com dó, os bichinhos estavam magrinhos, com fome, feridos. *Beto* vestia uma camisa suja, uma bolsa pretinha. Ah, eu não queria que matassem eles, eu não queria.

Alfaiate e *Valdir* foram mortos uma semana depois na Clareira do Cabo Rosa. *Beto* ficou mais tempo vivo. Foi interrogado pelo general Bandeira, conta Curió. *Beto* é possivelmente o jovem com as mãos presas para trás que aparece numa fotografia dentro de um helicóptero, foto entregue pelo sargento Santa Cruz à Comissão de Direitos Humanos da Câmara. A costureira Julieta Petit já tinha perdido os filhos Maria Lúcia e Jaime. Até ali, a história brasileira registrava o nome de uma mulher que perdeu três filhos numa mesma guerra, a alagoana Rosa Paulina, no século XIX, no Paraguai.

Os militares acionavam motores para abafar os gritos dos torturados. Ali, na Casa Azul, ilusões e violências eram imagens repetidas de outros momentos da história brasileira. Recorria-se a métodos de repressão de épocas distantes, considerados inaceitáveis pela história. As barbáries de guerra condenadas no século XIX — o tempo das mudanças e da repulsa aos erros passados — voltavam com vigor. Não valiam nem mesmo as palavras do general Dutra, que décadas antes escrevera em suas memórias que prisioneiro é "pessoa sagrada". No Araguaia, os militares promoveram a degola e a tortura. Tudo era bárbaro, igual ao que já estava nos livros. O corte no tempo histórico — Guerra Fria, maniqueísmos e ideologias — não basta para entender a prática de crimes contra a humanidade na Amazônia.

No conto "Major Carne-Viva", de M. Cavalcanti Proença, o militar protagonista diz, ao ver prisioneiros amarrados em troncos numa cadeia: "Não entendo o que vejo: este xadrez é do Exército Brasileiro? Do Exército republicano? Do Exército que aboliu os castigos corporais?". O major se responsabilizou pelos absurdos do cárcere, evitando que um superior perdesse a promoção. Carne-Viva não era um bonzinho. Via na obrigação de explicar erros a chance de estar perto de generais.

CHICA

Brejo Grande do Araguaia, noite de julho

O mateiro José Veloso, que teve um filho batizado por Curió, lembra que estava numa patrulha na mata quando passou por outra, de Ringo — um militar magro, ruivo, com mais de quarenta anos — e Toyota — baixo, forte, mais novo. Os dois estavam com *Chica*, a franzina descendente de japoneses. A guerrilheira pediu para fazer necessidades. Ringo permitiu:

— Se correr, eu te mato.

— Mata logo, desgraçado. Não tem de matar?

Chica estava sem um dedo. Quando o perdeu, a Comissão Militar da guerrilha fez um elogio a ela por ato de bravura, com direito a um destacamento perfilado. Presa pelos militares, foi levada para a Bacaba. O sargento João Santa Cruz relatou que a guerrilheira foi interrogada na base e depois recebeu injeção letal. É certo que ela foi torturada. Curió participou de um interrogatório de *Chica* na base.

Uma guerrilheira bateu na porta de um agricultor em Brejo Grande. Até ali, eram apenas conhecidos. Os dois passaram a noite juntos. De madrugada, ela disse que, se morresse naquele momento, morreria feliz, e se despediu. Minutos depois, o homem ouviu tiros. A moça foi morta por militares de tocaia, diz José da Onça. Eram cópias dos caçadores de espera, figuras do tempo da conquista dos sertões goianos, descritos nos manuais de sobrevivência da guerrilha.

O italiano *Joca* apareceu no sítio de Joaquim Ceroula, na região da Abóbora. Estava armado com um revólver, tinha o corpo sujo, e vestia bermuda e camisa esfarrapadas. Depois de uma luta corporal, Ceroula prendeu o guerrilheiro, amarrando-o com imbira. Um grupo de militares chegou ao sítio. Preso, *Joca* levou chutes e socos. O guerrilheiro chegou morto à base de Xambioá.

RODOLFO

Sozinho nos campos do Tabocão, no Brejo Grande, Rodolfo Troiano pernoitava numa palhoça. Barbudo, cabeludo, com feridas e atacado pela malária, foi encontrado por uma patrulha, que como as demais estava munida de projéteis da Fábrica de Estojos e Espoletas de Artilharia de Juiz de Fora, onde trabalhara o pai do guerrilheiro. Os militares levaram *Manoel* para fora da casa e o fuzilaram. Antes de irem embora, obrigaram um morador a enterrar o corpo. Muito tempo depois, as mulheres que viviam ali se informavam da presença de bate-paus e militares antes de acender velas em memória do rapaz.

OSVALDÃO

De barba e sujo, *Osvaldão*, 35 anos, estava sentado atrás de uma moita, sem o vigor da lenda, longe de ser a figura do lutador de boxe e do dançarino elegante dos cabarés. O mateiro Arlindo Piauí percebeu sua presença na área. Chamou-o pelo nome. *Osvaldão* abriu com as duas mãos a moita. Ao ver o rosto dele, Piauí apontou a espingarda para a barriga do guerrilheiro e atirou. Um sargento, na retaguarda, se aproximou e acabou de matá-lo. O corpo foi colocado num saco de lona verde e amarrado no esqui de um helicóptero. O aparelho estava a dez metros do chão quando a corda arrebentou, quebrando o tornozelo esquerdo do cadáver. Novamente, o corpo foi amarrado. O helicóptero sobrevoou Xambioá e os castanhais para não haver dúvida da morte do mito. Pela manhã, o corpo chegou à base de Xambioá. Alguns moradores estavam presentes no velório, para que a notícia da morte do guerrilheiro se espalhasse. No terreno da base, perto de uma cova aberta por mateiros, Curió observou o corpo que estava estendido numa maca. A cabeça e os pés de *Osvaldão* não cabiam ali.

Militares dizem que no Araguaia e em Canudos os caboclos não pegaram em armas, limitando-se a tarefas de guias. Embora neguem a terceirização da guerra, os militares escreveram sobre a presença de moradores na dianteira dos combates. No Araguaia, anotou Lício, "o morador Arlindo Piauí, mateiro de uma patrulha, chamou [*Osvaldão*] pelo nome e o derrubou com um tiro de chumbeira". E, em Canudos, escreveu o tenente Marcos Vilela Júnior, o Negro Pajeú foi morto pelo mateiro Jesuíno, que, "apesar de guia, nos combates estava na linha de fogo, empunhando o fuzil".

O mito de *Dina* era o único sinal de força de uma guerrilha em destroços. Oficiais demonstravam preocupação com a mulher invisível, capaz de atravessar igarapés e rios sem se molhar. Os comandantes da guerrilha estavam mortos ou em fuga. Restavam mulheres e lendas para justificar a continuidade das operações. Ao verem alguma guerrilheira vagando na mata, os moradores diziam ao Exército terem visto *Dina*. Foi assim ao encontrarem *Lia* e *Walquíria* vagando sozinhas na floresta. O mesmo ocorreu ao verem *Maria Dina*, perdida havia três meses na mata desde a morte do companheiro, *João Goiano*. Curió estava no encalço dela.

Num fim de tarde, *Maria Dina* entrou na casa de Bernardino e Mariana, sitiantes que moravam perto da fazenda Rainha do Araguaia, em Brejo Grande. A guerrilheira vestia uma blusa e uma calça jeans rasgada. Mariana, irmã de Zé da Rita, lhe deu comida. *Maria Dina* estava tranquila.

— Comadre, já comi 52 jabutis.

A guerrilheira resolveu esperar o início da noite para se retirar. Tinha receio de que o casal, com dia claro, saísse para denunciá-la. Num momento em que se agachava para amarrar a mochila, foi surpreendida por Bernardino, que tentou agarrá-la pela frente. Os dois rolaram no chão. Mariana, por trás, a segurou pelo pescoço. Com a ajuda de um vizinho, Raimundo, o casal amarrou os braços de *Maria Dina* e saiu para pedir ajuda. A guerrilheira pôs os braços no fogão a lenha. Só tirou depois que a corda arrebentou. Estava na porta quando chegou uma milícia.

— Agora, quem vai para a força é nós! — gritou Bernardino.

A guerrilheira fugiu para o mato, sendo perseguida pela milícia. Guiados pelo cachorro Pintado, de Raimundo, os moradores acharam *Maria Dina* no alto de um pé de bacupari, árvore que dá frutinhas amarelas. Quando focaram a lanterna na galharia, as lentes dos óculos dela refletiram. Parecia um gato-do-mato, lembra Zé da Rita.

— Desce — gritou um morador.

— Pode derrubar a árvore, eu não desço.

Com facão, os moradores arriaram a árvore e puxaram a guerrilheira pelo pé. Os pulsos dela estavam queimados. Os homens a amarraram pelos cotovelos. Os agricultores imitavam Coriolano, capanga dos coronéis da castanha, que, anos antes, acuava com um cão os índios e puxava à força os que subiam nas árvores.

Homens e mulheres vigiaram *Maria Dina* durante a noite no terreiro da sede da fazenda Rainha do Araguaia.

— Pelo leite que vocês tomaram, não me entreguem para o Curió! Me matem!

A fazenda pertencia a José Lourenço. O genro dele, Antônio Costa Filho, o Antônio Baiano, de Jequié, cidade onde *Maria Dina* passara a infância, chegou ao Araguaia tocando uma boiada. Ele foi um dos pioneiros da pecuária, tinha boas relações com Curió. Baiano se surpreendeu quando, um dia, Juscelino, o cuca contratado para fazer a comida dos peões e que trabalhava na posse de Zezão, apareceu de arma na mão. Era um militar. Antônio Baiano, que administrava a fazenda desde que tinha engravidado a filha de José Lourenço, colocou Zezão como gerente da propriedade e se foi. Só retornaria quando o Exército fosse embora.

Na Casa Azul, o tenente-coronel Léo Frederico Cinelli mandou Curió buscar *Maria Dina* de helicóptero. Pela manhã, o agente chegou à fazenda. *Maria Dina* vestia calça jeans e blusa preta, Curió nunca se esqueceu disso. O cabelo estava curto. "Convicta" e "persistente", na avaliação do agente, ela cuspiu no rosto dele. Espumava de ódio, jogando o corpo para um lado e para outro. Foi empurrada até o helicóptero.

Sentou de frente para Curió. Um militar com fuzil na mão ficou na janela aberta, fazendo guarda para possíveis ataques. A guerrilheira fez um movimento brusco com o corpo, como se quisesse se jogar. Foi agarrada por Curió. Calma, ela olhou a mata pela janela:

— Eu nunca pensei que este dia ia chegar. Vocês foram truculentos, covardes.

Maria Dina ficou dois dias na tortura da Casa Azul. O sargento Santa Cruz disse que a viu embarcar com Curió num helicóptero. Com gazes nos braços queimados, bermuda preta e blusa clara, foi levada até a casa do guia Arlindo Piauí. Os militares a amarraram numa palmeira no quintal. Curió perguntou a Antônia Ribeiro, mulher de Piauí, onde morava o irmão dela, Iomar Galego, outro guia. Uma criança levou os agentes e *Maria Dina* até a casa de Galego. Após uma hora de caminhada, o grupo parou. *Maria Dina* estava sentada no chão quando os militares descarregaram as armas. De volta à casa de Antônia, Curió reclamou que a arma tinha engasgado no momento do disparo.

A guerrilheira do B, descrita num relatório de Curió como "sanguinária" e "valente", ganhou pouco espaço na história que seria contada por comunistas, jornalistas e militares. O nome dela ficou escondido. Seus feitos foram creditados a Dinalva, do C. Os relatórios que citam o mito levam em conta São Domingos e Brejo Grande, onde Dinaelza atuou. A soma das ousadias das duas estendeu o mito de Marabá a Xambioá, do centro da mata à boca dos igarapés.

Ao ver, tempos depois, a foto do corpo de uma mulher branca localizada pelo jornal *Folha de S.Paulo* num escritório de arapongas em Marabá, Diva Santana, irmã de *Maria Dina*, pensou que se tratasse da guerrilheira. Um detalhe na foto, a presença de uma garrafa plástica perto do corpo, desfez o mal-entendido. A garrafa ainda não era fabricada no tempo da guerrilha. A foto era de Adelaide Molinari, missionária gaúcha assassinada em Eldorado do Carajás, em 1985.

DINA

O nome de Dinalva era um dos poucos não riscados na folha pregada na parede da Casa Azul. Era a "peça" que faltava para o Exército considerar extinta a guerrilha. Com a mulher que virava borboleta, pomba e cupim livre na mata, a vitória da repressão jamais seria assimilada pelos caboclos nos barrancos dos rios, garimpos e povoados, acreditavam os militares. O mito *Dina* se comparava ao de Perpetinha, a menina sequestrada por índios no ciclo do caucho. Mais de cem anos depois do rapto, ela ainda deixava mensagem nos troncos das árvores: "Por aqui passou Perpetinha".

"Não temos mais apoio dos moradores. Estamos perto da morte", escreveu a guerrilheira numa carta.

Ela estava numa cabana de posseiro num dos extremos das terras do castanhal Surubim, do fazendeiro José Pernambuco de Gama, a alguns quilômetros da Vila do Rio Vermelho.

Com um relógio de *Dina*, um mateiro entrou na Casa Azul para denunciar que a guerrilheira e uma companheira estavam em sua casa e precisavam de dinheiro para deixar o Araguaia. Pela descrição, a companheira de *Dina* era

Tuca, chefe de saúde da guerrilha desde a morte de Haas. Como em Canudos, que tinha Marcolina, uma mulher era a responsável pelos feridos pelas armas dos militares nos combates.

O agricultor prometeu a Curió que as guiaria a um local próximo de Marabá, de onde pegariam um ônibus para o sul. É possível que as duas tenham se entregado. Curió insiste que acertou com o mateiro de esperá-los perto da ponte de madeira sobre o rio Sororó, na Vila Sororó, a vinte quilômetros de Marabá. Ali havia um acampamento do DNER à direita e uma estradinha de cascalho no meio da selva.

— Olhando no olho do mateiro, eu disse: "Está aqui o dinheiro, você vai entregar para ela, como se nada tivesse acontecido... e trazê-la". O mateiro balançou a cabeça. "Você vai levar o dinheiro. Agora, você volta com ela, porque, se não voltar, eu vou lhe buscar." Montei três emboscadas. A primeira num barranco um pouco antes da ponte do Sororó, onde fiquei com um tenente e um guia, Arlindo Vieira, o mesmo que havia matado *Osvaldão*. Outra na margem do rio Itacaiunas, onde ela poderia pegar um barco e seguir até um ponto onde subiria num ônibus. A terceira, na eventualidade de não passar por ele ou ir para a margem do rio, mais à frente, ainda na beira do Itacaiunas. Era noite de lua na Amazônia. Não havia sinal do mateiro e das guerrilheiras nas proximidades da ponte. Às 22 horas, a lua subiu. Meia-noite. Tive uma crise de malária. A febre tem hora certa. "Chefe, o senhor acha bom desistir?", disse o tenente. Olhei para o relógio: quinze minutos para uma da madrugada. "Com certeza elas vão vir." Aí, ouvi um barulho de passos no cascalho da estrada. Sem me mover e com voz baixa, alertei o tenente: "Estão vindo". Ajeitei a arma ao enxergá-las. O barulho das passadas ficou mais forte. Era possível ver que *Dina* usava calça jeans e uma blusa clara. Ela carregava uma bolsa. Quando passaram pela estrada, logo abaixo do barranco, pulamos de uma altura de quatro metros. *Dina* tentou atirar, mas foi dominada. *Tuca* não reagiu.

Foi o agente José Teixeira Brant, o doutor César, quem acompanhou *Dina* num voo da base de Marabá para um ponto da selva onde deveria ser fuzilada; dois outros agentes estavam no helicóptero, relatam militares. Brant perseguia a guerrilheira desde a atuação dela no movimento estudantil de Salvador, e telefonou dias antes da execução para pedir à base:

— Estou em Brasília. Guarde que essa é minha.

Era costume que militares que se dedicavam à caça de determinado guerrilheiro pedissem para terminar o "serviço".

DANIEL

Daniel entrou numa canoa no Caianos, margem esquerda do Araguaia, área onde começou sua participação na guerrilha, e atravessou o rio. Tentava escapar. O guia Zé da Rita estava na patrulha que o prendeu em Araguatins, na margem direita.

— Na Bacaba, o guerrilheiro foi tirado da camionete. O doutor José deu um tapa nas costas dele. Doutor José era cheio de frescuras. Ele dava cascudos. Era muito carrasco, malcriado e desaforado. Ele apareceu com um fio pelado e uma chave de fenda. Doutor José mandou o guerrilheiro tirar a roupa. E amarrou uma ponta do fio na bateria da camionete e a outra na chave de fenda. Depois, triscou a chave de fenda na popa, na parte de trás, do guerrilheiro, que deu um grito e se atirou no chão. As necessidades do guerrilheiro sujaram o braço do doutor. Daniel foi morto e o corpo levado para Xambioá.

MANÉ

Pouco se sabe dos últimos dias de *Mané*, o capixaba José Maurílio Patrício, de Santa Tereza, terra do *Canaã*, que cursou agronomia na Universidade Federal Rural do Rio de Janeiro. Ele integrava o destacamento B e auxiliava os agricultores do Araguaia nos plantios de mandioca, feijão e milho. É o mesmo doutor Augusto, descrito por Zé da Rita. O mateiro o encontrou na casa do Velho Zuza, na OP-3, próximo ao castanhal da Viúva. Morreu aos trinta anos.

— Cheguei com educação. Pedi os documentos. E mostrei minha identidade: "Olha. O homem civilizado tem de ter este documento". Ele respondeu: "Isso eu faço debaixo de uma moita". "Isso é lei. Que lei é a sua? Vamos ali conversar", disse para ele. "Eu não vou." "Onde você mora?" "Não interessa." "Eu sou obrigado a levar você para a Bacaba." O Velho Zuza me ajudou a amarrá-lo. Ele estava de bermuda. Mandei ele vestir uma calça. Colocamos o rapaz no Jeep amarelo do João Rodrigo. Dormimos em Brejo Grande. Entreguei no 52º BIS, para um sargento, que me disse: "O homem é o principal para nós. Você trouxe o pior passarinho". Era o doutor Augusto.

PERI

Pedro Alexandrino, o *Peri*, perdera os reflexos, cambaleava na mata próxima de São Geraldo. A garrucha não funcionava mais. Paraquedistas o encontraram na selva. O guerrilheiro mineiro foi executado com tiro na cabeça. O tenente-coronel Léo Frederico Cinelli, que tudo anotava naqueles dias finais de combate, nada publicou sobre a morte do jovem de 27 anos, companheiro de *Tuca*. O visconde do Araguaia, o discreto secretário de Luís Alves de Lima e Silva nos combates no Maranhão, ao menos escreveu, no século XIX, que o "temível" guerrilheiro balaio Pedro Alexandrino morrera de "apoplexia".

Militares dizem que, durante a terceira campanha no Araguaia, as regras internacionais de guerra foram trocadas por normas criadas numa atmosfera de desgaste emocional e físico, de ódio e rancor, sentimentos exacerbados pela vegetação luxuriante. É uma versão frágil. O horror na Amazônia, um lugar afastado do nosso mundo, não esteve ligado à mata e às suas imposições, a danos ao cérebro e ao físico. Nem foi decorrência direta do prolongamento dos combates, pois as execuções sumárias de *Carlito* e Helenira ocorreram cinco meses após o início da guerra. *Peri* foi executado por uma patrulha em comunicação diária com Xambioá. E a ordem para o mateiro decapitar *Queixada* partiu de um oficial formado numa escola militar. Naquele dia, o jagunço tirou o facão da bainha e cumpriu a determinação repassada pelo doutor. Foi dentro das bases de Marabá, Xambioá e da Bacaba, sem a lama do igapó e a picada da formiga-de-fogo, que oficiais torturaram e escolheram o dia da execução de prisioneiros. A Lei da Selva não foi posta em prática no Araguaia. A imagem de um sertão que animaliza e força os homens a inventar normas de guerra, onde vale a regra do "dente por dente", foi no caso do Araguaia uma construção posterior, feita por filhos de militares que tentaram seguir carreira na academia recorrendo a arquivos dos pais e amigos da família.

Nesse aspecto, Araguaia e Canudos foram extermínios de características distintas. A ideia do sertão sem pontes com a civilização, na Amazônia, serviu para humanizar quem era monstro e apagar o feito militar de quem planejou de forma eficiente o cerco para levar os guerrilheiros a se entregarem no cansaço, sem troca de tiros. As celas da Casa Azul só não ficaram abarrotadas porque funcionou a escala de serviço dos carrascos.

ENRIQUE

Naqueles dias de extermínio no Araguaia, os homens do general Miltinho foram para o Sul matar outros guerrilheiros. Numa noite de julho, Curió estava no oeste paranaense, onde criou a lenda do capitão Moura, para participar de emboscada a quatro brasileiros, que tinham vivido em Santiago e estavam em fuga pelo continente desde a queda de Allende, e de um argentino. O grupo atravessou a fronteira da Argentina para fazer luta armada num Brasil onde a máquina da repressão havia exterminado as guerrilhas. Os agentes levaram de isca um preso, o ex-sargento Alberi Vieira dos Santos, ligado ao ex-sargento Onofre Pinto, da VPR, que estava no grupo. Alberi atraiu os companheiros para um sítio, onde uma patrulha, liderada por Brant, que executou *Dina* no Araguaia, os esperava. Os guerrilheiros foram atacados ao chegarem numa Rural Wyllis. O argentino Enrique Ruggia, de dezoito anos, morreu após descarga de metralhadora. Onofre foi capturado. Por telefone, Miltinho determinou sua execução. O corpo foi jogado no rio São Francisco Falso, onde se formou o lago de Itaipu.

Curionópolis, manhã de novembro

— Isso aí eu vou deixar fechado — me diz Curió.
— Poderia falar sobre a operação?
— Assim eu esvazio o meu livro... participei apenas em parte.

Hotel Four Seasons, Buenos Aires, Recoleta, café da manhã

Encontro a psicóloga Lilian Ruggia, que, na véspera, havia tentado se aproximar de Dilma Rousseff, na primeira viagem da presidente à Argentina. Irmã de Enrique, único argentino a lutar contra a ditadura brasileira, Lilian foi barrada na Casa Rosada, onde Dilma se encontrou com Cristina Kirchner. Aproveitei uma entrevista coletiva de Dilma no aeroporto, no seu embarque de volta para Brasília, para entregar a carta em que a psicóloga pede a abertura dos arquivos militares. A presidente leu na hora parte da carta.

Lilian não esconde a alegria ao saber que a mensagem foi entregue. Senti necessidade de dizer-lhe que dificilmente a carta mudaria alguma coisa.

— O importante é o simbolismo! Estou muito feliz!

Os Ruggia vivem em Buenos Aires desde o final do século XIX. O avô paterno de Enrique e Lilian, Alejandro, veio da Calábria. Vendia instrumentos musicais. Atilio, pai deles, era da Gendarmeria, polícia da fronteira. Nem ele nem a mulher de origem alemã, Ana Bambula, tinham vínculos com partidos políticos. O casal teve outro filho, Roberto.

Lilian fala de Enrique:

— Ele estudava veterinária no *campus* da Universidade de Buenos Aires em São Pedro, a 170 quilômetros daqui. Com a queda de Allende, militantes de esquerda que estavam no Chile vieram para cá: o Joel; o senhor Jorge Rulli, antigo argentino peronista; a chilena Marta Amunátegui. Eles montaram um núcleo de discussão em São Pedro. Enrique considerava Joel um "Che", tinha fascínio pelo brasileiro que viajou pelo continente. Eu estava no caixa de uma companhia de seguros, na Calle Sarmiento, quando Enrique apareceu para dizer que iria com Joel para o Brasil. Eu sabia que o Joel não podia atravessar a fronteira. Fiquei atônita. Enrique saiu correndo, fui atrás. Nunca mais vi meu irmão. Não contei para minha mãe que Enrique tinha viajado, porque ela era reacionária, confiava na polícia. Iria pedir ajuda. Meu pai tinha morrido meses antes. Tento saber se os agentes brasileiros que mataram Enrique fizeram parceria com a Triple A, grupo de extermínio que operava na Argentina antes do golpe, no governo de Isabel Perón.

Um ofício de Brasília chegou à casa de Lilian. O diretor de um departamento de documentação do governo brasileiro escreveu que a carta dela fora remetida ao Ministério da Justiça. A máquina da morte que caçava Dilma e Enrique é agora apenas uma máquina burocrática.

A mineira Walquíria era uma das poucas sobreviventes da guerrilha no Araguaia. Enquanto ela cambaleava na mata, os dirigentes que restaram do PCdoB nas cidades propagavam a vitória. Em julho de 1974, o partido publicou no Rio o jornal *Araguaia*, para incentivar o deslocamento de mais militantes à região. Walquíria, aos 27 anos, apareceu debilitada num sítio na região da Abóbora. Foi presa pelo posseiro Zezinho e sua mulher, Maria Fogoió, gratificados pelo Exército. A guerrilheira foi levada algemada em helicóptero para Xambioá. Estava com os cabelos curtos, magra, e carregava uma bolsa com comprimidos para evitar a malária, um revólver .38 e munições. Era só pele e osso, lembra o ex-soldado Jota Silva. Em Xambioá, ela se banhou, tomou sopa e recebeu injeção de desintoxicante. Foi levada para a "senzala", a ala das celas. Passou por interrogatórios de Hugo Abreu. Nos dias em que ficou na base, ela só conversava com soldados para pedir cigarro.

Brejo Grande do Araguaia, o sol se põe

Semanas depois de sofrer um derrame, Zé da Rita fala:

— Um dia o carrasco, um homem alto e fogoió [avermelhado] me chamou. "Ei, não vai. Fica aí para assistir a um negócio." Por volta de cinco horas da tarde, vi a moça amarrada na cordinha pelo braço esquerdo. Dois doutores estavam na frente dela, sem armas, de sandálias e bermudas. O carrasco atrás, segurando a cordinha com uma mão e na outra mão um FAL. Aí, o carrasco puxou a cordinha para trás. Os dois doutores ficaram de lado. Ela fez isso [pôs as duas mãos na cabeça]. Vi que estava chorando pelo movimento do vestido na cintura. O carrasco atirou com o FAL. Ela caiu na cova aberta. Desci para ajeitar o corpo. Estava descomposta. Então, ajeitei a saia. Ela estava com saia meio azulada e blusa mais branca, desbotada. Ajeitei as pernas. Quando ia ajeitar a cabeça, eles começaram a jogar terra. Os doutores jogavam terra com pás. Tive de sair depressa.

LIA

No feriado de Sete de Setembro, *Lia*, mulher de Elmo, chegava viva à base de Xambioá. Estava "encapotada" num saco de estopa, com as mãos amarradas por imbira. Depois de passar a noite na "senzala", foi levada pela manhã aos generais Hugo Abreu e Ferraz da Rocha. Após uma hora de interrogatório, a guerrilheira, de olhos vendados, foi escoltada pelo capitão Curió até a pista de pouso, onde estava um helicóptero. Trinta minutos mais tarde, o helicóptero retornava sem a guerrilheira.

Os militares a chamaram de Paxiúba, referência à palmeira "espinhosa". Era a última protagonista da única guerrilha estruturada no século xx na Amazônia. Terminava essa fase de matança.

ARROYO

Não existiam mais guerrilheiros vivos quando o jornal *Araguaia*, do pcdob, divulgou informativo para sustentar a versão de que a guerrilha estava consolidada. A notícia falsa foi enviada por João Amazonas, que vivia exilado na Europa. *A Classe Operária*, outro jornal do partido, publicou que, dois anos após o extermínio, a guerrilha continuava. O Exército também considerava que a guerrilha ainda existia, e partiu em busca de seus idealizadores — Amazonas, Arroyo e Pedro Pomar. Preso, o comunista Jover Telles relatou que o grupo se reuniria na casa de número 767, na rua Pio xi, no bairro da Lapa, em São Paulo. Amazonas escaparia, pois viajou às pressas para o exterior. No "aparelho" estavam Pomar, Aldo Arantes, Elza Monnerat, Arroyo, Haroldo Lima, João Batista Drummond, José Novais e Wladimir Pomar, além de dois empregados da casa — a cozinheira Maria Trindad e o motorista Joaquim Celso de Lima.

Na manhã do dia 14, Arroyo propôs nova guerrilha:

— Devemos, em primeiro lugar, selecionar áreas prioritárias da luta armada, quatro ou cinco, dando atenção às cobertas de matas, mais propícias para a sobrevivência.

Jover Telles, delator do grupo, se opôs:

— O Araguaia foi uma estupidez, um erro colossal, seja do ponto de vista político ou militar. Não é mais possível continuar compactuando com esse erro e ficar enganando os militantes.

Na noite do dia 15, os comunistas começaram a deixar o local num carro dirigido por Joaquim e sob a orientação de Elza. A casa estava cercada. Wladimir, Haroldo, Drummond e Aldo foram presos em pontos diferentes de São Paulo. Drummond não resistiu à tortura.

Por volta de sete horas da manhã do dia 16, agentes se aproximaram da casa, onde ainda permanecia parte dos dirigentes do partido. Curió acompanhou a operação — o agente diz que não tomou a frente do comando porque era "passarinho pequeno". O oficial do Exército Aldir Santos Macel chefiava o cerco. Tiros de escopeta e metralhadora estouraram vidros e o reboco da sala. A Oban invadiu o "aparelho". Pomar foi até um dos quartos destruir documentos. Arroyo, que escapou do cerco no Araguaia, saiu desesperado do banheiro:

— O que é isso?

Pomar voltou para a sala e gritou:

— Desgraça, nos pegaram!

Foram crivados de balas, escreveu Wladimir, filho de Pedro.

Os agentes prenderam a cozinheira.

A chacina da Lapa ocorreu no momento em que o governo militar sinalizava uma distensão, após a morte do jornalista Vladimir Herzog e do operário Manuel Fiel Filho na prisão. O massacre desencadeou uma atualização de arquivos e obrigou exilados a refazerem os planos de voltar. Estudante de doutorado em ciências econômicas na Universidade Cornell, José Serra foi citado nos depoimentos sob tortura de presos na Lapa.

— Eu estava pronto para voltar. Minha condenação tinha prescrito. O Plínio Arruda e o Almino Afonso me avisaram, por telefone, que o pessoal preso na Lapa me citou em depoimentos. Era natural, claro, sob tortura o cara entrega. Tive de esperar mais um ano e meio para retornar.

A Ação Popular, AP, movimento de remanescentes da Juventude Universitária Católica, a JUC, de que Serra participava, estava na mira da repressão desde o Araguaia. Após o fim da guerrilha, membros da AP engrossaram o PCdoB, que tentava se reerguer. No relatório da *Operação Marajoara*, os militares escreveram que era preciso acabar com a AP e o PCdoB, e avaliavam que os integrantes das duas organizações eram capazes de mudar o jogo no campo.

O modelo da guerrilha na Amazônia fora criticado antes por Serra. Em Santiago, às vésperas da queda de Allende, ele se encontrou com Aldo Arantes, integrante da AP que se filiou ao PCdoB.

— Ele não falou onde estava acontecendo a guerrilha nem quem participava. Sei que era no Araguaia. Eu falei: "Isso é loucura, não vai dar certo". Eles queriam tomar a cidade a partir do campo, uma ideia maoista. Minha geração só viu duas revoluções nesse modelo darem certo, uma na China, com Mao Tsé-tung, e outra em Cuba, com Fidel.

CURIÓ

Em Canudos, um oficial deu um projétil extraído do corpo de um soldado ao correspondente de guerra Euclides da Cunha. "O Dr. Curió fez-me presente da bala mannlicher", anotou o escritor na caderneta. No Araguaia, Curió presenteou o general Miltinho com a pistola Royal 7.63 milímetros, da alemã Luger, que era de *Osvaldão*, e ao general Bandeira entregou o revólver com cabo de madrepérola de *Dina*.

Curió recebeu das mãos do ministro do Exército, Orlando Geisel, a Medalha do Pacificador, homenagem ao duque de Caxias. O cerimonial pediu a Curió que cortasse os cabelos para ir à solenidade. Voltava a usar uma farda, costume que perdera desde a *Operação Sucuri*. Nas entrevistas, Curió costuma dizer que "muita gente" tem a medalha, mas só a dele traz a palma — a medalha com a figura de uma palma tem mais valor simbólico. Outros treze agentes receberam a medalha com palma.

A guerra contra a guerrilha no Araguaia tinha acabado. A notícia chegou a Porto Franco junto com a notícia da morte do médico Haas. Djacy e Dedé correram ao quintal para desenterrar as roupas dele. O jaleco branco, as camisas e calças estavam destruídos pela umidade.

No Caianos, um capitão do Exército alertou Davi dos Perdidos:

— Olha, Davi, a gente vai sair, mas vocês terão de sair também.

— Por quê?

— Viemos pegar terroristas sabidos. Vocês estão tachados de terroristas bestas. Os bestas vão ser pegos pelo governo do Estado.

Davi lembraria da conversa quando foi deflagrada a "segunda guerra" em São Geraldo — uma ação da Polícia Militar contra agricultores, em 1976. Policiais ocupariam o lugar de militares na repressão a posseiros. O Araguaia deixado por Curió, Lício, Cinelli, Brant e Cerqueira era agora, paradoxalmente, mais do que nunca, um estado independente do Brasil, a ameaça que diziam enxergar nas ações de João Amazonas, Ângelo Arroyo e Maurício Grabois. A terra da guerrilha morta exporia, a partir desse momento, um afastamento acentuado da vida da nação civilizada e a transformação da planície numa ilha a se mover na floresta e no cerrado, a qual instituía formalmente os códigos dos castanhais.

GENOINO

Brasília, Esplanada dos Ministérios, tarde de julho

José Genoino lembra que, durante a prisão no Setor Militar Urbano, na capital federal, inventava uma guerrilha para suportar o marasmo.

— Vai estourar tudo! — gritava no "telefone".

O aparelho de telefone era o vaso sanitário. À noite, os presos retiravam o sifão e a água. A conversa fluía pelos canos interligados do sistema de esgoto. Era por esse sistema de informação que Genoino cantava a "Internacional" e relatava pela primeira vez aos demais detentos a história da guerrilha no Araguaia. Paulo Fonteles, um líder estudantil paraense preso em outra cela, se interessou pelos relatos inéditos de um conflito que jamais imaginara.

Em 2002, quando Lula subia a rampa do Planalto, Genoino, dentro do palácio, desviou o olhar para a direita e olhou a Esplanada. Ele lembrou das vezes em que subia na pia da cela e, por um buraco de ventilação, via Brasília.

Naquele instante a cidade para ele era um "horror", estranha, seca, mas, antes de tudo, o palco do momento final da "revolução".

— Vamos subir ao poder — gritava no "telefone".

RAUL

Brasília, Asa Sul, noite de abril

Maria Eliana Castro, irmã de *Raul*, lembra do encontro que teve com o então preso político José Genoino, em 1977, no pátio de visitas do Instituto Penal Paulo Sarasate, em Fortaleza. Ela estava grávida e procurava saber se o irmão tinha mesmo ido para o Araguaia. Magro, de camisa de mangas curtas e calça, cabelos compridos, barba e unhas amareladas pela nicotina, Genoino fumava um cigarro atrás do outro. O ex-guerrilheiro não sabia quem ela era. Maria Eliana se aproximou.

— Genoino, o que você acha de guerrilheiros estarem vivos?

— Os militares imploditam a guerrilha.

— Mas qual é a chance de alguém estar vivo?

— 0,00%.

— Será?

Genoino olhou para o rosto de Maria Eliana e depois para a barriga dela. Reconheceu traços de uma fisionomia.

— Não me faça perguntas. Não me diga quem você é. Você é irmã do Teó?

— Ele estava no Araguaia?

— Estava.

Ainda no exílio na Europa, João Amazonas defendeu uma aliança com o general Hugo Abreu, um dos algozes da guerrilha. A *Operação Limpeza* ainda estava em curso no Araguaia. Amazonas usou o jornal alternativo *Movimento* para apoiar a Frente Nacional pela Redemocratização, integrada por Abreu e outros generais alijados do poder. O comunista repetia o gesto do arqui-inimigo Prestes, que, depois de ser perseguido por Vargas, se aliou ao ditador. Ao romper com Prestes décadas antes, Amazonas havia dito que o caminho era a luta armada, sem concessões. Ele foi contestado por Genoino e Wladimir Pomar, filho de Pedro, que deixaram o partido e se filiaram ao Partido dos Trabalhadores, o PT, de Lula. Amazonas avaliou que o partido do sindicalista do ABC não teria futuro. O PT elegeria para presidente não apenas Lula, em 2002, mas Dilma, em 2010, contemporânea de Idalísio no Colégio Central Estadual, de Belo Horizonte, a primeira sobrevivente da máquina da morte a concorrer ao Planalto.

A mãe do guerrilheiro *Duda*, Lulita, viveu seus últimos dias com repulsa de Amazonas, que aparecia em programas na TV. O pai, René, ainda ia a Niterói ouvir Prestes.

Genoino deixou a prisão em abril de 1977. Nas primeiras conversas com sobreviventes do PCdoB nas cidades, ele se desentendeu sobre a forma como o partido decidira tratar a história da guerrilha. Ele defendia que era preciso admitir a derrota e contar o que sabiam para as famílias dos mortos. João Amazonas ordenou que o partido continuasse a glorificar o movimento e mantivesse as informações em segredo. Afastado do PCdoB, Genoino procurou as famílias dos colegas de guerrilha. Foi a Cachoeiro de Itapemirim falar com os irmãos de Arildo Valadão, a Porto Alegre conversar com a família de *Fogoió* e a São Leopoldo contar do médico Haas. Teve um encontro com Dalmo, irmão de Ribas, em São Paulo, e com a mãe de *Chica*. A imigrante japonesa Emi Noguchi queria saber se a filha era prostituta, como suspeitavam os parentes.

— Como minha filha era lá?

— Uma lutadora. Morreu lutando.

— Eu estou feliz.

Depois de conversar com as famílias, Genoino procurou jornais e revistas de grande circulação para contar a história da guerrilha. Empresários e editores o acusaram de querer atrapalhar a abertura política. Ruy Mesquita, um dos donos do jornal *O Estado de S. Paulo*, que já tinha publicado, em 1972, uma reportagem sobre o conflito, aceitou os argumentos do repórter Fernando Portela e autorizou uma série especial no *Jornal da Tarde*, outro veículo da família, em janeiro de 1979. Genoino deu uma longa entrevista. As reportagens eram baseadas também em informações exclusivas repassadas pelo general Hugo Abreu.

No final dos anos 1970, com o início do processo de redemocratização, João Amazonas voltava do exílio com o mesmo discurso em defesa da "violência revolucionária". Por sua vez, o general Miltinho, agora comandante do II Exército em São Paulo, mantinha ideais do auge da repressão aos adversários do regime militar. À frente da repressão aos metalúrgicos do ABC, adotava uma postura de interventor no Estado. Em visita à Assembleia Legislativa, se opôs à decisão de Figueiredo de promover a legalização do Partido Comunista Brasileiro.

— Numa nevada uma cobra muito venenosa estava morrendo de frio. Um homem passou e se apiedou dela, colocando-a no bolso do casaco. Tão logo recuperou as forças, a cobra mordeu o homem e o matou.

Miltinho sofreu um infarto fulminante aos 64 anos. Antes de morrer, preparou o velório de seu corpo. Ele escolheu a farda de gala e as abotoaduras com as quais deveria ser enterrado. João Amazonas morreu anos depois, aos noventa anos. Também seguiu a tradição dos orgulhosos combatentes do Chaco de organizar a própria cerimônia de despedida. Orientou a família e o partido a jogar suas cinzas em Xambioá.

8.

Davi dos Perdidos e outros posseiros do Araguaia foram à forra. Na escolinha de madeira e palha levantada por Arildo Valadão na Boa Vista, eles decidiram que na madrugada seguinte fariam uma emboscada contra policiais e jagunços para defender suas terras do grileiro Luiz Erland, o Careca, que chegou à região de Perdidos após o extermínio da guerrilha.

O Incra decidiu fazer uma redivisão dos lotes da área do antigo destacamento C. A polícia começou a retirar famílias à força para cumprir a decisão. Um vizinho de Davi, Deusdeth Dantas, o Deti, e dois filhos foram amarrados dentro de casa. Os policiais bateram na mulher dele e violentaram duas filhas menores do casal, de doze e treze anos. Com a saída dos policiais, a mulher desamarrou o marido, que correu para a casa de Davi. Chegou chorando.

— Vamos parar! Lá pode ter chumbo da polícia, então vamos por fora. A arma deles é pesada, mas a nossa é maneira! — disse Davi, na escolinha. Nas suas contas, ali estavam 173 posseiros.

À noite, hora combinada para o início da marcha até a picada onde estava o Incra, 36 apareceram. Dois posseiros traíram o movimento e foram avisar a polícia do plano de ataque, que começaria na manhã seguinte.

Os posseiros mudaram de estratégia. Dividiram-se em três grupos de doze e ficaram afastados do local onde tinham combinado chegar pela manhã. Os posseiros contaram 26 policiais e oito pistoleiros. Às cinco da manhã, a polícia começou a disparar tiros no mato. Quando cessaram os tiros, os posseiros, que estavam agachados, se levantaram e partiram para o ataque. O primeiro tiro foi dado pelo posseiro à frente de uma fila indiana. Um policial caiu morto, outros correram.

São Geraldo do Araguaia, manhã de chuva

Davi lembra:

— Um deles levou um tiro no pé do ouvido de uma "por fora", espingarda que a gente carrega pela boca, aquela venenosa. Morreram três ou quatro. Outros saíram correndo, mais à frente um caiu. A turma foi devagarinho... ele estava para se levantar quando tiramos ele do sofrimento, como faziam com a gente, né? O cara pegava um pedaço de pau e batia na cabeça do caído.

Morreram os soldados Claudiomiro Rodrigues e Ezio Araújo.

São Geraldo do Araguaia, começo de tarde

Pedro Bela, preso na época da guerrilha, foi algemado. Ele conta:

— A segunda guerra foi mais pesada. Botaram o povo deitado na areia quente do rio, deram pancadas. Queimaram as casas. Não tinha gente de fora, só daqui.

A polícia deslocou em barcos cinquenta homens para combater os revoltosos de Perdidos. Cerca de vinte "formigas" resistiram à entrada dos policiais no distrito de Santa Luzia dos Perdidos. Presos, os "formigas" foram obrigados a entrar no Araguaia e ficar debaixo de sol escaldante.

Na prisão, o sargento *Amaury* mandou os detidos fazerem fila e, com vassouradas na cabeça deles, contava:

— Um, dois, três...

Depois de muito contar, dizia, rindo:

— Não é que perdi a conta?! — E reiniciava a contagem e a série de vassouradas.

224

Os presos ficaram dois dias sem comer. Foram soltos uma semana depois. Eles tiveram de abrir uma picada de dezenove quilômetros na mata para facilitar a entrada da polícia nos povoados da revolta. Os militares, sobretudo os de baixa patente, como na primeira fase dos combates à guerrilha, demonstravam medo de entrar na floresta. A estrada foi concluída após quinze dias de trabalho forçado.

Um dos poucos homens do distrito que não foram presos, Pedro Valdir Rernor, empregado da Madeireira Marcelinense, não estava em casa quando os policiais chegaram. Ao voltar, viu que os agentes tinham matado a sua novilha, de 160 quilos, para comer. No sítio de Deusdeth Dantas, policiais mataram trinta galinhas, depredaram e saquearam a casa, levaram roupas de cama e mesa. Preso, o professor Manoel Dantas teve os livros e o diploma queimados.

A polícia do Pará tinha experiência em bater em agricultores. No século XIX, o governo estadual enviou 547 homens para combater o Conselheiro na Bahia, registrou o livro de memórias da corporação. O bispo de Belém, Antônio Brandão, abençoou a tropa. Em Canudos, os paraenses encontraram o escritor Euclides da Cunha num lugar chamado Caldeirão. Pelas contas da polícia, a tropa pôs fogo em duzentos casebres, matou oitenta pessoas e prendeu outras 22.

A truculência nos Perdidos é comparável à repressão, na época da ditadura Vargas, a outro Caldeirão, na serra do Araripe, no Ceará, comandada pelo capitão José Bezerra, que destruiu a comunidade do beato José Lourenço e matou 83 posseiros que dispunham apenas de armas de caça.

Davi ficou um mês na prisão. Passou por interrogatórios com socos, chutes e descargas elétricas na língua. Os dentes quebraram. As casas de Davi e de João de Deus foram incendiadas.

Agentes policiais espalharam que a professora Edna, a Dina, mulher de João de Deus, era irmã da *Dina* guerrilheira. O mito de *Dina* ressurgia. Ela foi levada para as antigas bases do Exército em Xambioá e Marabá. Mais uma Dina era torturada nos porões do Araguaia.

Margem da BR-153, fim do dia

Edna, a Dina, vive num barracão de tábua coberto de palha na beira da rodovia que liga Marabá a São Geraldo. Quando cheguei, ela havia ido a São Geraldo, a dezenove quilômetros, para um ritual que faz há anos: tentar convencer o INSS de que tem direito à aposentadoria. Depois de desembarcar de um pau de arara, mostra a carteira de trabalho marcada por um "cancelado" em vermelho. O envolvimento na guerra foi o bastante para ela perder o emprego de professora numa escola municipal, onde dava aulas para 115 crianças.

Enquanto espera o reconhecimento do governo e uma aposentadoria, Dina escreve as memórias da guerra dos Perdidos. Não permite imagens dos cadernos preenchidos com letra arredondada e miúda, registros que poderão resultar numa autobiografia de uma das Dinas do Araguaia. O advogado Paulo Fonteles, colega de prisão de Genoino e que defendeu os presos, terá destaque no livro. Ele será o "anjo" que só queria paz na terra de pistoleiros, guerrilheiros e posseiros.

— No total, passei 85 dias na prisão. Imagino que aqueles homens não eram policiais. Eram na verdade pistoleiros de farda. Só diziam que éramos o resto dos terroristas.

O padre italiano Florentino Maboni, capelão militar, se ofereceu para conversar com a repressão. Sabia-se que estava havendo tortura de posseiros. Maboni, o seminarista Hilário Lopes, três agentes de pastoral e lavradores foram presos por Curió, que argumentou ter interceptado um bilhete repassado pelo religioso a um posseiro incitando-o a atirar na polícia.

A Conferência Nacional dos Bispos do Brasil denunciou que os presos foram torturados. A Igreja Católica continuava dividida. Um de seus nomes mais influentes, o dominicano Lucas Moreira Neves, primo de Tancredo Neves, foi criticado por não defender os padres que pertenciam a sua ordem. Já os bispos d. Estevão e d. Alano responderam a inquérito policial por apoio aos lavradores.

Surgia o mito do Major Curió. A violência e a tortura dos tempos da guerrilha seriam encobertas nas memórias dos moradores pelas imagens espalha-fatosas das prisões de padres na hora da missa, dos castigos cinematográficos impostos aos posseiros nas areias das praias formadas no verão, e das espeta-culares operações bélicas para capturar pessoas que só tinham em seus casebres na beira do rio um facão e uma espingarda de caça. Foi a partir dos conflitos nos Perdidos e da prisão de padres que Curió ficou conhecido no Bico do Pa-pagaio. A promoção dele a major, patente que virou lenda, foi obtida após a guerrilha.

A esquerda propagaria que a resistência dos "formigas" no pós-guerrilha era fruto deixado pelos comunistas. O capítulo da saga dos "formigas" passava a ficar encoberto na história da guerrilha, como a guerra dos quilombolas ma-ranhenses na Balaiada, que aproveitaram a revolta dos pobres já libertos para lutar por liberdade. Os negros no Maranhão do século XIX, porém, mesmo depois da morte dos líderes balaios continuaram a se insurgir contra o "cati-veiro", como faziam nos tempos da Independência, refugiando-se no Araguaia.

Curionópolis, noite de fevereiro

O Major Curió loteou os morros do Matrinxã, onde o Exército encurralou a guerrilha, e as margens da OP-3 para famílias de mateiros que guardavam segredos da terceira campanha. Fez uma reforma agrária a seu modo. Ele conta:

— As OPs foram feitas para assentar os ex-guias. Eles recebiam cem al-queires cada um e uma casinha. Eu era o homem que assentava moradores, realizava forrós, distribuía cestas básicas e remédios, fundava escolas, nomeava professoras, geralmente esposas ou filhas de mateiros. Mantinha o pessoal na mão.

A morena Maria, mulher do vaqueiro Antônio Menezes, foi nomeada diretora da escolinha.

A OP-3 se tornou um mundo à parte, regido pelas leis de um único senhor. Montado num cavalo branco, Curió desfilava pela estrada de terra sob o sol escaldante, acenando para os assentados. Era a tradição paternalista e "salva-dora" dos reis portugueses em plena mata brasileira.

Era época de "Pra Frente Brasil", *slogan* do governo Médici, mas Curió olhava para trás. Travou guerra interna no Exército para se tornar comandan-te do tempo que passou. Enquanto os colegas voltavam para Brasília, trocavam

as botinas pelos chinelos de dedo, ele procurava mateiros e soldados abandonados. Formou uma rede para guardar a memória da guerra, ser dono dela e,
ao mesmo tempo, manter em ação uma milícia de homens sem perspectivas.
Era mais uma guerra direta entre direita e esquerda pelo controle da história
de um conflito armado. Na primeira, a direita tinha levado a melhor. Castelo
Branco derrotou o comunista Henrique Cordeiro Oest na disputa pela chefia
dos 25 mil veteranos da Segunda Guerra Mundial.

D. ALANO

Na OP-3, os bate-paus do Exército foram instalados nos melhores lotes,
tomados de antigos posseiros. Tratores passaram por cima de pomares em
formação, casebres de folhagens e poços artesianos. Quando chegou setembro,
época em que os cocos dos babaçus começam a cair, as mulheres dos "formigas" encontraram cercas de arame farpado e mourões nas terras das palmeiras.
Com seus pacarás de fibras nas costas, elas tinham de andar mais de dez quilômetros para encontrar coco "livre", matas de cocais sem pistoleiros. Precisavam das amêndoas do coco para fazer o óleo da cozinha, das lamparinas e dos
sabões para trocar nas bodegas por arroz e feijão nos meses em que as roças
dos maridos não estavam produzindo. As mais velhas desistiram de percorrer
tanto chão. Meninas caíram na prostituição. Muitas foram reclamar para d.
Alano Maria Pena: "Aquilo é um cativeiro!".

Curió brigou com o bispo de Marabá, d. Alano, da mesma ordem de frei
Gil Vilanova — primeiro dominicano a chegar ao Araguaia, religioso que brigou com o coronel Leitão em Boa Vista do Tocantins. Curió expulsou os padres
de Alano dizendo que eles pregavam o marxismo na OP-3.

Os "formigas" precisavam batizar suas crianças, casar filhas, pedir ajuda
para doentes e orações para mortos. Curió, então, chamou capelães do Exército para atendê-los. Como os capelães só podiam atuar em áreas militares, ele
espalhou barracas de campanha nas margens das estradas. Assim, a área passou
a ser considerada zona militar. O agente estava sempre ao lado do capelão,
trazido de Belém, nos atos religiosos. Na prática, era ele quem jogava água de
batismo nas crianças, dava a bênção de casamento aos jovens e acompanhava

os velhos na extrema-unção. Estava criada a igreja de Curió, um minicisma amazônico, anotou Fernando Portela em *Guerra de guerrilhas no Brasil*.

No final do século XIX, um doutor ocupava o lugar do padre para batizar, no Recife, um menino chamado Carlos, neto do comendador José Maria d'Andrade. "Celebrou o baptismo o Dr. José de Miranda Curió, médico do Exército, major do Corpo de Saúde e comendador da Ordem de Nossa Senhora da Vila Viçosa."

Euclides da Cunha não citou o doutor Curió nas páginas de *Os sertões*. O escritor registrou numa caderneta de campo, publicada após sua morte, a amizade com o médico durante a cobertura de Canudos. A mãe de Euclides, Eudóxia, tinha o mesmo nome da mulher do médico. "O Dr. Curió é um ente providencial neste acampamento e nele eu não sei o que mais admirar, se a dedicação por um nobilíssimo dever, se as expansões de uma alma profundamente religiosa e afetiva. É médico e sacerdote."

Icaraí, Niterói, manhã de outubro

Alano Maria Pena foi padre em Belo Horizonte e São Paulo. No ano do golpe contra Goulart, foi transferido para Conceição do Araguaia. Passou um tempo em estudos no Canadá. Foi nomeado bispo auxiliar de Conceição e, depois, de Marabá. A guerrilha tinha terminado. O religioso agora dirige a diocese de Niterói, no Rio.

— Curió era da segunda seção, uma Gestapo. Mesmo um general diante de um oficial da segunda seção baixava um pouco o quepezinho. Estevão e eu fomos chamados a Belém sob pretexto de esclarecer o caso das agressões ao padre Florentino Maboni, que atuava no Araguaia. O comandante era o Euclides Figueiredo. Um agente loiro e o Manes Leitão, procurador civil, eram os interrogadores. Estevão foi interrogado pela manhã e eu à tarde, numa sala fechada, com uma mesinha no meio e cinco policiais. Leitão perguntava mais. O loiro fez algumas perguntinhas, foi muito gentil. Eu me recusando a responder, me recusando a responder. Aí o Leitão colocou a mão no meu ombro e disse: "É bom contribuir. Temos modos de fazê-lo responder". As perguntas eram sobre chavões, Teologia da Libertação, guerrilha. Foram 23 horas de interrogatório no total. O núncio, dom Carmine Rocco, foi lá nos ver. Maboni foi solto. Voltamos. O general Zenóbio Cid Aguiar Lopes, do 52º Batalhão de

Selva, em Marabá, me fez uma visita. Eu falei de um certo Major Curió, que comandava a região da OP-3, minha área pastoral. Eu não podia ir lá sem permissão dele. O general disse: "O Major Curió é uma pessoa boa, vale a pena o senhor conhecê-lo". "Eu gostaria até de conhecê-lo", respondi. O general disse: "Ele está aí, posso mandá-lo entrar?". Quando entrou, olhei para a cara dele, que deu um sorriso. Era o militar loiro do interrogatório. Ele disse: "Nossos objetivos são os mesmos, a Igreja tem de trabalhar junto com o Exército". Mais uma semana, ele pediu para conversar. "Antes de conversar, gostaria que me dissesse o seu nome, porque Curió é nome de passarinho." "Pois não. Marco Luchini." Ele tinha enfiado na cabeça que o padre Humberto era comunista. "O senhor sabe das infiltrações", ele disse. Aquilo me cansou: "Olha, major, há diferença entre nós. Penso o que quero. O senhor é obrigado a pensar o que o regime quer". Não gostou: "Sou livre, seu bispo". "Major, podem me fuzilar, mas na minha cabeça vocês não mandam." Eu me levantei: "Vou pedir a gentileza de o senhor se retirar". E bati a porta. O pessoal das OPS vinha reclamar, pedir crisma, batismo. Os militares iam nas casas pressionar as pessoas a não irem à igreja. Até que veio a distensão. Num belo dia Curió me cercou na rua. "Dom Alano, queria levar o senhor para celebrar missa na OP-3. Vou ler a epístola, pois sou muito católico. Vai ser uma beleza." "Major, fui nomeado bispo pelo papa. Não tenho que lhe pedir licença para visitar o meu povo. Se não posso ir com as minhas pernas, com as suas não vou." Ele finalizou: "Vou dizer para as pessoas que o bispo não gosta delas".

PAULO FONTELES

O advogado Paulo Fonteles estava impressionado com os relatos sobre a guerrilha feitos na prisão por José Genoino e depois pelos moradores do Araguaia, nas viagens dele à região. Fonteles virou o "advogado do mato", ajudando agricultores pobres em conflitos de terra. Em 1980, ele organizou uma caravana de parentes de guerrilheiros para buscar pistas sobre os desaparecidos. D. Alano celebrou missas para as famílias. Assentados da OP-3, no entanto, se armaram para recebê-las. Fizeram trincheiras e piquetes nas estradas de acesso ao Matrinxã. O sitiante Pedro Jeep se prontificou a falar. Apareceu morto na estrada de São Domingos para Marabá.

Curió começou a produzir relatórios para amedrontar Brasília. Qualquer manifestação de posseiros era interpretada como ameaça do retorno da guerrilha. Escreveu uma série de Planos Cohen. Setores do Serviço Nacional de Informações entendiam que a ameaça era real.

Fazendeiros usaram o termo "guerrilha" para garantir segurança pública nas terras invadidas. Sempre que os sem-terra se insurgiam e quebravam cercas ilegais, os fazendeiros iam a Brasília para denunciar a volta da guerrilha. Atitudes parecidas com as dos políticos baianos que nunca se aproximaram das pessoas de Canudos. "A única coisa em que pensavam era enviar tropas para o sertão", observou o general Araripe, que analisou a guerra contra Belo Monte.

Numa manhã de domingo, militares em helicóptero jogaram bombas e deram tiros de metralhadora numa praia do Tocantins. Os estilhaços atingiram o cruzeiro e os casebres do povoado de Sampaio, à beira do rio. Os mais de cem moradores entraram em pânico. Zezão, um velho agricultor, infartou, três mulheres abortaram. O helicóptero aterrissou. Os moradores passaram por revista. O doutor Caquis, que alguns diziam ser Curió, estava em busca de uma guerrilha denunciada pelo grileiro Adistonia Resende Martins, e de aventura.

Naquele mesmo ano, o ator Robert Duvall interpretava o coronel Bill Kilgore, de *Apocalypse now*, um apaixonado por surfe, que manda subordinados bombardearem uma praia do Vietnã para dispersar inimigos a fim de que seus homens pudessem surfar.

Em Wanderlândia, no Maranhão, o helicóptero baixou em frente à igreja e prendeu o missionário italiano Nicola Arpone, "líder" da suposta guerrilha e suspeito de pertencer ao grupo italiano Brigadas Vermelhas. Ele foi acusado de armar 250 agricultores. Ex-estudante de medicina, o missionário era alto, magro, com a barba sempre por fazer, e andava de chinelos e com uma pequena bolsa a tiracolo. Lembrava o doutor João Carlos, o homem da estrela. Os militares simularam o fuzilamento de Arpone, que só foi liberado em Goiânia. A prisão de Arpone marcou a vida do padre Josimo Tavares, que presenciou o sequestro. Josimo passou a infância em Xambioá. Viu as operações contra a guerrilha.

Uma parte dos "formigas" decidiu não ocupar lotes dados por Curió na OP-3 e atravessou o Araguaia para abrir sítios no deserto da margem esquerda do rio. Aquela área vazia era ideal, na visão dos militares, para cavar as covas dos guerrilheiros. Os deslocamentos de carros e helicópteros não despertavam atenção.

Foi no rumo dos agentes preocupados em esconder os corpos dos comunistas que essa parcela dos "formigas" continuou o seu êxodo. Povoados começavam a florescer. Outros tomaram impulso após anos de abandono. Estavam cobertos pela capoeira desde o fim do segundo ciclo da borracha, na Segunda Guerra Mundial, nos campos de Conceição do Araguaia.

Redenção, fundada por senhores de seringais no final do século XIX, explodiu com o êxodo; ruas foram abertas; vilas se transformaram em cidades — Pau d'Arco, Rio Maria, Xinguara, Água Azul do Norte, Tucumã, Ourilândia do Norte.

O corpo de Osvaldo foi exumado no cemitério de Xambioá e levado para a serra das Andorinhas. Outros sacos plásticos com restos mortais de guerrilheiros eram enterrados na margem esquerda do Araguaia. Não havia nem uma casa na extensa planície daquele trecho.

Valdim Pereira de Souza, ex-soldado do Exército, contou à Ordem dos Advogados do Brasil que ajudou a carregar dos fundos da Bacaba para Marabá sacos de um metro por um metro, de cerca de cinquenta quilos, cheios de ossos e que exalavam mau cheiro. Os sacos foram colocados em cima de uma camionete. De Marabá, esses sacos foram enterrados em locais nas margens do Araguaia.

Depois de os militares cavarem covas na Clareira do Cabo Rosa, perto do Saranzal, afluente do Araguaia, vieram os posseiros fugindo da vida de privações nas terras a leste. No grupo surgiriam os primeiros líderes.

Chegaram os grileiros e seus jagunços. Os fazendeiros desconsideraram os troncos e galhos de aroeira colocados pelos "formigas" para demarcar terrenos na selva. Derrubaram os marcos, atearam fogo nas árvores. O sertão, onde o poder estava atrelado à violência, com seus homens e seus fantasmas, tinha atravessado o Araguaia a passos largos.

Belchior Martins Costa, líder de posseiros de Rio Maria, foi fuzilado por pistoleiros.

Nessa época, já se destacava a figura do sindicalista goiano João Canuto. Com a "bravura" que a história registrou do alferes paraense Canuto, que atravessou o rio Paraguai para enfrentar o exército de Solano López em Curuzu, em 1868, o sindicalista atravessou em 1973 o Araguaia para liderar posseiros. No rastro de Canuto estavam agentes infiltrados sem ocupação desde a queda da guerrilha. Em 1982, quando Rio Maria, com 15 mil habitantes, virou município, Canuto disputou a eleição para prefeito pelo PCdoB, sendo derrotado pelo fazendeiro Adilson Laranjeira. A Comissão Pastoral da Terra, da Igreja Católica, questionou o resultado. Canuto criou o Sindicato dos Trabalhadores Rurais. Em 1985, ele foi fuzilado com dezoito tiros por dois homens, mais de dez anos após o sepultamento clandestino dos guerrilheiros e 117 anos depois da morte do alferes Canuto, em Sauce.

O sindicalista Canuto ganhou cova com identidade no cemitério de Rio Maria. Laranjeira e o fazendeiro Vantuir Gonçalves foram pronunciados como mandantes do crime. Condenados a dezenove anos de prisão, desapareceram. O consórcio de criminosos incluía o prefeito Orlando Mendonça. Jagunços entraram na casa de Geraldina, viúva de Canuto, e levaram três filhos dela. João e Paulo foram assassinados. Orlando, baleado, escapou.

Com a morte de Canuto, Expedito Ribeiro passou a liderar os posseiros de Rio Maria. Expedito e outros quatro líderes do movimento dos posseiros foram fuzilados tempos depois.

Curió, no Araguaia, se apossou do temor, patrimônio da oligarquia da castanha. Os posseiros que chegavam do Nordeste, pouco familiarizados com os nomes dos senhores dos castanhais, logo associariam o agente às ações das jagunçadas que atuavam nas fazendas Cabeceiras e Peruano, nos barrancos do Saranzal e do Vermelho e dos buritizais de São Geraldo e São Domingos. Os contratados pelos senhores dos castanhais, que roubavam posseiros no dia do pagamento, expulsavam famílias de glebas e proibiam a saída das fazendas de quem tinha dívida nos barracões, eram agora reconhecidos como homens de Curió. O agente silenciou diante das acusações contra ele e seus homens, falsas ou verdadeiras. A oligarquia perdia força na mente de homens e mulheres.

***

Nos papéis enviados a Brasília, os militares trataram os fazendeiros como inimigos, embora estivessem juntos. Do outro lado estavam grupos religiosos que foram ligados aos guerrilheiros. Esses religiosos tentaram formar lideranças sindicais num campo em que o Exército estava, agora, bem posicionado.

Uma legislação que criava a figura da empresa agrícola, incentivos fiscais e empréstimos com baixas taxas de juros para empreendimentos na Amazônia aumentou a concentração de terra e asfixiou os movimentos dos posseiros.

Os militares enxergaram interesses estrangeiros no minério da Amazônia, um argumento para levar grandes grupos econômicos para o Araguaia. Chegaram Bradesco, Bamerindus, Lunardelli, Aços Villares, Atlântica, Boa Vista, Volkswagen, Supergasbras, Andrade Gutierrez e Nixdorf.

O Araguaia era canteiro de conflitos entre posseiros, grileiros, madeireiros, garimpeiros e índios. O país continuava seu avassalador recuo no tempo. O "Brasil Grande" repetia as entradas paulistas dos séculos XVI e XVII. Era a mesma política da "Marcha para o Oeste", de Vargas. Com incentivo do regime, empresas se apossavam das terras indígenas, dos castanhais ocupados por agricultores, das margens dos rios usadas no verão pela gente do interior da mata para plantar arroz e abóbora. Arames farpados interrompiam o acesso às praias.

Na fazenda Espadilha, em São Félix do Xingu, os gorotirés, da etnia caiapó, mataram a porrete e facão dezessete posseiros. Por conhecer os caiapós desde quando fora atrás de Walquíria, Curió foi enviado pelo governo ao local. Estava lá como representante da Fundação Brasil Central, dos Villas-Bôas. Seu grupo era quase o mesmo da época da guerrilha. Curió e os agentes Ivan e Cid posavam agora como sertanistas. Numa foto, Cid aparece com uma filmadora no meio de crianças gorotirés. Segura o equipamento como se fosse um FAL.

Praça da República, dezenove horas, fevereiro

Curió relata:
— Os gorotirés chegaram à casa do gerente da fazenda e questionaram a

presença dele. A mulher do gerente apontou a tesoura. Os índios mataram o casal e quem encontraram pela frente. Fui para lá num helicóptero da Docegeo. O piloto me largou lá. Ao me aproximar da casa, encontrei o corpo do gerente, de bruços, morto havia dois dias. Entrei, a mulher estava no sofá e uma criança no chão, mortas a bordunadas. Saí com pano no rosto. No curral, vi o corpo de uma mulher com o feto para fora. Peguei uma trilha e vi as bordunas com penas de araras nas pontas fincadas no chão. Passei por um igarapé e achei mais seis corpos. Gritei: "Canhoto! Canhoto!", o cacique por direito da tribo. Aí, na descida, o Canhoto saiu de uma moita. "Inhambicuá", "amigo". "Foi o Utê", disse. Utê era novo, assumiu a função de cacique. "Vamos para a casa do guerreiro, não é hora de saber quem fez isso." Na maloca, sentei na posição de ioga e fiquei quieto, ouvindo os índios. O Utê estava nervoso.

Os gorotirés não começaram a resistência aos homens "brancos" dias antes de o Major Curió descer de helicóptero na Espadilha. "Pacificados" durante a ditadura Vargas, eles estavam em guerra com caboclos e fazendeiros desde a ida do major Levino, pai de Almir Moraes, e outros maranhenses para o Xingu em busca de seringueiras. Nenhuma tribo causou o mesmo ódio dos sertanejos como os gorotirés, escreveu Darcy Ribeiro em *Os índios e a civilização*. Em 1920, jagunços fuzilaram homens da etnia. Antes disso, gorotirés, gradaús — outro grupo dos caiapós —, xambioás e javaés — da etnia carajá —, e xavantes e xerentes — da cultura aquém — enfrentaram bandeirantes paulistas e tropas do governo de Goiás.

No Araguaia, o negócio de aprisionamento de índios surgiu antes da mineração. Os primeiros "brancos" que chegaram, os paulistas, estavam atrás de escravos. Só depois se interessaram por ouro. Era época de relatos sobre a tribo de guerreiros que usavam lâminas douradas no peito. Os irmãos Cláudio e Orlando escreveram sobre a lenda do ouro dos Martírios, que enfeitiçou os paulistas: "Todos conheciam a história, mas ninguém sabia onde encontrar a serra encantada. Toda lombada azul no horizonte parecia ser ela. Todos os rios largos e rasos pareciam ser o Paraopeva, o rio das vizinhanças da mina. No Araguaia, porém, todas as serras eram longe".

Mercado de Aracaju, 9h30, sol intenso de março

Num corredor de bancas de verduras, candeeiros de lata e carrinhos de madeira, Laércio Monteiro, coronel da reserva que atuou no Comando Militar do Planalto, fala de Léo Frederico Cinelli:

— Léo se formou em 1952, na turma do Lício Maciel, na Academia Militar das Agulhas Negras, um ano antes de mim. Era intelectualizado, gostava de escrever artigos para a revista da academia. Não me lembro de nenhum feito dele em esportes. Ele sempre foi de gabinete. Era chamado de Coelhinho, por ser loiro, de olhos azuis. Fez engenharia. Mais tarde, o reencontrei no Rio e em Brasília. Léo não era menino ruim. Era anticomunista, mas todo mundo era. Quem não era saiu. Era um dos melhores da academia, não era "tarado", como a gente chamava os colegas violentos, que abusavam dos subversivos. Mas é aquela coisa, você acha que a pessoa é boa e, de repente, abre o jornal e vê a foto da figura como "tarado". Lembro de um companheiro que dividia armário comigo na Escola Preparatória de Porto Alegre. Ele era gente fina, delicado, pessoa educada e gentil, manso, não falava alto. Um dia, abro o jornal, e está lá o Carlos Alberto Brilhante Ustra, acusado de tortura. Nossa geração, minha e do Léo, entrou para a carreira após a Segunda Guerra. Foi um peso suceder aqueles caras. Teve quem foi fazer turismo na Itália, mas muitos foram ser "saco a", estiveram na linha de frente. O topo da carreira é ser general, coronel não é nada. Muitos, então, para facilitar o caminho das promoções, puxaram o saco, viraram "tarados".

Os "tarados" acreditaram que, depois de exterminar a maior guerrilha da Amazônia desde a Cabanagem e a Balaiada, chegariam ao poder. Assim havia pensado Artur Oscar, que, tendo vencido os conselheiristas das "tristes matas", acreditou que assumiria o governo. Oscar e Cinelli amargariam até mesmo a rejeição de seus nomes nas listas de promoções. Indiferentes à importância de vencer uma guerra levando em conta a milenar tradição de respeito ao adversário, os oficiais do Araguaia deram demonstrações de surpresa quando os novos tempos começaram a cobrar deles a postura que tiveram na mata.

Quando o general Leônidas Pires Gonçalves, primeiro ministro do Exército do período democrático, informou a Cinelli que ele não seria promovido a general por ter participado do "regime militar", o tenente-coronel quis sair no tapa. "Grande foi a decepção de Artur Oscar por ver-se preterido por quem não havia desembainhado a espada", escreveu seu irmão, general Carlos Eugênio.

Os oficiais do Araguaia tinham participado de uma guerra de que o país não ouvira falar. A censura da imprensa e a política de silêncio não permitiram que o conflito entrasse no imaginário coletivo e no debate nacional da época. Como não existia oficialmente, o Araguaia não foi mais uma guerra que pudesse servir de trampolim para voos políticos dos militares.

Em 1977, Cinelli, Curió, Brant e João Pedro do Rego estavam numa lista de 85 militares acusados pelo presidente Geisel de tentar a tomada do Planalto. Integravam a lista agentes que atuavam nas cidades — Augusto Heleno Pereira, ajudante de ordens do ministro do Exército, Sylvio Frota, Agnaldo del Nero e Brilhante Ustra, major que torturou Carlos Danielli. Geisel anunciou que entregaria o poder a Figueiredo, chefe do Serviço Nacional de Informações. Frota foi preterido. A relação entre o presidente e o ministro piorou com a morte do jornalista Vladimir Herzog, em São Paulo.

Curió estava em Brasília, em 12 de outubro, dia de Nossa Senhora Aparecida, quando viu um vizinho, coronel Flamarion de Oliveira, com farda, armas e capacete. Flamarion disse que o ministro seria demitido. Curió foi para o Centro de Informações do Exército, no oitavo andar do Ministério do Exército, na Esplanada. Ele e Ustra receberam ordem para ir buscar na base aérea generais que chegavam à cidade e trazê-los ao gabinete do ministro. Foram num Dodge amarelo descaracterizado. Antes de abordar os generais, a dupla recebeu ordem para suspender a operação.

Os oficiais do Centro estavam enfileirados quando Sylvio Frota apareceu para se despedir.

— Eu estava à paisana, com lança-granada e metralhadora na mão. Fui assim para a reunião. Eu era favorável a que o ministro assumisse o poder. Nunca fui chegado ao Geisel. Aí, o Frota disse: "Eu perdi os estribos". "Ainda dá tempo, o senhor me dá ordem que a gente toma o palácio", afirmei. O palácio não tinha duzentos homens. A seção de operações do Centro de Informações do Exército, formada por veteranos, era estruturada. Frota podia prender o presidente. Os comandantes de Exército não eram do ministro, mas os comandantes de quartéis eram. Depois, numa reunião com a gente, o Frota disse que havia se desentendido com o presidente e o general Fernando Bethlem assumiria o ministério. Na porta do gabinete, ouvi o Frota dizer ao telefone: "Bethlem, à dignidade, você preferiu a traição".

Curió e Ustra não conseguiram repetir o gesto do major Geisel, que 32 anos antes entrou no Palácio da Guanabara e expulsou o ditador Vargas. Veterano em quartelada, o agora general Geisel acusou o general Ênio Pinheiro, pai de Álvaro, de ter "feito a cabeça" de Frota. O ministro foi embora, não aceitou o conselho da "rapaziada" do Centro de Informações do Exército e de Pinheiro. Bethlem assumiu o ministério. Curió e os outros agentes da lista de Geisel fizeram as malas para sair de Brasília. Os combatentes do Araguaia encerravam nesse momento sua guerra quase particular que começara na Amazônia. Encerravam ainda a batalha secular, travada desde a Independência e que ficou evidente após o Paraguai, pelo comando das armas brasileiras, um conflito militar que nem sempre foi uma guerra nacional e, muitas vezes, se limitou à caserna, aos homens que estudaram no Colégio Militar do Realengo.

Após quase um ano sem função em Brasília, Curió foi designado para trabalhar no Serviço Nacional de Informações, na época comandado por João Baptista Figueiredo. O futuro presidente dizia que o agente era o "nosso" Rondon, lembra o brigadeiro José Carlos Pereira, piloto de Figueiredo. Curió, no entanto, atuaria naquele momento em trabalhos fora da Amazônia e do país. Uma onda de golpes derrubou governos no continente. O órgão brasileiro de inteligência passou a ensinar a *los hermanos* técnicas de interrogatório, sequestro e espionagem. Depois do Araguaia, Curió adotou o nome de Sérgio Mauro Ladário, que viajava para a Argentina, Uruguai, Paraguai e Peru. Ele ainda usava a identidade de Marco Antônio Luchini, codinome na guerrilha, agora um gaúcho de Porto Alegre, filho de Giovana Rosaelli e José Luchini.

— O Brasil estava muito mais especializado em conhecimentos e práticas do que os argentinos. O Paraguai nem se diz. O general Stroessner era meu amigo. Eu ajudei muito lá. Ainda trabalhei três meses em Montevidéu como taxista, fazendo levantamentos. Nessa missão, era subordinado ao general Vianna Moog. Seria uma ocupação a pedido do governo uruguaio. Recomendamos aos argentinos que não trabalhassem fardados. Perguntaram por que nós combatíamos à paisana. Eles fizeram questão de dizer que só combatiam de farda. Deu no que deu. O que tem de general preso na Argentina. Eu dizia para eles: "Vocês vão dar com os burros n'água".

Quando o general Andrés Rodríguez derrubou Stroessner, Curió foi procurado pela família do ditador para tirá-lo de Santa Catarina, onde estava, e levá-lo a algum lugar seguro. O agente instalou Stroessner numa mansão no Lago Sul, bairro nobre de Brasília, onde o déspota morreu mais tarde, aos 93 anos. Sem o carisma de ditadores populistas, Stroessner ficou 35 anos no poder. Contou com um sistema corrupto e com a lealdade de generais.

Ao ver pela TV que um Boeing da Varig estava dominado por um sequestrador no aeroporto de Brasília, Curió foi para o local. Lá, o ministro da Aeronáutica, Délio Jardim de Mattos, o escalou para chefiar a operação de resgate. Um tiro dado por Curió raspou a cabeça do sequestrador. O piloto teve ferimentos nas mãos. Foi uma esporádica cena de criminalidade. Brasília na época era uma cidade sem sequestros nem assaltos. A presença de militares do estilo de Curió não fazia sentido, mesmo com as manifestações dos estudantes da Universidade de Brasília. Pela letra da música "KGB", da banda Titãs, se soube que os agentes da repressão não tinham o que fazer após as trevas.

Em tempos de paz
São ex-agentes do SNI
Que não têm mais aonde ir
Em tempos de amor...
Em tempos de paz
São todos ex-agentes da CIA
Que não têm mais onde trabalhar.

Cinelli foi denunciado por Figueiredo como o idealizador do atentado do Riocentro. Na noite da véspera de um feriado de Primeiro de Maio, uma bomba explodiu dentro de um Puma no estacionamento do centro de convenções, matando um sargento e ferindo um capitão. Os agentes Guilherme Pereira do Rosário e Wilson Luís Chaves detonariam a bomba contra civis que participavam de um show de música. A versão oficial dizia que o grupo guerrilheiro VPR, desmantelado uma década antes, era o autor do atentado. Cinelli foi sabotado por capitães. Repetia-se o problema de indisciplina do Araguaia, quando oficiais montaram poderes paralelos nas bases.

Com a redemocratização, Cinelli se refugiou em cargos sem influência no serviço público. No governo Fernando Henrique, atuou no Setor de Imigração, na Secretaria de Política de Informática e Tecnologia, e na Coordenação de Incentivo e Competitividade, no Ministério do Trabalho. Era a mesma sina de Artur Oscar, que sonhou ser presidente e teve de se contentar com serviços na Comissão de Promoções.

Cinelli se orgulha de ser um dos criadores do Ministério da Ciência e Tecnologia, no governo José Sarney (1985-90). Ivan era um dos agentes do Araguaia que o assessoravam na pasta. Ivan integrou o Comitê Nacional de Desenvolvimento Tecnológico da Habitação, órgão do Ministério da Ciência e Tecnologia.

A estrutura do órgão de pesquisa idealizado por Cinelli tinha uma divisão de segurança e informações, com seções de contrainformação e segurança nacional. No período em que Cinelli esteve na pasta, o Brasil ignorou a ciência. O órgão tinha apenas a função de abrigar quem o Exército escondia. Na época, o Brasil investia 3,6 milhões de dólares em ciência. Os Estados Unidos, 114,6 bilhões. O número de doutores aqui era de 925. Lá, 31 mil. Se em 1981 o país respondia por 0,43% dos artigos em publicações científicas, em 1995 esse percentual alcançava apenas 0,82%. Em duas décadas de redemocratização, o Brasil não chegava a um dígito. Vinte anos depois de Áurea e Arildo Valadão passarem no vestibular de física, a ciência continuava fora dos interesses do governo.

CURIÓ

Sem a sombra de guerrilheiros e colegas de farda, Curió concentrou suas ações no Araguaia. O major delimitou de forma implacável, igual a um pássaro de rapina das matas de transição, espaço nas terras do Bico do Papagaio. O seu poder, que nos combates à guerrilha se limitava aos povoados de São Domingos, Metade e Bacaba, se ampliou após o conflito, chegando a 166,5 mil quilômetros quadrados de matas, cerrados e chapadas. O território sob seu comando, a Curiolândia, era maior que Inglaterra, Irlanda do Norte e País de Gales juntos. A área engloba hoje dezesseis cidades do Maranhão, 25 do Pará e 42 do Tocantins. Poucos dominaram ao mesmo tempo as duas margens do Araguaia, o rio dos araés, que separou inimigos caiapós e carajás, rebeldes e legalistas, paraenses e goianos.

O major estava no centro de todos os conflitos. Apresentava-se como "bombeiro". No governo Figueiredo, foi para a região do Cajueiro, em São Geraldo, onde cem famílias de posseiros foram encorajadas por padres a resistir às investidas dos grileiros Evandro Azevedo, José Almeida e Juraci Teixeira. Era a segunda batalha da "segunda guerra". Curió entrou como mediador do conflito. Metade das famílias conseguiu a posse. A outra metade passou a sofrer ameaças de jagunços.

Os padres Aristides Camiou e Francisco Gouriou celebraram missa para cinquenta pessoas na casa de João Matias, ex-guia do Exército na guerrilha. Aristides recomendou que todos resistissem.

— Eles não têm medo de um marimbondo, mas têm medo de enxame!

Dias depois, os posseiros entraram em confronto com funcionários do Grupo Executivo das Terras do Araguaia-Tocantins, o GETAT — órgão cuja função era fazer a distribuição de terras na região —, homens da Polícia Federal e pistoleiros. Saíram feridos três agentes federais, dois funcionários do GETAT e o delegado Allan Kardec. Um pistoleiro morreu. No dia seguinte, quarenta agentes federais e homens do Exército cercaram os revoltosos. Treze posseiros que participaram do ataque foram presos, entre eles João Matias. Curió mandou uma equipe desarmar a população. Duas mil armas foram destruídas.

Curió entregou ao presidente Figueiredo uma carta assinada pelos treze posseiros presos. O governo divulgou o documento, sem dar detalhes da redação.

Sabendo que nós lá na roça somos tolos, eles [padres] agiram de tal maneira. Desde que o padre Aristides chegou em São Geraldo que ele mandava nós pegar em armas e agir contra quem fosse expulsar nós de nossas posses de terra, que ele Aristides tirava nós da cadeia em qualquer lugar do mundo... nós não conhecíamos a PF e nem o padre disse que era polícia. Ele, Aristides, falou que eram cangaceiros. Sabia ele que se falasse que era a polícia nós não ia, porque todos nós respeita as autoridade, e nem tampouco somos contra o nosso governo e o nosso país. [...] perdoe nós 13 coitados, e mande libertar nós para que nós vamos trabalhar e cuidar de nossos filhos que são 41.

O Planalto divulgou ainda carta-resposta em que Figueiredo disse acompanhar com tristeza as dificuldades dos presos e pediu a eles que não se deixassem "dominar pelo desespero".

A FAMÍLIA DO CAPITÃO MOREIRA

Policiais entraram na casa paroquial de São Geraldo e prenderam os padres. Maria Oneide, filha de Tatá e Barreira, trabalhava com eles. Ela permaneceu presa na casa. Os padres e os agricultores foram transferidos para Belém. Maria Oneide pôs dentro de uma banana um bilhete informando das prisões e pediu a uma vizinha que entregasse a fruta aos padres de Conceição. A Igreja Católica agiu rápido. A pedido de d. Alano Maria Pena, bispo de Marabá, e d. José Patrick, de Conceição do Araguaia, a CNBB divulgou nota para cobrar a libertação dos presos e acusar a Polícia Federal e o GETAT de espancarem os agricultores. Sindicatos, a Comissão Pastoral da Terra e partidos começaram um movimento em Brasília e no Pará para protestar contra as prisões. Os padres foram libertados cinquenta dias depois.

Era a segunda vez na história que as relações entre o governo e a Igreja Católica se estremeciam. Repetia-se na Amazônia a Questão Religiosa do século XIX, quando os bispos de Belém e Olinda foram acusados de conspirar e atacar o Código Criminal e a Constituição.

Torturados e presos, os posseiros, agora liderados pelos padres, conseguiram uma vitória contra o regime. O Palácio do Planalto voltava a se envolver numa disputa de terra no Araguaia. A publicidade do PCdoB destacou que os motins de agricultores eram fruto da guerrilha, ignorando a trajetória secular e as revoltas dos "formigas" pelo semiárido e pelos vales maranhenses até a Amazônia.

* * *

O núncio apostólico, d. Carmine Rocco, foi reclamar das prisões dos padres com Figueiredo, no Planalto. Um oficial do gabinete do presidente convidou Curió a assistir à conversa detrás de uma persiana.

— Presidente, militares cometem atrocidades contra padres — disse Rocco.

Com semblante sério, Figueiredo perguntou:

— A cor da farda deles era branca, azul ou verde?

— São uns cabeludos à paisana, não usam fardas.

Figueiredo riu:

— Seu núncio, isso é briga de bandidos, não é problema meu.

A briga era pela posse do passado. Aristides Camiou tentou escrever a história da guerrilha. Um dos relatos que recolheu de moradores destacava que um posseiro delatara a guerrilheira Maria Lúcia Petit. O padre e Curió disputavam a simpatia das testemunhas do conflito. Curió decidiu enfrentar a Igreja Católica, que nessa época falava dos feitos dos guerrilheiros nas celebrações realizadas em capelas improvisadas.

Relatórios militares destacavam que os padres estariam se aproximando dos agricultores para recolher histórias da guerrilha, desenterrar corpos e levar a julgamento os agentes da repressão. "Temos de descobrir aqueles que trabalharam para os cachorros do governo", teriam dito os padres nos sermões. "Os professores devem contar para os filhos dos bate-paus quem foram seus pais."

Os militares criticavam, em seus relatórios, o poder dos fazendeiros e a concentração de terras, discurso dos comunistas. No pós-guerrilha, religiosos e sindicalistas que começavam a reorganizar a rede de movimentos sociais questionaram o discurso dos militares. Acusaram o GETAT de, além de desvirtuar a função de promover a reforma agrária, fazer parceria com grileiros. A Amazônia fervilhava. Entre os novos líderes sociais estavam Gringo e Maria Oneide, genro e filha do dono de estaleiro Pedro Barreira, de Itaipava. O casal promoveu uma série de encontros com posseiros. Ela era professora do Movimento de Educação de Base, o MEB, um grupo de alfabetização da Igreja. Gringo, que sabia ler, se matriculou numa turma para "agitar". Os dois contavam com o apoio da irmã norte-americana Dorothy Stang. A religiosa chegou a Marabá nos meses finais da guerrilha. Viveu quatro anos nas vicinais da Transamazônica e das estradas abertas pelo general Bandeira.

Com o apoio de Stang e dos padres, Gringo disputou o comando do Sindicato dos Trabalhadores de Conceição do Araguaia. Na volta de uma viagem a São Paulo, avisou por rádio à família que estava numa pensão em Araguaína. O sogro Barreira e o cunhado Neto chegaram a correr para evitar a tragédia anunciada. Ele foi sequestrado pela manhã e assassinado numa estrada do município.

Semanas antes, um grupo de posseiros tinha assassinado o fazendeiro Fernando Leitão Diniz. Um capataz de Diniz, o pistoleiro José Antônio, prometeu matar o sindicalista para vingar a morte do patrão. Ele teria recebido pelo crime. Um dos suspeitos de participar de um consórcio de fazendeiros para matar o sindicalista, o grileiro Neife Murad, o Turco de São Paulo, mandou avisar que da família de Gringo não sobrariam nem as "galinhas".

A professora Maria Oneide, viúva de Gringo, andava com um revólver .38 na bolsa. Disse que não seria abatida como bicho. Quando viu uma *blitz* no caminho de terra para a escola, escondeu a arma na roupa do filho que carregava.

Gringo serviu de mártir para os partidos oposicionistas PT e PMDB — antigo MDB —, e para entidades sindicais e religiosas, que tentavam ocupar o vazio deixado pela guerrilha. A imagem dele foi pintada na parede do templo Cristo Libertador, desenhado por Oscar Niemeyer, em São Geraldo. Delfim Netto, ministro do regime, foi retratado como um dos "opressores". Um panfleto destacou que o assassinato de Gringo foi um ato de "terrorismo". Numa missa em Conceição do Araguaia, o retrato dele foi afixado na parede, escreveu o padre Ricardo Rezende. Dorothy estendeu uma faixa: "A justiça será como a roupa que ele veste".

A guerra suja atingiu Maria Oneide. Curió propagava que uma das fotografias mostrava a viúva de Gringo com Camiou numa praia do Rio. Na fotomontagem da época, feita a partir de uma fotografia apreendida pela Polícia Federal na casa de Maria Oneide, ela aparece sozinha numa praia. Panfletos com a fotomontagem foram jogados de avião — "Gringo morreu pobre! Aristides consola viúva!".

— Olha aqui a senhora, dona Oneide! — diziam, surpresos, os agricultores.

A morte de Gringo aumentou a tensão em Itaipava. A vila fundada por Pedro Barreira não era a mesma em que as brigas eram resolvidas pelo patriarca. Nos tempos em que os agricultores tentavam se livrar dos serviços de guia e das torturas, fazendeiros ocupavam terras e promoviam conflitos com posseiros que viviam nelas. Itaipava e outros povoados do Araguaia enfrentavam nova guerra. João Crisóstomo Neto pediu ao pai, Barreira, que deixasse o cargo de delegado, função que ocupava havia trinta anos.

O fazendeiro Neife Murad mandou matar Pernambuco, peão que o denunciou por manter oitenta pessoas em regime de escravidão na fazenda Novo Mundo. Depois, Murad mandou envenenar dois agricultores.

Curió, o "bombeiro do regime" que apagava fogo no campo, chegou à vila, conta o barqueiro Délio Brito. O agente reuniu o fazendeiro e os posseiros para propor paz.

— Vou dar para os posseiros uma légua de terra. O lote 8.

Neife reclamou:

— Curió, quero saber como vão ficar os crimes contra sete trabalhadores de minha fazenda.

Um sitiante lembrou que Neife tinha matado quatro posseiros.

Curió respondeu:

— Acabou. Ninguém mata mais ninguém. Neife não tem crime e posseiro não tem crime. Ninguém trisca nada de Neife e ninguém trisca nada de posseiro.

Mais tarde, Neife foi assassinado por posseiros. Os "formigas" desempataram o jogo. Recomeçava a matança no Bico do Papagaio, a caça de sindicalistas, líderes populares, religiosos e advogados.

Após a morte do genro, Tatá e Barreira voltaram para Xambioá. Itaipava se atrofiou. Desapareceram a madeira, o comércio movimentado, o porto cheio de embarcações. Moradores diziam que era "praga de padre". Barreira não ficou muito tempo em Xambioá. Naquele reinício de democracia, ele se elegeu vice-prefeito de Xinguara, cidade a 212 quilômetros de Marabá, na chapa de Itamar

Mendonça. Para tristeza de Tatá, o marido voltava a viver a vida da política. A mulher não queria ir para a vila de casas de tábua e cobertas de folhas de inajá, um descampado sem árvores para as conversas de início de tarde, um poeirão, um calor quase insuportável. Um lugar sem pescado e pescarias, tomado pelo odor dos matadouros de boi, que proliferavam com a chegada definitiva da pecuária ao Pará. A filha do capitão Moreira se sentia derrotada na longa tentativa de tirar a família das confusões. Agora, com Barreira na política, voltava a se abrir a janela para que filhos e netos se interessassem pelos comícios ou pelas armas. Para ela, ter um homem da família como político ou como militar era o mesmo drama. Não havia diferença significativa entre uma carreira e outra naquele mundo caboclo e grosso. A política era a mesma coisa que a revolta, os homens armados, os tiros, os brutos. Pensava assim desde criança, no tempo do revoltoso, quando acompanhava a mãe nas fugas pela floresta. A mata era a suadeira, o respirar acompanhado das gameleiras, a umidade e a frieira nos pés. A política era a mata — longe de ter a brisa da beira da água —, a terra firme, o mato puro ou as cidades no começo, as léguas mata adentro, o calor, o afastamento do rio, a palhoça sufocante e escura.

Xinguara era o sol abrasador. Tatá ficava à tarde na cadeira da sala à espera. Quando o dia começava a cair, no primeiro fio de vento frio, o ventinho, a transpor a barreira do intenso vapor quente, princípio de noite, ela olhava para a porta, arriada desde a primeira hora da manhã, e falava baixinho:

— Eh, saudade do Araguaia...

João Crisóstomo Neto, filho de Tatá e Barreira, entrou numa canoa com a nova mulher, Justina, e subiu o rio para liderar seiscentos posseiros na fundação da colônia Tancredo Neves, numa área de conflitos em São Félix do Xingu.

Maria Oneide foi chamada para uma acareação em Belém com os filhos de Neife — Neife Filho, Cláudio e Círio. Ela levou na bolsa o seu revólver .38.

— Quem mandou matar seu pai foram os inimigos que ele constituiu na vida. E em São Geraldo tem muitos.

DAVI DOS PERDIDOS

O agricultor Davi dos Perdidos foi o escolhido pelos posseiros para disputar o comando do Sindicato dos Trabalhadores de Conceição do Araguaia. Venceu a primeira eleição por uma diferença de 41 votos em relação ao segundo colocado, apoiado por fazendeiros e pelo Incra. Curió se aproximou de Davi:

— Se você ficar do nosso lado, você assume.

— Curió, nem morto.

O pleito foi anulado. Curió arregimentou mais de duzentos homens que viviam espalhados nos garimpos e clareiras e, na última hora, os associou ao sindicato. Para surpresa do agente, Davi dos Perdidos voltou a ser eleito, agora com votos dos recrutados. Davi não assumiu. O governo nomeou um interventor, Bertoldo Siqueira.

TERESONA

Em 1985, o pistoleiro Coriolano, o diabo branco, perdeu parte da visão, não manejava o gatilho como nos tempos de abertura dos castanhais. O castanheiro Almir Moraes, agora um homem de 75 anos, pôs no lugar do velho amigo o piauiense Sebastião Dias Pereira, o Teresona, de 39 anos, rápido na arma e que sabia desenhar o nome, o suficiente para deixar bilhetes a posseiros que resistiam a desocupar lotes.

Numa tarde de mormaço, Teresona apareceu a cavalo com um bando de vinte homens armados num ajuntamento de barracos de posseiros nas terras do castanhal Dois Irmãos, de Almir Moraes, em São Geraldo. Mulheres e crianças se desesperaram. O substituto de Coriolano amarrou 22 homens adultos. Um agricultor de nome Daniel reagiu e foi morto, mas antes conseguiu matar dois jagunços. Furioso, Teresona mandou Mineirinho, seu braço direito, dar ordem a outros jagunços para jogarem três presos — Ecílio Francisco Xavier, José Francisco de Souza e Lázaro Sobrinho — em cima de uma carroça e levá-los até a frente da sede do castanhal. As mulheres e crianças ficaram nas cabanas. Os três posseiros foram fuzilados.

As mulheres e crianças mal tiveram tempo de chorar pelos tiros que ouviram à distância. O bando de Teresona retornou às cabanas. Uma mulher de quarenta anos foi morta ao sair de uma das casas. Teresona e Mineirinho levaram duas meninas, de catorze e dezesseis anos, para uma palhoça, as violentaram e mataram. Por fim, atearam fogo nos corpos e nas cabanas.

Em Marabá, Almir Moraes e os filhos Armando e Manoel disseram, na visita de um delegado de polícia, que Teresona fora contratado apenas para retirar o mato em volta das castanheiras.

O "serviço" no castanhal Dois Irmãos espalhou a fama de Teresona nas terras das margens do rio Vermelho. João Alves Almeida, o Nelito, dono do castanhal Surubim, perto da Vila do Rio Vermelho, onde *Dina* e *Tuca* foram encontradas anos antes por Curió, mandou Teresona retirar sessenta posseiros que entraram em suas terras e tinham montado barracas na localidade do Gogó da Onça. O pistoleiro deu a ordem para as famílias deixarem o castanhal. Os irmãos adolescentes Julimar e Luís Barbosa reagiram. Julimar foi fuzilado diante do irmão e teve as orelhas cortadas e levadas pelos jagunços. O corpo ficou exposto ao sol. O pai do rapaz, Artur, foi impedido de recolher o corpo. Depois de peregrinar pelos sindicatos de Marabá, Artur conseguiu que uma carta chegasse ao governo Sarney, em Brasília. Passados sete dias, recebeu a permissão para enterrar o corpo do filho em putrefação.

Teresona não tinha terminado o "serviço" no Surubim. Numa manhã, ele retornou com seus jagunços para o Gogó da Onça. A posseira Leonildes Morais, o marido, Francisco, e o cunhado, Manoel, disseram ao pistoleiro que dali não sairiam. Começou uma discussão. Mais tarde, os posseiros mataram um jagunço. Teresona revidou, fuzilando Francisco e Manoel. Leonildes correu. Os pistoleiros foram atrás. Depois de horas de perseguição, viram rastros da mulher que davam numa cabana. Teresona foi avisado. Ele não permitiu que os seus homens entrassem. Dali mesmo, os pistoleiros atearam fogo na casa. Nos dias seguintes, outros treze posseiros foram mortos.

Teresona tinha consolidado sua fama de diabo branco. Agora, estava em São João, para expulsar posseiros de uma terra grilada. Na Curiolândia, repetiram-se práticas e nomes do cangaço. O fazendeiro José Virgolino, dono do castanhal Ubá, deu ordens para que o "serviço" na terra vizinha fosse rápido. O pistoleiro fuzilou oito pessoas. "Não é tudo a mesma coisa, Sebastião, Virgulino?", perguntou o sertanejo Manoel, personagem do filme *Deus e o Diabo na Terra do Sol*.

* * *

Naqueles dias, Gabriel Pimenta, advogado de posseiros, foi morto. A polícia apontou como mandante o fazendeiro baiano Manoel Cardoso Neto, o Nelito, irmão de Newton Cardoso — eleito governador de Minas Gerais em 1986. Pimenta havia garantido na Justiça a permanência de 158 posseiros numa terra ocupada por Nelito, no Pau Preto, em São Geraldo, onde o guerrilheiro Arildo foi decapitado. Nelito não foi a julgamento.

A matança continuou na fazenda Paraúnas, em São Geraldo, com dez mortos, na Pastorisa, em São João, com três mortos, e na Inajá, em Conceição do Araguaia, com treze mortos.

Teresona se destacou além da conta, avaliaram donos de castanhais. Eles retiraram o apoio ao pistoleiro. Davi dos Perdidos, que finalmente assumiu o comando do Sindicato dos Trabalhadores de Conceição do Araguaia, depois da intervenção federal, e o delegado Antônio Riachinho, de São Geraldo, montaram juntos uma operação para prender o pistoleiro. Teresona foi preso. Antes de completar um mês na prisão, ele fugiu. Acabou sendo detido novamente e morto durante uma rebelião no presídio de Belém.

PADRE JOSIMO

Em meio à tensão no campo, o presidente José Sarney prometeu fazer a reforma agrária. Fazendeiros pareceram acreditar no discurso. Surgiu a União Democrática Ruralista, a UDR, símbolo da violência rural. No Pará, os fazendeiros procuraram militares para vigiar terras. As "firmas de segurança" proliferaram. Os militares de baixa patente agora caçavam sindicalistas. Um ex-araponga do Serviço Nacional de Informações, o coronel Guilherme Ventura, se destacou em massacres de sem-terra.

— Ventura era homem da oligarquia Sarney para combater a luta pela terra — diz Manoel dos Santos, petista histórico do Maranhão.

Em Imperatriz, uma "firma" cometeu atentado contra o padre Josimo Morais Tavares, de 33 anos. Pistoleiros dispararam tiros contra a porta do carro dele. O religioso estava na lista dos marcados para morrer. Vigário da paróquia de São Sebastião do Tocantins, da diocese de Tocantinópolis, Josimo era acusado por policiais de incentivar posseiros expulsos de suas terras no povoado de Centro dos Canários a enfrentar os grileiros, matar o fazendeiro José Marcelino de Queiróz e a mulher, e destruir um posto telefônico. Na região, tinham sido mortos antes o posseiro Rufino Correia Coelho e o pistoleiro Nenenzão.

Os bispos de Porto Nacional, d. Celso, de Goiânia, d. Fernando, e de Tocantinópolis, d. Aloísio Hilário, foram ao Planalto para pedir a Sarney proteção para Josimo. Sarney não chegou a dizer, como Figueiredo, que não se envolvia em brigas de paisanos, mas lavou as mãos. Dez dias depois, o padre morria com tiros pelas costas disparados pelo pistoleiro Geraldo Rodrigues da Costa quando chegava à sede da Comissão Pastoral da Terra, em Imperatriz. Denúncias apontaram como mandantes do crime Geraldo Paulo Vieira, seu filho Adailson Vieira e integrantes da família Teodoro da Silva — Osvaldino, Nazaré, Osmar e João. Após o assassinato, o presidente fez discurso na cidade para dizer que combatia a criminalidade.

Duzentas pessoas foram assassinadas em disputas de terra do final da guerrilha até o início do governo Sarney, estimou a Comissão Pastoral da Terra. As mortes no campo continuaram no governo Collor. Sindicalistas e padres pediram proteção para Expedito Ribeiro, presidente do sindicato de Rio Maria. Ribeiro foi assassinado. Um mês depois, o sucessor dele no sindicato, Carlos Cabral, foi baleado. Sobreviveu. Naqueles anos morreram Arnaldo Delcídio, presidente do sindicato de Eldorado do Carajás, três "formigas" na fazenda Santa Clara, em Ourilândia do Norte, e outros cinco na São Francisco, em Eldorado. Morreram em Parauapebas os sindicalistas Fusquinha e Doutor. Ao menos na Revolução Acriana se soube quem deu a ordem para fuzilar Doutor, adolescente cearense acusado de sublevar os companheiros. "Plácido ordena que vendem os olhos do condenado. Doutor protesta: quer ser fuzilado de olhos abertos. Em tom seco e incisivo, o chefe insiste. O condenado não mais reage. Uma voz ordena, de repente — 'Fogo!'", escreveu Glauco Carneiro em *História das revoluções brasileiras*.

Após a morte do patriarca Plínio Pinheiro, o filho Osório entrou em decadência, não conseguiu tocar o castanhal Macaxeira. Plínio Pinheiro Neto, filho de Osório, sugeriu que o pai repartisse a terra em dezessete pedaços para facilitar a venda. O império começava a ruir.

No início dos anos 1980, começou um novo ciclo econômico no Araguaia. Para desenvolver a pecuária, chegaram à região fazendeiros e agricultores do Paraná, Santa Catarina e Rio Grande do Sul, estados onde o preço de um alqueire atingia índices elevados. Nesses estados, as famílias cresciam e não tinham terra para dividir entre tantos filhos. No Pará o preço do pasto estava atrelado ao valor cobrado pelos matadores e à fama deles. Uma morte valia pouco. A terra não chegava a muitos cruzeiros.

Os sulistas reproduziram no Araguaia conflitos sangrentos. Agora eram fazendeiros e contratantes de pistoleiros. Não havia serviço de matador a preço exorbitante. Aqui, o mundo da pistolagem, dos julgamentos sumários e dos tapas na cara era uma reprodução. Repetia-se no Norte o mundo dos conflitos de terras, das famílias expulsas e dos pais mortos em situações nunca esclarecidas. A tragédia da terra não era um produto da Amazônia, ainda que a entrada de europeus pelos rios e a ocupação das margens dos igarapés, nos primeiros tempos de colonização, tenham sido marcadas pela brutalidade.

O fazendeiro mineiro Sebastião Naves comprou de Osório Pinheiro um pedaço do castanhal Macaxeira, a Gleba Bandeirantes. O goiano Genésio Ferreira da Silva, que trabalhou nas obras de construção de Brasília, comprou outro pedaço, a Gleba Três Barras, local exato em que surgiria Serra Pelada, com o dinheiro ganho na venda de uma fazenda em Goiás. Nos primeiros anos no Pará, ele derrubou parte da mata, criou gado, e plantou milho e feijão. Nas terras do Macaxeira surgiriam os municípios de Eldorado do Carajás, Parauapebas e Canaã dos Carajás. Castanheiras do Macaxeira foram destruídas pelos fazendeiros que compraram os pedaços de terra e pelo próprio Osório Pinheiro, após a morte do pai.

Curionópolis, manhã de novembro

As chuvas do início de novembro foram boas para o pasto. Há ainda outra porteira a atravessar para chegar à sede. O curral esconde parte da frente da casa. Nesta Amazônia, chove muito de outubro a abril. Entre janeiro e fevereiro, há um veranico, com dias mais secos, menos umidade. A seca começa em maio e só termina em setembro.

De longe, um homem sentado numa cadeira na varanda da casa faz sinal para que eu me aproxime. Responde ao meu cumprimento. Veste calça branca de um algodão rústico, camisa xadrez, e um lenço marrom no pescoço. Calça botas. Mais perto, vejo que a barba rala branca esconde as feridas da pele e manchas de sol. Os óculos de armação grossa e o chapéu de palha estão em cima de uma mureta.

Perto de completar cem anos, Sebastião Naves põe a mão no rosto para espantar as moscas.

— Não lembro da chegada de Curió — diz, como quem não quer conversa, o nonagenário.

Pés de tamarindo, mangueiras, jaqueiras, goiabeiras e coqueiros formam o pomar em volta da sede malconservada.

Nesta manhã, Naves acordou às três horas. Às quatro, estava no curral para acompanhar a retirada de 560 litros de leite. Moram na fazenda doze empregados.

— Dou comida para meus peões. Eles comem aqui em casa.

Chegou viúvo. Não teve outra mulher. Nasceu numa família de fazendeiros, em Uberlândia, a antiga Uberabinha, como gosta de lembrar, no Triângulo Mineiro. A cidade era a "boca do sertão", nas palavras dos irmãos Orlando e Cláudio Villas-Bôas, que começaram lá a epopeia da "Marcha para o Oeste", na ditadura Vargas. "Dali para o oeste, uma estradinha precária aceitava e castigava a trôpega jardineira que sumia sertão adentro no rumo do distante Araguaia."

Jovem, Naves seguiu para Goiânia. Comprou um pedaço de terra perto da cidade, onde montou fazenda, se casou e viu os dois filhos crescerem. Tinha sessenta anos quando decidiu ser fazendeiro na Amazônia. Pôs a boiada na estrada e desceu Goiás, numa aventura de meses. A viagem era constantemente interrompida para os animais descansarem. O gado era solto pelos campos sujos, onde as árvores são menores que as do cerrado propriamente dito, com menos de dois metros, pelos campos limpos, sem árvores, pelos palmeirais e veredas, onde pés de buriti sobressaem nos trechos alagados. Tempos depois dessa saga, o cerrado se limitou a ilhas cercadas de plantações de grãos e pastos. As matas ciliares não foram poupadas. Surgiria Palmas, cidade planejada para ser a capital do Tocantins, estado criado com o desmembramento de Goiás. No rastro de Brasília, Goiânia sofreria explosão demográfica. A região hidrográfica do Araguaia e do Tocantins manteria, porém, baixa densidade demográfica, com 8,1 habitantes por quilômetro quadrado, inferior à média nacional de 19,8. Naves atravessou as águas frias do Tocantins e as mornas do Araguaia, cortou com a boiada a mata onde militares e comunistas tinham se enfrentado, entrou na selva aberta.

É a 150 quilômetros da junção dos dois rios que fica a fazenda Bandeirantes, comprada de Osório Pinheiro. Com a ajuda de peões, Naves limpou o terreno, construiu casa, curral, alojamentos de vaqueiros, paiol, armazém. Fez a cerca de arame farpado e troncos de aroeira. O fazendeiro plantou fruteiras e árvores de sombra. Comprou as mudas de um mascate. O vendedor não cobrou pelas mudas de flamboyant.

— Quando comprei estas terras do Osório Pinheiro, era tudo mata. Comprei do lado de cá da estrada. Derrubei cem alqueires de mata. Fiz casinhas para meus peões.

A fazenda crescia quando homens apareceram no final dos anos 1970 com bateias, picaretas, pás e cuias. Eram os garimpeiros em busca da maior mina do mundo.

— O garimpeiro entrou, invadiu, fez um buraco danado. Um não, 1 milhão de buracos. Foi juntando gente, juntando gente. Garimpeiro destrói tudo, arrasa a terra mais do que fazendeiro e mais que boi.

Os garimpeiros não deixariam mais estas terras. Naves procurou o vizinho Francisco Fraga, do outro lado da estrada, e propôs que cada um doasse cinco alqueires para a formação do povoado. Fraga vendeu a terceiros o restante das terras. Naves ficou ainda com quatrocentos alqueires.

— Minha mulher morreu em Goiânia. Era muito boa, a melhor mulher do mundo. Nunca mais tive mulher.

Ele oferece café.

— Entre lá dentro, come alguma coisa antes de ir.

Perto do curral, indo embora, ouço o homem gritar da varanda:

— Ele desceu aí de helicóptero, nesse pasto da frente. Veio conversar comigo, queria fazer a cidade.

Naves não sabe que o pasto que enxerga da varanda, onde o Major Curió desce de helicóptero, numa cena da memória, e agora a boiada é tocada pelos peões, foi hipotecado pelo filho Diogo, falido, no Banco do Brasil.

9.

Os súditos do Major Curió aumentaram com a descoberta de ouro na serra da Babilônia, rebatizada de Serra Pelada graças à rala vegetação das montanhas, a 35 quilômetros do pasto de Naves e a cem das águas do Araguaia e da área da guerrilha. O garimpo atraiu 40 mil "formigas".

A mina não era um tradicional garimpo de aluvião, onde o ouro desce das montanhas ao longo do tempo e se espalha no leito de rios novos e antigos. Serra Pelada era garimpo primário, com ouro acumulado na parte elevada. O ouro estava entre os pedregulhos e a areia do fundo dos córregos, entre as touceiras de mato nas margens do riacho, por cima da terra, nas raízes dos arbustos. Bastava um homem ciscar a terra para encontrar ouro. Debaixo da terra, o ouro surgia em formas tão variadas que não era possível apontar um tipo de pedra ou barro que indicasse sua existência. Pepitas podiam amassar as enxadas numa primeira fincada na terra ou estar mais abaixo, presas a rochas ou soltas no barro. Massas de ouro apareciam grudadas nas duras rochas acinzentadas, encobertas na argila vermelha, no barro sangue de boi, envolvidas nas rochas pretas ou rosa, ou ligadas ao cascalho amarelo. O ouro áspero, o bombril, surgia em quantidade nos buracos abertos na terra arrasada e pisoteada pelos homens. A terra fofa tinha sua importância, pois podia esconder o ouro granulado, o talco — que não suporta um sopro —, o farinha d'água — fino —, o escuro — preto e em lapas —, e o ouro invisível — que só brilhava no mercúrio na caixa de cascalho. Com sorte se chegava aos ninhos de ouro, às pepitas rodeadas de todos os outros formatos de ouro, que repousavam na cobertura dourada.

As chuvas no princípio de 1980 elevaram o Tocantins 17,42 metros acima do nível normal. O mundo voltava a terminar em água. A enchente alargou o leito da Grota Rica, que escorria na Babilônia, expôs ouro na superfície, destruiu casas e pontes, matou homens e bichos, e apagou picadas e trincheiras dos guerrilheiros. Desabrigados engrossaram a leva de gente que ia para o garimpo. À legião se somaram os retirantes do Nordeste que fugiam de mais uma seca. O semiárido registrava mortes de crianças por desnutrição e de animais, saques de caminhões de alimentos. Levas de homens trocaram o serviço de limpar ruas e carregar pedras sem necessidade, frentes de trabalho abertas pelo governo, para se aventurar no garimpo.

Mesmo o Maranhão, estado entre a floresta e a caatinga, foi castigado pela estiagem. De lá foram para o Araguaia novas levas de homens. Vendedores e poetas de cordel que estavam no grupo publicaram versos da profecia das Bandeiras Verdes, a mata do Pará, do outro lado do rio, atribuída a Padre Cícero.

O fluxo migratório continuava no rumo da Via Láctea, a constelação tantas vezes observada pelo guerrilheiro *Piauí* nas andanças com militares para localizar rotas e companheiros.

Numa sala do Museu Histórico Nacional, no Rio de Janeiro, há duas fotos do formigueiro de Serra Pelada, sem crédito. A cinco metros das fotos estão equipamentos odontológicos que teriam pertencido a Tiradentes, que participou de revolta do ouro em Minas, no século XVIII, e, a dez metros, um revólver que teria sido usado pelo duque de Caxias. As fotos do garimpo apresentam homens maltrapilhos, tomados de vermelho, a cor do barro e da subversão, num movimento semelhante ao de formigas em cima de um pacote aberto de açúcar mascavo. As imagens mostram que os garimpeiros, quando não estão apenas de cueca, usam camisas de futebol desbotadas, shorts rasgados, bonés de campanhas políticas ou da Coca-Cola, chapéus de palha e chinelos Havaianas.

Os garimpeiros que tinham o rosto e os braços tomados pela lama vermelha eram chamados de "cutias". Os "porcões" eram os que se impregnavam da lama do fundo, a preta. Havia ainda os "requeiros", o pessoal que fazia reque, gente sem força nos braços, desnutrida, com idade avançada ou problema físico, que se molhava na água das dragas para ficar com o resto da garimpagem.

Barracos avançavam em volta do morro da Babilônia.

Com sacos de cascalho nas costas, os "formigas" se movimentavam nos precipícios, desciam e subiam pelas cordas e escadas de bambu, que balançavam com o vento. Não usavam documentos nem diziam o nome. Formavam filas indianas. A visão era de um canteiro de obras de uma pirâmide, escreveu o repórter Domingos Meirelles, do *Jornal da Tarde*. A montanha ganhava outra forma. Os recortes dos buracos, formando paredes lisas e retas, davam a impressão de que o monte era uma construção feita por mãos humanas.

Homens de pequena estatura, magros, tímidos num primeiro momento, em passos rápidos ou lentos, sempre caminhando com cargas, na velocidade constante. Eram tantos que as mortes nas avalanches de terra causavam pouco impacto. A fileira voltava a se formar e a se movimentar. O retrato era semelhante ao das Minas Gerais do século XVIII. O Brasil assistiu pela TV às cenas de homens que moravam e comiam mal e trabalhavam como escravos. E do tempo da Colônia viria ainda o modelo de controle. Os generais deram aval a Curió para reagrupar os homens numa grande aldeia, onde prevaleceria o sistema de tutela, com o controle de entradas e saídas, como na época em que se aprisionavam carajás em aldeias ao longo do Araguaia.

JOÃO MINEIRO

O goiano João Mineiro, um dos patriarcas de Curionópolis, morava em Goiás quando fez as malas e se mudou com filhos e sobrinhos para a Amazônia. Ao chegar aonde hoje é a cidade, foi empregado como gerente da fazenda de Sebastião Naves, que tinha conhecido ainda em Goiás.

Um jovem conhecido como Geraldinho apareceu na casa onde Mineiro morava, na fazenda. Depois de andar pelas terras de Naves, o rapaz relatou:

— Seu João, tudo indica que tem ouro aqui perto. Se eu arrumasse uma cuia, ia dar umas cuiadas.

Mineiro pegou uma cuia de cabaça e mostrou ao visitante.

— Não, seu João. A cuia que falo é a de testar ouro.

O rapaz explicou a Mineiro o tipo de cuia de que precisava. Mineiro pegou uma calota de Chevette e começou a bater nela com um martelo, criando uma bateia. Foi nessa bateia que o rapaz retirou fagulhas.

Curionópolis, quinze horas, novembro

João Patrocínio Neto, setenta anos, sobrinho de Mineiro, conta:

— Ele foi numa grota e encontrou fagulhas. "Tem ouro!"

A notícia chegou a Marabá. Sebastião Naves não gostou do movimento na sua fazenda. Ele se recusou a hospedar garimpeiros.

Genésio Ferreira da Silva, fazendeiro vizinho de Naves, consultou um garimpeiro de Itaituba, Pedro Cajar, para ver se nas terras que comprara tinha ouro, relata João Patrocínio Neto. Cajar concluiu que sim.

— O que a gente faz? — perguntou Genésio.

— O que faz é arranjar garimpeiro e trabalhar.

Genésio abriu a fazenda para garimpeiros tirarem ouro em parceria. Ele ficava com 30%. Montou uma cantina e mandou chamar um filho, Osvaldo, que passara pela Aeronáutica, para ajudá-lo a controlar os homens. O rapaz tentou implantar no garimpo uma disciplina militar. Num primeiro momento, até conseguiu proibir a entrada de mulheres e a venda de bebidas. Genésio abriu campo de pouso e passou a cobrar pedágio dos contrabandistas que chegavam em monomotores. Os garimpeiros trocavam as palavras "sim" e "não" por "positivo" e "negativo", termos usados pelos pilotos dos aviões.

João Patrocínio Neto recorda de um velho garimpeiro manco que apareceu no restaurante da Graça.

— Meu amigo, eu, com cabeça branca de viver nos garimpos, nunca vi tanto ouro.

Outros garimpeiros cercaram o velho.

— Você não está de mentira não?

— Eu vi nego tirar até oito quilos de ouro — disse o velho.

258

— Você vai voltar para lá amanhã?

— Só vim buscar um rancho, arroz, farinha, estou voltando.

— Vamos te acompanhar, se for mentira vamos te matar.

João e os primos ganharam de Genésio uma frente. Ao voltarem para iniciar o trabalho, garimpeiros tinham tomado a área.

— O ouro não era pesado em balança de pesar ouro, mas em balança de carne. Quando um homem levantava a picareta, outro passava por baixo, outro estava enchendo saco de terra, outro pulava o saco, outro passava por cima da picareta. Era gente demais. Se jogasse alguma coisa no buraco, caía na cabeça de alguém, pois não tinha espaço. Era um aperreio. O pessoal subia a escada adeus-mamãe pisando no calcanhar de outro. Teve gente que caiu, perdeu a vida. A gente nem sabia o nome das pessoas, caiu um aqui, outro ali, não era novidade. O pessoal estava interessado mesmo em tirar ouro. Certa vez morreram dezesseis de vez, um barranco caiu em cima. O máximo que se fazia era mandar a vítima para a família, se tivesse família.

CURIÓ

Curió entrou no garimpo com um crachá de repórter da sucursal da TV Globo. Estava ali como araponga. Os garimpeiros maranhenses reconheceram o homem de fala mansa e pausada, nariz e apelido de pássaro, e cabelos loiros repartidos. Era o militar à paisana que num passado recente usava faixa de pano na testa para prender os cabelos, que se deslocava de uma margem a outra do Araguaia e do Tocantins num macaco — helicóptero da FAB. Foi no Maranhão, meses após a prisão das *Dinas*, que Curió realizou a *Operação Pindaré*, última ação contra a guerrilha.

Quando Serra Pelada começou a entupir de gente, os tempos políticos eram desfavoráveis a Curió. A presença no movimento contra Geisel e a chegada de Figueiredo ao poder, com promessas de abertura política, reduziram o espaço do agente na rede de inteligência.

Ele tinha nas mãos relatórios sobre a Amazônia, da atuação da esquerda às potencialidades minerais. Possuía o mapa do ouro e do movimento dos "formigas". A luta contra a guerrilha forçara o Exército a entrar na mata. Os meses de combate foram de experiência. Os militares saíram moralmente sujos da guerra, mas com certo conhecimento da floresta.

Curió enxergou no ouro a chance de vencer uma guerra interna no Serviço Nacional de Informações. Sua passagem pelo garimpo como repórter da TV Globo rendeu um extenso relatório sobre a extração ilegal. Queria convencer os generais em Brasília da importância do ouro para o regime, que desabava em meio a uma crise econômica e com poucas reservas cambiais, e da atuação perigosa de contrabandistas e possíveis guerrilheiros. O governo não deu importância aos argumentos.

O relatório das impressões de Curió era o primeiro capítulo do *Garimpos de ouro*, um dossiê de 441 páginas que começou a ser escrito pelo próprio agente e que está guardado no Arquivo Nacional, em Brasília. Trata-se de um dos relatórios mais longos e cheios de conspirações, intrigas e acusações entre militares. É uma obra que descreve a metamorfose da ditadura de uma forma estranha, pois o livro se inicia com as descrições das primeiras viagens do "repórter da TV Globo" a Serra Pelada, muda de mãos e passa a ser escrito por diferentes pessoas, inimigos ou aliados do major. Na primeira página do dossiê, Curió relatou que homens garimpavam numa área de posse da Vale. Escreveu que o governo deveria expulsar os garimpeiros ou conviver com a garimpagem tradicional, disciplinando-a e evitando o contrabando. Propôs a compra exclusiva de ouro pela Caixa Econômica Federal.

O general Newton Cruz, do Serviço Nacional de Informações, autorizou Curió a voltar de avião ao garimpo para conseguir provas de contrabando. Um avião Xingu, da FAB, aterrissou em Marabá. Curió prendeu um contrabandista que carregava 92,4 quilos de ouro. À tarde, mandou o piloto da FAB fazer o plano de voo para Belém, de onde seguiria com destino a Brasília. Outros contrabandistas foram informados de que o Xingu partiria para a capital do Pará, e decolaram antes em outro avião. Em Belém, pretendiam pagar o imposto e retirar o ouro apreendido. Curió conta que, minutos após a decolagem do Xingu, bateu no ombro do piloto:

— Muda a rota. Vamos para Carajás.

Curió pernoitou no povoado de Carajás. No dia seguinte retornou a Brasília. Chegou com o ouro empacotado no gabinete do general Octávio Medeiros. O *Jornal do Brasil* publicou que ele jogou o ouro na mesa do presidente Figueiredo. General que gostava de andar a cavalo e com uma espada na mão pelo centro de Brasília, Newton Cruz, chefe do Serviço Nacional de Informações, mandou Curió fazer uma exposição para o governo. Por volta de quatro horas, numa sala do Centro de Informações do Exército, o agente fez uma explanação para o ministro da Fazenda, Ernane Galvêas, e o presidente da Caixa Econômica Federal, Gil Macieira. Defendeu a exclusividade na compra de ouro do garimpo e um trabalho de massificação, para contrapor à esquerda.

Macieira foi contrário à ocupação do garimpo. Dizia que era inviável o esquema de compra de ouro.

Newton Cruz perguntou se precisava de tropa no garimpo.

— Lá não é para tropa, general. É para geólogo. Eu faço o trabalho de conscientização — respondeu Curió.

Octávio Medeiros aprovou a intervenção em Serra Pelada. O regime, à beira da falência, entregou a Curió o garimpo. O governo avaliava que o ouro daria tranquilidade ao país num momento de crise internacional provocada pela indústria do petróleo e de aumento no valor do metal na Europa.

Quando os primeiros guerrilheiros chegaram à Amazônia, uma onça troy (31,1 gramas), medida de massa usada na venda de metais, não chegava a quarenta dólares. No início de Serra Pelada, num período de crise do petróleo, o valor da onça troy era de 633 dólares em Londres. Estimava-se que essa quantidade valeria novecentos dólares em poucos meses.

A pedido de Curió, Newton Cruz transferiu um armazém inflável da Cobal, empresa do governo que vendia alimentos a preços baixos, de Maceió para Marabá. Nesse momento, Curió vencia a corrida do ouro que travava desde a chegada à Amazônia para combater a guerrilha.

Curió voltou ao garimpo se apresentando como interventor plenipotenciário. O garimpo seria cercado. O regime militar aplicava a política de aldeamento para manter o controle governamental de uma multidão, prática autorizada na época da Colônia, no século XVI, pelo rei português d. João III. O piloto do Búfalo, da FAB, não conseguiu aterrissar próximo à mina na primeira tentativa. O avião quase bateu na pedra no final da pista. Uma multidão correu para ver quem chegava na poeira. Curió estava com dezesseis homens da Polícia Federal e dezenas de técnicos, de geólogos a médicos. Um total de 126 homens.

Diante da multidão, Curió subiu num elevado de madeira com um megafone na mão.

— Estou aqui, sou da Presidência da República. Vim trazer apoio. A partir de hoje está abolido o pagamento de 10% ou 15% do ouro retirado para o Genésio. Ninguém mais paga ao Genésio. Aqui não tem dono. O dono aqui é o governo. Quem manda aqui hoje sou eu.

Garimpeiros jogaram os chapéus de palha e os bonés para o alto.

— Ôôô... viva o doutor!

Em meio aos gritos dos garimpeiros, Curió anunciou a chegada do armazém da Cobal.

— O arroz vai custar 22 cruzeiros, e não mais 108!

Curió queria deixar claro que tinha o poder, especialmente para os militares que chegavam ao garimpo. Ele estava num barranco quando foi informado de que um tenente da Aeronáutica reclamava da instalação do armazém da Cobal a quinze metros da pista de pouso.

— Tem que retirar este armazém, porra! — esbravejou o tenente.

— Não vou retirar merda nenhuma — respondeu Curió.

O tenente esboçou uma reação.

— Não reaja, porque senão quem vai ficar preso aqui é você.

Novamente no estrado de madeira, fez outras exigências:

— A partir de hoje fica proibido mulher no garimpo!

A multidão em coro:

— Uhhh!

— Não vou brigar com vocês. Não querem os benefícios. Atenção, vamos retirar tudo! Armazém da Cobal, tudo! Vocês voltam a pagar os 15% ao Genésio. Estou indo embora!

Garimpeiros mais cautelosos pediram silêncio aos demais e a permanência do agente. Curió percebeu que alguns eram capazes de neutralizar a maioria.

— Eu não usei a força, eu usei a força deles.

Os blefados, garimpeiros que não encontravam ouro, ficavam sem mulher.

— Quem tinha dinheiro ia para as corrutelas, quem não tinha apelava para a mão forte — conta Bill.

Nos fins de semana, os bamburrados, os que tinham descoberto ouro, frequentavam os cabarés da Vila do Trinta e de Marabá. Curió recorreu à medida tomada no século XVIII pelo governador de São Paulo, Rodrigo de Meneses, de proibir a passagem de "mulheres malsucedidas" para o garimpo de Cuiabá. Meneses queria acabar com as "perturbações", escreveu Laura de Mello e Souza no livro *Desclassificados do ouro*.

— Ficam proibidos bebidas e jogos de azar.

Ele apresentou outra condição:

— Eu não vou desarmar vocês — disse, ciente de que isso era impossível. — Mas a partir de hoje não quero arma na cintura.

A "turma dos inteligentes" aceitou a decisão.

— Arma só na boroca. Ninguém com .38 na cintura.

— Obedece o doutor, obedece o doutor!

O *Jornal da Tarde* publicou que Curió subiu num caixote, sacou uma Magnum, deu um tiro para o alto e falou a frase: "Aqui, revólver que atira é o meu".

Mais aviões Búfalo aterrissavam na pista do garimpo.

A barraca de Curió no garimpo tinha a ordem que Euclides da Cunha registrou na caderneta da tenda do doutor Curió, em Canudos. "Formou-se em tudo aquilo uma disciplina correta."

Genésio, ex-peão das obras de Brasília, comprou uma fazenda no quilômetro 50 da estrada Marabá-Carajás para formar capim e criar gado. Em poucos dias, uma multidão de garimpeiros invadiu a terra e inviabilizou o negócio, escavando tudo. Genésio foi vítima da fama de ser a reencarnação do rei Midas.

CAMILINHO

Serra Pelada, tarde de abril

Quem esteve numa sala de cinema nos anos 1980 para ver *Os Trapalhões na Serra Pelada* estranha ao perceber que aquele garimpo movimentado é hoje uma favela de poucos moradores, como se uma cera de vela tivesse paralisado o formigueiro.

De chapéu de aba larga, o soldado da borracha Camilo Medeiros da Silva, o Camilinho, 84 anos, fala do dia do desarmamento:

— Cheguei a Marabá na segunda guerra. Fui um dos que vieram para retirar borracha. O Pará era só brabeza. Onça, índio, malária, cobra. Só o escambau escapava. Veio a guerrilha. Meus filhos, Jurandir e Raimundo, trabalhavam na abertura da op-3. Lá, Curió era o mandão. Quando abriu o garimpo, comprei uma camionete para transportar gente. Ele baixou aqui de helicóptero. Disse que quem tivesse arma trouxesse. "O revólver que fala mais alto aqui é o meu." Ainda não vi prometer e não fazer. Para administrar o ser humano, conheci Curió. Ele sabe de tudo. Muita gente bamburrou. O que consegui foi criar filhos, comprar uma casinha e a camionete, que se perdeu num acidente. Meu filho Raimundo dirigia o carro e morreu.

Camilinho diz que, na Serra, garimpeiros marcavam com chapéu ou pedra lugar nas filas dos comércios, do posto de saúde, ou nos bancos de madeira do cinema. Todos respeitavam os códigos.

PEDRÃO DO OLHO SÓ

No rastro de Curió apareceram em Serra Pelada homens que estavam nos assentamentos criados por ele na op-3.

— Mandei avisar que podiam ir — relata.

Pedrão do Olho Só, o guia espiritual de *Osvaldão*, virou o bruxo do major. Bernardino, o homem que prendeu *Maria Dina*, e o cunhado Zé da Rita retiraram 23,3 quilos de ouro, compraram carros, casas e gado. Os dois comandaram uma frente de treze homens. Raimundo Baixinho — que ajudou a cortar a cabeça do guerrilheiro Arildo —, Zé Catingueiro, Raimundo Neco e Pedro Zuza, outros remanescentes da OP-3, não bamburraram.

BAIANO BARQUEIRO

Barqueiros desiludidos do Araguaia deixaram seus motores para se aventurar no garimpo. Baiano, marido de Felicidade, mesmo com as sequelas da tortura, comprou uma bateia. Roberto e Adalberto, filhos de Manoel Claro, informante do Exército em Santa Cruz, seguiram rumo à mina. Clobiniano, irmão deles, conseguiu permissão de entrada no garimpo, mas preferiu continuar no barco, único patrimônio que restou à família, em decadência desde a abertura da Belém-Brasília — a estrada reduziu o número de passageiros. Essa redução permitiu a Clobiniano prestar atenção no céu do Araguaia, nas noites escuras de inverno. Lembrou dos ensinamentos de *Osvaldão*. O guerrilheiro dizia que os "machados" em queda eram meteoritos, uma "energia forte".

Brejo Grande do Araguaia, hora do almoço, junho

A corrida do ouro não destruiu apenas a estrutura da OP-3, montada para vigiar as sepulturas dos guerrilheiros e esconder a história da matança. Os homens de confiança de Curió migraram para o garimpo. Eles deixaram seus sítios e acabaram perdendo as referências dos cemitérios clandestinos.

Antônio Baiano, genro de José Lourenço, o dono da Rainha do Araguaia, comprou de Raimundo Neco a Clareira do Cabo Rosa e, rapidamente, adquiriu muitos sítios. Virou o maior proprietário de terras na OP-3.

— O Exército deu as terras para eles e eu comprei tudinho.

Ele ainda comprou os direitos de uma cava em Serra Pelada, onde trabalhavam 232 homens. Baiano chegou ao Araguaia como vaqueiro. Descendia de família produtora de cacau, de Ilhéus. Era neto do coronel Alberto Lopes. Os Lopes eram contemporâneos dos Monteiro, família dos guerrilheiros *Antônio da Dina* e Eduardo.

Garimpeiros expulsos das minas de cassiterita de Mato Grosso, Amazonas e Rondônia chegavam a Serra Pelada. Engrossavam a leva os insistentes garimpeiros dos buracos desativados de Goiás e as famílias dispersas na mata, depois de tentarem plantar nas terras cheias de areia das margens da Transamazônica, doadas pelo Incra.

O garimpo retirou homens das obras da hidrelétrica de Tucuruí e das fazendas. Faltou gente para ouvir os sermões à beira dos igarapés de uma Igreja que tentava se reerguer usando a história da guerrilha.

Na base da estrutura do exército de Curió estavam os nordestinos. Os mateiros usados nos combates com os guerrilheiros ocupavam uma posição intermediária. No topo da pirâmide ficavam agentes de confiança, colegas de caserna. Depois de convocar mateiros e soldados esquecidos no *front*, Curió recrutou militares do Serviço Nacional de Informações, os veteranos do Araguaia José Bonifácio Carvalho e Félix Freire Dias. Os dois seriam eleitos presidente e vice-presidente da cooperativa dos garimpeiros.

Alistado pelo Exército, Djalma, filho do mecânico Manoel Sobrinho, voltou a entrar nos galpões da Bacaba, onde seu pai trabalhara na época das obras da Transamazônica. Poucos militares restavam na Bacaba. Ali era o quartel particular do sargento Santa Cruz, subordinado de Curió. A Bacaba agora era uma fortaleza dos tempos de paz e sem a alegria do tempo em que ele era menino e a estrada ganhava contornos. Depois, Djalma foi para o Cabelo Seco, reduto de pescadores, à margem do Tocantins, em Marabá. Com malhadeira, ele e outros homens cercavam cardumes de jaraquis, piaus e curimatãs. O advogado Gabriel Pimenta era um dos doutores que chegavam ao Cabelo Seco e a Santa Rosa, outra colônia de pesca, em busca de alguma história de violência contra pescadores e posseiros.

No Cabelo Seco, atravessadores chegavam para comprar peixes e revender no garimpo. A pressa e a vontade dos homens de comprar os cardumes antes mesmo de eles serem capturados assustaram a colônia. Pescava-se apenas para o sustento da própria família e para a troca com produtos das bodegas de Marabá. Djalma conheceu o gelo. Um frigorífico instalou uma máquina de fabricar blocos de dez quilos. O rapaz foi trabalhar na estranha geringonça, que produzia sessenta barras em doze horas. A notícia do gelo se espalhou pelo

Cabelo Seco. Os meninos corriam para ver a água se transformar em pedra fria. Quando, tempos depois, o Ibama passou a fechar "geleiras", na época do defeso, Djalma lembrou do "abre e fecha" de Serra Pelada. O Ibama fechava uma "geleira" para permitir que políticos a reabrissem. Curió aumentava a influência toda vez que reabria o garimpo.

— As geleiras eram fechadas para os políticos virarem deus.

Curió sorteou as frentes de extração e impediu a mecanização, para garantir postos de trabalho. As cavas eram separadas com barbante em frações de dois metros por dois, e ganharam nomes: Tilim, Babilônia I, Babilônia II, Serra Velha, Igrejinha, Pedra Preta, BV (Buraco da Viúva), Planada Velha, Planada Nova, Bucetinha, Serrinha e Malvinas — referência à guerra da Argentina contra o Reino Unido. No garimpo, Curió usava roupa marrom, como na época em que atuava como engenheiro do Incra.

Ele utilizou o garimpo na promoção da imagem pessoal. Foi um pioneiro no *marketing* político e militar. Levou para a Serra o fotógrafo André Duzek, do *Correio Braziliense*, e o repórter Pedro Rogério, do programa *Fantástico*, da TV Globo. O jornal publicou fotos que mostravam "formigas" sem dentes deixando o posto da Caixa Econômica Federal com cédulas novas nas mãos ou doentes de malária carregados em redes. Rodaram o mundo as cenas de homens nos despenhadeiros cavando a terra, alargando e aprofundando a cratera. A manchete principal da edição era o cerco da polícia a uma festa com drogas numa chácara do Distrito Federal. Acima da imagem dos "formigas", o jornal publicou reportagem sobre a "Rockonha", citada na balada "Faroeste caboclo", da banda Legião Urbana.

Garimpeiros entraram na barraca de Curió. O coldre com o revólver dele estava pendurado num prego na parede. Um dos "formigas" perguntou:

— Doutor, o senhor disse que o revólver que fala mais alto é o do senhor, não disse?

— Disse.

— Tem um cara fazendo ameaças.

Curió retirou a arma da parede e pôs no cinturão. Foi o primeiro dia que pôs a arma na cintura.

Vasconcelos, um delegado da Polícia Federal, homem magro, de bigodes e que andava sempre com escopeta na cintura, disse que o acompanharia.

— Não vai. Eu falei que o revólver que fala mais alto aqui é o meu. Se eu não for lá agora e resolver o problema, vou ficar desmoralizado.

Curió subiu o barranco para encontrar o homem que ameaçava colegas. Um grupo foi atrás.

— Vire para mim com as mãos na nuca. Se reagir, vira peneira.

Curió retirou duas armas da cintura do sujeito, entregou a um garimpeiro e o segurou pelo colarinho. O homem passou a noite amarrado. Pela manhã, Curió realizou um julgamento público.

— Mata, mata, mata! — pediram milhares de "formigas".

— Não, aqui não se mata. Vai ser expulso do garimpo.

O preso no garimpo teve cabelos e sobrancelhas raspados, prática que virou costume nos julgamentos de Serra Pelada. A simbologia da desonra era herança dos castanhais. Pelo júri de Curió passou um tenente da Polícia Militar do Pará acusado de cobrar propina. O tenente foi expulso. Estava reimplantando o Tribunal de Salomão, nas palavras dos próprios "formigas", mais de oitenta anos depois de Luis Gálvez atuar como juiz de paz, resolver brigas, dar conselhos e ditar costumes na sua república no Acre.

BIL

Curionópolis, tarde de abril

Veterano do garimpo, Francisco Gomes da Silva, o Bil, assistiu aos julgamentos públicos.

— O garimpo foi o pior inferno da história do mundo. Os homens saíam de lá rinchando. Ele [Curió] não se formou para o bem. Ele se formou para o mal. Fanatizou muita gente. E muita gente gosta dele. É perigoso demais, um ditador. Os julgamentos sempre eram cruéis. O sujeito podia não apanhar, mas tinha de sair pelo garimpo gritando: "Eu sou ladrão, eu sou ladrão". O Velho é inteligente, mas é ruim demais. É uma cascavel. Não tem nada a ver com ser humano. É outra coisa.

VITINHO

— A Serra é a oitava maravilha do mundo! — comemorou Victor Hugo Carvalho Rosa Netto, o Vitinho, dono do restaurante Ponto Xys, filho do ex--delegado de Marabá Hugo Rosa.

Moreno atarracado, Vitinho praticava caratê. Tinha o diploma de enfermeiro. A proibição da entrada de mulheres no garimpo incentivou a chegada de homossexuais.

Paralela à corrida do ouro, teve início a corrida dos homossexuais. É o que se avalia pelos relatos de garimpeiros. O percentual de homens em relação a mulheres na Serra era de cem homens para nenhuma mulher.

Essa corrida deu espaço, após a administração de Curió, para o surgimento de um novo imperador, Vitinho, rei dos "bichas".

— Depois do Curió, minha palavra é a mais ouvida aqui — ele dizia, cercado de companheiros.

Os homens não ousavam desafiá-lo ou brincar com seus trejeitos.

— Aqui na Serra, todos dependem dos bichas.

Enquanto o garimpo esteve sob o controle de Curió, Vitinho era o único homossexual assumido que tinha permissão de atuar em Serra Pelada.

Os homossexuais passaram a dominar os setores de restaurantes e barbearias. Eram os "cucas", os "mãos peladas", os "pestanas queimadas", que preparavam a "refeição" dos blefados e a "merenda" dos bamburrados. Não aceitavam ser chamados de "as" cucas, uma referência ao jacaré-fêmea que aterrorizava crianças no *Sítio do Picapau Amarelo*, programa infantil da TV Globo baseado nos livros de Monteiro Lobato. Diziam que eram "os" cucas, uma forma de valorizar habilidades culinárias.

Tempos depois de deixar o comando do garimpo e assumir uma cadeira na Câmara dos Deputados, Curió andava por uma ruela de Serra Pelada quando viu um grupo deles passando. Um aliado comentou:

— Você não viu nada, Curió.

— O que tem mais?

— Você sabe o nome da boate que elas montaram depois que você saiu daqui?

— Não.

— Boate As Meninas do Curió.

O delegado Rocha, da Polícia Federal, prendeu à noite cerca de trinta homossexuais. Amarrados com cordas de náilon, eles tiveram os cabelos raspados. Pela manhã, foram colocados num caminhão e expulsos do garimpo.

Vitinho, que já era uma liderança dos "formigas", por sua fama de homem "inteligente", reclamou:

— Estou revoltado com você, Curió.

— O que eu fiz?

— Você retirou as meninas do garimpo.

— Não fui eu.

O deputado Curió não queria se indispor com ele. No tempo em que comandava o garimpo, Curió só permitia a presença de um homossexual na mina, Vitinho. Os dois formaram uma aliança quase invisível e estratégica. Vitinho controlava uma parcela importante de garimpeiros e, com sua formação de enfermeiro e suas experiências fora, mantinha uma pressão psicológica sobre os homens da vila. Quando o garimpo estava perdendo força, espalhou o boato de que havia bamburrado, para reanimar os blefados. O programa de TV *Boa Noite, Marabá* divulgou que ele comprara passagens para a França, onde faria cirurgia de mudança de sexo.

ZÉ DA PADARIA

Serra Pelada, tarde de novembro

O império de Vitinho no garimpo é descrito por Zé da Padaria, pistoleiro desconfiado que por muito tempo foi assessor de Curió na prefeitura. Nas vezes em que tentei me aproximar, ele nunca foi além de um bom-dia. Em 2007, Zé rompe um silêncio de anos.

— Quando o Curió chegou, isto aqui era cangaço. Todo mundo tinha revólver na cintura, três revólveres. O Curió chamou o povo para a reunião. Disse que quem tivesse armas ia fazer um cadastro e entregar no escritório dele. Curió nunca deu um tapa, nunca agrediu ninguém. Quando dizia que ia fazer, fazia. Todo mundo ia para a praça da Bandeira. Ainda hoje ele é uma pessoa diferenciada.

Ando pelas ruas de Serra Pelada na companhia de Zé da Padaria.

— O prefeito me disse que não te recebeu ontem porque não tinha repertório. Ah, deixa ele em paz, você já tem tanta informação. Olha, foi ele quem garantiu a ordem no garimpo, não escreve nada contra Curió.

Num bar, Zé me apresenta Rosângela Márquez, 44 anos, a Rosa, a dona da bodega, que oferece pau-de-índio, pau-de-tatu, pau-de-onça — aguardentes com ervas. Morena, baixa, cabelos compridos, ela tem o semblante estático como o da sertaneja Rosa, interpretada por Yoná Magalhães em *Deus e o Diabo na Terra do Sol*.

Zé e Rosa se conheceram num troca-tapa, área livre para mulheres, distante do garimpo.

Zé toma alguns goles.

Pergunto a Rosa sobre as noites da Babilônia.

Ela lembra da proibição da entrada de mulheres. Diz que entrou bem depois, quando o ouro havia acabado.

— Aqui não tinha mulher, o pessoal trocava.

Zé entra na conversa:

— No tempo em que era interventor, Curió mandava prender todos os veados. Chegou a prender setenta veados. Raspava a cabeça todinha e botava no caminhão, mandava embora.

— Era para diferenciar — diz Rosa.

Zé pede que o gravador seja desligado.

— Desliga essa porra!

E prossegue:

— Aqui não entrava mulher. Aí os veados enxurraram. Isto à noite, nove horas, quando terminava o cinema, juntava montoeira. Teve época de ter 150 veados. Vieram para assumir o lugar das mulheres. Tinha veado que transava dez vezes por noite. Era como se fosse mulher. Quando começava a surgir problemas, o pessoal da intervenção tirava. É aquela história: sabe que o cara rouba, mas não roubou, não apareceu a vítima, ninguém prende. Para a polícia, se o cara não era ladrão, ele era veado e não fazia confusão, podia ficar.

Rosa:

— De dia, eles cozinhavam, cortavam cabelos. O veado mulher ia cozinhar e o veado homem ia para o buraco. De noite, se juntavam.

Zé:

— Os veados trabalhavam na lanchonete, no salão de beleza, no restaurante, na tabacaria. Fizeram parte da história. Mas é uma parte escondida da história.

— Botavam em filas. Esse é fulano de tal, esse é na fila, o macho, macho é ali.

— Lembra do Piauí, Rosa?

— Lembro...

— Era um cara jovem, de 35 anos... era um dos veados.

— Zé, foi para resolver a falta de mulher que a coordenação instalou o cinema.

— Eles anunciavam que iam exibir um filme. Aí o pessoal gritava: "De mulé, de mulé...". Quando chegavam lá, filme do Zé do Caixão.

Rosa ri pela primeira vez.

— Lembra, Rosa, os caras só queriam filme de sexo. Os veados fizeram parte da história. Eram veados, mas prestaram um serviço indiscutível nas lanchonetes, nos salões de beleza, nos restaurantes.

— Excelente — diz Rosa.

— Agora, no tempo da ditadura, entre aspas, ninguém aceitava esse tipo de procedimento.

Pergunto a Rosa se as mulheres entravam escondidas no garimpo.

— Não. Aqui só entraram as artistas para fazer shows, mesmo assim depois da administração do Curió. Vieram a Gretchen, a Rita Cadillac e a Márcia Ferreira, da Rádio Nacional.

Ao lembrar a visita a Serra Pelada, Rita disse ao apresentador de TV Silvio Santos que foi a primeira mulher a entrar no garimpo. "Era eu e mais 60 mil homens. Tinha homem que há dois anos não via mulher." "Gostou?", perguntou Silvio. "Adorei."

Zé faz outra pergunta e ele mesmo responde:

— Sabe quais os três tipos de gente que formaram Curionópolis e Serra Pelada? Isto aqui foi formado por peões, raparigas e veados. Ou você era peão, rapariga ou veado.

Rosa move a cabeça, concordando.

— Foi assim que surgiu Curionópolis, a nossa sociedade.

Zé diz que as mulheres vieram solteiras e por isso eram raparigas. Os homens eram peões, como ele, ou homossexuais.

— Minha irmã não era moça, e não era mulher casada. O José Botela não era casado, era peão, e casou com ela. Ele era peão e ela, rapariga. O Adebaldo era peão e casou com Lena, que era rapariga. Eu casei com a Vânia, que não era casada nem era moça.

— Tem pessoas que discriminam — se queixa Rosa.

Zé prossegue:

— Você sabe por que a Rádio Nacional ficou forte? Aumentaram a potência para dificultar a transmissão da rádio que apoiava a guerrilha. Aí os guerrilheiros não puderam ouvir mais a rádio comunista.

PAULO LOCUTOR

O garimpo não suportava mais "formigas". Curió impediu o acesso de novos garimpeiros à Serra. Quem estava dentro ganhou uma carteirinha. Surgiu a figura do "furão" — nome de um bicho parecido com esquilo —, garimpeiro que entrava na mina escondido, à noite, para driblar a segurança. Os "furões" se constituíram na classe social mais baixa. Sobre eles recaiu a culpa pela lentidão da fila indiana que levava à cratera ou saía do buraco e pelos furtos de relógios e pulseiras.

O maranhense Juvenal Costa Silva, o Paulo, locutor e um dos mais fiéis escudeiros do prefeito de Curionópolis, chegou à Serra como "furão". Aos quinze anos, deixou Buriticupu, no vale do Mearim, onde plantava arroz e milho, para conhecer o garimpo e o Major Curió. Gastou 24 horas para cortar a mata. Num fim de tarde, ele e outros migrantes avistaram barracas de folhas de babaçu. Burlaram a segurança. Paulo foi contratado como "apontador" — encarregado de anotar as entradas e saídas dos "formigas" do buraco. Por dia, o "formiga" ou meia-praça precisava fazer quarenta viagens. A tarefa de "apontador" era dada a jovens, sem força para carregar cascalho. Havia o "cavador", que cavava com pá o cascalho, e o "enchedor", que jogava o cascalho no saco. "Cara branca" era o dono da cava. O responsável pela comida era o "fornecedor", que dividia o lucro com o "cara branca".

Curionópolis, tarde de fevereiro

O locutor Paulo anda pela cidade sempre arrastando uma caixa de som. Ele diz que conheceu Curió num dia de *Operação Documento*.

— Tudo era operação. Ele fez essa operação para dar documento. Como era menor, eu não podia entrar na fila para ser registrado, pois corria risco de ser expulso do garimpo. Resolvi arriscar. Entrei na fila e esperei o tumulto para me aproximar da pessoa que pegava os dados. A pessoa nem percebeu que eu era menor. Numa noite tive um pressentimento ruim. Pela primeira vez fui trabalhar com capacete. De manhã, no garimpo, deixei a caderneta no chão para ajeitar o capacete. Quando fui abaixar para pegar a caderneta, ouvi um trovão. Terra e cascalho de todo canto começaram a cair. A sensação foi a de mergulhar num grande rio, no Araguaia, no Tocantins, até o fundo. Retornei como se estivesse voltando de um mergulho. Fui tentando tirar a terra, abrir espaço com as mãos, chegar à superfície e respirar. Deu certo até atingir uma pedra, que segurou minha perna esquerda. Ao menos dava para colocar os olhos e o nariz para fora. Alguém gritou: "É o Paulo!". O garimpo todo gritou. Era como se eu tivesse encontrado o ouro que nunca encontrei. O pessoal me puxava pelos cabelos. A terra me sufocava, não conseguia falar, a perna presa, muita gente gritando meu nome, gente que gostava de mim, gente que não me conhecia mas queria me ver vivo. Na puxada, a roupa foi ficando, o calção ficou enterrado, a blusa rasgou, estava nu como vim ao mundo. Nasci de novo. Paulinho e Joel, meus amigos, ficaram na terra.

As estimativas de mortes em desmoronamentos no garimpo variam de trezentas a quinhentas. Um exagero. Há registros de 48 pessoas mortas em acidentes. Uma avalanche perto da cava da Igrejinha matou vinte homens. No barranco da Pedra Preta, doze morreram no deslizamento de um paredão de 25 metros de altura. Meses depois, outros dois morreram no mesmo local. Seis morreram no Buraco da Viúva e oito numa avalanche na Grota Rica.

***

Na pista de 330 metros de extensão, a média diária era de cinquenta pousos e decolagens de aviões. O fluxo de entrada de homens no garimpo só aumentava. Curió abriu uma estrada ligando Serra Pelada à rodovia PA-150, a Transgarimpo, de 48 quilômetros de extensão, para desafogar o trânsito aéreo. Ele também alargou a rodovia PA-275, que levava a Parauapebas.

Como Luis Gálvez Rodríguez de Arias, o aventureiro espanhol que no final do século XIX proclamou a República do Acre, Curió fez melhorias no feudo que tomou para si na Amazônia. Ele construiu uma quadra de esportes e abriu um posto da Caixa Econômica Federal. O banco acabou com o atravessador.

Curió escrevia relatórios sobre a suspeita de novas guerrilhas. O extinto MR-8, o grupo de Franklin Martins que sequestrou o embaixador norte-americano no Rio em 1969, pretendia controlar Serra Pelada. Militantes teriam armas de diversos calibres. Isso não existia. O agente usava os relatórios fantasiosos para convencer os generais a deixá-lo mais tempo na Amazônia. Além de garantir o poder na região, ele engrossava o soldo, pois os militares ganhavam diária para ficar na selva.

Nos três primeiros meses de intervenção de Curió, os "formigas" de Serra Pelada retiraram três toneladas de ouro, vendidas para a Docegeo, da Vale, e transformadas em barras numa fundição de Belém. O arcaico sistema de retirada manual com bateias garantiu ao Banco Central 1 bilhão de dólares. Os "formigas" usavam, como os escravos de Minas Gerais, no século XVIII, os cabelos crespos e a pele do pênis para esconder fagulhas de ouro. Para enganar os fiscais da Receita e da Docegeo, eles ainda saíam com ouro em palmilhas falsas de botina, barras de sabão, abas de bonés e dentro de relógios que não marcavam hora mas tornavam tempos iguais a Colônia e o século XX.

Curió flexibilizou práticas militares, abriu mão da força e não demonstrou interesse em criar uma ditadura sanguinária. Estava seduzido pelas pompas e pelo brilho que, inacreditavelmente, se conseguia retirar do horror do formigueiro. Implantou no garimpo uma monarquia "colorida" e "animada", como a do fanfarrão protagonista do livro *Galvez, imperador do Acre*, que na vida real decretou a independência do território dos seringais, num movimento iniciado pelo cearense Manoel Felício Maciel, bisavô do guerrilheiro *Duda*. A monarquia de Curió lembrava os ternos de congo de Minas. A bizarrice num espaço de miséria era, simbolicamente, a ruptura do jacobinismo tardio dos oficiais que, como ele, estiveram no Araguaia, defensores do poder centralizado e da violência para garantir a exclusividade militar no controle do governo, homens atentos ao risco da volta de qualquer espécie de rei sem farda. Os ventos de abertura política sinalizavam que "sentar o pau na turma" não era mais algo "natural". Jornalistas estavam por toda parte e com mais liberdade, e os padres faziam sermões mais ousados.

Curió instalou no garimpo um cinema a céu aberto, com bancos de tábuas e telão de lençóis, para exibir pornochanchadas e filmes nacionais como *Rio Babilônia*, sobre contrabando de ouro e cheio de cenas sexo.

Sem cava, os filhos e sobrinhos de João Mineiro voltaram a subir a Serra. Agora, levaram uma lona e uma dezena de cavalos. Ao lado do buraco da Babilônia, montaram um circo de rodeios. Com eles foram dançarinas de *striptease*, que receberam permissão especial do Exército para se apresentar, e os peões Promissão, Rouxenedo e Pernambucano — nessa época, Curió já tinha deixado o controle do garimpo. Usavam um megafone para anunciar os shows. O policial Hulk foi contratado para impedir, com chicote, que, nas apresentações, os mais afoitos se aproximassem das mulheres.

Toda manhã, os garimpeiros tinham de participar da solenidade da bandeira, como no campo de concentração da Bacaba, na época da guerrilha.

No garimpo, Curió teve uma massa para aplaudi-lo e tratá-lo como liderança, senhor dos conselhos, da vida e da morte. Nos romances de cordel, Curió era mais que um repórter loiro da Globo, um fogoió da TV. Era Sebastião, que no passado foi majestade e retornou da batalha no deserto para salvar sua gente. Vieira, poeta da Serra, escreveu *A volta de Sebastião, o Rei!!!*, folheto vendido nos cabarés do Trinta e de Marabá:

Lá vou ver se encontro
Com Dr. Sebastião
Eu creio que ele arranje
Ou carabina ou permissão
Pra mim entrar lá na Serra
Sem o nome de furão

Bom tempo por pouco tempo
Nós todos vamos alcançar
Muito pasto e pouco rastro
Está perto de chegar
Se a Bíblia falar devera
Dois mil ano não intera
Sem o mundo terminar

Amigo meu bom leitor
Você leia com atenção
Esta história que eu fiz
Com honesta educação
Falando no Curió
Que já foi nosso major
Homem de bom coração

Eu sempre ouvia dizer
E vou contar ao senhor
Aonde um já me disse
Perante o conhecedor
Dizendo com amizade
Ele já foi majestade
E também um diretor.

Os Ferreira, que fundaram São Domingos e fizeram pacto com os militares na repressão à guerrilha, estavam na leva de homens que tentavam bamburrar. Divididos desde o Nordeste, os irmãos e primos se uniriam formalmente em Serra Pelada. Eles se viram em minoria entre os maranhenses e acharam
melhor procurar ouro em grupo. Luiz Ângelo e Geraldo Ângelo da Silva, filhos
de João Ângelo e Carlota, estavam lá. Nena, filha de Antônio Ferreira, se casou
com o garimpeiro Pedro Moraes, filho dos maranhenses Adalgisa e Frederico.
Boa era a situação de Edson da Brahma, filho de Jacob, que mais tarde sucedeu
o pai na prefeitura de São Domingos. Edson ganhou dinheiro com um depósito de cerveja em Marabá para atender bamburrados.

Apareceram no garimpo falsificadores de documentos, forjados em cartórios de Goiás e do Pará. Lá estava João de Deus, o adversário de Curió em
Paraíso. Mancando, João disse que havia comprado a área de Serra Pelada, a
suposta "fazenda Bandeirantes", de um negociante de Goiânia, anos antes da
descoberta do ouro.

JULINHO

Nos sete primeiros meses de garimpo, foram retiradas sete toneladas de
ouro. No ano seguinte, a produção caiu para duas toneladas e meia. Tirar
ouro ficou difícil, as cavas estavam mais fundas. O garimpo atingiu o lençol
freático e a água brotou. Em quatro anos de garimpagem, o buraco chegou a
duzentos metros de profundidade e trinta de diâmetro. Oficialmente, o garimpo produziu 42 toneladas de ouro. Foi nos dias finais do auge do ciclo que
um "formiga" retirou a maior pepita, a "Canaã", com 60,82 quilos, sendo
52,332 de ouro. A "Canaã" foi encontrada numa noite de setembro. Um depoimento de Júlio de Deus, o Julinho, o descobridor da pedra, foi guardado
na cooperativa:

> Eu era construtor de calçamento em Estreito. Fui o primeiro a entrar com cami-
> nhão em Serra Pelada, que trazia 70 peões. Peguei um barranco por 500 cruzei-
> ros, logo o governo me proibiu de baixar o barranco. Me deram outro no lugar

apertado da Serra, outro na Babilônia e outro na Malvina. Antes peguei ouro no barranco da Bucetinha, no apertado da Serra. Me deu 28 quilos de ouro. Sonhei que tirava pepitas e tenho certeza que vou tirar mais de mil quilos de ouro. A Serra está prometendo.

Faltou sorte para o bamburrado. Ele morreu numa briga de bar.

Antes dos hinos, às oito horas, as caixas de som do garimpo tocavam a música "Apologia ao jumento", de um disco de Luiz Gonzaga.

É verdade, meu senhor
Essa estória do sertão
Padre Vieira falou
Que o jumento é nosso irmão
A vida desse animal
Padre Vieira escreveu
Mas na pia batismal
Ninguém sabe o nome seu.

Após a música, as caixas de som nos postes tocavam o Hino Nacional e o da Bandeira. A qualquer hora, era dado um comunicado: "Atenção, garimpo!". Garimpeiros ofereceram ao major outro disco, mas a música do jumento continuou sendo a única tocada na mina.

Pela avenida Milionária, uma picada aberta entre casebres de palha e lona preta, os homens que encontravam ouro exibiam dentes dourados, chapéus de feltro preto e calças e camisas apertados comprados nas bodegas de Marabá. Andavam com aparelhos de som tocando "Estrada da vida", da dupla sertaneja Milionário e José Rico.

Nesta longa estrada da vida
Vou correndo e não posso parar...

O goiano Marlon Lopes Pidde, um rapaz magro, de 25 anos, de Goianésia, furou a barreira policial. Preso no garimpo, o "furão" pediu aos "fedecas" — os policiais federais da guarita — que o levassem até Curió. Tanto insistiu, que os agentes o arrastaram até o barraco do coordenador. Lá, o rapaz pediu autorização para montar uma oficina de conserto de picaretas. Curió olhou para o jovem maltrapilho e respondeu:

— De fato, uma oficina é de utilidade pública.

Marlon deixou de ser "furão". Não ficou muito tempo na condição de blefado. Adquiriu uma cava perto do buraco de Zé da Rita, encontrou ouro, tornou-se "coronel de barranco" e contratou pistoleiros. A milícia dele era comandada pelo cearense José Fernandes dos Santos, o Pé na Cova.

A imagem do formigueiro humano correu o mundo, despertou a atenção de fotógrafos e cineastas, espantou com a miséria organizada. Publicações e vídeos no exterior espalharam a grandiosidade da Babilônia. Os milhares de homens, com sacos sobre as costas nos despenhadeiros e escadas, compunham um mosaico único. Era a maior concentração de trabalho desde a construção das pirâmides do Egito, destacavam os telejornais.

O *marketing* de Curió convenceu repórteres de grandes jornais. O algoz da guerrilha foi descrito como "socialista", por retirar do garimpo alguns donos de barrancos, "capitalistas", que bamburravam e entregar a área a blefados. Os "capitalistas" tinham moeda própria, pagavam seus cinquenta, cem e até trezentos funcionários com "orelhas de jegue", vales aceitos no comércio da região. Repetiam o comerciante Antônio Vilanova, de Canudos.

Curió se animou com os resultados do *marketing* e disse a repórteres que faria a revolução popular na Amazônia que os comunistas não tinham conseguido. Ele, no entanto, estava longe de ser Osvaldo, guerrilheiro. Estava mais para Osvaldo, filho de Genésio, que não conseguiu retirar as armas dos homens mas impedia, até certo ponto, pinga e mulher no garimpo.

A cachaça continuava proibida. Os garimpeiros tomavam rabo de galo, álcool de farmácia misturado com Biotônico Fontoura. Logo, o álcool e o Biotônico foram proibidos também. Os bamburrados iam para Marabá, onde construíam casas azulejadas para mulheres ou fechavam motéis e bares. Os pobres ficavam na corrutela fundada a poucos quilômetros pelas moças expulsas do garimpo.

Os "formigas" lembram que aceitaram a expulsão das mulheres em troca de preços justos na venda do ouro e de benefícios, como vacinas, tratamento da malária, cestas básicas e abertura de estradas. Elas, porém, resistiram.

10.

BASTIANA

A maranhense Bastiana Claudino, fundadora de Curionópolis, construiu o cabaré Pepita de Ouro em frente à rodovia PA-275. A casa dela era a mais movimentada do povoado das mulheres, uma recriação do Salão da Alegria, o cabaré de Marabá no apogeu da castanha, que importava mariposas de Porto Nacional. No cabaré de Bastiana trabalhavam graciosas mulheres de Belém e Goiânia. Zé da Rita, que abandonou a OP-3, era cliente assíduo. As meninas de Bastiana dançavam no palco com "barões" colados nas pernas. Não faltavam garrafas de 51 e sanfonas.

Zacarias, o Bateia no filme *Os Trapalhões na Serra Pelada*, cantou num cabaré lotado:

Te procurei nas estrelas
No galope das ondas
No desenho das estradas
Na surpresa da noite...

Curionópolis, manhã de outubro

O primeiro cabaré de Bastiana e do povoado ficava na rua Pará, informa o ex-garimpeiro Walter Ferreira Lima, 63 anos. Ele fala da mais poderosa mulher do 31:

— Quando cheguei, era só o começo. Tinha esta pista e a rua de trás, lá para trás tinha algumas casinhas variadas. Era mato mesmo. Quem abriu isto foi a mulherada. Tinha a Boate do 31, a um quilômetro da antiga Vila do Trinta. A dona era a Bastiana. Você pode encontrar a Bastiana lá para baixo, na rua Piauí, todo mundo a conhece.

Onde estará Bastiana? Estou na rua Piauí, paralela à Amazonas. Depois de bater em várias portas, encontro o barracão onde a Boate do 31 funcionou. Uma criança abre a porta da casa de madeira. Digo que procuro a dona Bastiana. Uma mulher se levanta da rede no fundo do barracão. Ajeita os cabelos brancos e compridos, cambaleia até a porta e se apresenta:

— Sou Bastiana.

Ela aceita sair para conversar no muro de uma pinguela sobre um riozinho que passa em frente. Com vestido florido, a mulher novamente ajeita os cabelos, que contrastam com a pele escura. Tem um olhar distante, triste, uma voz gutural.

— Meu nome é Sebastiana Claudino da Silva, tenho 65 anos. Sou de Codó, mas me criei no Mearim. Cheguei em 79, antes da enchente que destruiu Marabá. Já tinha deitado nos garimpos todos do Pará. Fui a primeira que chegou aqui. Só mata e capim. Aí, deitando nesse meio de mundo, Cachoeirinha, Santa Inês, Grota do Macaco, Grota Verde, Brás... cheguei à terra do Bastião. Capinei o mato, construí sete barraquinhas. Eu tinha 32 mulheres. A bebida era escondida. Começou a chegar gente. E danou-se tudo.

Era nas matas de Codó, terra de Bastiana, que estava um dos primeiros quilombos a aderir à Balaiada, no século XIX — a revolta de vaqueiros, balaios e quilombolas. Na época em que a pioneira deixou o Maranhão, Codó era considerado o mais pobre "bolsão de miséria" do país. A expectativa de vida não passava de 45 anos, apenas 2% dos trabalhadores estavam empregados, a tuberculose atacava os adultos e a diarreia, as crianças. As mulheres tentavam nutrir seus filhos com o que ganhavam das matas de cocais. Dos nascidos, 12% não completavam um ano.

O menino que havia aberto a porta sai do barracão, se aproxima e senta ao lado de Bastiana. Chama-se Marcos Silva, o Gugu, tem doze anos, é neto dela.

— Sou a primeira mulher da cidade. Sabe onde dormi quando cheguei? Lá na calçada do Bastião Naves, num alpendrezinho. "Mas, dona Bastiana, que diacho você está fazendo aqui?" [imita o fazendeiro com voz fanha] "Olha, vim ver um problema aqui, ver se é problema, se é verdade ou se é mentira." Ele perguntou: "O que é?". "Um hóspede meu em Marabá disse que foi descoberto um garimpo." Bastião se espantou: "Quem é?". "O Raimundão. Quero ir lá para a casa do Raimundão." Fui com uma colega no garimpo, tinha mesmo garimpo. Disse: "Maria Raimunda, aqui tem garimpo". Ela disse: "Será?". Não tive dúvidas: "Que será. Será é uma coisa, e ser é outra". Voltei a Marabá. Trouxe dois homens para fazer a barraquinha. Trouxe a Maria Fininha, a Maria Raimunda, a Gorda e a Mariazinha. Não sei o nome de todas, porque não dão o nome direito. Aquela ali [mostra uma moça que aparece na porta do barracão] é minha filha, ficou louca. Eu tinha oito filhos, morreu tudo. Ficou ela, para me dar dor de cabeça.

Pergunto onde ficava exatamente o cabaré. O menino se adianta e diz que era numa rua mais acima. Respondeu em tom de reprovação.

O cabaré era de tábuas de castanheira rosa, a de melhor qualidade. Ali é que Bastiana teria conhecido Curió.

— O Sebastião Curió, quando chegou ao meu barraco, falou: "Aqui é o garimpo de Grota Rica?". Respondi: "Não, é lá dentro dos igarapés". "Por que é?", perguntei. "É porque eu vim dar uma olhada." [imita Curió com voz fanha] "Onde, Curió?" "Em Serra Pelada." [voz fanha] "O que tem para a gente merendar, Bastiana?" "Vou lá reparar as meninas para ver se tem alguma coisa." Merendou lá, e nesse dia foi para o garimpo. Quiseram acabar com a cidade, mas não foi ele. Aí o pessoal disse: "Aqui vai ser uma cidade, não vai ser capim, não". Eu fiquei com essa terra, daqui acolá. Eu não briguei. Vejo o povo andar com esculhambação, eu não entro não. Tenho uma garrinha de chão no Macaxeira. Não gostaria que o pessoal tomasse.

O menino me olha com desdém. Bastiana volta a falar:

— Não me lembro de nomes, estou velha. Gostava de todos, não tinha marido mesmo. Gostava do *Chicão*, era quem eu mais gostava. Ele ia muito na minha venda, na mulhezada. Comigo não tinha disso não, o homem, se fosse no meu quarto e pagasse, podia ir com qualquer mulher de casa, nunca fiz banca. Não tinha amigo certo. Me pagando, dá de comer para meus filhos, pronto. Uns pagavam com ouro.

Sorri.

A filha dela grita. Bastiana responde:

— Vai à merda, você me atenta, me larga de mão!

Bastiana volta ao passado:

— Era animado. A bebida vinha escondida, bebidinha velha, São João da Barra. Botava música. Já tinha energia. Aí começou a se danar mesmo. Muito fole.

— Fole é... muita gente — diz o menino, ríspido.

— Ele é meu neto, filho da minha filha louca. É muito ciumento.

Bastiana retoma a conversa sobre o cabaré:

— Eu não tinha muito tempo para ficar no quarto. Não era porque não me queriam, queriam. Aqui não tem essa coisa de futuro. Me deitei em todos os garimpos, hoje estou aqui.

Conta que foi chamada para participar da marcha dos sem-terra que acabaria em massacre, na Curva do S, em 1996.

— Eu não quis ir para Eldorado. Se você quer um tragado de chão, tem de ter paciência.

Um cunhado dela foi baleado. João Batista Penha faleceu quatro anos depois, aos 46 anos, de insuficiência cardíaca. Para o Movimento dos Trabalhadores Sem-Terra, organizador da marcha, a morte foi decorrência da tragédia.

Ela é a mulher que restou da cidade das mulheres, das noites animadas. A dona da noite, a fundadora da noite, a primeira senhora de Curionópolis. Um toco de homem não sai de perto da avó. O menino dá dignidade à mulher, dá vida a Bastiana. Ela cospe no chão. O menino me olha, parece avaliar que olhei com reprovação a avó. O menino olha para baixo, demonstra certa raiva e cospe.

Curionópolis, tarde de novembro

João do Patrocínio, o João Mineiro, um dos primeiros moradores de Curionópolis, virou nome da rodoviária da cidade. O vereador Joãozinho, filho dele, fala da chegada de Curió:

— Ele desceu de helicóptero num campo perto do curral do Naves. "Quem é o proprietário aqui?", perguntou. João Mineiro, meu pai, respondeu: "Proprietário não, mas a pessoa que começou aqui fui eu". "Olha, João, recebi ordens para desmanchar este vilarejo." "Rapaz, não faz isso não, a gente já mora aqui há tanto tempo." Uma das mulheres lhe contou que o lugar se chamava Curiolândia. As mulheres e as crianças gritavam o nome dele, para conquistá-lo. Voltou para o garimpo sem cumprir a ordem. No outro dia mandou máquinas para abrir ruas. Meu pai doou cinco alqueires e vendeu outros cinco para o lugar virar cidade. Sebastião Naves doou outros cinco.

O povoado deixava de se estender aos poucos e sem controle pela mata para invadir de uma vez a floresta, de forma organizada, com ruas retas, paralelas e perpendiculares. Mais castanheiras brancas e rosa foram derrubadas. Com as ruas abertas pelas patrolas, mais garimpeiros trouxeram mulheres "legítimas", que estavam no Nordeste. Em poucos meses, 52 mil pessoas viviam nos barracos de Curionópolis, apontava o IBGE. As serrarias de Osmar Ribeiro e Ataíde Rezende não davam conta dos pedidos. Bodegas e barbearias foram abertas na rua Açaí. O Supermercado Maranhense, o Peg e Pag, o Porta Aberta e a Mercearia do Bigode eram os maiores comércios. Dormitórios abriam nas esquinas. Os açougues exibiam as carnes em caixotes revestidos com telas contra moscas.

O Banco Bamerindus se instalou na rua Pará.

Nos quintais dos cabarés e das casas, as mulheres plantavam jambeiros, goiabeiras, abacateiros, coqueiros e pés de fruta-pão.

O barbeiro Wilton Alves, 68 anos, da avenida Carlos Santos, relembra:

— O pessoal gostava do corte rabo de pato, cortava baixinho aqui e deixava o cabelão grande aqui, o rabão nas costas. Hoje o pessoal se apaixonou pelo cabelo rebaixado. Naquele tempo todos queriam ser cabeludos. Quem comandava aqui era o Curió mesmo. Ele veio destruir isto aqui. Ele chegou na casa do João Mineiro. O pessoal arrodeou: "Curió, você vai acabar com isso aqui, Curió?". Aí ele disse: "Não, não vou acabar. Vou querer que me cedam estas terras para eu povoar". Ele tinha ordem para tirar, mas resolveu organizar. Abriu aquele lado acolá, tirou tudinho. Fez uma feirinha lá em cima, construiu o colégio. Curionópolis deve muito a criação a Curió. Tinha uma praça, do Imigrante, onde ele colocou um palanque. O pessoal achou por bem botar o nome de praça do Curió. Aí, por isso colocaram o nome de Curionópolis. Ele não queria, mas o pessoal birrou. A violência no começo é o caso que eu estava dizendo. O pessoal do garimpo não tinha direito a mulher nem a bebida. Aí, quando vinha para cá, matava. Já vi amanhecer sete mortos. Não lembro o nome de ninguém. Até porque no Pará o negócio é diferente. Tenho freguês de anos que não sei o nome.

DADÁ E JOÃO

Curionópolis, tarde de outubro

A costureira Francisca Moreira, a Dadá, de 52 anos, da rua Sergipe, recorda:
— Vim de camionete de Bacabal, no Maranhão, em 1983, com um filho pequeno. Vim trabalhar aqui mesmo na rua, não fui para garimpo. Não acostumei aqui não, não gosto daqui não. A maior dificuldade daqui é o respeito que não se tem. O Parazão é assim. Trabalhei de empregada, perto da rodoviária. Aí, eu vim para esta casa trabalhar aqui mesmo. Começou a sair gente. O pessoal foi tirando as casas de madeira para construir em outras cidades. A violência era cruel. Morria gente direto. Hoje ainda morre, mas se matava mais. Não tinha água. Aqui era carregando no balde. As Igrejas foram chegando, pouco a pouco. Primeiro era só a Católica, depois a Evangélica. Não sei o começo da história mais. Quando conheci o João, ele tinha outra mulher.
Ele demonstra não querer conversa. João Dias Ferreira, 66 anos, depois se abre:
— Sou de Nazaré do Piauí. Fui para Araguaína. Lá, na fazenda Mirandiba, encontrei a família de João Mineiro. Foi naquela época da mentira de terrorista. Nunca existiu terrorista. O que tinha em Xambioá e Marabá vou falar agora: era o PCdoB com o PT, que toda vida foram radicais, você sabe disso, era

uma gente que se chocava com a polícia. Começaram a se implantar neste terreno, dispostos a crescer e explodir uma bomba contra o governo. O Exército matou aquele povo diferente que começou a chegar. José Genoino foi um dos que escaparam. Aquele João Amazonas era linha de frente. Eu conheci aquela moça, a *Dina*, ela estava em Araguaína um dia, chegou lá, e tinha um rapaz vendendo umas bananas. Eu estranhei porque ela chegou e disse: "Nossa, que banana bonita". A *Dina* era morena clara. Ali não tinha nada de terrorista, era esse pessoal do pcdob e do pt que se revoltou. Eles eram muito distintos, davam remédio para o povo que morava no interior e sofria de malária. O Exército não queria isso, batia nos camponeses, chegava até matar. Fiquei sabendo que esse prefeito fazia jogada suja. Ele botava soldados para cá e para lá, os soldados se matavam. Não era terrorista quem matava. Trabalhei dois anos na lanchonete da rodoviária de Marabá. Nunca tinha garimpado. Aí surgiu Serra Pelada. "Ah, vamos embora para esse lugar." Fui. Antes, único garimpo que ouvi falar foi o Ipixuna, em Xambioá. Mas não cheguei a mexer lá, não. Em Serra Pelada, carregava saco, para ir levar o ouro para lavar. Hoje, me dá nojo quando ouço falar. No tempo do regime militar, isto era área de segurança nacional. Esse prefeito que existe era aparentado do Figueiredo. O presidente mandou para cá para tomar conta. Ficou enrolando o povo toda a vida. Aqui corria dinheiro, ninguém dava conta de nada. Conheci Dadá. Vim casado de Marabá. Mas na realidade Dadá foi a primeira mulher que conquistei. As outras entravam na minha vida dormindo. Quando acordavam, começavam a fazer besteira. Você não sonha quando está dormindo? Quando acorda, não é aquilo que realmente estava no sonho. Aí é que está o engano. Elas achavam que eu tinha dinheiro, nunca fui tolo. Nunca aceitei que fizessem coisa errada. Podia ser branquinha, bonitinha, do jeito que fosse, nunca aceitei. A história do sonho é essa. Você sonha que está chegando em Brasília de avião, e, quando acorda, está no mesmo lugar. Ela sonhava que ia ficar em Belém. Aí eu cansei, de tanto arrumar mulher. Já estava envergonhado. E convidei esta aqui para morar comigo. "Não, não, quero não, João, Deus me livre, tanta mulher novinha e você quer uma coroa." "Dadá, você é a primeira que estou convidando." Passados uns dias, tornemos triscar no assunto. Aí, vim morar nesta casa. A gente era muito amigo, se gostava. Nunca sonhei que a gente ia juntar as latas. Ela era amiga mesmo, daquelas que a gente gosta de coração. Nossa vida era essa, era vida, não era sonho. Um dia pedi para ela fazer uma roupa. Disse que

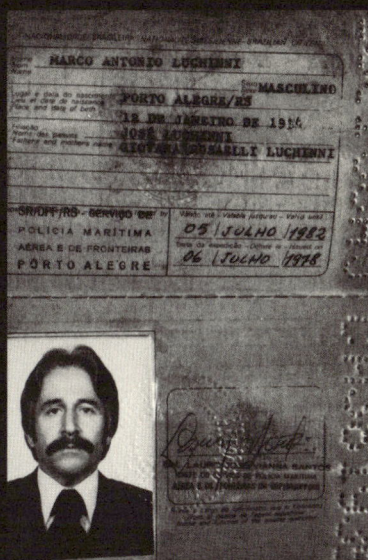

REDE GLOBO

Pertence a
MARCO ANTONIO LUCHINNI

Unidade
Reportagem Volante

Departamento
Telejornalismo

Função
Repórter

IMPRENSA

M-977.402 - SSP/MG

Mat. N.º
TVG-0568/DF

Válida até
31 DEZ 80

PLANTEL EDITÔRA E PUBLICIDADE S.A.

Amaral Netto
O Repórter
REDE GLOBO RIO DE JANEIRO BRASIL

RUA BAMBINA, 19 – ZC-02 – TEL. 266-7588 (PBX)

CARTEIRA FUNCIONAL

NOME MARCO ANTONIO
LUCHINNI

FUNÇÃO REPÓRTER

IMPRENSA

AMARAL NETTO

"AMARAL NETTO, O REPÓRTER" solicita todas as facilidades e auxílio necessário no desempenho da missão do portador desta

NOSSA MISSÃO É PRODUZIR OTIMISMO

DATA DE ADMISSÃO: 30 / Out / 73   ESTA CARTEIRA VALE ATÉ: — / — / —   INDETERMINADO

CARTEIRA PROFISSIONAL	SÉRIE	DATA EMISSÃO
14.582	327	05 Abr 72
CARTEIRA DE IDENTIDADE	ÓRGÃO EXPEDIDOR	DATA EMISSÃO
M-977.402	SSP/MG	30 Out 73

ASSINATURA DO PORTADOR

CIC

NASCIMENTO
12.01.34

INSCRIÇÃO NO CPF
145 919 601 53

CONTRIBUINTE
MARCO ANTONIO LUCHINNI

SECRETÁRIO DA RECEITA FEDERAL

GARIMPO

O garimpo. [André Duarte]

Curió em Serra Pelada.
[Antonio Cruz]

Curió recepciona o presidente João
Figueiredo em Serra Pelada.

Militares vestidos de
garimpeiros cercam
Figueiredo no garimpo.

Figueiredo no garimpo.

Curió, líder do garimpo.

Curió discursa no auge de Serra Pelada.

Comício da campanha de Curió por uma vaga de deputado federal, em Marabá.

Curió é carregado pelos garimpeiros.

Curió e os Trapalhões, que estavam no garimpo
rodando o filme *Os Trapalhões na Serra Pelada*.

DEPUTADO

Comitê de campanha de Curió.

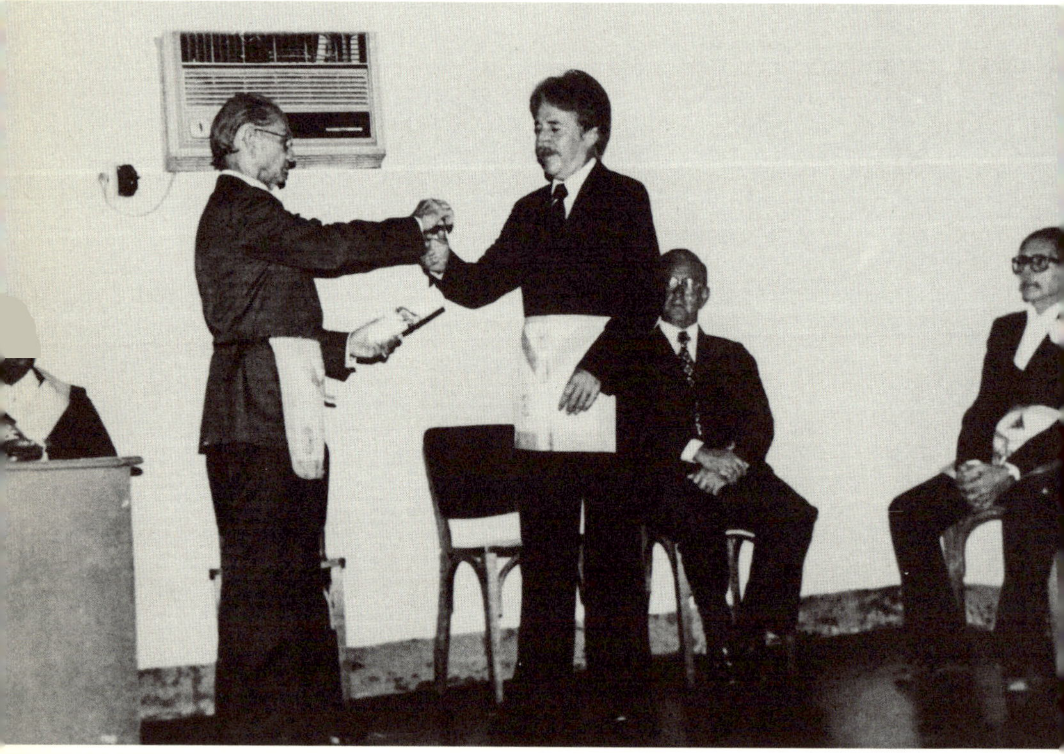

O dono de castanhal Almir Moraes homenageia o deputado Curió na loja maçônica de Marabá.
É o retrato que simboliza a entrega de poder da oligarquia para o novo "imperador" do Araguaia.

Curió e o casal Edison e Nice Lobão. Grupo de Edison
Lobão montou esquema para dominar Serra Pelada.

Curió em campanha para deputado federal, no Araguaia.

Da esquerda para a direita, o deputado Jorge Arbage (PDS-PA), Curió, Paulo Maluf e o colunista social Gilberto Amaral. Curió e Amaral eram amigos de infância em São Sebastião do Paraíso, Minas Gerais.

Curió e garimpeiros comemoram a aprovação da lei que garantiu o trabalho em Serra Pelada.

O deputado federal Curió em visita a Taiwan.

MISSÕES NO SUL

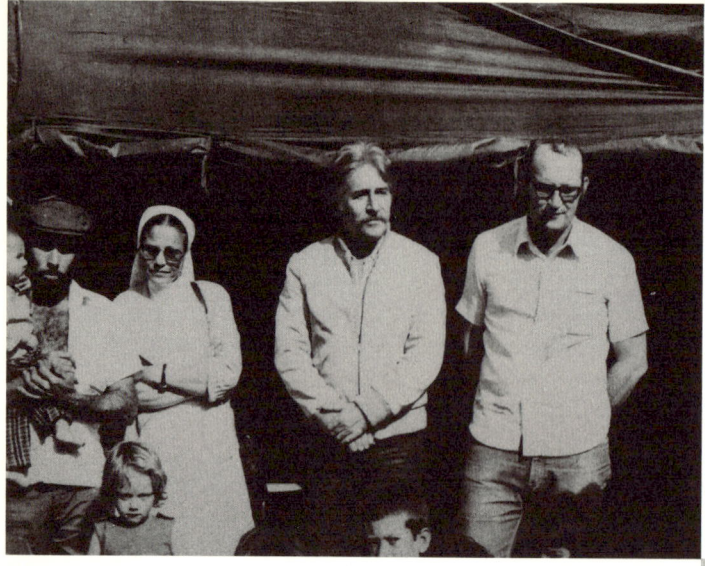

Curió e o padre Arnildo Fritzen.

Encruzilhada
Natalino.

Curió hasteia a bandeira
na Encruzilhada
Natalino. Ali começava
a história do MST.

Padre Arnildo Fritzen, um dos "pais" do MST. [Leonencio Nossa]

Curió discursa no levante dos posseiros em Capitão Leônidas Marques, Paraná.

Estrada no município de Curionópolis,
Pará. [Dida Sampaio]

A caminho de Curionópolis,
Pará. [Dida Sampaio]

Na estrada de Marabá para Curionópolis, Pará. [Dida Sampaio]

O fazendeiro Sebastião Naves, em
Curionópolis, Pará. [Leonencio Nossa]

Curionópolis, Pará.
[Leonencio Nossa]

O prefeito Curió na festa dos vinte anos do município de Curionópolis, Pará. [Dida Sampaio]

Despedida do prefeito Curió em Serra Pelada,
Curionópolis, Pará. [Dida Sampaio]

Curió visita Serra Pelada. O buraco do antigo
garimpo virou um lago. [Dida Sampaio]

Curionópolis, Pará. [Dida Sampaio]

Curió e seus advogados chegam para julgamento no Fórum
de Sobradinho, Distrito Federal. [Dida Sampaio]

Contracheque de Curió, que ganha proventos de general de brigada depois de "promoção" no governo Lula.

MINISTÉRIO DA DEFESA
EXÉRCITO BRASILEIRO
SECRETARIA DE ECONOMIA E FINANÇAS
CENTRO DE PAGAMENTO DO EXÉRCITO (CPEx-1982)

UNIDADE: 024885
MÊS PGTO: MAR 08

COMPROVANTE MENSAL DE RENDIMENTOS

PREC-CP	NOME			
96 0006486	SEBASTIAO CURIO RODRIGUES DE MOURA			

P/G/PROV/PENSÃO	P/G/REAL	RM/CAT/IND
04 GEN DE BRIGADA REF	06 TEN CORONEL REF	08 2 2

IDENTIDADE	CPF	BANCO/AGÊNCIA/CONTA CORRENTE
EB 1004136402	089 074 121 20	001 3129 00901512

CÓDIGO	DESCRIÇÃO	R/D	VALOR	PRAZO
B01	SOLDO	R	5.610,00	
B03	ADIC TP SV	R	1.683,00	
B06	ADIC HAB	R	1.122,00	
B14	AD C ORG H VOO	R	369,30	
B17	SAL FAMILIA	R	0,48	03 08
B20	ADIC MILITAR	R	1.570,80	
ZD2	GBOEX (PEC)	D	219,08	
ZE4	CLUBE EX (MENS)	D	66,00	
ZM3	FUSEX DESP MED	D	561,00	03 08
ZM7	DESC DEP FUSEX	D	51,77	03 08
Z99	PENS JUDICIARIA	D	1.363,76	
Z01	FUSEX 3%	D	310,65	
Z02	P MIL 7.5% PG04	D	776,63	
Z05	P MIL 1.5% PG04	D	155,32	
Z29	TAXA REM C/CH	D	0,55	
ZA3	CAPEMI (PEC)	D	572,75	
ZB4	C MIL S/EF-MENS	D	35,00	

O capitão João Crisóstomo Moreira,
combatente na Guerra do Paraguai, foi
para o Araguaia organizar garimpo e tentar
descobrir uma lendária mina de ouro.

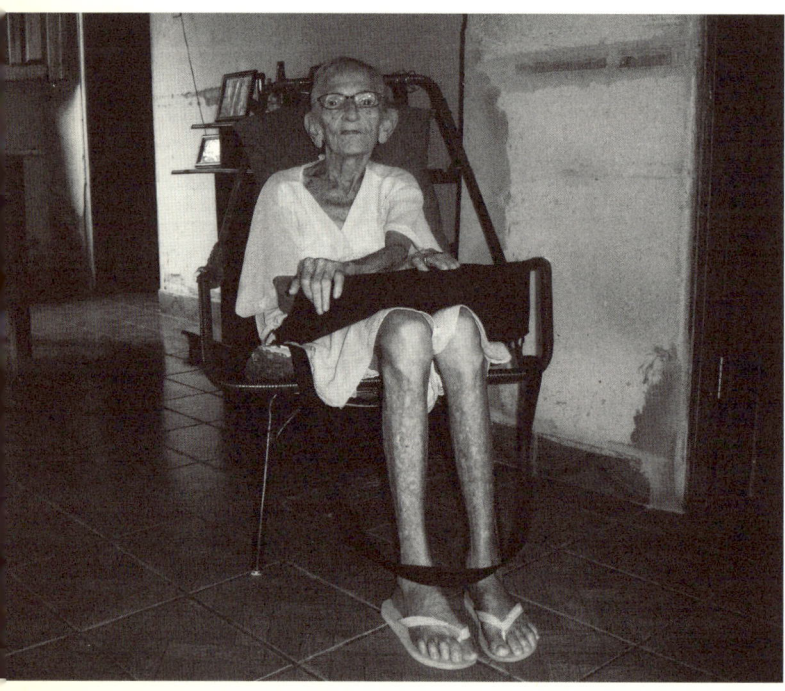

Mercê, a Tatá, filha
rebelde do capitão João
Crisóstomo Moreira.
[Leonencio Nossa]

Desenhos na ilha dos Martírios, no
rio Araguaia. [Leonencio Nossa]

Rio Araguaia,
São Geraldo do
Araguaia, Pará.
[Leonencio Nossa]

Região do Araguaia, Pará.
[Dida Sampaio]

não podia, pois estava com problemas de vista. Aí pensei: "Opa, é aqui que eu vou dar meu bote". "Olha, vou levar minha mulher segunda-feira para Marabá fazer exame de vista, se quiser eu levo você." "Não, estou sem dinheiro, João." "Não tem problema não." Pensei que dava para comprar óculos para as duas. Mas o da minha mulher era de fundo de garrafa, só deu para comprar para a Dadá. Comecei a ver Dadá como nunca tinha visto. "Quero contar uma história que você não vai acreditar", disse para ela. Dadá se assustou: "Mas, rapaz, somos amigos". "Estou gostando de você." Felicidade é melhor do que riqueza, presente é melhor do que futuro. Conheci Dadá na rodoviária. "Bom dia", eu disse. "Bom dia, como é que está?" Pronto.

11.

— Não parem, não parem, olhem para a câmera! — gritava Curió no megafone para milhares de garimpeiros.

O cineasta croata Josip Bogoslaw Tanko teve dificuldades para limpar a lente da Arriflex BL3, tomada pela poeira de Serra Pelada. Os técnicos da produção do filme *Os Trapalhões na Serra Pelada* usavam máscaras de pano e sofriam com o calor. Os humoristas Didi, Mussum, Dedé e Zacarias, que fascinaram gerações, se vestiram de "formigas". Zacarias era o Bateia, Mussum, o Melexete, e Dedé, o Boroca. O personagem de Renato Aragão se chamava Curió, herói que combatia contrabandistas.

Aragão pediu autorização a Curió para usar o apelido:

— Quanto custa o cachê?

— Não custa nada, desde que você não faça papel de bandido ou veado — respondeu o agente.

Em meio ao aumento da inflação e do desemprego, o governo militar via no filme dos comediantes uma forma de mostrar a "ordem" de Serra Pelada e conter a queda de popularidade.

Os dois Curiós, o agente e Didi, subiram por uma escada "adeus-mamãe", de cipós e madeiras, balançaram bateia, se misturaram aos "formigas". O filme começa com a chegada dos quatro "formigas" ao garimpo. Milhares de maltrapilhos tentam encontrar ouro na clareira aberta na mata. A busca de todos é por fortuna, mas poucos sabem o valor de uma nota de dinheiro. Um mundo de homens rudes e ingênuos.

"Ué, está doente dos olhos?", pergunta Melexete a Bateia.

"Não", responde Bateia com sua voz infantil. "É que eu nunca vi uma Serra Pelada. Estou com vergonha."

Um grupo armado estrangeiro tenta se apoderar do ouro. Há notícias de que o inimigo explora garimpeiros, comete violência contra eles e expulsa posseiros. Militares percebem a movimentação de subversivos. "É melhor levar o ouro logo, pois o Exército está fazendo manobras aqui perto", avalia um "subversivo". Outro personagem de destaque é um tenente vestido com roupas de civil, loiro, sorridente, que se oferece para ajudar o posseiro Chicão, interpretado por Gracindo Júnior, a derrotar os "subversivos".

O Exército chega para livrar a pátria da ameaça internacional. Três caças sobrevoam a mata. Tanques passam por cima de galhos, troncos e olhos-d'água. A infantaria avança por entre os castanhais, entra nos pântanos, sobe os pequenos morros, atravessa rios e lagos. Outros aviões cortam as nuvens. Descem centenas de paraquedistas. Os homens da infantaria descarregam suas armas. As operações de combate à milícia de Von Bermann, o vilão do filme, são comandadas pelo tenente loiro e agora fardado, e pelo garimpeiro Curió. Os dois personagens inspirados no agente derrotam a milícia.

No filme, Curió vira líder popular. A milícia é presa. Os "formigas" se veem livres para exigir seus direitos. Uma multidão vai para a frente do sítio do contrabandista. "Queremos justiça social!", grita uma manifestante. Vitorioso, Curió aparece para a multidão: "Calma, pessoal, a justiça será feita!". Curió é um herói ingênuo. O tabelião interpretado pelo ator Wilson Grey fica atrás de uma parede dizendo frases para ele repetir diante da multidão. Curió não passa de uma marionete que fala a favor de uma elite, mas com frases de esquerda: "Lutaremos em favor dos fracos e oprimidos", diz baixinho o tabelião, que antes ajudava fazendeiros a forjar assinaturas em títulos de terras.

No final do filme, o herói decide partir. Na estrada, ouve uma voz do céu: "Curió, ande sempre por novos caminhos!".

— Tropa irregular com roupas pretas e disparos de bombas não condiziam com Serra Pelada. O Brasil assistiu a um filme sobre a Guerrilha do Araguaia — avalia Curió.

A presença dos humoristas no garimpo reforçou a campanha de Curió para conseguir uma cadeira na Câmara dos Deputados. Os artistas fizeram um show para "estimular" a candidatura. O filme *Os Trapalhões na Serra Pelada* levou 5 milhões de pessoas aos cinemas. Era mais um sucesso do cineasta croata J.B. Tanko, que trabalhou nos estúdios da Wien-Film, empresa de cinema criada por Goebbels em Viena. Em 1942, à frente do Departamento Nacional de Cinema, em Belgrado, filmou a invasão da cidade por tropas nazistas. Ele conseguiu fugir com os rolos do filme. Tanko perdeu a família na Segunda Guerra. Após o conflito, migrou para o Brasil, onde teve destaque nas produções nacionais.

FIGUEIREDO

A febre do ouro trouxe a malária, os insetos peçonhentos e a bronquite — a poeira contaminava os pulmões. O posto de saúde improvisado aplicava em média 250 vacinas por dia contra febre amarela e meningite. Farmácias particulares instaladas em barracões atendiam casos de problemas pulmonares. Desnutridos entravam em filas para tentar ganhar vitamina C. Na dificuldade do dia a dia, os garimpeiros oravam para são Miguel, como os pobres de Minas Gerais no século XVIII. Ainda rezavam para o Padre Cícero, padrinho do ex- -informante do Exército João Ângelo, de São Domingos. Retratos do "Paizim Curió" eram colocados nas carteiras de couro e nos nichos improvisados dos barracões, bem ao lado de imagens de são Miguel e de Padre Cícero. Os três "santos" dividiam espaço nas paredes dos bares de madeira com fotos de mulheres nuas, costume que prevaleceria por anos. Não tinha remédio para aliviar a malária. Os "cutias", "porcões" e "requeiros" passavam a noite em barracas sustentadas por quatro paus e cobertas de lonas de caminhão e palha. Havia sempre uma fogueira acesa com gravetos num buraco no chão. As condições sanitárias eram péssimas. Mas o governo só destacava a "ordem" do formigueiro. "O Exército cumpria seu papel civilizador." Era como o retrato feito pelo fotógrafo Flávio de Barros, em Canudos, em que a equipe do doutor Miranda Curió encena tratar uma "jagunça".

"É Deus no Céu e Curió na Terra!", destacavam os jornais. Repórteres que entravam no garimpo saíam de lá afirmando que o agente tinha virado "santo" e "pai dos garimpeiros". Na descrição da imprensa, Serra Pelada era um cenário de filmes épicos de Hollywood. Curió ganhou título de cidadão honorário em Marabá e São João. A praça Nossa Senhora Aparecida, em Santana do Araguaia, foi rebatizada de Coronel Curió.

João Figueiredo vivia o inverso de seu pupilo. O presidente completou três anos de governo amargando baixos índices de popularidade. Uma visita ao garimpo para "receber" homenagens de uma multidão era aventada desde um protesto em Florianópolis, quando estudantes e sindicalistas acabaram com uma festa promovida pelo governador Jorge Bornhausen, bateram em seguranças e assessores, quebraram lojas e trincaram a imagem do "João".

Antes de conspirar contra Figueiredo e liderar a revolta dos garimpeiros contra o governo, Curió participava do grupo de oficiais que armava esquemas para escapulidas do presidente pela periferia de Brasília e o ajudava a evitar problemas na imprensa.

— Eles não me dão sossego, porra — esbravejou Figueiredo a Curió, num passeio a cavalo no gramado do Regimento de Cavalaria de Guarda. Fotógrafos pediram, de longe, que ele acenasse. Montado, o general virou e apontou para as nádegas:

— Tirem a foto, porra!

Curió pediu aos fotógrafos os negativos.

O último presidente militar não se cansava de elogiar a postura dos cavalos. Dizia que o animal não dava coice, como os homens, sem motivo justo ou argumento aceitável. Ele se referia ao animal para falar de si próprio. "O cavalo é um animal apolítico", disse certa vez. "Não faz pergunta senão leva coice", afirmou, em outra ocasião.

Em passeio a cavalo na Granja do Torto, Curió relatou a Figueiredo o clima festivo de Serra Pelada. Acertaram a visita.

— Presidente, se prepare para um banho de melexete.

— O que que é isso, porra?

Ganhar um banho de lama na Serra era o sonho de políticos do Pará, o símbolo do apoio do Major Curió.

A fotografia do presidente no garimpo publicada nos jornais mostra Figueiredo sorrindo, de blusa e calça brancas, carregado nos ombros de um homem negro e com os braços erguidos por outros. "Figueiredo aclamado em Serra Pelada", destacou o *Correio Braziliense*, e "Garimpeiros carregam Figueiredo nos ombros após discurso em Serra Pelada", publicou *O Globo*.

Uma análise das fotografias revela que os rostos em volta do presidente não são morenos como os dos "formigas". Os homens próximos de Figueiredo vestem roupas rasgadas e sujas, mas exibem os dentes da frente, têm cabelos lisos e cortados. São mais encorpados que os dos cantos, magros e descabelados. Para dar a impressão de que Figueiredo era adorado, Curió escalou trezentos homens, a elite de seu exército — uma boa parte atuava nos serviços de segurança. A elite recebeu a missão de ficar em volta do presidente. Ao mineiro Raimundo da Paixão, o Negão Fuscão, um negro alto, foi incumbida a tarefa de carregar o presidente. Fuscão era o "puxa-saco-mor", diziam os desafetos.

Negão Fuscão relatou à *Revista do Garimpeiro*: "Fui convidado pelo deputado Curió, por ser homem de sua inteira confiança, para carregar o presidente. Carreguei do palanque oficial até o carro".

Curió comenta:

— Dividi os garimpeiros em dois grupos de 30 mil, nas margens da pista. Cada homem recebeu três foguetes. Eu disse: "Quando eu levantar o braço, toquem fogo. Mas lancem para trás, não lancem no meio da pista, porque vou passar caminhando com o presidente". Quando o avião se aproximou, um sargento da Aeronáutica levantou os braços para taxiar. Eles entenderam que era eu e tocaram fogo. O presidente desceu sob foguetório. Estava todo de branco. Se empolgou.

Sob gritos da multidão, Figueiredo subiu ao palanque:

— Nunca vi esta ordem nos quartéis. Queria ter, junto aos brasileiros, o prestígio que Curió tem entre os senhores.

Um homem na plateia arrancou risos:

— Tua gaiola já está feita, Curió!

Fuscão carregou Figueiredo nas costas.

Roberto Stuckert, o fotógrafo do presidente, lembra:

— Curió e seus cupinchas planejaram que Figueiredo seria carregado pelos garimpeiros. Curió e o presidente tinham amizade estreita.

Curió ordenou à multidão que voltasse ao trabalho em silêncio.

— Gostaria de ver nos quartéis a disciplina que vi aqui — disse Figueiredo antes de deixar o garimpo.

Assessores sugeriram ao presidente que trocasse a camisa e a calça, sujas de barro.

— Não tem problema, a sujeira. Estou até com o meu relógio — disse, olhando para o Rolex de ouro.

Semanas antes, em Salvador, o presidente havia perdido um Rolex enquanto cumprimentava pessoas na rua. O governador da Bahia, Antonio Carlos Magalhães, "mobilizou" a polícia.

— Achamos o seu relógio, presidente! — disse ACM.

A assessores, o presidente confidenciou:

— O meu relógio tinha uma marquinha no fundo.

Figueiredo passou a receber garimpeiros no Planalto. Presenteou Negão Fuscão com uma casa. Fuscão virou estátua, para acompanhar outra, de Curió, colocada na cooperativa. Ele foi escolhido como garimpeiro-símbolo da fidelidade.

PLÍNIO PINHEIRO

Os coronéis da castanha perderam prestígio no comércio da antiga Marabá e não conquistaram os negociantes da Nova Marabá, bairro surgido na febre do ouro. Candidato a deputado federal pelo Partido Democrático Social, o governista PDS, apoiado pelos bamburrados, Curió humilhou a velha oligarquia. Ele não gostou de ouvir discurso em que o candidato a deputado estadual

Plínio Pinheiro Neto, filho de Osório e neto de Plínio, donos do castanhal Macaxeira, disse que poderia se eleger para a Câmara mas tinha resolvido apoiá-lo. No momento de levantar as mãos dos aliados, Curió só ergueu o braço de Haroldo Bezerra, outro candidato a deputado estadual. Bezerra foi eleito e Neto, derrotado. A eleição de 1982 transformou Marabá — a antiga cidade dos coronéis da castanha — na capital da Curiolândia. Dos oito verea-dores eleitos, sete eram ligados ao agente. O prefeito só foi nomeado após sua bênção. Curió se elegeu com 59 mil votos. A imprensa divulgou que o agente passou a admitir no garimpo apenas quem rasgasse o título eleitoral da cidade de origem e tirasse novo documento em Marabá. Pelo menos 11 mil "formigas" teriam trocado de título.

Curió percebeu que não comandava mais o exército garimpeiro, maior batalhão de um regime em estado de putrefação. Era agora um entre 510 de-putados. A ditadura deixava de ter representante ou adversário forte no Ara-guaia.

GENOINO

Em 1983, José Genoino, do PT oposicionista, eleito com 30 mil votos, e Curió tomaram posse na Câmara. Nas galerias, garimpeiros aplaudiram o ju-ramento de Curió. Militantes de esquerda vaiaram. Curió disse, em entrevista, que cumpriria a Constituição. Genoino afirmou que a Constituição fora ou-torgada.

— No Araguaia, estávamos em trincheiras opostas. Se Genoino persistir com a mesma ideologia, continuaremos em trincheiras diferentes, mas dialo-gando — disse Curió.

Genoino afirmou:

— Não pode existir diálogo com o representante de um regime que opri-me o povo. Os confrontos entre nós devem se refletir no Congresso.

Relatou que adversários lhe indagaram se chegaria de metralhadora na Câmara.

— Eu perguntei se o Curió viria de capuz.

Era a segunda vez que Genoino chegava a Brasília. Na primeira, viu a cidade do alto, num avião Búfalo que o transportava do Araguaia para a prisão na capital.

O "último duelo", como a imprensa tratava o embate entre os dois, esquentaria no dia em que Genoino subiu à tribuna para homenagear guerrilheiros mortos.

— Vossa Excelência faz referência a que mortos: aos seus ou aos nossos? — questionou Curió.

O deputado Iranildo Pereira, do PMDB do Ceará, gritou:

— Aos que Vossa Excelência matou!

— Exijo respeito parlamentar! — reagiu Curió.

Curió se aproximou de um grupo de parlamentares e perguntou se estavam falando mal de um deputado do PTB que teve um mandato cassado pela ditadura, Gastone Righi, por quem tinha admiração.

— Isso é coisa para homem — reagiu o oposicionista Airton Soares.

— Então toma — disse Curió, dando-lhe um soco.

Um jornalista perguntou o motivo da briga.

— Há muito tempo queria dar porrada nele.

Curió voltou à tribuna. Estava armado, com uma pistola Magnum escondida nas costas. O discurso dele, porém, era de um perseguido:

— Fui acusado injustamente de andar armado! — disse, abrindo os botões do paletó.

Da tribuna, ele ainda atacou o gaúcho José Fogaça:

— Fui com muita honra do serviço de informação. Tenho a hombridade de dizer que sou coerente. Vossa Excelência acusa a ditadura Pinochet e eu acuso a ditadura de Fidel Castro.

Arthur Virgílio, deputado do Amazonas, fez um aparte:

— Na vida só conheci duas pessoas que admitiam ser de direita: Curió e um argentino dos meus tempos de adolescência. Roberto Campos nunca disse que é. Newton Cruz acha que é de esquerda.

Nos anos finais da ditadura, os embates de Curió na Câmara deixaram de ser notícia. O afastamento de Figueiredo ajudou a empurrá-lo para o "baixo clero", grupo de parlamentares sem influência.

Mais tarde, no governo Lula, a senadora do PT Heloísa Helena, de Alagoas, disse aos gritos, no plenário, que Genoino havia delatado companheiros. A tortura era banalizada pelo debate político. Heloísa desrespeitava a história. Quando Genoino depôs, o Exército já tinha álbum de fotos de guerrilheiros.

O declínio do ouro era visível. A única Serra Pelada ainda movimentada era o prédio de fachada amarela, batizado com o nome do garimpo, anexo da Câmara, em Brasília. A construção de dez andares abrigava os gabinetes dos deputados. Curió despachava num deles. O deputado mantinha uma rede de apoio no Pará, o controle da "massa", um sonho que a guerrilha não realizou.

O Serviço Nacional de Informações defendia, em relatórios sigilosos, o interesse da Companhia Vale do Rio Doce no garimpo. O órgão de inteligência destacava que a atuação dos garimpeiros fora "simplesmente tolerada" nos últimos anos e criticava projeto de lei de Curió que os mantinha em Serra Pelada. O projeto tramitou no Congresso "sem qualquer análise das comissões técnicas com respeito à constitucionalidade e conveniência", avaliavam os agentes.

Na visão do comando do Serviço Nacional de Informações, Curió ia contra os interesses empresariais, e invalidava "por insegurança todos os estímulos ao engajamento empresarial". Curió estava desligado do órgão desde as eleições.

Curió enxergava uma oportunidade de reatar o laço com os "formigas", cortado desde que assumira a cadeira de parlamentar, e resgatar espaço midiático e político. Os jornais do Rio e de São Paulo publicaram a "Carta de Curió aos garimpeiros de Serra Pelada":

> Meus amigos. Nunca os traí, nunca lhes menti e não será nesta hora difícil que faltarei com a verdade, a amizade e o apoio. Dizem os mais velhos que "Deus escreve certo por linhas tortas" [...] por três anos consegui adiar o fechamento da Serra. Desta vez, apesar da luta, do cansaço e das preocupações, não me foi possível conseguir o que queríamos. Os relatórios técnicos dizem que a Serra está muito perigosa. Por isso o presidente Figueiredo mandou interditar a lavra ma-

nual, para evitar acidentes e mortes em desmoronamentos [...] tudo o que vocês sabem sobre a Serra eu também sei e falei para o presidente. Por isso vou continuar junto de vocês. Concordo com a reivindicação de vocês solicitando o mínimo que lhes é de direito: trabalharem 90 dias úteis em 83. Mas é preciso ter muita calma e disciplina [...] Dei entrada hoje na Câmara de um projeto de lei que prorroga por cinco anos o trabalho de vocês [...] Vamos confiar no destino que Deus nos reservou.

Dois mil "formigas" chegaram de ônibus a Brasília, na estimativa da Polícia Militar, para pedir a aprovação do projeto de lei, apresentado pelo deputado Curió, que prorrogava por mais cinco anos o garimpo. Em menos de 24 horas, a Câmara e o Senado aprovaram a Lei Curió. O presidente Figueiredo vetou a proposta. O governo avisou que não queria ver garimpeiros na Serra a partir de 15 de novembro.

Os "formigas" se concentraram à noite na praça Duque de Caxias, em Marabá, para ouvir o "líder máximo", termo usado pelos jornais de Marabá. Curió declarou guerra ao Planalto e criou a versão de que Serra Pelada era a mina dos Martírios. A citação da lendária jazida não ilustrava a continuidade de um pensamento militar oriundo da Guerra do Paraguai. Curió havia lido no *Correio do Tocantins* que arqueólogos estudavam os desenhos das pedras do Araguaia.

— Os bandeirantes tentaram, mas não chegaram à serra dos Martírios. O garimpeiro descobriu. Só que multinacionais querem transformar agora Serra Pelada em serra dos Martírios dos garimpeiros! Estão nos enrolando em Brasília, mas não sou homem de ser enrolado! Se for preciso, fico com os garimpeiros até as últimas consequências!

No dia estipulado pelo presidente para os "formigas" deixarem o garimpo, o Ministério de Minas e Energia baixou medida prorrogando a permanência deles. Foi a forma encontrada pelo governo de minimizar a derrota. A decisão aumentou a força de Curió.

O deputado entrou no povoado carregado nos braços, acompanhado por uma multidão que acenava com galhos e ramos, numa cena bíblica registrada no documentário *Amazon gold*, da BBC de Londres.

Curió discursou num palanque de madeira:

— Deus fez justiça!

Ramos foram erguidos.

— O Congresso Nacional aprovou, o presidente da República reconheceu, e a Serra Pelada é dos garimpeiros!

A data 15 de novembro foi instituída no garimpo como o Dia da Independência.

São desconhecidas as palavras dos generais do Planalto quando souberam da entrada do rebelde Curió no garimpo. O que está na história é a chegada do balaio Ruivo a Caxias, no século XIX. "Às nove horas da noite o chefe dos bandidos faz a sua entrada solene na cidade. O quadro é de um grotesco brutal. Nunca se viu mais horrenda caricatura do triunfo!", publicada na biografia *Caxias*, de Affonso de Carvalho.

No Planalto, o presidente Figueiredo se irritou com Curió:

— Você ressuscitou? Para mim, você está morto!

— O que é isso, chefe? Estamos no mesmo barco.

A Justiça não aceitou pedido de *habeas corpus* impetrado pelos "formigas" para permanecerem no garimpo. Na TV Marabá, Curió falou de um "estado revolucionário". O ex-agente era agora espionado pelo regime militar. De autor do dossiê *Garimpos do Brasil*, virou personagem da própria história. Os homens de inteligência escreveram que "provavelmente" a "exaltação dos ânimos" se acirrara com a entrevista do deputado.

O Serviço Nacional de Informações destacou que, ao contrário do que constava numa análise apresentada por Curió, o garimpo se situava em terras da Vale e que o marco de delimitação fora retirado "criminosamente" do lugar. O dossiê considerava "inexatas" as declarações dele. O ministro de Minas e Energia, César Cals, pediu ao governador paraense de oposição, Jader Barbalho, tropas contra o movimento de Curió.

Senhor governador. Os jornais de Brasília publicaram notícias de que os garimpeiros de Serra Pelada estão ameaçando interditar rodovias — Transamazônica e

Belém-Brasília — e de provocar tumulto, como forma de pressionar o ministério a apressar uma solução para o problema do garimpo. O deputado Curió, da tribuna da Câmara e por outros meios de comunicação, vem movimentando o assunto, o que de certo modo dá curso às ameaças que estão partindo dos garimpeiros. A Polícia Federal, pelo efetivo disponível na área, não tem condições de controlar distúrbios de certo vulto, sendo necessário, portanto, a presença efetiva da Polícia Militar do estado para garantir a ordem e a paz social da população. Esclareço a V. Exa. as medidas preventivas necessárias a fim de se evitar possíveis consequências desagradáveis.

Curió planejou aquela que seria a maior revolta civil brasileira da segunda metade do século XX, comparada à dos posseiros no sudoeste do Paraná, nos anos 1950. Em Brasília, ele buscou apoio político. No Planalto, viu o governador de Minas e candidato à Presidência, Tancredo Neves, sair do elevador. Depois dos cumprimentos, Tancredo o convidou para "tomar um cafezinho" em Belo Horizonte.

Após um encontro no Palácio da Liberdade, sede do governo mineiro, Tancredo disse a jornalistas:

— Não há força humana que consiga tirar os garimpeiros de Serra Pelada.

Curió se animou diante dos holofotes:

— A Serra vai se transformar numa nova Canudos se o projeto não for aprovado!

Curió votou em Paulo Maluf no Colégio Eleitoral, formado por senadores, deputados federais e deputados estaduais. Tancredo foi eleito. Era o primeiro civil a vencer a disputa presidencial após o golpe de 1964.

Curió acusou o governo de entregar a Amazônia para estrangeiros. Em entrevistas, ele dizia que a exclusividade de garimpagem da Serra Pelada dada à Vale era o início do processo de internacionalização da floresta. Era o mesmo argumento usado pelo mercenário e ex-major Plácido de Castro para levar adiante a Revolução Acriana, uma revolta contra o suposto acordo de arrendamento dos seringais entre o governo da Bolívia e o truste norte-americano Bolivian Syndicate, no princípio do século XX. Pago pelo governo do Amazonas para agitar o Acre, Castro escreveu que começara sua revolta com 63 homens. O movimento de Curió se iniciava com cerca de 60 mil homens, ao longo de setecentos quilômetros da Belém-Brasília e na Transamazônica.

O *Jornal do Brasil* informou que 2 mil garimpeiros estavam em Serra Pelada, 17 mil em Imperatriz, 20 mil em Marabá, 10 mil em Araguaína e outros 10 mil em Parauapebas.

Curió escolheu seis "generais" para chefiar o movimento em Araguaína, Imperatriz, Marabá, Curionópolis, Parauapebas e Serra Pelada. O general do garimpo, segundo posto mais importante da revolta, era Vitinho, o único homossexual que não teve a cabeça raspada nem era importunado pelos "fedecas" e "melexetes".

Os "formigas" desceram a Serra, quebraram casas de funcionários da Vale em Parauapebas. Um posto bancário foi incendiado. A Vale planejou a implosão de uma ponte para impedir o acesso à mina de ferro de Carajás. Mais de mil "formigas" entraram na mata para cercar a mineradora. O major da Polícia Militar Alberto Alcolumbre disse a rádios que três tiros acabariam com o protesto. Foi raptado pelos "formigas". Aos gritos, locutores diziam que, se o major não fosse libertado, a Vale poria fogo em Curionópolis. Mulheres fugiram para a mata com seus filhos e animais. Na escolinha de Curionópolis, irmã Adelaide entrou na frente dos revoltosos. Uma faixa foi estendida: "Não queimem a escola de seus filhos", lembra a ex-professora Nadir Santana. Os homens atenderam ao apelo. Outros grupos tomaram Imperatriz e Araguaína, entraram nos vilarejos, invadiram delegacias, bancos e postos dos Correios, bloquearam estradas e pontes. A revolta atordoou o governo. Um jornalista perguntou a Curió se ele estava por trás da revolta.

— Não é verdade. Estou à frente.

Prestes a deixar o poder, os generais não sabiam o que fazer com a cria. A revolta era liderada pelo "Lula" da caserna. O repórter Edilson Martins, do *Jornal do Brasil*, perguntou a um garimpeiro o motivo da adoração a Curió. "O que você queria? Que fôssemos liderados pelo Lula? A esquerda a gente já conhece, e até pagamos ônus alto por essa aliança."

A esquerda omitia, em seus panfletos, a revolta. Não poderia exaltar o líder do motim. Nenhum outro militar havia se transformado num populista e levado às últimas consequências o *marketing* pessoal. O temor manifestado antes pelos generais em relação ao mito do major fazia sentido. O governo passou a chamá-lo de traidor e louco.

O presidente participava na Câmara do lançamento de uma biografia do pai, o general Euclides, quando foi surpreendido por Curió na fila de autógrafos. A uma pergunta de um repórter sobre a revolta, Figueiredo, furioso, apontou o dedo para o deputado:

— Isso é coisa do Curió!

O presidente pediu ao ministro da Justiça, Ibrahim Abi-Ackel, que mandasse Curió acabar com a "arruaça".

— Só se ele tirar o veto — respondeu Curió, ao lado dos líderes do governo no Senado, Aluísio Chaves, e na Câmara, Nelson Marchezan.

Acuado, Figueiredo prometeu retirar o veto ao projeto que garantia a continuidade de exploração de Serra Pelada pelos garimpeiros.

Num jatinho do deputado Sérgio Naya, Curió foi de Brasília a Marabá para dissolver a revolta — Naya foi o construtor do edifício Palace 2, no Rio, que desmoronou por problemas estruturais, matando oito pessoas. No voo, mandou o piloto desviar para Imperatriz, por temer atentado. De Imperatriz, Curió seguiu para a Transamazônica. Lá, pediu a dispersão do movimento. De carro, foi para Araguaína. Aflitos, diretores da Vale o esperavam em Parauapebas. Ele, porém, deixou para dispersar por último o grupo que cercava Carajás.

Na ponte sobre o Itacaiunas, em Marabá, bloqueada pelos garimpeiros, soldados do Exército estavam em posição de tiro.

— Vamos embora! Todo mundo para a Serra! — ordenou Curió.

Depois de liberar o tráfego na ponte, ele seguiu para Curionópolis. Seguranças do posto de Luiz Borges, adversário dele, e "formigas" travavam tiroteio. Curió mandou os "formigas" subirem na carroceria de um caminhão que os levaria para a Serra. Outros "formigas" continuavam na mata rumo a Carajás. Curió chegou a Parauapebas de madrugada. "Formigas" bêbados o aguardavam. Era uma cena parecida àquela vista no Pará, em 1835, pelos líderes cabanos, que tinham dúvidas se era possível controlar seus homens, cena registrada em *Motins políticos*: "A anarquia aumentava com o uso imoderado de bebidas alcoólicas. Os sediciosos não tinham mais limites nos seus excessos".

Quando o carro de Curió chegou com os faróis acesos ao bloqueio na estrada, pouco antes de Parauapebas, homens armados mandaram parar. Um deles reconheceu o deputado:

— Papai! Papai!

— Todos para a Serra!

Curió foi retirado do carro e carregado nos braços.

Ele encontrou o major sequestrado.

— Amanhã, você vai dizer para a imprensa de todo o Brasil que não foi sequestrado, apenas aceitou convite dos garimpeiros para jantar. Aliás, foi bem tratado. Se não disser isso, olha quem vai atrás de você — disse Curió, apontando para a multidão.

Depois de acabar com o cerco a Carajás, ele foi convidado pelos diretores da Vale para um jantar.

— Posso levar cinco amigos?

Cinco "formigas" sujos e bêbados o acompanharam no banquete.

No dia seguinte, repórteres de jornais, rádios e emissoras de TV faziam plantão no barracão do comando do garimpo. Curió recebeu um rádio do general Danilo Venturini.

— O presidente disse que não retira o veto sob pressão.

— Diga ao presidente, então, que vou tocar fogo no sul do Pará.

Do lado de fora, os "formigas" reagiram:

— Vamos começar a queimar!

"Formigas" aguardavam o fim das negociações na beira da Belém-Brasília. Outro grupo estava diante de um alto-falante na praça Duque de Caxias, em Marabá. Na Serra, "formigas" acompanhavam o noticiário em radinhos de pilha.

Por telefone, o general Mário César, da Brigada de Marabá, informou a Curió a decisão do Planalto de sancionar a lei. O deputado deixou chorando o barracão:

— A Serra é dos garimpeiros!

Deputado Curió
Aqui quem manda é ele só.

Chapéus de palha e bonés foram jogados para o alto. Os garimpeiros soltaram fogos e atiraram para festejar — nessa época, sem o comando direto de Curió, estava liberado andar armado em Serra Pelada. Os alto-falantes tocaram o Hino. Carregado em romaria pelas ruelas, o deputado repetiu o espalhafatoso Luis Gálvez ao pedir vivas ao Brasil, e mandou recado:

— Figueiredo, garimpeiro é um cidadão ordeiro, mas entra na guerra, só depende da ocasião.

A história da maior revolta popular da Amazônia desde a Cabanagem foi ignorada pelos livros escolares.

Figueiredo aceitou rebaixar os barrancos e permitir a extração no garimpo, que passaria depois para a Vale. A mineradora foi ressarcida em 50 milhões de dólares.

A queda contínua do ouro nos anos seguintes provocou novo êxodo de garimpeiros. Curió perdia força. Plácido de Castro venceu a guerra contra o governo boliviano, mas seu Estado Independente do Acre minou quando chegou o Exército Brasileiro para tomar posse do território, que seria vendido formalmente pela Bolívia.

A amizade entre Curió e o presidente Figueiredo foi restabelecida. O deputado Edison Lobão e os senadores João Castelo e Alexandre Costa foram à casa de Curió, em Brasília, dizer que o presidente convidava para um jantar na Granja do Torto. Ao chegar, Curió viu o presidente numa escada. Usava uma calça colada de cavaleiro, azul, bem justa e com listras brancas, e camiseta branca, de fazer *cooper*. O deputado subiu a escada para cumprimentá-lo. Curió deu a mão a Figueiredo, que o puxou. Com lágrimas nos olhos, o presidente o abraçou.

— Porra, eu gosto de você, rapaz.

— É, mas não parece — disse Curió.

— Você sabe por que estou puto com você? Você apresentou a merda daquele projeto sem falar comigo...

— O senhor pode chamar o Marcon?

Figueiredo chamou o ajudante de ordens.

Curió perguntou:

— Marcon, você se lembra que chamei você, que eu ia apresentar um projeto de lei. Você avisou o presidente?

— Avisei. Curió ligou, presidente, eu falei com o senhor.

— Ah, então deixa para lá — disse Figueiredo.

O cantor de rock Raul Seixas disse em entrevistas que fez um show numa boate de Serra Pelada. Ficou hospedado na casa de uma prostituta. Durante a apresentação, sofreu dor de barriga. Foi levado por uma multidão com lanternas nas mãos até um buraco. O show foi tenso, o artista pensou que policiais e garimpeiros iriam "baixar o cacete" quando tocasse a música "Mamãe eu não queria".

Não quero bater continência
Nem pra sargento, cabo ou capitão
Nem quero ser sentinela, mamãe
Que nem cachorro vigiando o portão.

COLLOR

O gosto por lutas marciais unia, no plenário da Câmara, os deputados Curió e Fernando Collor, de Alagoas, do PDS, filho do ex-senador Arnon de Mello. Nas eleições de 1986, Curió fraturou a coluna num passeio a cavalo e desistiu de disputar novo mandato. Collor se elegeu, pelo PMDB, governador de Alagoas. Quatro anos depois, chegou à Presidência. No Planalto, Collor sugeriu que Curió voltasse a se candidatar à Câmara, dessa vez pelo novo Partido da Reconstrução Nacional, o PRN:

— Quero alguém para dar porrada, você é bom nisso!

Curió conta:

— Collor me disse: "Vão te procurar". Eu afirmei: "Presidente, só peço uma coisa. Não mexa com Serra Pelada, tenho raízes lá". Ele aceitou: "Tudo bem, aquilo lá é teu".

Três Kombis foram repassadas para a campanha de Curió. O ex-agente ainda encontrou Collor num jantar na Academia de Tênis de Brasília, e ele o informou de que o ministro da Justiça, Bernardo Cabral, iria procurá-lo. Curió recebeu ligação de Paulo César Farias, o PC, tesoureito responsável pelo esquema de corrupção que iria provocar a queda do presidente.

— Olha, nosso amigo, você sabe de quem estou falando, pediu para entrar em contato, para ver que forma a gente tem de lhe ajudar. O que seria a tua necessidade?

— A dificuldade é manter cabos eleitorais. Seria uns 10 [milhões de cruzeiros, 140 mil dólares].

Por orientação de PC, Curió agradeceu por telefone a ajuda ao diretor da Mercedes-Benz Luiz Adelar Scheuer. O executivo disse que o apoio teria um "troco".

— Ah, tenho uma cidade que fundei com meu nome. Curionópolis. Pode contar com um deputado na Câmara firme nos nossos objetivos.

O dinheiro do esquema PC não garantiu a Curió novo mandato, pois sua legenda exigia número elevado de votos. Fora da política, ele passou a dar aulas de tiro em cursos de segurança de generais.

PC voltou a se encontrar com Curió, em Brasília, para negociar a exploração de Serra Pelada. Curió não aceitou os termos do acordo. Depois, leu no *Correio Braziliense* que o presidente assinara decreto permitindo a exploração de ouro pela iniciativa privada. Curió avaliou que o garimpo estava nas mãos de PC e pediu ao senador maranhense Epitácio Cafeteira que convocasse o ministro de Minas e Energia, João Santana. Na sabatina, gritou para o ministro:

— Batedor de carteira, porra!

Na época, a imprensa não deu importância ao incidente. Quando foi instalada uma Comissão Parlamentar de Inquérito no Congresso para investigar denúncias contra Collor, o ex-agente foi procurado pela revista *Veja*. Curió denunciou o recebimento de dinheiro ilegal para a campanha. Os diálogos acima tinham sido gravados por ele e repassados à revista, que teve acesso também à cópia de um cheque dado a Curió por PC. A denúncia foi uma das três anexadas ao processo do Ministério Público contra Collor analisado pelo Supremo Tribunal Federal.

A denúncia de Curió contra Collor foi comentada, anos depois, no julgamento no Supremo do caso do Mensalão, que derrubou homens ligados ao presidente Lula. Ao pedir o indiciamento de Genoino, presidente do PT, um dos quarenta citados na denúncia, o ministro Joaquim Barbosa referiu-se à denúncia de Curió para convencer nove colegas a mandar o ex-guerrilheiro para o banco dos réus por corrupção e formação de quadrilha.

No auge da crise, Genoino deixou de publicar uma coluna no jornal *O Estado de S. Paulo*. Ele alegou que não ocupava mais funções públicas. Escreveu no último artigo:

> Quero agradecer de modo especial ao jornalista Ruy Mesquita e manifestar publicamente a admiração que tenho por ele. [...] a história do *Estadão* se confunde com a transparência de posições e com a pluralidade. No início dos anos 1970, os órgãos de repressão identificavam no *Estadão* e no Dr. Ruy focos de apoio à subversão. Após o fim da censura, em 1978, tive o primeiro contato com o *Estadão*, através do jornalista Fernando Portela, que pretendia publicar reportagens sobre a guerrilha do Araguaia. Depois de vários recuos e receios da minha parte, Ruy Mesquita garantiu que tudo o que eu revelasse seria publicado na íntegra. A palavra foi cumprida.

Genoino admite ter assinado empréstimos contraídos pelo partido junto a bancos, mas não teria decidido na escolha de avalistas e instituições. Nega ter participado de transações com o empresário Marcos Valério, operador do esquema, e pede desculpas.

Brasília, Ministério da Defesa, tarde de julho

Após a crise política, José Genoino deixou de ser o homem brincalhão, que conversava descontraído com jornalistas no Congresso. Era o mesmo Genoino que saiu da prisão, nos anos 1970, olhando para os lados, querendo saber o motivo da pergunta do entrevistador, desconfiado, com expressão de tristeza. Carrega um terço entre os dedos. Em 2011, assumiu a função de assessor especial da Defesa. A entrevista é sobre a guerrilha, mas ele quer falar da denúncia do Mensalão.

— Foi o meu segundo AI-5. Assistir TV só me remetia à tortura.

Ele relata que o pai, Sebastião, que ainda mora em Quixeramobim, mandou chamá-lo para fazer cinco perguntas.

— Eu pensei: "Como vou explicar essa crise para um homem de 88 anos?". Ele perguntou: "Você, meu filho mais velho, sempre quis entrar na faculdade. Por que, quando entrou, saiu para participar da política? Por que saiu da política para voltar para a roça fazer guerrilha? Por que saiu da prisão para virar deputado e não ficou rico? Por que o Lula faz muito por nós e você está fodido? Por que se casou com uma japonesa?".

Após a prisão, Genoino casou-se com Rioco Kayano, que chegou a ser deslocada pelo PCdoB para o Araguaia mas acabou presa pelo Exército antes de se integrar à guerrilha.

Depois de três horas de conversa sobre a crise política, a luta armada e a prisão, ele diz que sempre foi difícil falar sobre a experiência no Araguaia.

— Hoje à noite vou ter pesadelo.

Numa noite de fevereiro de 1993, Curió participou de uma perseguição, em Sobradinho, Brasília, que resultou na morte de Laércio Xavier, treze anos, e no ferimento do irmão de Laércio, Leonardo, na época com catorze. Os meninos praticavam furtos em chácaras. Curió estava com uma escopeta .12 e uma pistola 9 milímetros, e teria feito três disparos. Uma bala acertou as costas de Laércio e outra a mão de Leonardo.

Um oficial do Serviço Nacional de Informações telefonou para Curió:

— Você está velho mesmo, hein... dos três tiros só acertou um!

Curió foi denunciado por homicídio qualificado e lesões corporais. Foram denunciados dois filhos dele, Antônio César e Sebastião Júnior, e dois policiais, João Bosco Frajorge e Erycson Boneri. À Justiça, os réus alegaram legítima defesa e que havia um adulto com os menores. Os policiais e os filhos de Curió foram absolvidos. Para o júri, os policiais atenderam um pedido de uma pessoa influente e os filhos de Curió, uma vontade do pai. Curió dá sua versão:

— Os menores assaltaram pela quinta vez uma chácara que eu tinha. Ao chegar do trabalho, meu filho desceu do carro para abrir a porteira. Foi quando atiraram. Ele me ligou do orelhão. Acionei a polícia. Chegaram dois investigadores que disseram: "Olha, coronel, estamos neste Gol, com pneu careca". Propus acompanhá-los no meu carro. Meus dois filhos pularam dentro do carro e fomos. Chegamos numa chácara abandonada. Os policiais foram para o lado esquerdo, onde tinha um barraco. Fui para a direita, onde os elementos atiraram. Chovia. Você acha que eu ia perguntar: "Ei, quem está atirando aí, é menor?". Respondi a quarenta metros. Um morreu, outro ficou ferido, à mercê de mim. Se tivesse intenção de matar, eu matava. Fui acusado de formação de quadrilha. A quadrilha deixou de existir porque meus filhos e os policiais foram absolvidos. Sozinho não formo quadrilha.

12.

Serra Pelada era agora um retrato de Conceição do Araguaia após o fim do ciclo da borracha. O reino de Curió se desmoronou como a grande aldeia de frei Vilanova. Os sertanejos arrancados dos barrancos dos rios e das clareiras da mata pelo major se dispersaram. Na época, postes de luz foram levantados em Curionópolis, mas a maioria dos 53 mil moradores abandonou a cidade, no movimento da "Fuga dos Barracões". As pessoas colocavam nos caminhões roupas, móveis, animais, crianças e as madeiras das casas desmontadas. O comércio desaqueceu. O Bamerindus fechou. As mulheres dos cabarés não chegaram a conhecer o hospital Elcione Barbalho, nome da mulher do governador Jader. Aquelas que decidiram ficar na cidade tiveram mais facilidades para arrumar marido. Sem garimpo, os homens se dispõem a casar, costumam dizer. As ruas largas de terra eram um poeirão, um calor. As árvores plantadas pelas raparigas ainda estavam pequenas, mudas morreram. Quem aguava as plantas havia ido embora, em busca de garimpos e homens. Com menos moradores, a cidade recebeu telefones públicos. As ruas Maranhão e Pará, paralelas à rodovia, foram calçadas de paralelepípedos. A civilização foi chegando enquanto a cidade ganhava feição fantasmagórica. Em decadência, Curionópolis foi desmembrada de Marabá. Salatiel Almeida, casado com Claudina, filha de Osório Pinheiro, venceu a primeira eleição para prefeito. Houve disputa sobre se a sede do novo município seria Curionópolis ou Eldorado do Carajás — que virou município três anos depois. Almeida foi sucedido no cargo por João Chamon Neto e em seguida por Curió.

Os "formigas" percorreram mais de mil quilômetros em direção ao Tapajós, onde minas eram abertas ou reativadas. No Creporizão, em Itaituba, milhares deles reviveram a aventura de Serra Pelada. O aeroporto da cidade só perdia em movimento para os do Rio e São Paulo. O fluxo era tão intenso que um monomotor acabou pousando por acidente em cima de outro.

Nesse tempo, um grupo norte-americano, Metamil, interessado no ouro do Pará, contratou Curió para emprestar o nome ao negócio. Com o lema "Ouro para o Brasil" — frase copiada da ditadura Vargas e usada para refutar acusações de contrabando —, as Lojas do Grupo Curió foram abertas em Itaituba, Marabá e Santarém. Nas idas a São Paulo para reuniões com diretores do grupo, Curió conheceu Keiko Myrian de Souza Murakami, com quem teve uma filha.

VITINHO

O fim da produção de ouro era o início de uma série de massacres nas estradas do sul do Pará e de revoltas no garimpo. Numa madrugada de 1987, 4 mil "formigas" deixaram Serra Pelada em direção a Marabá, num protesto pelo rebaixamento da cava do garimpo. Depois de percorrerem de ônibus e caminhão 160 quilômetros, eles interditaram a ponte sobre o Tocantins, trecho da PA-150, caminho de carros e dos trens que transportam minério de Carajás para Itaqui, no Maranhão. Na Serra, sob o comando de Victor Hugo, permaneceram 10 mil "formigas".

Curió estava em Brasília, trabalhando como treinador de tiro em cursos de segurança.

O clima era de ódio. Um policial matara um garimpeiro. Uma multidão pôs para correr 25 soldados, que entraram desesperados na mata, e ainda afastou o delegado Édson de Oliveira, flagrado com ouro no bolso. Aliados do governador Hélio Gueiros chegaram à ponte, e propuseram rebaixar 250 metros cúbicos da cava de Serra Pelada e bombear a água das chuvas para permitir a garimpagem.

Em meio ao impasse, Victor Hugo recebeu informação na Serra, na tarde do dia 29 de dezembro, de que o governador dera ordens para a Polícia Militar desobstruir a ponte ocupada naquele momento por cerca de trezentas pessoas. O líder "formiga" entrou numa D-10 e seguiu para avisar o grupo da ponte sobre o perigo de confronto.

Por volta de dezenove horas, o tenente-coronel Reinaldo Pessoa, da Polícia Militar, ordenou que a tropa de quinhentos homens avançasse, relatou a jornalista Cynthia Peter em *Ecos da Terra*. Era um número quase igual ao efetivo da polícia paraense na Guerra de Canudos — 493 praças. Das duas cabeceiras da ponte em Marabá, os policiais atiraram por quinze minutos com metralhadoras e fuzis calibre 765. "Formigas" se jogaram do vão de 76 metros. Quando a D-10 de Victor Hugo chegou, às 19h30, corpos boiavam no Tocantins e outros estavam despedaçados em cima da ponte. Uma grávida morreu. Havia crianças no local. Os garimpeiros dizem ter visto Kombis dirigidas por policiais transportando corpos que apareceram na beira do rio. Gueiros afirmou que três garimpeiros morreram e, como Jesus Cristo, estava sendo injustiçado por uma turba envenenada. Pessoa lamentou as mortes e disse que recebera "missão" para desobstruir a ponte. O delegado da Polícia Federal Wilson Perpétuo, em relatório ao diretor-geral do órgão, Romeu Tuma, registrou três mortes e 73 desaparecidos. "Foi um verdadeiro massacre", escreveu.

Em 1996, não era mais possível tirar ouro em Serra Pelada. O buraco encheu de água. Ainda havia "formigas" no garimpo. Estes sonhavam dia e noite com a reabertura da mina e o esvaziamento do lago. A tensão aumentou. O sindicalista Mauro Martins morreu depois de levar três tiros nas costas. A Vale adotou métodos de grileiros, com ataques em duas frentes: ameaças e compras de propriedades. A companhia conseguiu o direito de explorar a Babilônia por vinte anos. Com a segurança de 1200 homens do Exército, oitocentos policiais e trezentos agentes da Polícia Federal, funcionários da empresa chegaram numa manhã ao garimpo e cercaram o lago, onde era a cava. A empresa instalou telas de ferro e estacas de concreto de cinco metros de altura a cada dois metros, numa extensão de dezoito quilômetros e seiscentos metros.

A joia do capitalismo brasileiro reproduzia a maior marca do comunismo europeu. Depois de seis meses de construção do muro, chamado pelos garimpeiros de Muro do Belinho, referência ao símbolo da divisão alemã, a empresa colocou oitenta policiais e cinquenta vigilantes ao longo da cerca. O Belinho impedia o trânsito dos moradores que viviam em casebres espalhados pelas montanhas. Para um morador chegar a determinada parte da vila, tinha que apresentar documentos. O muro não dividia o mundo em vermelhos e liberais. O muro separava o mundo entre miseráveis e funcionários de uma empresa estatal.

O Movimento pela Libertação da Serra Pelada, nome que remetia a grupos de esquerda na época da ditadura, preocupava o governo. O presidente Fernando Henrique, eleito pela primeira vez em 1994, teve o mesmo comportamento de Moura, presidente da província de Pernambuco, na Revolta do Quebra-Quilos, quando a repressão arrasou quem protestava contra aumento de impostos e alimentos. "Revela-se Moura um governante da Renascença italiana", anotou Armando Souto Maior, na obra *Quebra-Quilos*. FHC mandou mil homens do Exército cercarem os garimpeiros. A operação prendeu doze líderes.

No momento em que o movimento sindical se revigorava e seguia rumo ao poder, Curió ao seu modo virou sindicalista. Passou a ter o controle da cooperativa dos garimpeiros, ora no comando, ora manipulando aliados.

Zé da Padaria telefonou para Curió, que estava em Brasília.

— Vocês já sabem caminhar com as próprias pernas.

A frase era a senha para ataque.

Em Serra Pelada, duzentos homens se aproximaram da guarita da Vale. A direção da companhia ordenou a seus seguranças e policiais que se concentrassem ali. Por toda a extensão do muro, crianças, mulheres e homens começaram a quebrar telas e derrubar os postes que o sustentavam. Em duas horas e quarenta minutos, o muro veio abaixo, com exceção de uma parte perto da guarita. A empresa pôs fogo em volta da guarita para afastar os garimpeiros, liderados por Zé da Padaria. Era tarde. Uma parte do muro ficou em pé para lembrar que a construção existiu.

Os "formigas" bloquearam as atividades da Vale por dezessete dias. A Polícia Federal e o Exército invadiram Serra Pelada e prenderam sem mandado judicial treze revoltosos. O general Adalberto Bueno da Cruz, da Brigada de Infantaria de Marabá, não quis ser o único algoz descrito pela história. Ele disse em entrevistas que comandou a operação por ordem do presidente Fernando Henrique Cardoso. Nelson Jobim, ministro da Justiça, afirmou que o Exército e a Polícia Federal trabalharam "nos limites do estado de direito".

Meses depois, os garimpeiros fizeram nova revolta. Quinze caminhões da Brigada de Marabá, com seiscentos homens, chegaram de madrugada. Seis mil "formigas" ligados a Curió impediram a entrada no garimpo de facções ligadas ao sindicalista Luiz da Mata. O estopim ocorreu com o assassinato do sindicalista Clênio Lemos, 36 anos, presidente do Sindicato dos Garimpeiros de Serra Pelada, entidade criada por dissidentes da Cooperativa de Mineração dos Garimpeiros de Serra Pelada. Ele levou cinco tiros, sendo dois na cabeça. O principal suspeito de ser o mandante do crime era o sindicalista Josimar. Com as bênçãos de Curió, Josimar se elegeu presidente da cooperativa, que ainda era a mais influente entidade do garimpo. Tornou-se o representante de 10 mil "formigas" que se consideravam donos do garimpo por terem integrado as primeiras levas de migrantes vindos do Maranhão.

Curionópolis, tarde de maio

O comerciante e ex-garimpeiro Adauto Santos relata:

— O Clênio ficou obcecado em ser um Curió. Largou a mulher e andava de baixo para cima com o jornal *Arroto*, que significa a migalha do garimpo. O *Arroto* falava muito mal do Curió, entrava em questões pessoais. O suspeito era Josimar, ligado a Curió, que no garimpo trabalhou na cava do Badé, aquele que morreu em Eldorado. O império do Josimar cresceu demais. Ele comprou um terreninho, um caminhão, que botou à disposição do pessoal. Ficou popular. Aquilo causou ciumeira no Curió, que não podia tirá-lo. O pessoal gostava dele. Josimar roubava mas fazia. Aí entrou o grupo dos maranhenses. O Valdé, líder dos maranhenses, disse que não tinha juiz para tirá-lo do cargo. Josimar brigou com Curió e com os maranhenses. Morreu. Ele deveria na semana que vem voltar à cooperativa.

São 138 quilômetros de Marabá à cidade de Curió. As estradas PA-150 e PA-275, que ligam as cidades, cortam terras do antigo castanhal Macaxeira, de Plínio Pinheiro. A abertura das rodovias na ditadura gerou uma disputa de grileiros e posseiros pelas terras das margens. Grileiros repartiam entre si áreas ocupadas pelos sitiantes vindos do Nordeste. Era o fim da castanha e o início do acirramento de conflitos na PA-150. No quilômetro 60 foi assassinado o posseiro Lourival Marques da Silva. A estrada tornou-se símbolo da morte, uma "rodagem" da Amazônia, o lendário caminho de Juazeiro a Crato onde morriam vítimas de Floro Bartolomeu, vivo na memória de João Ângelo, informante do Exército em São Domingos. "Era na rodagem que o doutor mandava justiçar. A tiro de rifle ou no ritmo de Canudos, degolados a faca", relatou Nertan Macedo, na biografia do coronel.

Almir Moraes e os Mutran atearam fogo nos castanhais para criar gado nelore. Benedito Mutran Neto, sobrinho de Nagib e primo de Vavá, comprou 45 mil cabeças. Os "turcos" continuaram fortes economicamente, mas tinham perdido influência desde a guerrilha. Vavá chegou a ir a júri, o primeiro dono de castanhal a enfrentar um tribunal, pela morte do fiscal de impostos Daniel Mourão. Condenado a dez anos, cumpriu parte da pena. Depois, foi acusado de assassinar com um tiro na cabeça, no portão de sua casa, David de Souza, de oito anos, que brincava ali.

À violência dos Mutran e de Moraes somava-se a dos novos ricos. A oligarquia do ouro, a de estrutura mais frágil e de rápida existência na Amazônia, repetiu práticas dos coronéis da castanha e dos sertões goianos. Marlon Pidde, bamburrado de Serra Pelada, investiu duas toneladas de ouro em terra e violência. Marlon, com a ajuda dos jagunços Louro e Quincas Bonfim, prendeu cinco posseiros na fazenda Califórnia III. Os posseiros Francisco Oliveira, Ezequiel Pereira, um índio caiapó, Manoel e José Barbosa, gêmeos, e José Oliveira foram amarrados numa aroeira, queimados e jogados no Itacaiunas. Marlon tentou impedir o resgate dos corpos. Foi necessária uma patrulha de 35 policiais para recolher os cadáveres no rio. O bamburrado reescrevia páginas do romance *O tronco*, de Bernardo Élis.

Na pós-ditadura, quando o PT de Lula se espalhou e as greves ressurgiram, os "formigas" de Serra Pelada estavam mais próximos dos revoltosos do Quebra-Quilos, homens de frágil organização e sem ideologia política que destruíram balanças e comércios no Nordeste no final do Império, em reivindicações econômicas. Se os quebra-quilos não foram absorvidos pelas campanhas abolicionistas e republicanas, também os garimpeiros não estavam ligados ou foram chamados a participar das Diretas Já e da onda petista. Tinham eles o estigma de serem súditos do Major Curió e destruidores de rios, personagens de fotografias e filmagens que, a partir dali, com a explosão do movimento ambientalista, ilustravam a tragédia do fim da mata. Só mais tarde os "formigas" apareceriam com bonés de sem-terra.

Mesmo com o garimpo em decadência, sitiantes do Araguaia continuavam a migrar para Serra Pelada. Viraram alvo de pecuaristas do Sul, que chegavam atraídos pelo preço da terra.

Naquele tempo, chegou a religiosa gaúcha Adelaide Molinari, 47 anos, da Ordem das Filhas do Amor Divino, a convite de d. Alano. Adelaide estava disposta a erguer uma igreja a Nossa Senhora das Graças e convencer os agricultores a não vender suas terras para comprar cava em Serra Pelada. Ela dizia que o garimpo já não reluzia.

O madeireiro Osmar Ribeiro doou a Molinari tábuas para a construção da igreja. Ela mal tinha levantado o templo quando, na rodoviária de Eldorado, levou tiro mortal. Ao seu lado estava Arnaldo Delcídio, presidente do Sindicato dos Trabalhadores de Marabá, alvo do ataque. Um pistoleiro contratado por fazendeiros atirou em Delcídio. A bala atravessou o tórax do sindicalista e atingiu o pescoço da religiosa. Desse primeiro ataque, o sindicalista escapou. Um grupo de sem-terra carregou o corpo de Adelaide até Curionópolis, a 28 quilômetros.

Estrada de Serra Pelada a Curionópolis, tarde de maio

Adelaide foi velada à noite pelas cantadoras de incelências e benditos.

— Não tinha energia elétrica, foi só na velinha — lembra Ivoneide Moraes Lima, de 45 anos.

A religiosa foi enterrada no terreiro ao lado da igreja. Um caramanchão com trepadeira que dá flores amarelas em abril e maio sombreia a sepultura revestida de azulejos avermelhados. "Nunca morre quem vive no coração dos vivos", diz uma plaquinha. Todo ano, no primeiro sábado após a Páscoa, uma procissão vai de Eldorado até o túmulo. São recolhidos relatos de graças atendidas por intercessão da santa. O processo de beatificação não avançou.

O Ministério Público pediu à Justiça abertura de processo penal contra o pistoleiro José Ribamar Lopes e os fazendeiros José Batista Veloso, Aloysio Ribeiro Vieira e José Eduardo de Abreu Vieira por matarem a religiosa. Foram absolvidos. Aloysio se suicidou. Nesse tempo, Delcídio já tinha sido assassinado.

Num encontro de bispos com o papa João Paulo II em Roma, d. Alano relatou o assassinato de Adelaide. A congregação dela era administrada por uma polonesa amiga do papa.

— Permaneça firme — disse João Paulo a Alano.

A Igreja Católica perdeu espaço em Curionópolis para as comunidades evangélicas. Com a emancipação da cidade, apareceu o primeiro pastor, que abriu uma Assembleia de Deus na rua Pernambuco. O barulho das boates foi substituído pelos cantos religiosos. Dezessete igrejas evangélicas se instalaram em barracões que antes abrigaram cabarés e mercearias. Na Açaí funcionam uma Pentecostal Deus é Amor e uma Casa da Bênção. Novas Assembleias foram abertas na Castelo Branco, Tucupi e avenida Brasil — neste último endereço, em frente foi instalada a Congregação Betânia. A Tucupi abriga ainda a Missionária Evangélica do Betel. Os adventistas constroem um templo na São Paulo, a mesma rua que abriga o Salão do Reino das Testemunhas de Jeová e o Local do Reino. Outros religiosos constroem uma igreja Batista na Jacarandá. A Adventista do Sétimo Dia fica na Maranhão. Na Sergipe funciona a Congregação Cristã e na Piauí, a Evangelho Quadrangular. Foi na Assembleia da Pernambuco que, ao disputar pela primeira vez a prefeitura, Curió começou a pregar. Era um novo pastor. A garotada que nasceu depois do garimpo dizia que ele só pensava nos votos. Anos mais tarde, quando deixou a cidade, passou a frequentar a igreja do Perpétuo Socorro, em Brasília.

Aumentaram os evangélicos e diminuíram os moradores. No final dos anos 1990, a população de Curionópolis se reduzia a 17 mil habitantes — a maioria crianças, mulheres casadas, e homens sem garimpo e sem forças para buscar outras minas. Famílias se mudaram para Canaã e Parauapebas, atraídas por empregos da Vale. Ao mesmo tempo, foram abertos em Curionópolis dez poços artesianos de trezentos metros de profundidade para abastecer as casas e comércios que restaram. A rodovia ganhou postes com refletores potentes. As mangueiras e os abacateiros cresceram, diminuindo o impacto do vermelho abrasivo da terra e o amarelo da poeira. A cidade ganhou teatro, lavanderia pública e postos policiais. Entre as duas pistas da rodovia, o prefeito João Chamon Neto construiu a praça do Monumento. João é filho de Salvador Chamon, que entrou para a história da violência ao chefiar uma expedição para matar caiapós, na vila do Rio Vermelho, décadas antes da guerrilha. Um irmão de João, Salvador, ex-delegado em Serra Pelada, virou notícia quando interrompeu entrevista do investigador de polícia Robson Abade, transmitida ao vivo pela TV Marabá. Abade fazia acusações contra João, que disputava a prefeitura da cidade. Salvador e um colega exigiram que o investigador deixasse o estúdio com eles. Abade não aceitou e levou um tiro na perna. Foi encontrado morto, com o peito perfurado. Em Canudos, tudo leva a crer, João Abade, chefe dos jagunços do Conselheiro, morreu em combate.

PADRE ARNILDO

Os sem-terra não entraram na cidade de Curió para ocupar fazendas enquanto ele foi prefeito. Só fizeram acampamentos nas cidades vizinhas. É em Parauapebas, quase na divisa, que está um dos maiores desses acampamentos. Na guerra de símbolos, os militantes batizaram o assentamento de Dina Teixeira. Outro, em Marabá, recebeu o nome de Helenira Resende. O Movimento dos Trabalhadores Sem-Terra preencheu espaços na Curiolândia, instalando núcleos nas cidades um dia controladas pelo major.

O movimento nasceu longe daqui, mas numa briga com o major. Anos antes da Revolta Garimpeira, em 1981, o Planalto encarregou Curió de destruir barracas de 463 famílias montadas na Encruzilhada Natalino, na margem esquerda da estrada de terra RS-324, que liga Ronda Alta a Passo Fundo, no norte do estado do Rio Grande do Sul. Eram homens e mulheres vindos de

Nonoai, onde índios retomaram suas terras, região que serviu de refúgio para os revoltosos da Guerra do Contestado.

Bispos "progressistas" expulsos por Curió no Pará se entusiasmaram com a possibilidade de uma revanche. O otimismo se justificava. No começo do século xx, o governo federal se arrependeu de ter mandado um militar veterano de Canudos, acostumado aos festejos sob sol abrasador e pouco habituado ao frio do Sul, liquidar os guerrilheiros do Contestado. "O general Carlos de Mesquita vinha, assim, tomado de concepções fantasiosas. Não conhecia a maneira de combater do fanático do sul, a sua bravura e a sua audácia", registrou Beneval de Oliveira em *Planaltos de frio e lama*.

Animado com o calor de Serra Pelada, raro lugar onde um homem da ditadura ainda era festejado, Curió ignorou, num primeiro momento, o frio do norte gaúcho. O major entrou solenemente no acampamento da beira da estrada e anunciou, diante de homens altivos e de braços cruzados, que o lugar era área de segurança nacional. Começara a história do Movimento Sem-Terra.

Margens da RS-324, seis horas da manhã, novembro

Os barracos de lona estavam nesta área de servidão, entre uma propriedade e a estrada, hoje desocupada. A fileira de casebres se estendia por mais de dois quilômetros. O nome do lugar é uma referência a Natalino Verardi, comerciante que morou neste sobrado na margem da pista.

Padre Arnildo, organizador do acampamento, o beato José Maria da vez, trocou a lendária cruz das missões jesuíticas por outro modelo. A cruz das missões tinha uma inscrição: "Salva a tua alma". O religioso considerava que a frase ilustrava o servilismo:

— Essa cruz é fácil de carregar, mas a nossa cruz é mais pesada!

Numa quarta-feira de Semana Santa, os acampados retiraram do mato um pau roliço e fizeram uma cruz de três metros. Eles fincaram a cruz no chão. Arnildo reclamou:

— Se deixarmos ela fincada, vamos demonstrar que estamos de acordo. Temos de retirá-la, levar para a frente!

Os acampados fizeram apoios para que a cruz pudesse ser carregada em procissões. Eles se reuniam à tarde em volta da cruz, enfeitada com panos brancos, que lembravam crianças mortas por desnutrição. No Contestado, os rebeldes também oravam e discutiam estratégias perto do símbolo. Retirar a cruz do adversário virou obsessão na história do Exército. Isso ocorria desde Canudos.

Afastado do Sul havia anos, Curió sentiu a diferença de temperamento do gaúcho e do "formiga", e da temperatura. Acostumado com a descontração dos garimpeiros, o agente percebeu que tinha de negociar com homens mais duros.

Natalino estava em área de conflito secular de terra, de matança de índios e caboclos, e que abrigara o último grande acampamento sem-terra antes do golpe de 1964. O PTB do então governador Brizola e do presidente Goulart criou o Movimento dos Agricultores Sem Terra, o Master. O movimento ocupava 22 mil hectares da antiga fazenda Sarandi. O latifúndio da Sarandi foi entregue no final do século XIX pelo governo gaúcho a Nicolau Vergueiro, que vendeu a terra para empresas uruguaias. Mais tarde, um projeto de venda de parte da fazenda em lotes criou atrito com antigos posseiros que viviam nas terras. Compradores de lotes foram acusados de incentivar a matança de caboclos e mandar cortar orelhas para comprovar o extermínio. A ditadura destruiu os assentamentos do Master. Em 1964, o governador nomeado Ildo Meneghetti permitiu a entrada de 3 mil colonos na reserva Nonoai-Planalto, dos caingangues. No fim da década seguinte, os índios expulsaram os colonos. Ganhou força a Comissão Pastoral da Terra, que reunia bispos simpatizantes da esquerda na área rural e colocou famílias nas fazendas Macali e Brilhante, áreas improdutivas da antiga Sarandi. Eram famílias expulsas da reserva indígena, homens, mulheres e crianças sem rumo, como no final do Contestado.

Macali, Ronda Alta, oito horas

Adão Alves conseguiu ser assentado na Macali. Aos 28 anos, era um dos 110 chefes de família vindos de Nonoai — não passam agora de trinta. A maioria vendeu os lotes de quinze hectares. Adão vendeu parte de sua propriedade. Vive do cultivo de mandioca, milho e soja. Tem três filhos, um mora em São Paulo, onde trabalha em restaurante.

— Aqui tem pouca terra, não dá para a família inteira sobreviver. Todo mundo endividou. A produção não tem valor.

Pergunto sobre João Pedro Stedile, líder dos sem-terra.

— João Pedro? Sim. É uma das pessoas excelentes, não tenho o que falar dele. Era técnico da Secretaria de Agricultura. Ajudava o colono, o pequeno.

Adão diz que no município vizinho de Pontão vivem famílias que estiveram na Encruzilhada Natalino.

Pontão, quinze quilômetros de Ronda Alta

Olmino Ferreira, 67 anos, e a mulher, Lúcia Loreci de Lima, 47, vivem num sítio na beira da estrada de terra. De longe, ela diz que a cerca elétrica não funciona e o cachorro não morde. O casal, filhos e netos limpam um porco numa estalagem. O calor do fogo e do sol molha de suor as roupas.

O agricultor lembra que estavam acampados na Vila Cruzeiro, município de Planalto, quando receberam os religiosos. As famílias sem-terra se organizaram e montaram barracas perto da fazenda Macali, na beira da rodovia. Uma parte das famílias foi a Porto Alegre negociar a posse da fazenda. No gabinete do governador Amaral de Souza, ouviram a promessa de que em trinta dias os lotes seriam legalizados.

— Um dos companheiros perguntou: "Doutor, o senhor me diz uma coisa: se em trinta dias não conseguir tirar o granjeiro e a gente invadir, o que vai fazer?". "Se pudesse, eu ia junto." Em trinta dias a gente amanheceu lá. Aí chegou o Major Curió em Natalino.

— O coronel Curió — diz Lúcia.

Curió montou barracas na margem direita da estrada, ao lado do sobrado de Natalino Verardi.

— A gente ia lá dar apoio aos companheiros. A gente ouvia as palestras dele. O coronel botou um pouquinho de pressão no pessoal. O Stedile ensinava o povo a negociar. O padre Arnildo ajudou muito, é meu compadre. O Curió insistiu para o pessoal ir para o Mato Grosso.

— Ele era autoridade, era rígido — observa a mulher.

— Ele tinha de fazer a pressão. Mais do que isso não podia fazer, não — diz Olmino.

Ginásio de esportes de Ronda Alta, tarde de domingo

Maria Salete Campigotto, 53 anos, uma das fundadoras do Movimento dos Trabalhadores Sem-Terra, participa da festa de formatura de estudantes de uma escola criada por movimentos sociais. De uma família de pequenos agricultores, ela começou a militância com a chegada, em 1977, do padre Arnildo Fritzen.

— Estou nesta luta desde os dezessete anos. Nosso acampamento começou em janeiro de 1981. A 25 de julho o coronel Curió chegou. Na primeira semana ele foi muito bom. Colocou carreta com produtos alimentícios. Cada família recebia um vale para fazer compras. Ao mesmo tempo, proibiu a entrada de lenha, comida, roupa e remédio. Ao passo que íamos resistindo, foi ficando mais forte a repressão. Ele secou o lago onde a gente lavava roupa, alegando que a água estava contaminada. Lavavam os cavalos nas nossas fontes, passavam com as viaturas na estrada para levantar poeira. Era uma nuvem difícil de suportar. Ele instalou esquema militarista. De manhã, às sete horas, Hino Nacional. Às seis da tarde retirada da bandeira. Pelo sistema de som, fazia ameaças, contava quem tinha contas atrasadas no comércio de Ronda Alta e anunciava que lideranças tinham aceitado ir para Mato Grosso. Aquilo foi tortura. O coronel dava balas para as crianças, queria ganhar a confiança delas. Um menininho disse: "Não queremos bala. Queremos terra". Talvez tenha sido um adulto quem mandou ele dizer. Aí vem o coronel no palanque: "Vocês veem o que estão fazendo com as crianças". Fiquei seis horas na barraca dele.

Aumenta o barulho do som na formatura da escola do Movimento dos Trabalhadores Sem-Terra. Aumenta a emoção da primeira professora do movimento.

Derrotados na guerra da memória da Guerrilha do Araguaia e pela terra no Pará, padres e bispos "progressistas" estavam no Sul. O bispo de Goiás, d. Tomás Balduíno, celebrou missa:

— O que a mobilização do ABC representa para o avanço da luta dos trabalhadores urbanos, esta manifestação representará para os trabalhadores rurais e sem-terra!

Na missa, d. Pedro Casaldáliga, de São Félix do Xingu, falou das "barbaridades" de Curió. D. Jayme Chemello, de Pelotas, chamou-o de "diabo".

O deputado gaúcho do PMDB Aldo Pinto gritou:

— Aqui não é o Pará. Aqui é o Rio Grande!

D. Aloísio Lorscheider, cardeal-arcebispo de Fortaleza, foi para Natalino. Estava acompanhado pelo novo movimento estudantil cearense, a geração que substituiu o grupo dos guerrilheiros *Raul*, Bergson e Genoino. O clima era de medo, resume José Pimentel, ministro da Previdência de Lula que acompanhava d. Aloísio.

Antônio Campigotto, o Antoninho, marido de Salete, está na festa de formatura em Ronda Alta:

— O Curió se instalou com radioamador, falava diretamente com o presidente da República. Nosso apoio fora era grande. A gente conheceu a Igreja.

Dom Cláudio Colling, bispo de Passo Fundo, era contra. Ele esteve na Encruzilhada e disse que tinha recebido telefonema do presidente para convencer as pessoas a saírem da tristeza e ir para Mato Grosso. Não queria que outros bispos viessem celebrar missa. Numa reunião da Conferência Nacional dos Bispos do Brasil em Itaici quebrou o pau. Dom Moretto, de Caxias, dom Sinésio, de Novo Hamburgo, e dom José Gomes, de Chapecó, nos apoiavam. A Comissão Pastoral da Terra divulgou dossiê mostrando quem era o Curió. Meu Deus do céu! Era o mandão no garimpo. Curió era muito inteligente. No início, nos tratava muito bem. No barraco dele a gente era tratado como gente grande. Mas ele apelou. A tática era para acabar com o acampamento na boa. Mandava passar a patrola para fazer poeira, queria nos matar no cansaço. O padre Arnildo era o mais visado. Não pôde mais entrar no acampamento. Foi um dos pais do movimento.

Tapera, 9h50, novembro

Nesta região colonizada por imigrantes alemães e italianos, produtora de milho, trigo e soja, vive "exilado" um dos pais do Movimento dos Trabalhadores Sem-Terra. O padre Arnildo, 65 anos, que atuou em Ronda Alta por três décadas, batiza crianças na matriz de Tapera. Após a cerimônia, na sacristia demonstra boa vontade para falar da Encruzilhada Natalino, mas diz estar atrasado para uma missa numa comunidade do interior. Entra num Gol e, a 120 quilômetros por hora, percorre uma estrada de poeira e pedra margeada por plantações de milho.

Uma multidão de colonos o aguarda numa gruta à beira de um córrego de águas geladas.

Durante a missa, Arnildo só pronuncia uma vez a palavra "terra". É quando, quase que resmungando, diz que as terras são propriedade de "meia dúzia" de gente.

— Livrai-nos, pai, de todos os males, da vida sem sentido.

Lembra que é época de Natal, quando os filhos que foram trabalhar na Amazônia voltam para rever os pais.

Após a bênção, os fiéis se retiram. Arnildo guarda a batina, o ostensório e as hóstias que sobraram. Num banco perto do córrego, diz que possui três estolas nas cores verde, vermelha e roxa com o desenho bordado da cruz de Natalino.

— Não posso usá-las. Aqui é um lugar de pequenos agricultores, gente simples, mas que não entende a questão agrária. Fico em silêncio.

Arnildo nasceu em Sarandi. Uma boa parte da renda da família de agricultores se destinava a pagar os médicos que tratavam do pai doente. Era adolescente quando Brizola desapropriou a Sarandi e quis ser o "pai da reforma agrária".

Observa que a falta de terra levou agricultores gaúchos a migrarem para a Amazônia.

— Aqui eram pequenos, e lá começaram a comprar terra e vender a madeira. Os mais problemáticos são os grandes que saíram daqui com capitalismo no sangue. Arremataram tudo no Maranhão, Tocantins, Goiás, Mato Grosso. Meu Deus! Esses para mim são os mais terríveis.

Arnildo conta que, na primeira visita a Natalino, Curió se ofereceu para atuar como ministro da Eucaristia e distribuir a comunhão. O padre não aceitou. O agente passou a acompanhar as missas com gravador. Arnildo citava trechos do Êxodo e repetia os beatos do Contestado ao afirmar que a causa era "santa e invencível".

— Eu falava do povo organizado por Moisés que deixa a escravidão, atravessa o deserto e o mar Vermelho até conquistar a terra prometida. As pessoas diziam: "Essa é a nossa história, os escravos somos nós". Deus disse: "Eu vi o sofrimento e a aflição do meu povo". Curió não dizia nada, só soltava fogo pela boca, como o dragão de sete cabeças. Ele chegou à Encruzilhada no Dia do Colono, 25 de julho de 81, no papel de espião. O João Pedro, que conhecia a história do Pará, espalhou que estava no meio do povo um coronel famoso por torturas. No fim de julho, Curió se instalou definitivamente. Mandou soldados levarem cavalos para beber nas fontes de água usadas pelos acampados e passar as patrulhas em volta das barracas para levantar poeira. Fazia dias que não chovia. Levou crianças para outras cidades. Os pais se desesperavam, tinham de ir atrás. Quem saía não podia voltar. Se alguém não aparecesse no hasteamento da bandeira, a polícia ia buscar na marra. Eu dizia que em torno da cruz o movimento tinha força. As pessoas colocaram na cruz panos brancos, simbolizando cinco crianças mortas por pneumonia, desnutrição. O vento sacudindo o pano mostrava que a criança não morrera. As celebrações passaram a ser ecumênicas, com pastores da Igreja Evangélica de Confissão Luterana. Hoje é o movimento popular mais forte da Terra. O movimento não está aí apenas para lutar por um pedacinho de terra. O objetivo é mudar a estrutura da sociedade, esse sistema capitalista não serve.

Pergunto se Curió foi a pessoa mais forte que enfrentou.

— Sem dúvida foi a mais marcante, pois ele interveio diretamente. Os outros opressores se escondiam por trás da polícia, da imprensa, nunca nos enfrentaram cara a cara. O Curió dizia que tinha desmanchado dezesseis organizações de luta pela terra e essa era a 17ª que desmancharia. Quando retirou a bandeira e deixou o acampamento, um dos colonos lhe entregou um cipó retirado do mato, com dezesseis nós. O 17º estava aberto, e disse: "O senhor conseguiu desmanchar dezesseis, mas não o 17º. Leve como lembrança". A sabedoria rebate a prepotência.

DAVI MOURA

Canguçu, tarde de novembro

Encontro Davi Moura, descendente de guaranis, num lugar distante do antigo acampamento.

— Curió dizia que não me conhecia da Serra Pelada. Mas quem manda conhece. Ele achava que nosso acampamento era guerrilha. A gente não era guerrilha, a gente pleiteava terra. Eu desisti do garimpo quando ouvi dizer que os assentados no Rio Grande do Sul estavam ganhando terra. Fui acampar na Encruzilhada. A decisão de entregar o cipó para ele foi da comissão central. Cada nó era um acampamento que ele tinha desmontado. Ele mudou muito. Na Serra o trabalho dele era um, na Encruzilhada, outro. A minha questão era não me dobrar para o Curió. Eu tinha um rádio velho, de doze pilhas, do tamanho de uma caixa de abelha. Para ouvir as estações, botava a antena numa cerca de arame. Foi quando comecei a ouvir conversas dele por rádio para Brasília. Escutava tudo do meu barraco. Lá pelas cinco da tarde, eu subia no palco para relatar aos companheiros. Ele foi à loucura. Chegou a trocar o efetivo duas vezes. Achou que era gente dele que me contava as conversas. Um dia, ele reclamou pelo rádio: "Não tô aguentando mais os gaúchos. Eles estão me rastreando". Tomaram meu rádio. Ele quis cortar minha alimentação. Não tinha problema, me virava igual. Fui entendendo os códigos dele. Falava no rádio que tinha uma Brasília num ponto tal da estrada. Aí a gente procurava a Brasília para saber qual era o ponto que ele chamava por código. Um dia eu fui para o palanque e disse para os companheiros: "O Curió falou para os chefes de Brasília que se considera derrotado". Ele queria me matar no cansaço. Fui preso catorze vezes. Mas saía e ligava o rádio. Curió queria saber quem me informava. Eu respondia: "É a experiência".

Curió citou Davi num comunicado em terceira pessoa:

> Até um colono que, dizem, estivera em Serra Pelada, teria desmentido o Coronel Curió sobre as "maravilhas" do garimpo. Um abaixo-assinado deverá ser subscrito por todos (vejam bem, todos) os garimpeiros, de seguinte teor: "Nós abaixo assinado, para fazer justiça ao Dr. Curió, queremos que as pessoas que escreveram que Serra Pelada é campo de concentração fiquem sabendo que a gente não aceita essa mentira. Em Serra Pelada o que existe é todo mundo igual, Dr. Curió e os homens dele trabalham para o bem dos garimpeiros e de nosso querido Brasil".

Curionópolis, noite de novembro

O prefeito Curió fala dos bispos:

— Estavam lá três bispos, Casaldáliga, Lorscheider e Balduíno, três barras-
-pesadas, 93 padres, incontáveis auxiliares e coroinhas. Eu perguntei: "Quem
é o chefe?". O Lorscheider disse: "Não tem chefe. Eu respondo". "Vou deixá-lo
celebrar missa, mas eu vou ficar no altar, porque já fui coroinha." Batina vermelha, batia o sino da igreja, castiçal, entendia de tudo isso. Aí celebraram a
missa. Eu gosto muito de usar termo bíblico. Eu falei que eles teriam terras em
Mato Grosso. Ficou um silêncio. O único que se pronunciou foi um gaúcho de
bigode grande: "E que garantias tu nos dá, chê?". Eu arranquei um fio do meu
bigode e disse: "Toma". Ele aceitou e embarcou para Mato Grosso. O pensamento meu era meter a cunha no meio do movimento e diminuí-lo como
Napoleão, para abater o inimigo por partes. Sempre procurei dialogar antes,
conversar, vender o peixe. Acho que a força é a última instância.

Curió convenceu 137 famílias a irem para um assentamento em Lucas do
Rio Verde, Mato Grosso. A viagem de caminhão durou quatro dias. As famílias levaram carroças, móveis, animais. Lá cada uma recebeu duzentos hectares de terra, o equivalente a 280 campos de futebol. O lugar se tornou uma cidade próspera, centro de produção de soja.

No dia 31 de agosto, sem conseguir acabar com a mobilização, Curió re-
digiu um documento reclamando que religiosos tinham convencido famílias a
continuar acampadas.

Em relatório ao ministro do Exército sobre a situação dos acampados de
Encruzilhada, Curió usava pela primeira vez a expressão "Movimento dos Trabalhadores Sem-Terra". Os colonos teriam se tornado um alvo dos "agitado-
res". No comunicado, ele escreveu que a Igreja Católica queria transformar
Natalino num símbolo de mudança social que desrespeitava a propriedade
privada. Disse que o acampamento não lembrava um "campo de concentração"
como diziam bispos e reclamou, em terceira pessoa, que os padres acusavam o
"Coronel Curió" de ser um homem perigoso.

Curió saiu de Ronda Alta 31 dias depois de entrar triunfalmente. Voltou
para casa festejando a vitória antes de completar cinco semanas de missão. O
mesmo fez o general Carlos de Mesquita, após a derrota no Contestado. O
major acusou os religiosos de pregar o nome de Deus e não reverenciar a bandeira nacional: "De certa forma, se justifica a reação contra a bandeira, cujo

lema, 'Ordem e Progresso', deve ferir que nem ferro em brasa os que semeiam o ódio".

Na despedida de Curió, os acampados estenderam uma faixa na cerca: "Em terra de quero-quero, Curió não canta de galo".

As últimas famílias deixaram a beira da estrada e foram para uma área comprada com dinheiro recolhido pela CNBB e pela Igreja Evangélica de Confissão Luterana, o assentamento Nova Ronda Alta. O movimento Pés no Chão ganhou força e virou o Movimento dos Trabalhadores Sem-Terra. Uma escultura metálica de um casal com foice e bandeira foi erguida no local onde existiu o acampamento. Destaca a placa: "20 anos da derrota do Curió e vitória da luta da terra".

STEDILE

Por e-mail, Stedile fala de Natalino:

— O coronel Curió deve ter chegado no acampamento lá pelo dia 26 ou 27 de julho, após um ato que fizemos no dia 25, em celebração ao Dia do Trabalhador Rural, que reuniu mais de 30 mil pessoas. Alguns companheiros tiveram a impressão de ter visto o coronel cruzar pela manifestação de carro. Curió assumiu um papel ambivalente. Veio com um forte aparato de segurança, para demonstrar força, com agentes da Aeronáutica e da Polícia Federal. Trouxe um caminhão de comida da Companhia Brasileira de Alimentos, empresa ligada ao Ministério da Agricultura. Montou seu acampamento do outro lado da estrada, pôs controle nas duas saídas do acampamento. Muitas famílias se assustaram e desistiram. Ao mesmo tempo, além das ameaças, ficava fazendo promessas para quem aceitava sua proposta de ir para o Mato Grosso. Ele convenceu duzentas famílias a se mudarem para outro acampamento a dois quilômetros. A turma dos sem-terra apelidou o acampamento do Curió de Quero-Quero, pois o homem só garganteava. Aos que aceitavam mudar de acampamento, prometia cem hectares já lavrados e sem mata, trator, financiamento do Banco do Brasil, casa de madeira pronta, luz elétrica, estrada e uma espingarda para caçar. Ele ampliou as ameaças e a prepotência. Tocava o Hino Nacional, exigia que a turma se perfilasse em posição de sentido. Como a estrada era de chão batido, passava a patrulha para fazer poeira, e isso causou epidemia de conjuntivite. O fato que nos ajudou muito é que o Curió todos os dias enviava por rádio seus informes para o Serviço Nacional de Informações em Brasília. Um belo dia, um acampado, procurando uma estação de rádio argentina, pelas ondas curtas, captou a onda usada pelo coronel. A partir daquele dia, desmontamos tudo o que o coronel planejava, pois sabíamos o que informava a Brasília. Foi derrotado pelo frio e pela teimosia dos gaúchos que não se amedrontaram com as ameaças, embora tenha feito um bom estrago. Foi um especialista em repressão de massa camponesa durante toda a vida. Um homem da ditadura. Era a cara do regime militar para o campo, mas um pau-mandado. Fazia tudo o que o alto-comando decidia. Não era um estrategista por si só. Era corajoso, de ir lá no meio da massa dar a cara. Assim fez na Encruzilhada e nos outros lugares por onde passou. O Curió representava, naquela batalha, a figura de um regime militar, a figura do Estado a serviço das classes dominantes. O nosso primeiro adversário foi o latifúndio, a burguesia. O Movimento dos Trabalhadores Sem-Terra é um movimento social, que nasceu da conjugação de vários fatores socioeconômicos, que se juntaram naquele contexto: não tinha mais emprego na cidade para migrantes, a crise da colonização na Amazônia, que não representava um futuro, a perda do medo de lutar, o trabalho de conscientização política das pastorais, o nascimento do sindicalismo combativo e a rearticulação da esquerda. Era a crise da industrialização. Estavam criadas as condições para o nascimento de um movimento camponês para fazer luta de massa da reforma agrária. É mais amplo do que a vitória sobre o Curió. Ele atuava com amplos poderes. Geria e mobilizava muitos recursos, administrava uma conta pessoal secreta no Banco do Brasil sem limites.

A imagem do Curió matador não ficou visível no Rio Grande do Sul. Não há registros de mortes e desaparecimentos na Encruzilhada atribuídos ao agente.

O momento mais dramático do Movimento dos Trabalhadores Sem-Terra aconteceu longe do Rio Grande do Sul e perto de Curionópolis. Nas margens de outra rodovia, a PA-150, na Curiolândia, o movimento teve seu batismo de fogo, e o país viveu um dos capítulos mais dramáticos de sua história.

"Formigas" do decadente garimpo de Serra Pelada recrutados pelo Movimento dos Trabalhadores Sem-Terra ocuparam a sede do castanhal Macaxeira, um dos pedaços da terra ainda de propriedade da família de Plínio Pinheiro. Um grupo correu para derrubar as últimas castanheiras que sobressaíam na mata rala em torno da casa-grande e dos armazéns. A árvore que alimentava com suas amêndoas moradores da mata se tornava símbolo do senhor feudal. Foi condenada.

O governo prometeu desapropriar a terra. O Movimento dos Trabalhadores Sem-Terra não acreditou na promessa. Dois anos depois de ocupar o Macaxeira, cerca de 2 mil famílias iniciaram em Curionópolis uma marcha em direção a Marabá, para pedir a desapropriação da fazenda.

Os "formigas", agora na roupagem de sem-terra, andavam nas primeiras horas do dia e no fim da tarde. Um carro de som puxava a caminhada. Na tarde de 17 de abril, o governador Almir Gabriel, do PSDB, ordenou que o coronel Mário Colares Pantoja, do 4º Batalhão da Polícia Militar de Marabá, desobstruísse a estrada. Pantoja tinha sob seu comando 153 homens. Em quinze minutos, sua tropa matou dezenove "formigas" e feriu outros 69 (grupos de direitos humanos contabilizaram 75). Manuel Benício, repórter em Canudos, escreveu: "Cabe ao coronel Pantoja a frente, que reforçado pelo 12º e mais tarde pelo 31º, 35º e uma ala de 40, limpar os outeiros e casebres dos inimigos".

Sobreviventes de Eldorado dizem que a polícia chegou atirando. Os militantes avançaram com paus e pedras contra os policiais, mas recuaram e correram para a mata.

Depois de a chacina repercutir no exterior, o presidente Fernando Henrique Cardoso disse que o crime era "inaceitável". Os feridos foram levados para o hospital de Curionópolis. Os mortos, enterrados no cemitério da cidade, entre eles Badé, 46 anos, com tiro na nuca.

Marabá, noite de setembro

Felicidade, mulher do barqueiro Baiano e dona do Hotel Alvorada, fala de Badé:

— Era como um filho para nós, um rapaz calmo. Quando deixamos de trabalhar no castanhal Macaxeira, ele nos acompanhou. Passou a morar na pensão que a gente montou aqui, em Marabá. Eu não sei o que levou o Badé para Eldorado. Ele não tinha necessidade daquilo. Acho que tinha ambição de ter um pedaço do castanhal.

Baiano, marido de Felicidade, conta que, após o massacre, Osório Pinheiro, dono do Macaxeira, sofreu infarto por "desgosto".

João Dias Ferreira, marido de Dadá, de Curionópolis, conta que um dos colegas de garimpo foi morto no massacre de Eldorado do Carajás.

— Na Serra morreu muita gente, vixe. Caía uma barreira, morria dez, vinte. Não, não tem essa história de dar terra. O pessoal foi entrando no movimento. Quem criou realmente o Movimento dos Trabalhadores Sem-Terra foi o Lula. Hoje ele abandonou. No governo Fernando Henrique todo mundo queria ser sem-terra. Um que morreu era dono daquela casa ali, o Badé. Era sujeito bom. Quando viu a polícia chegar, foi pedir paz. Badé era comprador de ouro. O major e os fazendeiros pensaram que, se matasse um ou dois sem-terra, acabavam com o movimento. Foi o contrário. Virou praga. Badé deixou filhos, três homens e duas mulheres. Foi o fim da linha dele. A polícia não precisava matar para liberar o trânsito. Era um cara alegre. Ele foi meu amigo.

João não sabia o nome completo de Badé. Na lista dos mortos de Eldorado não há nenhum Benedito ou outro nome que possa sugerir o apelido Badé. João promete procurar a família do ex-vizinho para conseguir o nome completo dele. Digo que pode me telefonar a cobrar.

— Não vai precisar. Na próxima semana terei uma boa notícia.

— Que notícia? — pergunto.

— Minha aposentadoria deve sair logo, logo. Poderei comprar um telefone e ligar pra você.

Ele telefona eufórico:

— Graciano Olímpio de Souza é o nome dele!

João conta que ele e a mulher, Dadá, percorreram sindicatos, hospitais e delegacias de polícia nos últimos meses em busca da identidade do vizinho.

— Fomos em todos os lugares. A gente ia e não encontrava, aí deu mais vontade de conseguir o nome dele. Graciano Olímpio de Souza.

A lista dos "formigas" mortos em Eldorado leva a outros endereços de Curionópolis. Abílio Alves Rabelo, de 57 anos, da avenida Carlos Santos, 228, recebeu dois tiros no pescoço e um na coxa direita; Amâncio dos Santos Silva, 42 anos, da rua Tucupi, 172, um na cabeça, um na região pélvica e outro na axila; no número 215 morava Joaquim Veras, 32 anos — um no peito e outro na axila direita, dado por um agente que estava num plano superior a ele; na rua Jacarandá morava Lourival da Costa Santana, 26 anos, fulminado no coração. Na Marajuba, 19, residia Leonardo de Almeida, morto com tiro na testa. Na Castanheira, sem número, vivia Robson Vitor Sobrinho, 25 anos, que recebeu quatro tiros, dois nas costas.

Morreram ainda "formigas" de Marabá, Parauapebas e Eldorado — Altamiro Ricardo da Silva, 42 anos, Antônio Carlos Dias, 27, Antônio Alves da Cruz, 59, Antônio, o Irmão, José Alves da Silva, 65, José Ribamar Alves de Souza, 22, Manoel Gomes de Souza, 49, Raimundo Lopes Pereira, vinte, Oziel Alves Pereira, dezoito, Valdemir Ferreira da Silva, João Rodrigues de Araújo e João Carneiro da Silva. Um policial introduziu na cabeça de Carneiro um pedaço de pau, expondo os miolos. Quando começou o tiroteio, Oziel, nova liderança sem-terra, pediu calma, afirmando que as balas eram de festim. Em seguida, policiais o arrastaram e o major Oliveira o executou com dois tiros na cabeça.

O que ocorrera na rodovia era uma repetição da chacina na ponte do Tocantins, nove anos antes. Os massacres de Marabá e Eldorado ecoavam as práticas de execução sumária, destruição de provas e listas imprecisas de mortes de Pau de Colher, na Bahia — sobre essa chacina que aconteceu cinquenta anos e sete meses antes, quem contava era o tropeiro Manoel Anjo, um dos que negociavam no arraial do líder religioso Quinzeiro. O massacre da ponte não serviu de publicidade para partidos ou movimentos políticos. A revolta nascia de baixo. Os seus mortos, porém, eram do mesmo povo "formiga" que teve homens fuzilados ao se incorporarem à guerrilha do PCdoB e ao Movimento dos Trabalhadores Sem-Terra na Curva do S.

A cruz fincada na margem da rodovia PA-150 para lembrar os mortos do massacre tombou. Grupos de direitos humanos fincaram dezenove troncos queimados de castanheiras no mesmo local. A árvore agora era símbolo da violência no campo.

13.

Aos 65 anos, Curió venceu a primeira disputa pela prefeitura, em 2000, com 3606 votos, 36 a mais que o empresário João Chamon Neto, do PSDB. Quatro anos depois, foi reeleito com 4246 votos, 925 a mais que Chamonzinho, filho de João.

Em seu primeiro mandato de prefeito, Curió construiu as praças Sete de Setembro e República, entre as duas pistas, e "Renasce Curionópolis" — slogan de campanha que virou nome de praça —, à beira do córrego que corta a cidade. O período de Curió na prefeitura ficou conhecido pelos moradores como época de "Dormitório de Caminhões". Encerrados os ciclos dos "Cabarés", da "Fuga dos Barracões" e das "Sinucas sem Jogador", começou o terceiro período, marcado pelo combate à criminalidade. Assustados com a violência na região, caminhoneiros estacionavam, antes do anoitecer, na beira de uma das praças de Curionópolis.

Na prática, o prefeito acumula o cargo de delegado. Repete que em Curionópolis bandidos não passam nem mortos. A exceção foi Nego Josa. A família recebeu permissão para levar o corpo até o cemitério, atravessar a cidade. Animada com a "benevolência" do prefeito, solicitou um carro para transportar o caixão. Curió mandou o carro da carrocinha de recolher cachorros. Foi nesse veículo que colocaram o caixão. Inimigos políticos de Curió não entram mortos no cemitério. Quando o sindicalista Clênio morreu, o prefeito determinou que o corpo fosse enterrado do lado de fora. Alegou que precisava de um corpo para marcar a ampliação do cemitério.

Nego Josa, apelido do pistoleiro Josivaldo Oliveira Barros, preso pela polícia e depois morto, confessou o assassinato do líder garimpeiro Antonio Clênio Cunha Lemos, apontando como mandante um assessor de Curió. A polícia acusou o pistoleiro pelo crime. Mais tarde, descartou a participação de Nego Josa. O pistoleiro Matias Rosa Passos teria matado Cunha a mando do sindicalista Luiz da Mata.

As pinguelas sobre os córregos da área urbana foram substituídas por pontes de cimento, como a que liga as ruas Ipês e Amazonas.

O celular funciona em qualquer ponto de Curionópolis.

Acompanho o prefeito e a mulher, Vera Lúcia Aguiar, 26 anos, na distribuição de sopas numa escola. Filha de garimpeiros, ela é 47 anos mais nova que Curió. Tem cabelos negros alisados e pele clara. Chefia a Secretaria Municipal de Assistência Social. Da relação entre Vera Lúcia e Curió nasceu Heitor.

Curió registrou outros seis filhos. Do primeiro casamento com Maria de Lourdes nasceram Antônio César, Silvana, Luciana Nóbrega de Moura, Sebastião Júnior e Fabiano. Do relacionamento com Keiko Myrian de Souza Murakami, de São Paulo, nasceu Natasha. A tradição oral de Serra Pelada destaca que também estão na lista de filhos de Curió as gêmeas Ana Lúcia e Luciana, de uma relação com Heloísa, filha do mateiro Zé da Rita, e o menino Yohan.

Vera Lúcia é conhecida pelo temperamento explosivo. Ela destruiu os móveis da delegacia depois de interceptar uma conversa do marido com uma agente. Em outra ocasião, entrou armada na prefeitura para atacar uma suposta amante de Curió.

— Essa mulher vai acabar com o prefeito — diz a vereadora aliada Genilda Carneiro.

Na segunda vez que Curió disputou a prefeitura, Vera Lúcia foi acusada pela oposição de prometer uma casa a uma eleitora e dar doze reais para outra, que teria recebido outros dez reais do candidato a vice-prefeito, Antonio César Nunes, o Nunes. Quando os adversários de Curió entraram na Justiça questionando a lisura da eleição, a primeira-dama fez uma promessa: não usaria ouro nos dedos, no pescoço e nos braços; só nas orelhas.

Um soldado da Polícia Militar diz ao prefeito que um suspeito ronda a cidade. O prefeito pega um radiotransmissor e sai à caça do suspeito. A patrulha Curió persegue bandidos pelas ruas.

Depois de muita insistência, o prefeito marca um encontro na praça do Imigrante.

No fim da tarde, o prefeito chega à praça. Vem acompanhado de seguranças e de mãos dadas com Vera Lúcia. Quando começa a entrevista, os seguranças ficam afastados. Hábil na relação com fotógrafos e cinegrafistas desde Serra Pelada, ele senta num banco, em frente ao Bar Poderoso Chefão — nome inspirado no filme protagonizado por Marlon Brando. A foto é sugestiva, mas a metáfora é imprecisa. Ele enfrenta uma oposição ferrenha na Câmara Municipal e não tem mais o apoio de uma grande massa. Nem os que formam filas em busca de assistência no portão de sua casa ou na prefeitura demonstram fanatismo. Anos depois, o *Godfather* não era nem mesmo um bar. O estabelecimento fechou as portas.

Na entrevista, Curió insiste em passar, com suas respostas vagas e seu silêncio, a imagem do Chefão. Não lembra outro personagem de Brando, o oficial nazista Christian Diestl, de *Deuses vencidos*, o militar que mostrava seu lado humano. O prefeito demonstra gostar da primeira pergunta:

— O senhor leu *O capital*?

— É uma pergunta interessante. Eu li *O capital*, de Marx, e o *Manifesto Comunista*, de Marx e Engels. Marx escreveu que a religião é o ópio do povo. Eu sou anticomunista porque nasci num berço cristão. Se o cristianismo é o ópio do povo, eu sou droga? Não sou radical de direita. Sou de direita porque os comunistas estão na esquerda. Se deveria ser mais moderado? O centro é o muro dos covardes.

Curió não quer conversa sobre a guerrilha. Fala da fundação da cidade:

— Recebi ordem para acabar com o povoado. O Newton Cruz disse: "Olha, é pedido da Vale. É para queimar". Desci de helicóptero, ali perto da Feira do Produtor, no curral do Sebastião Naves. Aí veio aquela criançada, a mulherada gritando: "Curió, Curió... paizinho...". Mas eu já vim com o pensamento fixo de não destruir. Encontrei o João Mineiro. Abaixei a cabeça. Ele perguntou: "O que tem com o senhor?". "Estou preocupado, João. Recebi uma missão complicada. Acabar com isto aqui." "E o senhor vai fazer isso?" Eu trouxe as máquinas da Andrade Gutierrez que estavam no quilômetro 16, abri as ruas. Construí um campo de pouso, botei um médico no posto de saúde, uma professora, a Isolda, na escola, distribuí mil lotes. Soube que batizariam o povoado de Curiolândia. Eu disse que só morto virava nome de cidade. Não teve jeito. A cartorária registrou Curionópolis. Um ex-prefeito, João Chamon, quis rebatizar a cidade de Chamonópolis, mas o povo não permitiu. Outro dia assisti a um teatro de crianças. Um garoto com cabelo repartido, o Curió, falava como fundou a cidade. A boate era no quilômetro 31. Era uma avalanche de mulheres. Uma relação sexual era paga com um cartucho de .38 cheio de ouro.

À frente da prefeitura, Curió priorizou o asfaltamento das ruas que desembocam na rodovia PA-275, mais visíveis aos que passam a caminho de Parauapebas ou Eldorado do Carajás, criticam adversários. A construção da praça da República, com pista de *skate* e fonte luminosa entre as duas pistas da rodovia, chama a atenção. A maioria das ruas do lado direito é de terra. Aos poucos, casas de alvenaria surgem no meio do casario de tábuas, coberto de telhas de barro. Na parte à esquerda, a mais alta, as casas são de madeira. Os quintais são tomados por mangueiras, pés de fruta-pão e coqueiros.

Canaã dos Carajás, manhã de festa

Reencontro o prefeito na inauguração da mina de cobre de Sossego, da Vale, em Canaã dos Carajás, a 150 quilômetros de Marabá. Na disputa por mais um mandato, ele diz que só depois das eleições conversará sobre a guerrilha. O presidente Lula é a estrela da festa. Em discurso, fala da necessidade do otimismo. Cita um documentário, *Sob a névoa da guerra*, de Errol Morris, que retrata os combates no Vietnã.

— Todo mundo tinha em conta que era só dar um tiro para os Estados Unidos comemorarem a vitória. Os americanos descobriram que não estavam enfrentando um exército, mas um povo que tinha um canhão em cada gesto. Eu me lembro da cena do secretário dizendo ao presidente Johnson: "Nós derrubamos uma ponte e, na semana seguinte, tem uma ponte de bambu. Nós detonamos uma estrada e, na semana seguinte, tem velhinhas carregando noventa quilos em cima da bicicleta para suprir a falta de caminhão".

Antes de chegar ao poder, Lula recorreu ao amigo Frei Betto para que o ajudasse a entender a rede de grupos que atuaram na resistência aos militares, contam dois parlamentares petistas. O religioso datilografou um estudo com o nome dos grupos, a relação dos seus integrantes e o entrosamento entre eles. Lula cobrou o estudo. Frei Betto disse ter entregado a pesquisa. Os dois procuraram o documento no apartamento do petista em São Bernardo. Frei Betto se enfureceu ao ver o trabalho forrando a casinha do cachorro.

No governo Lula, os combatentes da guerrilha rural não tiveram espaço. Três guerrilheiros urbanos viraram ministros — Dilma Rousseff (Polop e VAR--Palmares), José Dirceu (Molipo) e Franklin Martins (MR-8). A esquerda que despontou após a ditadura, reagrupada em torno da imagem de Lula, optou por uma relação cordial com as Forças Armadas. O presidente recorreu três vezes da decisão da juíza Solange Salgado de abrir os arquivos militares.

No dia 15 de dezembro de 2006, Lula disse, numa entrevista no Clube do Exército, que "a ditadura no Brasil não foi tão violenta como no Chile", repetindo uma frase comum de setores conservadores. Ao lado dele estava o general Francisco Albuquerque, comandante do Exército. Da turma de Curió na Academia Militar das Agulhas Negras e representante da chamada linha dura, Albuquerque foi uma escolha pessoal do presidente, que aceitou os argumentos de petistas como o senador Aloizio Mercadante, filho do general da reserva Oswaldo Muniz Oliva, um defensor da "revolução" de 1964. O grupo de José Genoino perdeu a queda de braço.

Na noite de 24 de outubro de 2004, numa festa no Clube da Aeronáutica, em Brasília, Lula disse a Albuquerque e aos comandantes da Aeronáutica, Luiz Carlos Bueno, e da Marinha, Roberto Guimarães, que não estava disposto a abrir os arquivos. Ele afirmou que a questão dos crimes políticos não era um assunto do Executivo, mas do Legislativo e do Judiciário.

— Não tem problema por parte do governo — disse.

As palavras do presidente tranquilizaram o general Albuquerque.

À frente do Exército, Albuquerque divulgou notas de afronta à democracia, justificou o assassinato do jornalista Vladimir Herzog e disse que não dava satisfações ao então ministro da Defesa, José Viegas, seu chefe imediato. Ainda em 2004, Curió recebeu a notícia da promoção a general de brigada, para efeito de soldo, um título que não conseguira na ditadura. Pelas normas das Forças Armadas, ao ir para a reserva, um militar é promovido pela última vez. Quando deixou a ativa em 1982, o inimigo histórico da esquerda foi promovido a tenente-coronel.

Procurei o Exército para esclarecer a decisão de pagar a Curió soldo de general de brigada, duas patentes acima da posição que tinha quando foi para a reserva. O Exército argumentou que ele continua sendo tenente-coronel para outros efeitos, e a nova remuneração foi concedida, a partir de abril de 2004, por motivo de doença grave, uma exceção prevista no Estatuto dos Militares. A Lei 6880, no entanto, estabelece nesses casos um soldo correspondente à patente imediatamente superior. Logo, Curió deveria receber soldo de coronel.

Tive acesso a duas avaliações médicas. Um exame de uma junta do próprio Exército registrou que o agente enfrentava uma neoplasia maligna. Outro exame, elaborado por uma clínica particular de Brasília, afirmou que o tumor em questão era benigno. É possível que o trâmite da promoção tenha atendido a critérios legais, amparado em brechas. No entanto, toda promoção, mesmo em caso excepcional, é política e atende a diretrizes da Defesa. Aliás, havia dez anos que Curió pleiteava o soldo de general. Quando seu pedido foi finalmente atendido, vi o então prefeito e candidato à reeleição distribuir santinhos e contar nas bodegas de Curionópolis, sem esconder a ironia, que era um "general de Lula". Só em meados de 2008, Curió passou a apresentar problemas de saúde previstos para casos de promoção na reserva.

A promoção de Curió a general não é o ápice na carreira do ex-agente. Ele havia sido, simbolicamente, general de exército, posto acima do de general de brigada. No garimpo, o então major era o chefe de um exército de pelo menos 42 mil garimpeiros. Curió registrou num cadastro para seguro-desemprego 116 mil nomes — possivelmente, o tamanho aproximado da população flutuante de Serra Pelada.

Em Serra Pelada, há o grupo dos veteranos ou "curiolanos", que participam dos desfiles cívicos. No topo da hierarquia dos "curiolanos" estão os bate-paus, que conviveram com Curió na guerrilha, na OP-3 e no garimpo. Depois, vêm os que estavam na região no tempo do ouro e da OP-3. Na base estão aqueles que só chegaram ali no tempo do garimpo.

Serra Pelada, feriado da Independência

O prefeito está no meio do gramado do estádio de madeira, o Curiozão, de Serra Pelada, com um microfone na mão. Comanda a festa da Independência e a campanha pela reeleição. Está reticente, não quer conversar. Aguarda o salto de um paraquedista.

— O vento está muito forte... é muito perigoso saltar nessas condições... mas ele saltou, ele saltou!

Numa rápida conversa, ele conta ter recebido de Figueiredo a missão de chefiar o garimpo, embora alguns digam que foi o general Octávio Medeiros, homem forte do governo militar, quem o incumbiu dessa missão.

A festa continua à tarde no estádio do centro de Curionópolis. Usando calça branca e uma camisa bege de mangas curtas, o prefeito tenta enxergar o paraquedista entre as nuvens cinza do fim de tarde. No centro do gramado, pede que as crianças e os adultos saiam do campo. Curió espera o paraquedista ali mesmo. Quando o saltador se aproxima, as pessoas gritam. O saltador pisa no solo e corre em direção ao centro do gramado. O prefeito o abraça e pede palmas.

— Só o Curió mesmo para dar essa alegria — diz um ex-garimpeiro, enquanto cruza os dedos das mãos, envergonhado.

O paraquedista discursa no microfone:

— Quando eu disse que viria para cá, amigos do Rio de Janeiro me disseram que o Curió é gente fina, inclusive conheço pessoas que atuaram com ele no Exército.

À espera do segundo paraquedista, Curió continua dando noções de saltos para a multidão. Vai para a tribuna de honra, de onde assistirá ao desfile ao lado de executivos da Vale.

— Vem aí a banda do Exército! — diz o prefeito.

Um grupo de setenta militares do Batalhão de Marabá, com caras pintadas, entra no gramado para animar a festa do prefeito. A banda do Exército desfila. Ao passar pela tribuna, o comandante bate continência para Curió. Os militares deixam o estádio e seguem para os ônibus que os levarão de volta a Marabá. Curió desce da tribuna. Deixa claro que não quer conversa comigo. Ele entra no ônibus. Vou atrás.

— Vocês tornaram mais bonita minha festa. — E grita: — Selva!

Militares repetem o grito de guerra.

340

* * *

À noite, Curió faz um comício na praça do Imigrante. Reclama da oposição, destaca a limpeza e a segurança no município, pede votos e comanda uma queima de fogos. Vera Lúcia, ao seu lado, sorri.

Um velho garimpeiro ergue um estandarte com retratos do prefeito e de santos.

— Viva meu paizim!

Explodem fogos de artifício. O prefeito tem como *slogan* de campanha "Unidos por Curionópolis". O principal adversário dele, Wenderson Chamon, o Chamonzinho, filho de João Chamon Neto e sobrinho do ex-delegado de Serra Pelada Salvador Chamon, adotou o *slogan* "A liberdade e o progresso estão de volta".

Chamonzinho diz à Justiça que Curió comprou votos e que os partidários do prefeito distribuíram cestas básicas que estavam em sacolas do Bazar São Paulo no dia da eleição. José Rodrigues, um candidato a vereador e aliado de Curió, foi preso. O prefeito é reeleito.

No segundo mandato de Curió na prefeitura, dois novos postos de gasolina são abertos em Curionópolis: o São Sebastião e o Cristalino. Grandes lojas se instalam na avenida Carlos Santos — Leolar, Armazém Paraíba e Eletrônica Silva. A Leolar abre uma loja na avenida Pará, no lugar onde funcionou o Banco Bamerindus, o grande banco do ouro. É no final dessa avenida que o prefeito constrói a Feira do Produtor, com dezesseis barracas. Curió constrói também o Ponto dos Carroceiros, único local ao longo da PA-275, que corta a cidade, onde os donos de animais podem parar. O trânsito é ordenado. Os mototaxistas, que começam a aparecer, ganham um ponto, a poucos metros dali.

Nessa época, causou polêmica a troca de lâmpadas de mercúrio por lâmpadas de sódio nos postes da rodovia. As antigas lâmpadas foram defendidas por parte dos moradores. Não adiantou a prefeitura explicar que as de mercúrio consomem 50% mais energia e causam riscos ao meio ambiente por conterem componentes tóxicos. Uma lâmpada de sódio tem vida útil de 24 mil horas, o dobro da vida útil da outra. Não adiantou nem mesmo a justificativa de que as lâmpadas de sódio iluminam com a mesma intensidade. A sensação das pessoas é diferente. Elas reclamam que as lâmpadas de sódio tornam tudo da mesma cor. Os cachorros ficam amarelos, as árvores, amarelas, as pessoas, amarelas, as pedras, amarelas.

Curionópolis, sábado de Carnaval

A cidade está diferente. As arquibancadas de madeira do barranco à beira da rodovia foram retiradas. Foi plantada grama-japonesa. Entre as duas pistas, está a praça da República, com pista de *skate*, jardins, dois quiosques e um chafariz iluminado com três pontos de água. É o orgulho do prefeito, dizem.

Curió está na praça, perto do chafariz, inspecionando a montagem do palco onde mais tarde se apresentarão bandas e cantores da região. Vera Lúcia chefia mulheres que preparam a tenda onde o prefeito e seus mais próximos aliados passarão a noite.

Ele diz a João, um auxiliar:

— Veja, na última eleição os grandes jornais deram espaço para as disputas no Rio e em São Paulo. Curionópolis estava lá nas páginas, em espaços pequenos mas estava. Sempre tem um jornalista aqui.

João balança a cabeça para concordar e cita equipes de televisão que estiveram ali para realizar entrevistas.

Moradores contam histórias de jornalistas que saíram correndo da cidade depois de fazer uma pergunta ao prefeito.

É possível arrancar um detalhe de um combate ou, simplesmente, a data de lançamento do livro que Curió diz escrever sobre a guerrilha. Sua prática em liberar o fluxo histórico em conta-gotas valoriza esse livro. O mito do major ganhou força com a liberação planejada dos fatos.

Curió marca encontro na praça para dali a trinta minutos.

No horário e no banco combinados, a poucos metros da caixa de som que vai animar os foliões, questiono o prefeito sobre a ação do Natal de 1973, quando morreu Maurício Grabois.

— Em tempo de guerra, mesmo no Natal, não tem bandeira branca. Tivemos informação de que os guerrilheiros do comando estavam se deslocando para o Grotão dos Caboclos. Meu grupo foi guiado por um índio. Eu me lembro que nós passamos numa região que tinha um bocado de tiranaboia, cabeça de cobra e corpo de lagarto, e os índios tinham temor. Uma picada dela é morte certa. Ela se alimenta da seiva das árvores. Lembro que o guia caiu fora. Encontramos um jabuti em cima de um tronco de árvore. É difícil jabuti subir em árvore. Detectamos que estávamos próximos da área. Tinha cobra bico-de-jaca. O barulho denunciou a nossa presença. Houve debandada, mas morreram uns quatro guerrilheiros. Não é que houve erro no ataque, mas precipitação. Comigo estavam seis homens. O fator surpresa era muito eficiente. Só vou abrir a do Maurício Grabois. Ele estava praticamente cego. Levou um tiro no braço.

— Chegou a se separar do corpo?

— Não.

— Ele disse algo antes de morrer?

— Não. Morte instantânea.

— Ele chegou a pegar em arma?

— Chegou, chegou. Todos chegaram.

— Quem eram os outros que morreram no Natal?

— *Dina* escapou. Vou deixar os nomes dos outros para o meu livro.

Curió volta a atuar como porta-voz do regime ou a se aproveitar do silêncio dos outros. No dia 15 de dezembro de 1973 ele viajou de Belém para Brasília, onde passou o Natal e onde ficou até meados de fevereiro, destacam seus registros no Exército, se recuperando do combate com *Sônia*. Sempre assumiu em entrevistas o papel de matador de todos os guerrilheiros. Assim a imprensa e a esquerda o trataram. Grabois foi morto por oficiais subordinados a Nilton Cerqueira. Lício conta que os tenentes Sigmar Lacerda Ventura e Luiz Carlos Alieth foram os comandantes da ação. Ao assumir a autoria dessas mortes, Curió rompeu a tradição de *Facundo*, a postura latina de satanizar adversários, responsabilizando-os por crimes. Ele usa a barbárie como barro para moldar a própria imagem. Militares, a princípio, nunca se queixaram do suposto protagonismo de Curió. Era uma época em que estava valendo o acordo de silêncio. Para o Exército era cômodo que o debate sobre os crimes de guerra no Araguaia estivesse focado num único agente. Os militares passaram a dizer que Curió era um caso isolado. A corporação e toda uma geração de oficiais estavam livres para seguir seu caminho.

Os organizadores da festa aumentam o volume do som. Impossível ouvir e ser ouvido. A entrevista termina.

Nos dias de festa em Curionópolis, o prefeito manda armar a tenda branca no alto do barranco da margem da rodovia, de frente para a praça da República. A tenda é uma espécie de camarote VIP, decorado com balões e papel crepom. É servido refrigerante. De vez em quando, Curió permite a abertura de um uísque escocês. Os assessores associam o prefeito à garrafa de uísque: quadrado e verde. Curió senta numa cadeira no centro da tenda, onde tem uma visão mais ampla da festa.

Vera Lúcia, de calça e blusa apertadas, está sempre rodeada de mulheres, que costumam imitá-la na roupa e no penteado — os cabelos lisos e com franja. A primeira-dama a cada dia tem mais anéis, colares e pulseiras, contrariando sua promessa... Mantém a tradição dos bamburrados da Serra de usar bastante ouro.

Poucos têm acesso à tenda. Estar ao lado do prefeito é sinal de prestígio. Curió costuma passar a noite sem dar uma palavra com os convidados. De meia em meia hora levanta-se, olha para os foliões. Com uma das mãos no queixo e outra na cintura, tenta enxergar uma briga, uma discussão. Quando consegue, desce da tenda e, acompanhado por um séquito de assessores e policiais, persegue os envolvidos. Uma multidão vai atrás, gritando, erguendo as mãos para o alto, pedindo "justiça", sem ao menos saber do que se trata. Os momentos de briga são os únicos que me permitem uma aproximação com o prefeito.

Os jovens deixaram de usar camisas de algodão, botões e gola, e bermudas de pano. Agora, preferem as camisas de lycra em estampas de cores fortes e quentes e bermudas floridas e longas. As meninas trocaram os vestidos e as saias compridas por bermudinhas, shortinhos ou jeans curto e justo e blusas pregadas no corpo.

A maconha e o crack são consumidos nos becos pela garotada.

PAULO LOCUTOR

À noite, a praça está tomada pelos foliões. Num palanque, o locutor Paulo anuncia:

— Queremos registrar a presença na festa do nosso prefeito, Sebastião Curió.

O prefeito deixa a tenda, desce o barranco e sobe no palco.

— Meus amigos, boa noite. Vou ser breve. Nós fizemos um esforço para realizar o Carnaval, que é a maior festa popular do mundo. Não era Curionópolis que ia ficar sem Carnaval. Para que a festa seja feliz para todos, é necessário que haja harmonia e paz. Peço a todos que brinquem e se divirtam, mas com disciplina. Tenho orgulho de dizer que nunca tivemos briga e morte. Estarei aqui com vocês nos cinco dias. Mantenham a paz e a ordem, porque isto é tradição de Curionópolis.

Por volta de 23 horas, entro na tenda. Enquanto vigia os jovens que dançam na pista, Curió pergunta se eu vi mesmo diferença na cidade nos últimos três anos. Está orgulhoso com tanta gente na praça. Só interrompe a conversa ao perceber princípio de baderna. Faz gestos para que a polícia e a vigilância municipal intervenham.

O locutor alerta os foliões de que quem quiser brigar ou for pego quebrando "cascos" ficará preso até o último dia de Carnaval. Um adolescente vestido com roupa de mulher quebra uma garrafa no meio-fio. Um policial agarra o rapaz, que consegue se desvencilhar e corre. O policial o persegue. Outro policial corre para pegar o rapaz. Uma multidão vai atrás. Curió desce da tenda para saber como foi a operação. O garoto é visto na noite seguinte dançando na praça.

Brasília, sábado à noite

Perto das 23 horas, o avião decola de Brasília. Turbulência durante o voo. A aterrissagem é brusca. À meia-noite, desço em Marabá. Por causa dos horários dos voos, sempre é difícil conciliar meios de transporte para chegar a Curionópolis. É preciso dormir em Marabá para, no dia seguinte, chegar à cidade.

Passo a noite no Hotel Carajás, em frente à rodoviária. A primeira van para Curionópolis sai às seis horas.

O céu ganha tom laranja com o nascer do sol. Mesmo com poucos passageiros, o motorista da van sai pontualmente. Perto de Eldorado, o tom do céu é roxo. Os pastos e a vegetação rala dos pastos abandonados estão encobertos pela neblina, que, de longe, forma uma faixa branca entre o mato da beira da estrada e o céu.

Um velho com camisa aberta e bermuda exibe um tatupeba, limpo. Quer vender a caça. Um rapaz entra na van e se apressa em dizer ao motorista que o sujeito num ponto mais à frente, na margem da rodovia, está muito bêbado e vai causar problemas. O suposto bêbado faz sinal, realmente parece ter dificuldades de ficar de pé.

— Rapaz, o diabo é moleque — diz um passageiro.

A tarde está ensolarada. Vai ter festa do Dia das Mães, com distribuição de brindes. O prefeito ainda não apareceu na praça. O locutor Paulo anuncia:

— Logo mais Sebastião Curió, o prefeito do povo, vai fazer um pronunciamento emocionante. Ele vai ler uma poesia em homenagem às mães. Você não pode perder. Os prêmios estão adequadamente embalados com papel de presente, que lindo!

Na tenda, duas dezenas de moças com camisetas *baby look* rosa com a inscrição: "Ser mãe é a certeza plena do infinito".

Anuncia outro locutor, Reginaldo:

— O prefeito Sebastião Curió e a querida primeira-dama Vera Lúcia já estão na praça. O prefeito pede que liguem a fonte.

A fonte é ligada.

— Olha que lindo, Paulão! — diz Reginaldo.

Paulo pega novamente o microfone:

— Agora, Sua Excelência, Sebastião Curió, o prefeito do povo!

— Boa noite. Estou abatido, com certa nostalgia. Há pouco estava na sala de casa olhando a foto da minha saudosa mãe. Filhos, aproveitem enquanto vocês têm a mãe ao lado. A emoção é grande, eu não quero estragar a festa de vocês... É comum os jovens acharem que sabem tudo e a mãe é careta. O sangue que corre em nossas veias é o de nossos pais. O Dia das Mães é uma das datas mais importantes do calendário da nossa pátria. Elas sempre se dedicam aos filhos, alguns mais rebeldes. A minha está ao lado do Senhor Nosso Deus. Ela cuidou de cinco filhos e ainda lavava roupas para ajudar o esposo, um barbeiro, no sustento da casa. Hoje passei o dia chorando por falta de minha mãe... Viva o Dia das Mães!

A multidão responde com gritos. Curió continua:

— Nós, homens, fazemos muitas coisas. Vamos para a guerra, combatemos. Hoje mulher combate. Mas será que nós, homens, teríamos a resistência física para suportar a dor do parto?

O prefeito é interrompido com o "Tema da vitória", música usada pela TV Globo para comemorar os feitos do piloto de Fórmula 1 Ayrton Senna.

Vera Lúcia sorteia os brindes. Uma sorteada discursa:

— Em primeiro lugar quero agradecer a Deus, em segundo, ao prefeito. Aleluia!

Bastiana, a fundadora do local, ganha um ferro de passar roupa.

DANIEL DANTAS

Estrada Marabá-Curionópolis, manhã de agosto

Plantações de eucalipto surgem na beira da estrada de Marabá a Curionópolis. Aqui, há alguns meses, era pasto. Foram tragados os resquícios de mata e a vegetação rala que cresceu sobre as cinzas. As castanheiras solitárias, que resistiram às queimadas e à abertura das fazendas de gado, tombaram, ao menos nesta faixa de terra a perder de vista. Quase não se veem inajás, babaçus, açaís e outras palmeiras, que costumam germinar no campo arrasado pelo fogo, por tratores e motosserras. Até os brotos foram eliminados. Os frutos e os palmitos estão cada vez mais raros, viraram carvão nas siderúrgicas de Carajás.

Uma placa da "reflorestadora", a empresa dona da plantação, informa que há 1,6 milhão de pés de eucalipto nestas terras da antiga Curiolândia. A atividade surge com a velha promessa da chegada do futuro. Ana Júlia Carepa, do PT, ao assumir o governo do Pará, propôs o plantio de eucalipto em grande escala no Bico do Papagaio.

Mais à frente, a sede da fazenda Cedro, com pista de pouso e pasto a perder de vista. A fazenda foi um dos quinze latifúndios comprados na região pelo banqueiro baiano Daniel Dantas. Ele é dono de um total de 600 mil hectares, calcula a Comissão Pastoral da Terra. Ocupou a terra e tomou dos "formigas" e das famílias dos guerrilheiros seu advogado. Luiz Eduardo Greenhalgh deixou o papel de defensor de direitos humanos para atuar como lobista do banqueiro. Dantas e Greenhalgh foram apontados pelo relatório da *Operação Satiagraha* da Polícia Federal como integrantes de uma quadrilha acusada de lavagem de dinheiro e corrupção. O fim do advogado dos pobres era a segunda morte trágica de um Greenhalgh. No Paraguai, um Greenhalgh de dezenove anos morreu depois de atirar num inimigo que o intimou a arriar a bandeira do navio. "O capitão de Infantaria Pedro Afonso Ferreira e o guarda-marinha João Guilherme Greenhalgh sucumbiram defendendo o pavilhão nacional", escreveu Paulo Duarte em *Os Voluntários da Pátria na Guerra do Paraguai*.

No segundo mandato de Curió na prefeitura, o Movimento dos Trabalhadores Sem-Terra mira a Vale, a mineradora que aumenta sua influência econômica e política ao passo que o poder do major se restringe à cidade batizada em sua homenagem. Os acampamentos dos sem-terra na antiga Curiolândia passam a constituir núcleos de combate à companhia. No momento em que Lula se estabilizava no poder, depois de enfrentar a crise do Mensalão, quando muitos de seus aliados foram denunciados por desvio de dinheiro para despesas de campanha, os sem-terra entraram na fase de ignorar o governo e focar seus ataques na Vale.

JOÃO DA DADÁ

Peço ao motorista que pare em frente ao restaurante Carajás, no início do perímetro urbano.

— Faz tempo que você não vem para cá? — ele pergunta.

— Um pouco, por quê?

— É que faz três meses que o prefeito, filho de Deus, proibiu que as vans fizessem parada dentro da cidade.

— E onde posso descer?

— Agora, só na rodoviária, no final da cidade. Está vendo esses seguranças na beira da estrada? É tudo fiscal do prefeito.

Na rua Maranhão, a poucos metros da casa de Curió, foi construído um novo hotel, com ar-condicionado, televisor e banheiro nos quartos.

A casa do prefeito foi pintada de verde.

Numa rua da cidade, não reconheci, num primeiro momento, João da Dadá.

Ele diz que teve um sonho na véspera.

— Foi de madrugada. Sonhei que a Justiça me chamou e disse: "João, você está aposentado".

Ele reclama da Previdência:

— Já estou com setenta anos, trabalho desde os onze. O que preciso mais? Mentir que trabalhei em fazendas que nunca passei pela porteira?

Fala que, caso consiga se aposentar, comprará um telefone, para conversar comigo.

João discorda de que a cidade esteja mais bem estruturada:

— Isto aqui já foi vivo. Hoje está morto, morto.

Para João e todos os demais "formigas", uma cidade só está viva quando um garimpo está aberto. O que é avanço para muitos é a continuidade da morte para eles. Não adianta as calçadas estarem limpas, os meios-fios pintados, as praças bem cuidadas, o lixo recolhido. As coisas acontecem de maneira diferente por aqui. A riqueza e as luzes vieram junto com a barbárie. A civilização, não, foi chegando aos poucos, em doses, a cada lavra que fechava. Sem dinheiro para sustentar famílias no Maranhão e raparigas no Pará, os homens mandaram trazer suas mulheres e filhos.

A aposentadoria de João finalmente saiu.

— Trabalhei demais na roça e no garimpo. Conheci na Serra esse cidadão que hoje é o prefeito. Naquele tempo ele era poderoso. Ele mandava em Marabá, nesta região toda. Ele era o chefe, o chefão, o xerifão. Hoje ele é só o prefeito.

Digo a João que irei à casa do prefeito.

— Você vai até a casa do demônio?

CURIÓ

Estrada Curionópolis-Parauapebas, tarde de novembro

Curió está de saída. Ele vai para a cidade de Parauapebas, onde assistirá ao jogo de futebol entre seleções dos dois municípios. Permite a contragosto que eu o acompanhe.

— Vou contar tudo o que sei sobre a guerrilha no meu livro — diz Curió, na estrada.

Nunca publicado, o livro virou lenda:

Jornal da Tarde, março de 1983: "Curió não quis adiantar detalhes do livro, mas promete 'coisas interessantes'".

Jornal do Brasil, outubro de 1986: "Ele prepara uma verdadeira bomba: um livro sobre a guerrilha do PCdoB no Araguaia".

Jornal do Brasil, janeiro de 1990: "Curió promete escrever um livro: 'Um ministro do Exército me pediu para que escrevesse um livro, mas quando falei sobre o que pretendia escrever ele mudou de ideia'".

The New York Times, setembro de 2004: "'Só contarei a verdade em minhas memórias'".

Folha de S.Paulo, setembro de 2004: "O Major Curió [...] está escrevendo um livro sobre a guerrilha no qual pretende divulgar os documentos 'oficiais e pessoais' em seu poder".

IstoÉ, fevereiro de 2008: "Eu não tenho o direito de levar para a sepultura os dados que tenho e que eu sei".

Folha de S.Paulo, on-line, setembro de 2008: "'O material já está na gráfica', afirma".

Continua a viagem a Parauapebas, uma das três corrutelas surgidas no auge de Serra Pelada — Curionópolis e Eldorado do Carajás foram as outras. O nome da cidade é o mesmo do rio que a corta: Parauapeba, Parauapava ou Paranauapéva — "água grande e rasa", na língua tupi, escreveu o sertanista Cláudio Villas-Bôas —, um afluente do Itacaiunas. Foi o mesmo nome dado pelo sertanista Domingos Rodrigues ao Araguaia no século XVII.

O Movimento dos Trabalhadores Sem-Terra, inimigo de mais de duas décadas de Curió, chegou para controlar os homens sem garimpo e cercar o município, único quinhão que restou ao repressor do embrionário movimento sem-terra da Encruzilhada Natalino, décadas antes, no Rio Grande do Sul. A entidade marcou como data de sua fundação o plano frustrado de Curió de acabar com o acampamento de Natalino. Mas os sem-terra ainda respeitam o poder de fogo do inimigo e não atravessam as pontes das divisas para ocupar fazendas de Curionópolis.

Bandeiras vermelhas em cabanas de palha indicam que estamos em Parauapebas, onde o prefeito Darci Lermen, do PT, é aliado dos sem-terra.

Toca o celular de Curió. A polícia informa que foi roubada a camionete de Olavo, um fazendeiro do município.

— Só vamos para o jogo depois que pegarmos os bandidos — diz Curió.

O motorista retorna.

Curió passa em casa para pegar uma espingarda calibre 30, uma pistola e meia dúzia de caixas de balas.

Na delegacia de Curionópolis, o fazendeiro, um senhor de setenta anos, está desolado.

— É uma Ranger cinza, Curió.

O prefeito promete ir atrás dos bandidos.

— Obrigado, Curió!

Curió entra novamente no carro. O motorista José Cildo, o segurança Jairo e eu o acompanhamos.

— Vamos para cima! — diz o prefeito.

Pessoas na beira da estrada indicam o caminho tomado pelos bandidos. Logo após a castanheira solitária, a dezesseis quilômetros do centro de Curionópolis, o prefeito manda o motorista entrar numa estrada de terra. A menos de um quilômetro está a camionete com as rodas para cima. O carro virou monte de ferro retorcido. Um policial civil se aproxima do carro do prefeito. Faz continência.

— Prefeito, os bandidos pegaram outra camionete.

— Vamos pegar os vagabundos — diz Curió.

Agora, um comboio formado pelos carros do prefeito e das polícias Civil e Militar segue o rastro dos assaltantes. Com colete, Curió põe bala na espingarda. Engatilha a arma. Jairo, o segurança, pega um revólver. A estrada empoeirada corta uma serra. Esfria.

Curió passa a maior parte do tempo em silêncio, ouvindo o que os outros falam. Está concentrado. Observa:

— Eles devem estar feridos, pois tombaram a camionete.

Antes de uma pinguela, o prefeito pergunta para um menino a cavalo, parado na margem da estrada, se ele viu passar gente estranha.

— Passou.

— Agora há pouco?

— Meia hora.

Escurece.

— Eles podem ter se escondido no acampamento dos sem-terra, no 17 de Abril — diz o prefeito, referindo-se ao povoado onde moram sobreviventes de Eldorado do Carajás.

— O governador Almir Gabriel mandou a polícia atirar neles — disse Curió.

Reclama que policiais de Curionópolis atuaram mal no caso do roubo da camionete:

— Os policiais deram tiro e não acertaram ninguém, pô!

Volta a ficar em silêncio.

O prefeito recebe a informação de que um dos assaltantes é Mão Branca, irmão de Nego Josa, pistoleiro morto.

— Esse eu conheço.

Numa encruzilhada, os policiais encontram o carro do segundo fazendeiro. O veículo está em boas condições. Os assaltantes, possivelmente, pularam a cerca de uma fazenda e seguiram pelo pasto.

— A gente deveria entrar no mato — diz Curió.

Chegamos à localidade de Gogó da Onça, já no município de Eldorado do Carajás. Aqui era o castanhal Surubim. As árvores foram destruídas, as terras de José Pernambuco de Gama e depois de Nelito Almeida, repartidas em fazendas. Neste lugar, Teresona reinou absoluto, no comando de sua milícia.

Os policiais, todos eles de Eldorado do Carajás, desistem da captura dos ladrões da camionete. Sem esconder um certo alívio, o prefeito Curió, dentro do carro, reclama:

— Abandonaram a operação!

Curió olha para a sede de uma fazenda, a um quilômetro.

— Se estivesse em Curionópolis, iria atrás dos bandidos, mas aqui é Eldorado, só arrumaria confusão. Iriam dizer: "Foi para matar". Na minha cidade, estaria agindo para proteger o cidadão. A Constituição manda o prefeito zelar pelo seu povo, só não diz como. É claro que no Araguaia ultrapassei a minha jurisdição, entrei numa área que não deveria entrar, a dos paraquedistas.

O prefeito tenta associar sua imagem à do doutor Marco Antônio Luchini, do Araguaia. O desprendimento que demonstra ao socorrer um cidadão do município que governa não tem a força da imagem do algoz da guerrilha. A perseguição durou três horas, fazendo um percurso de 149 quilômetros.

— No Araguaia usava uma ParaFAL, de número final 093. A arma está no Centro de Inteligência do Exército, o antigo Centro de Informações. Meus amigos fizeram vários riscos no cabo. Foi uma brincadeira. Cada risco significava a morte de um guerrilheiro.

Moradores dizem com frequência que Curió sempre foi o melhor atirador de Curionópolis. Quando parques de diversão se instalam na cidade, ele faz questão de alimentar o mito. É o primeiro a ir às barraquinhas de tiros com espingarda de pressão para derrubar as latinhas com sabonetes e pequenos brinquedos.

Zé da Rita lembra que, um dia, passando de camionete pela estrada OP-3, Curió mirou e acertou um veado na mata da margem direita. O motorista parou o carro para que os homens que viajavam na parte de trás pegassem o bicho morto.

— Só quero a cabeça para mostrar na base — disse Curió.

Certa vez, contou em público a receita para acertar o alvo:

— Nada de mirar. O atirador deve apontar, imaginando que o cano da arma é o dedo indicador.

14.

Curionópolis, manhã de maio

Estou de volta à cidade para a festa dos vinte anos de emancipação. Na margem direita da estrada, pastam bois de Evandro Mutran, que deixou o negócio da castanha para criar gado nelore. A pecuária retoma a marcha iniciada no litoral baiano há quase quinhentos anos, depois de se estagnar por mais de cem nas terras do Maranhão e do Piauí. Desta vez, o boi vem também do Sul, não fixa o homem mestiço e não cria vilas, como no século XVIII no vale do Jaguaribe, região dos Maciel. O boi reencontra no Pará o nômade mestiço ao lado de quem décadas atrás vagueou pelo sertão, para expulsá-lo da terra, tendo o mesmo impacto do fogo lançado, nos tempos remotos, nas malocas dos nativos puros do Mearim.

O rebanho branco de Mutran se destaca no verde da braquiária e pelos troncos e galhos queimados e retorcidos, que dão a impressão de ser cruzes de cemitério de beira de estrada. O verde-escuro, negro, denso da mata da guerrilha está mais longe, se confunde com o azul.

A escravidão desafia o tempo, resistiu à derrubada dos castanhais. A Comissão Pastoral da Terra estima que 10 mil "formigas" vivam como escravos nestas fazendas. Um "formiga" conhecido como Paraná foi morto a tiros quando escapava da fazenda Espírito Santo, de Benedito Mutran. Outro, José Pereira, saiu ferido. O Ministério do Trabalho libertou 54 escravos na fazenda Peruano, de Evandro Mutran.

À beira da estrada, um homem a cavalo ergue uma bandeira vermelha, como os estandartes da Folia do Divino carregados nas estradinhas do sertão no Pentecostes. É um peão que interrompe o trânsito para passar com um rebanho. São catorze vaqueiros para 860 bois. Os aboios dos vaqueiros são tristes.

Mais adiante, na entrada de Curionópolis, estão os cavaleiros que abrirão os festejos.

De óculos escuros, chapéu e botas, o prefeito está aqui, pronto para sair em cavalgada. Nos últimos meses, ele não faz outra coisa senão responder a denúncias de compra de votos nas eleições. Aliados dizem que ele quer convencer de que ainda é mais forte que os adversários. Curió pretende dar uma resposta à Justiça, que chegou a afastá-lo da prefeitura por algumas semanas.

Uma camionete chega com dois cavalos brancos. Curió monta num deles. O outro é reservado para sua mulher, Vera Lúcia, que está de chapéu, óculos escuros e calça e camisa justas.

Faz mormaço neste fim de manhã. O locutor diz que estão presentes os donos das fazendas Bandeirantes, Macaúba, Boi Gordo, Cachoeirinha.

— Não falta ninguém importante! Por isso, cavaleiro, toca o berrante em homenagem ao prefeito Sebastião Curió!

Um cavaleiro toca berrante.

— Vamos sair em cavalgada pelas ruas de Curionópolis!

Uma centena de cavaleiros entra na rodovia e segue rumo à cidade. O prefeito vai à frente, ao lado da primeira-dama. Vez ou outra ele aproxima o cavalo do animal montado por Vera Lúcia e a beija. Inclui a jovem mulher na imagem de homem poderoso.

Curionópolis ainda dorme quando os homens entram no perímetro urbano. Moradores abrem as portas do comércio e das casas. Os cavaleiros entram nas ruas Pará, Castanheira, Tucupi, São Paulo e nas avenidas Brasil e Carlos Santos.

— Olha o cachorro, olha o cachorro! — alerta o locutor.

Um vira-lata assustou um cavalo, que caiu.

Pessoas na porta do bar de Rosa Palmeirão acenam tímidas. É estranho que o prefeito resolva passar pelas ruas do Jardim Panorama, bairro sem calçamento, que não mostrava aos visitantes. É nessas ruas esquecidas, porém, que podem estar seus fanáticos aliados.

Uma mulher põe a cabeça para fora da porta de um barraco. Outro morador olha pela janela. Alguns nos bares acenam. Curió não é mais o homem de quarenta anos, loiro, montado no cavalo branco na poeira da OP-3 ou carregado em procissão no garimpo. Os "formigas" envelheceram. Nas ruas, há quem demonstre distanciamento do grupo que atravessa a cidade a cavalo. Há quem não esconda o ódio. Há quem não esconda o temor. A novidade é a indiferença nos rostos.

A cavalgada passa pela rua Açaí. Chega à praça da República às 12h50. O prefeito toma o microfone. Na frente dele não estão os miseráveis da Serra, os "formigas", os mateiros. Só homens, mulheres e crianças vestidos de caubói o acompanham. É a elite criada por ele.

— Foi com satisfação que cavalguei com vocês, cavaleiros e amazonas, como parte dos festejos do vigésimo aniversário de emancipação de Curionópolis. Excelente! Quero cumprimentá-los, dizer que o prefeito municipal está feliz por estar junto de vocês. Curionópolis tem futuro promissor. Serra Leste tem muita riqueza. A cavalgada é uma demonstração de força. Aqui estão todos os segmentos da alta sociedade de Curionópolis, comerciantes, pecuaristas.

À tarde, haverá corrida de cavalos nas ruas de barro de Curionópolis, a "menina linda dos olhos azuis", como diz o locutor.

O jovem montado no cavalo Gabinete fatura o terceiro lugar. Outro, no Arizona, o segundo. O campeão monta o Pirata. Uma chuva grossa, típica da Amazônia, encerra a festa.

O homem da Amazônia não conhece o outono. É cheia ou verão. A vida é sempre no limite das coisas absolutas, preto ou branco, oito ou oitenta, ódio ou compaixão, riqueza ou miséria. Logo estiará. A mata cedeu lugar à vaquejada. O caçador, o tropeiro, o mateiro, o garimpeiro e o senhor das ervas foram substituídos por homens de chapéu de aba larga, cinto com largas fivelas e botas.

O dono da Damares Modas, o ex-garimpeiro Adauto Santos, diz que disparou a venda de chapéus de boiadeiro.

— Isto era uma matona de feras. Hoje é só pasto. Arrocharam os garimpeiros. O fazendeiro não tinha condições de tirar o garimpeiro. Com as novas leis, o garimpeiro ficou sem apoio. No tempo do Collor, o ouro caiu e o mantimento subiu. Ele mexeu na moeda para acabar com o garimpeiro. Naves fazia de tudo para tirar a gente. Em terra com garimpeiro, o fazendeiro evitava fazer investimentos, derrubar árvore. Na Grota Verde, foi só o garimpeiro sair para o Naves passar trator e corrente, acabar com castanheiras, antas e jatobás. Onde o garimpeiro entrava, um buraco era aberto, um córrego era contaminado. A fazendeirada se sentia ameaçada. A nova lei foi um prato cheio para o fazendeiro comer sozinho. Os capatazes foram colocados nas chancelas, as porteiras foram trancadas. A nossa grota era suja, então o gado lá embaixo não podia beber água e ficar solto. Agora, o fazendeiro liga para o Ibama: "Garimpeiro na fazenda". O garimpeiro virou o índio, o mau elemento. Fui o último a sair da terra dos Naves, o derradeiro. Tirava setenta gramas de ouro em cinco dias. No rio Vermelho, um pouco contaminado, dava mandubá, cumatá, surubim, piá e branquinha. Agora é só boi bebendo água. O rio está secando. É possível atravessá-lo a pé. Não tem mais garimpo, e não tem mata.

À noite, o locutor de rodeios Carlos Pena Branca anuncia a entrada do prefeito na arena. Fogos explodem no gramado. O público aplaude. Entra a "elite" da cidade — fazendeiros e comerciantes. Um estandarte de são Sebastião é iluminado. Uma estrutura metálica em forma de flor se abre. Surge a imagem de Nossa Senhora Aparecida. Explodem mais fogos de artifício.

— Desce, mãe querida, neste chão sagrado de Curionópolis. Os nossos rios vêm sofrendo poluição. Abençoe o Araguaia, o Tocantins!

Uma cascata de fogos é acesa.

— A cachoeira da paz de Curionópolis! Que não falte água potável! Mãe, abençoe nossos rios e igarapés! Parabéns, prefeito! Esta noite vai ficar na história curionopolitana!

A plateia tira os chapéus.

Os doutores de agora vestem uniforme marrom, cor das roupas do Incra usadas na *Operação Sucuri* por Curió. Os executivos e funcionários da Vale ocuparam o espaço de poder e influência dos militares. A pujança proporcionada pelo minério de ferro de Carajás é acompanhada por baixos índices de qualidade de vida. Repetem-se aqui abusos sexuais contra mulheres e crianças ocorridos em Minas Gerais no século XVIII. Num tempo e no outro, a violência doméstica acontece, entre outras razões, porque as casas são pequenas. A tecnologia da frente de extração dispensa contratações em massa. Não existe o "furão", o sujeito que entra no garimpo de madrugada e pode subir na estrutura de castas. O "formiga", que chega agora pelo trem da Vale, do Mearim e do Pindaré, não vai bambular. Conseguirá, no máximo, emprego nas empresas que prestam serviço para a mineradora. Sem instrução, cai no grupo dos "homens de fora", enfrentando xenofobia em seu próprio país. O "estrangeiro" não pode reclamar nas filas do posto de saúde ou da distribuição de vagas na escola.

A diáspora dos "formigas" não tem fim. O complexo de Carajás não absorve a multidão sem garimpo. O Movimento dos Trabalhadores Sem-Terra, embora tenha aumentado de forma expressiva suas fileiras, não dá conta de milhares de "formigas" sem ocupação. Homens seguem para o sudoeste, no rastro da expansão da fronteira, onde novos conflitos de terra explodem. O sertão corta novos trechos de mata, chega ao Xingu e ao Curuá. Grileiros que venderam suas posses para outros grileiros em Xinguara, Redenção e Marabá ocupam as mesmas áreas dos maltrapilhos no sudoeste. Altamira, às margens do Xingu, se transforma na capital de grãos, da pecuária e da violência. Rambo, apelido de um goiano de 23 anos, vira lenda, com seus assaltos e crimes nos garimpos da região. Dema, que era criança quando chegou com a família para ocupar um sítio na margem da Transamazônica, em Altamira, no governo Médici, começou a denunciar grilagem e retirada ilegal de mogno nas terras indígenas. Levou tiro na boca e morreu, numa simulação de assalto. A outra vítima foi Brasília, sindicalista que tentava reorganizar os homens sem garimpo. Ele foi torturado e morto com 25 tiros.

IRMÃ DOROTHY

Em Anapu, fazendeiros acusam a irmã Dorothy Stang — amiga de Gringo e Maria Oneide — de organizar uma milícia com garimpeiros de Serra Pelada. A Polícia Militar se assusta com a palavra "guerrilha". Dorothy reagrupa "formigas" debaixo de sumaúmas a duas horas de carro, por uma vicinal da Transamazônica, da sede de Anapu. Ela defende a ocupação de terras invadidas por grileiros. Forma uma comunidade na floresta das árvores lutadoras. Só dispõe dos "formigas" para criar um mundo próprio.

Na noite de uma sexta-feira, ela dormia num barraco de palha. Os jovens pistoleiros Rayfran Sales, o Fogoió, e Clodoaldo Batista, o Eduardo — os codinomes são poucos para tantas guerras —, estavam à sua caça. Pela manhã, avistaram a missionária numa clareira, conversando com um morador conhecido como Maranhão. Ela estava a caminho de uma reunião com posseiros. Dorothy foi abordada. Ela disse que as terras eram dos pequenos agricultores e mostrou um mapa da gleba. Fogoió estava apreensivo. Dorothy retirou da bolsa uma Bíblia e começou a ler versos de Mateus, destaca relatório da Polícia Civil.

— Bem-aventurados os mansos, porque herdarão a terra...

Fogoió apontou o revólver:

— Se a senhora não resolveu este problema, não resolve mais.

Esse diálogo foi relatado pelo pistoleiro à Justiça de Altamira. Dorothy estava de costas quando Fogoió a chamou. De frente, ela levou o primeiro tiro no abdômen. No chão, a religiosa recebeu mais cinco tiros. Eduardo assistia ao assassinato sentado num tonel de combustível. Imitava Candeeiro no dia da morte da cangaceira Cristina.

Na delegacia, os assassinos acusaram o fazendeiro Vitalmiro Bastos de Moura de ser o mandante do crime.

No palácio do governo estadual, em Belém, o governador Simão Jatene discutiu a morte da missionária com prefeitos e pecuaristas. Curió falou em nome dos prefeitos:

— É ridículo mandar 2 mil homens do Exército pegar três pistoleiros. Tratam o Pará como estado sem lei. Agentes do FBI vêm ensinar nossos policiais, mas até hoje não prenderam o assassino do presidente Kennedy nem o Osama bin Laden. Essa missionária era subversiva, incitava invasões de terra. Se um brasileiro fosse aos Estados Unidos e fizesse lá o que ela fez aqui, iria para a câmara de gás. Os pecuaristas formam classe sofrida, vieram do Sul, investiram aqui, criaram família e são tratados como marginais.

Uma clareira na mata, Anapu, manhã de abril

Assim que Dorothy morreu, fui para Anapu. Só carros quatro por quatro conseguem passar pelas crateras no trecho de quarenta quilômetros da estrada, a partir da Transamazônica, até o local do assassinato. O caminho é bloqueado por toras, lamaçais, galhos, cipós e buracos. Quando faz sol, gastam-se pelo menos três horas para chegar ao 51, como é chamado o assentamento. A religiosa percorria esse caminho de caminhão para conversar com seu exército, um grupo de trezentas famílias.

O sertão violento entrou pelas transversais abertas da Transamazônica. É como diz a música "Uns iguais aos outros", dos Titãs:

Já nascem mortos os nordestinos
Os retirantes e os jagunços
O sertão é do tamanho do mundo.

O "formiga" Raimundo Nonato dos Santos, de 55 anos, veste uma camisa com a inscrição "Movimento Pró-Sobra do Ouro". Ele diz ter desistido de esperar a prometida indenização pelo trabalho em Serra Pelada e lamenta a morte de Dorothy:

— Nem na Serra, onde me arrebentei todo, eu tive uma pancada dessa. Aqui ela liderava, dava ordens: "Meu povo, vamos plantar a mandioca, o cacau e criar galinha e um pouquinho de gado, mas não quero que explore a mata toda para crescer capim. A galinha tem que ficar presa, para não comer as mudas. A galinha acaba com a mata".

Raimundo Alves Silva, de 58 anos, o Dois Umbigos, é outro "formiga" que acompanhou a missionária.

— Depois de tentar pegar ouro em Serra Pelada, ouvi falar de uma irmã que ajudava o povo a ter sua terra. Resolvi cair dentro com irmã Doti neste lugar, para ter uma vida favorável.

Jonas Pereira da Silva, 51 anos, que vivia "sem rumo" desde a desativação de Serra Pelada, diz ter se cansado de trabalhar para fazendeiros e em minas sem ouro.

— Ela era muito boazinha. Se alguém tiver de ir para o céu, vai irmã Doti. Ela me ensinou que ouro se planta. Me deu mil mudas de cacau. Cinquenta vingaram. Matar uma velha por dinheiro é igual matar uma criança.

Jonas conta ter visto de "tudo" no mundo. Há um ano, Jeová, um dos seus sete filhos, então com dezesseis anos, foi morto por bandidos na Transamazônica. Os pistoleiros foram presos e logo liberados por pressão de fazendeiros.

Ele tinha esperança de que os helicópteros do Exército e as viaturas das polícias trouxessem cestas básicas. Não trouxeram. Os últimos alimentos que tinha em casa foram dados por "Doti". A roça dele foi plantada há pouco tempo. A colheita vai demorar.

"Formigas" foram além do Xingu e do Tapajós, atravessaram o Amazonas em busca de ouro. Quem está num garimpo ilegal no Suriname, antiga colônia holandesa, é Pedro Moraes, filho de Frederico e Adalgisa e genro de Antônio Ferreira da Silva, de São Domingos. Lá também esteve Amilton Santana, um neto de Manoel Anjo, comerciante em Pau de Colher. Marido de Ester Ferreira, neta de João Ângelo, o matuto afilhado de Padre Cícero que delatou guerrilheiros do Araguaia, Amilton era criança no apogeu de Serra Pelada. O pai, Adelino, filho de Manoel, foi um dos que aclamaram Curió no grande garimpo. Amilton tem sotaque gaúcho sem nunca ter andado pelo Rio Grande do Sul. Foi garimpeiro na Guiana e na Guiana Francesa, eletricista numa empresa de fios de alta-tensão em Recife, Natal, Salvador e Aracaju, peão de obra e porteiro de condomínio em São Paulo, e boia-fria em fazendas de sulistas no Araguaia, onde passou a usar o "chê" nas frases.

— Meu pai veio criança para Goiás. Era de Floriano, no Piauí. Acontece que minha avó, Lisa, não aguentava o jeito aventureiro do meu avô, Manoel do Anjo. Pegou os cinco filhos e foi para Rio Verde. Ali meu pai terminou de se criar. Já era casado com minha mãe, Marlene, quando foi para Serra Pelada. Ficamos esperando por ele em Araguaína. Lembro que meu pai voltou do garimpo com passagem comprada com dinheiro que minha mãe mandou. Tempo perdido. Meu avô era ambulante, ficava dois, três anos fora. Vendia rapadura, fumo, cachaça. A tropa dele entrava em todos os cantos do Ceará, da Bahia e do Piauí, inclusive em Pau de Colher, onde teve aquela confusão antes do meu pai nascer. O meu pai é de 1946, é aventureiro também. Meu desando foi em Recife, onde conheci minha primeira mulher, Zulmira. Tirei ouro na Guiana, estava bem lá. Resolvi voltar. Tem uma coisa que mexe com a gente. Hoje, tenho uma terrinha em Darcinópolis. Daqui a pouco vai dar vontade de ir embora de novo. Sou meu avô, mesma coisa. Estou no começo da aventura, mas minha história já dá CD.

Estrada para Serra Pelada

A poeira da seca de agosto dificulta a visão no caminho para Serra Pelada. As margens da estrada estão devastadas. A mata foi queimada. Vez ou outra o pasto dos bois dá vez a uma vegetação pobre, formada por embaúbas e trepadeiras variadas, sem o vigor da mata. Um ou outro buriti.

O carro deixa um rastro pelo caminho de terra, levanta a poeira, como se fosse uma locomotiva que solta fumaça vermelha. Uma picape com pessoas até em cima do teto passa no sentido contrário, rumo a Curionópolis. É um pau de arara dos novos tempos.

Na entrada da Serra, há plantações na área que, no auge do ouro, era tomada por barracos cobertos de lona e palha. Mais para dentro, existem muitas casas da época do garimpo. A escola Antônia Pimenta de Moura, batizada em homenagem à mãe do prefeito, é obra recente.

LAUREANO

Homens ainda garimpam em Serra Pelada. Eles acreditam que vão encontrar ouro mesmo se já tiverem virado fantasmas. Perderam a força com a idade, se perderam na bebida das bodegas e nas reuniões intermináveis da cooperativa. Não acompanharam os amigos que foram para Carajás ou Xingu. Eram milhares compondo o formigueiro. Agora, são apenas dezoito no sonho de bamburrar, ainda cavando a terra de Serra Pelada. Continuam firmes, na crença de encontrar ouro, vivendo miseravelmente em casebres às margens da grande cava, que virou um lago formado pelas águas das chuvas. Desde o fim do garimpo, Laureano Rodrigues da Silva trabalha na escavação de um poço no quintal do barraco onde mora. Ele diz acreditar que o buraco o levará até o ouro. O poço começou a ser furado há vinte anos. Nas primeiras semanas, com a ajuda de alguns garimpeiros que pensavam como ele, Laureano conseguiu remover a terra preta, oleosa, gordurosa e uns cinco metros de argila vermelha até aparecer uma laje azulada, uma pedra mole. Ainda tinha a parceria dos amigos quando, cinco anos depois, começou a surgir uma pedra preta, dura como nenhuma outra. Os amigos desapareceram, perderam as esperanças. Laureano levou outros cinco anos e incontáveis bananas de dinamite para atra-

362

vessar a camada de rochas escuras. "A brava era a pedra de fogo, vermelha", lembra. Impossível esquecer os dez anos de enfrentamento com a laje rosa, avermelhada, com listras de granito branco. Perfurou cerca de noventa metros de pedras. Encontrou outra laje, de uma rocha cinzenta, que não tinha mais de um metro. Sem amigos e sem dinheiro para comprar dinamite, passou a escavar sozinho, apenas com picareta, uma terra amarelada. Já perfurou outros quinze metros dessa argila. Aí voltaram os "porcentistas", parceiros que vão dividir o que hoje não existe. Compartilham o mesmo sonho. Escavam agora uma terra amarela, ainda mais dourada, que acreditam ser o forro do ouro. Há quase dois anos, acordam todos os dias com a certeza de que no fim da tarde chegarão ao passado de bamburro. É a loucura de Laureano: "Vou achar ouro, com certeza". É a obstinação: "Vou achar ouro, com certeza". É o desespero construído pela miséria: "Vou achar ouro, com certeza". É a simples necessidade de um homem de buscar dias melhores: "Vou achar ouro, com certeza". É a esperança: "Vou achar ouro, com certeza".

LASCADO

Paro na padaria do Lascado, um antigo barracão no povoado. O homem não se compara a uma formiga, mas a um boi.

— Aqui no Pará ninguém sabe que eu me chamo Manoel Carlos dos Santos. Sou o Lascado da padaria. Mulher é lascada do mesmo jeito. No garimpo, trabalhei como macaco. Não peguei uma roela. Quem fundou a cooperativa foi ele. A carteira um é a dele. Bater no Curió é bater na minha cara. O homem que a gente conhece aqui de autoridade, de respeito, é o Curió. Sou de 1934. De índio para cá, ele amansou tudo. Quanto mais bravo, mais ele vinha para o seu lado. "Vem cá, boi veio, sem-vergonha!" Quero ver se ele tem medo de buscar um filho da puta, a qualquer hora. Não somos bois, mas, se ele botar um laço aqui, ele pode estar em Brasília, a gente se acalma. Só fazemos as coisas se ele quiser. Por isso que a gente aguenta calado.

JACINTO

Jacinto, cliente de Lascado e pai de Zé da Padaria, se exalta:

— Se Curió não resolver, ninguém resolve. Só ele pode resolver. Ele foi quem explorou, mais nós. Ele foi quem sofreu, sabe de todo sofrimento. Outro não sabe. Quem disser que sabe das coisas daqui mente. Ele é um cara verdadeiro. Se um vai para a cadeia e pedir: "Curió, quero a proteção de você", ele pergunta: "Rapaz, você roubou?". Se perceber que o cara foi preso de forma injusta, manda tirar. Ele tem essa vantagem. Só tem raiva de ladrão. Mas todo mundo tem raiva de ladrão. Se o cara estiver doente, ele ajuda. Se morre uma pessoa, ele paga o carro, dá o caixão, a vela, a mortalha. Até a meia para botar no pé do morto. Tudo, tudo, tudo. Ô homem bom.

ZÉ DA PADARIA

Dizem que Jacinto endoidou. É coisa recente. O filho e a nora dele, Zé da Padaria, 46 anos, e Vânia da Cruz, 35, foram encontrados mortos na cama do quarto da casa onde viviam. Ele recebeu dois tiros de revólver .38 na cabeça. Ela, um tiro na boca, em Serra Pelada. Fotos do casal morto foram divulgadas nos blogs policiais do sul do Pará, que proliferaram na internet. Os blogs dão a versão de que Vânia matou o marido e se suicidou. Ela estava deprimida desde que o filho Vanderlan, de quinze anos, morrera ao ser atingido acidentalmente pela espingarda que possuía. No caso da morte de Zé e Vânia, a arma foi achada debaixo do corpo dela. Curió avalia que não houve suicídio.

A cooperativa passou para as mãos de Valdemar Pereira Falcão, o Valdé, que representava os chamados "maranhenses", que chegaram na decadência do garimpo. Antes de assumir o comando da cooperativa, Valdé avisou que sumiria com as estátuas de Curió e Negão Fuscão. Numa manhã, quando garimpeiros entraram na sede da entidade, elas não estavam mais lá. Há duas versões sobre o sumiço. Aliados de Valdé dizem que as estátuas foram enterradas num buraco. Já os adversários contam que Valdé ameaçava amarrá-las atrás de um carro e arrastar até o centro de Curionópolis, na maior humilhação política da história. Então, Zé da Padaria, aliado de Curió, propôs a Valdé que um grupo fosse à noite na cooperativa e levasse as estátuas, mas Valdé é que seria acusado pelo sumiço delas. Assim, os "curiolanos" não seriam humilhados nem Valdé ganharia fama de homem sem palavra.

LOBÃO

Josimar, desligado de Curió, entrou na Justiça para retomar o controle da entidade. Na Justiça, Josimar alegou que o rival Valdemar havia sido eleito numa assembleia sem quórum. O argumento funcionou, mas a liminar não chegou a ser cumprida. O sindicalista morreu com treze tiros disparados por dois motociclistas em Marabá. Os partidários de Curió acusaram os "maranhenses" de matar o sindicalista. Os "maranhenses" não abriram mão da fama de matador de Curió para responsabilizá-lo pela morte. Dez dias após o assassinato, Serra Pelada foi palco de mais um conflito entre os partidários de Josimar e os de Valdé. A briga deixou vinte feridos. Os seguidores do sindicalista morto contaram com militantes do Movimento dos Trabalhadores Sem-Terra para invadir a cooperativa dos garimpeiros.

O assassinato de Josimar, rival do grupo do senador Edison Lobão, é um dos capítulos da história da chegada de uma nova empresa ao garimpo, a mineradora canadense Colossus, apoiada pelos aliados do senador maranhense. A empresa se propôs a extrair com máquinas o ouro que os garimpeiros não conseguiam tirar de sob a terra.

Lobão é um ex-jornalista, homem de cabelos tingidos de vermelho, que fez carreira política apoiando os governos de João Figueiredo, José Sarney, Lula e Dilma.

A execução do sindicalista enfraqueceu politicamente a turma de Lobão. Valdé pediu à Justiça do Pará que determinasse uma intervenção na Cooperativa de Mineração dos Garimpeiros de Serra Pelada. A desembargadora Maria Rita Lima Xavier aceitou o pedido, e coube a Lobão, na época ministro de Minas e Energia, indicar o interventor. A parceria com a Colossus seguiu firme.

Lobão indicou como interventor o amigo Guilherme Ventura, ex-agente do Serviço Nacional de Informações. Ventura fora secretário de Segurança Pública no governo de Lobão no Maranhão, e tem no currículo ações de repressão a posseiros. O general Figueiredo, no auge do garimpo, tinha seu interventor. Lobão, na decadência da mina, garantia um representante.

Quando Ventura apareceu no garimpo, a Colossus já havia arrancado o primeiro contrato com a cooperativa, o qual assegurava à empresa uma participação de 51% na sociedade firmada com os garimpeiros para extrair ouro. Ele enviou ofício à Justiça com a proposta de varrer o povoado de Serra Pelada, transferindo os 7 mil moradores para outra área. Fez uma lista de supostos "criminosos" do garimpo — os integrantes da lista eram contrários ao acordo com a Colossus. Um deles morreu nesse período. Zé da Padaria.

O coronel Ventura conduziu uma eleição para escolher o novo presidente. Em desacordo com o estatuto da cooperativa, a eleição se deu no centro de Curionópolis. O eleito foi Gessé Simão, ex-vereador de Imperatriz, homem de confiança de Lobão que assessorou Davi Alves Silva, ex-prefeito dessa cidade — homem ligado à família Sarney e que enfrentou acusações de comandar um esquema de pistolagem. Gessé alterou o contrato, aumentando para 75% a participação da Colossus no negócio.

Serra Pelada, manhã de sábado

Depois de seis meses de ausência, Curió retorna ao garimpo.
— Vou testar minha oposição.
Aliados de Lobão escorraçaram um oficial da Justiça que esteve em Serra Pelada para comunicar a reintegração de posse de Josimar na cooperativa. A partir daí, espalharam a versão de que Curió não tinha coragem de voltar ao garimpo.
Sigo em outro carro a camionete do prefeito. A estrada tomada de poeira e lama, uma castanheira solitária na margem esquerda e pastos. A camionete passa pelo povoado, entra numa estrada de terra paralela ao lago onde existia a mina. No final da estrada, uma extensa cerca de madeira, sem frestas, como um forte de selva. Um homem abre a porteira. Ao fundo uma torre de caixa-d'água serve de torre de vigia, com uma sentinela de madeira. O terreno é cheio de palmeiras — bacabas, babaçus e coqueiros-da-praia. Uma ampla área de cascalho em frente à sede da chácara, uma casa avarandada de madeira. Os cômodos estão quase vazios, com poucos e velhos móveis. As muriçocas são infernais. Atrás da casa, há um riacho e árvores centenárias, um axixá e alguns pés de abacate. Homens vigiam todos os cantos da propriedade.
Ao ficar sabendo da presença de Curió na chácara, velhos garimpeiros

correm para vê-lo. Cancão, nome de pássaro de mau agouro, assessor do prefeito, sai pela vila anunciando que o chefe vai estar à tarde no bar do Léo, perto do Pau da Mentira, uma gameleira.

Dois "formigas" aproveitam para denunciar o delegado de Serra Pelada, que teria ameaçado prender pessoas "inocentes".

— Vai sair! — diz Curió.

Os velhos "formigas" não esperam o evento no bar do Léo. Camilinho, soldado da borracha, Jacinto e outros "curiolanos" foram almoçar com o prefeito na chácara dele, em Serra Pelada. Durante o almoço, Curió pede aos aliados que não levem armas ao encontro. Nos últimos dias no poder, o líder cabano Angelim, no século XIX, perdeu o controle de seus homens: "Tinha mandado que comparecessem sem armas à reunião. Entretanto quase todos se apresentaram armados e municiados, o que demonstrava não lhe terem mais a confiança de outros tempos", anotou Domingos Raiol.

De camionete, Curió foi para o encontro com os "formigas". Não poderia desmentir a versão, contada por ele e pelos garimpeiros, de que calava a Serra sem armas e propagava que o único revólver aqui era o dele. Estava acompanhado de um motorista e de um segurança. Os veteranos vão atrás, a pé ou na motocicleta de filhos e netos.

Em frente ao bar do Léo, na calçada do outro lado, 36 oposicionistas armados esperam o prefeito. A notícia da chegada dele se espalha nas ruelas do povoado. Léo tira uma cadeira de madeira e põe na calçada. Curió senta. Os veteranos se curvam diante dele e o rodeiam, fazendo a corte. Uma garrafa de refrigerante é aberta. Uma mulher se aproxima para beijar sua mão. O olhar de Curió é de tranquilidade, ele não olha para o outro lado da rua. Só o segurança demonstra preocupação. Dezenas de pessoas descem a ladeira. Os primeiros a chegar para cumprimentá-lo usam roupas desgastadas e limpas, aparentemente roupas de festa ou de ir a Marabá. Uma fila se forma. Outras pessoas, que saem dos becos, das ruelas, se aproximam. Foram avisadas só agora da sua presença, não tiveram tempo de se ajeitar. Crianças são apresentadas a ele. O homem põe a mão na cabeça das pessoas, deixa um velho pôr a mão no seu peito. Todos querem a bênção de Curió e querem beijar sua mão. É a reprodução da cena em que o ator Rubens de Falco, no papel de Joca Ramiro na minissérie *Grande sertão: veredas*, da tv Globo, chega ao acampamento dos seus jagunços.

JACINTO

— Curió, aqui tá todo mundo com você, o povo todo! — diz Jacinto.

A notícia da presença do prefeito no bar se espalha e mais gente se aproxima.

Acreditar no mito do Major Curió parece ser uma forma que estes homens encontraram de continuar exercendo um papel.

— Curió, estamos com você para o que der e vier. A gente vai até o final! — diz o garimpeiro Roberto Soares, 43 anos.

Ao lado do prefeito, Jacinto fala alto para a oposição ouvir:

— Quem amansou nós aqui foi ele. Cabra vem lá do inferno dizer que é o dono. Quem é dono é Sebastião Curió, minha gente! Rapaz, quem explorou esta moléstia foi Curió mais nós!

— Ééé! — responde a multidão.

Um menino loiro e sorridente, de dez anos, é levado até o prefeito. Veio junto com as conversas de pé de ouvido: "É muito igual ao Curió". Toda criança loira da Serra ganha privilégios entre os "formigas". Ter a mesma cor da pele do major a diferencia das demais. E essas crianças incorporam a importância de serem parecidas com ele. O menino que apareceu nesta tarde não sai de perto do prefeito.

— Não tem como negar — diz um ex-garimpeiro, abrindo um sorriso que exibe os poucos dentes que restaram.

Chega o delegado, afoito para negar acusações que foram feitas horas antes ao prefeito. O delegado faz continência:

— Prefeito. As pessoas estão me acusando. Mas queria dizer para o senhor que não é verdade, não...

Curió diz que está tudo bem. O delegado sai sorrindo.

É a vez de Santana, o filósofo da Serra, se aproximar.

— Isto não é a saliência, isto é a ordem de 1980. O senhor botou ordem nesta casa. Quando estiver no topo da história, você saberá que a gente existe? Vai olhar por nós?

O conceito de história, propagado pelos "branquinhos" que aparecem na Serra com câmeras, microfones, falando em documentários, em livros, com blocos de anotações, usando roupas de cidade grande, bermudões de tecido grosso e bonés coloridos, pode ter sido decorado pelos veteranos.

O ex-garimpeiro José Raimundo Nonato Santos Silva, o Alumínio, de sessenta anos, diz:

— Faz anos que lutamos juntos. Muitos saíram, eu fiquei. Veio a globalização. O país mudou. A mentalidade mudou. Curió é uma lenda viva, e continua uma lenda viva. Isto não mudou. Isto é o que eu tenho para falar. Cheguei aqui em 1981, no dia da mentira. Peguei cem quilos de ouro, fiquei com 1%. Não tenho mais nada do 1%.

As conversas dos "branquinhos" incentivaram o comércio de cópias de filmes sobre o major. No fundo do bar do Léo, o "formiga" João Abel instalou uma ilha de edição, onde faz cópias em DVD de um documentário da BBC, gravado no auge do ouro, que ele diz ser cópia de uma fita do arquivo Curió. Nos bares Comida Quente e Poeirinha, cada cópia é vendida por dez reais. Fotos de Curió eram vendidas como remédio milagroso na época de garimpo. A novidade agora é a absorção do arquivo secreto pelos garimpeiros. O negócio prosperou. Abel faz também imagens das visitas do prefeito.

A história do arquivo e do livro do Velho foi manipulada pelos opositores dele na Cooperativa de Mineração dos Garimpeiros de Serra Pelada. Um sindicalista ligado a Lobão disse ter visto nas mãos de Curió "provas" de que *Dina* e Osvaldo eram donos da concessão de Serra Pelada e Carajás. O *Jornal do Brasil* acreditou: "As informações sobre o fracassado plano de sustentação econômica da guerrilha deverão ser conhecidas em documentos que Curió vai revelar no livro sobre a guerrilha que terá sua versão como fio condutor da história".

Os oposicionistas armados ficam em silêncio. De longe, assistem ao beija--mão.

Curió se levanta para ir embora. Jacinto grita que, se ele permitir, invade a cooperativa.

— Tudo tem sua hora — diz o prefeito.

Sabe que eles não têm força nem mesmo para repetir o gesto triunfal dos garimpeiros que carregaram nos braços o Major Curió. O Domingo de Ramos dos "formigas", a entrada do agente na Serra, ficou para trás, uma cena que não se repete. Os "formigas", agora, estão fracos, perdidos na poeira.

— Recebi muitas críticas, até mesmo por abrir as OPS e assentar os mateiros da guerrilha.

— Era uma forma de o senhor manter sob controle os contadores da história do Araguaia?

— Minha versão é outra. Fui criticado dentro do próprio regime. Se dependesse de muita gente, os mateiros seriam mortos após a guerrilha. Um genocídio. O ideal para eles é que todos tivessem sido eliminados, nada de testemunhas. Se eu pudesse voltar atrás em algum fato da minha vida, eu voltaria apenas para dizer a eles que não aceitava a candidatura a deputado. Eles iam sentir o peso de milhares de homens. É só disso que me arrependo.

Pela primeira vez, confessa que teve limite sua própria crença no mito do Major Curió.

LOBÃO

Outro DVD vendido nos botecos do garimpo é o da reunião que mostra o esforço do grupo de Lobão para aprovar a parceria da cooperativa com a empresa Colossus. Os aliados do ministro faziam até orações para convencer a maioria. O contrato com a Colossus, diziam, seria a tábua de salvação para os garimpeiros.

Parte da plateia era formada por pessoas trazidas do Maranhão em caravanas por Gessé Simão. Ao longo do tempo, a lista de associados da cooperativa foi inflada, passando de 4500 para 43 mil em menos de dois anos. Gente pobre do interior maranhense, do Piauí e até do entorno de Brasília passou a ser cadastrada, sempre sob a promessa de que, com a reabertura do garimpo, ganharia parte dos lucros. Isso serviu para formar a massa de manobra.

A estratégia do grupo de Lobão de se apossar de Serra Pelada incluiu distribuição de cestas básicas e o pagamento de um benefício mensal a 96 garimpeiros. O esquema, batizado de Mensalinho da Serra, é alimentado por recursos repassados pela Colossus à cooperativa. Zé Catingueiro é um dos beneficiários do esquema comprovado por documentos da própria cooperativa e por depoimentos de seus dirigentes e de representantes da empresa.

A Escola Municipal Novo Morumbi foi fechada pelo prefeito Chamonzinho e repassada à Colossus para que a empresa montasse um escritório.

Nas conversas nas bodegas e ruelas de Serra Pelada, ressurge o discurso nacionalista exacerbado e primitivo, marca da corrida do ouro.

— Os canadienses [canadenses] vêm de fora e querem tomar o dinheiro do nosso país — diz Albertino de Vasconcelos, cinquenta anos, o Baixinho da Chupadeira, com os pés na lama tomada por mercúrio.

Líderes de facções afastados da cooperativa fazem uma espécie de guerrilha. A batalha contra a Colossus uniu adversários históricos, como sindicalistas ligados à esquerda do Pará, que se dizem excluídos pelo PT, aliados de Curió e garimpeiros independentes. Fazem parte do grupo os proprietários e "porcentistas" de pequenas áreas de extração ao redor do lago que se formou no buraco do garimpo. Eles deixaram de lado, momentaneamente, as divergências para enfrentar o poder de fogo do grupo de Lobão e da Colossus.

José de Ribamar Araújo, cinquenta anos, um dos líderes do movimento, sofre pressão da Colossus para vender a área onde trabalha com outros três garimpeiros.

— Querem levar o minério na cara de pau. Se acham que aqui é Minas, estão enganados. Aqui é o Pará. Quem nos deu Serra Pelada foi João Figueiredo. A Serra é nossa. A nação brasileira não vai deixar.

Serra Pelada, manhã de domingo

Duzentas pessoas percorrem cerca de um quilômetro, do povoado até um canteiro da Colossus, para protestar. Lá está a mulher de Julinho, o homem que encontrou a maior pepita do garimpo. Ela ainda sonha com uma nova "Canaã". Uma patrulha da polícia espera o grupo no canteiro. Exaltados, os manifestantes pedem a suspensão do trabalho de uma sonda de pesquisa.

A presença da polícia revolta os manifestantes. O ex-garimpeiro Raimundo Gomes Feitosa reclama:

— Temos trinta anos de massacre aqui dentro. A tropa de choque agora está trabalhando para os canadienses.

Num encontro fechado da cooperativa, os aliados de Lobão apelaram para a religiosidade na tentativa de convencer os garimpeiros a aceitar o contrato com a Colossus. O sindicalista José Ribamar, o Neguinho, grita para cem garimpeiros:

— Ou você está do lado do projeto ou do diabo.

O encontro é encerrado com uma discussão acalorada.

Lobão atuou em várias frentes, dentro e fora do governo, para viabilizar o negócio. Primeiro, operou para formalizar a cooperativa como proprietária do garimpo. Nos bastidores, conseguiu que o governo convencesse a Vale, até então detentora da mina, a transferir para a cooperativa seus direitos de exploração. Um ex-funcionário do gabinete de Lobão no Senado encarregou-se de articular e defender o contrato com a Colossus. Antonio Duarte chegou a criar uma entidade, a Associação Nacional dos Garimpeiros de Serra Pelada, para atuar como linha auxiliar na defesa do consórcio.

Na *joint venture* surgida da associação da Colossus com a cooperativa, há outro ex-funcionário do Senado, o advogado Jairo Oliveira Leite. Ligado a Lobão, Leite representa a cooperativa de garimpeiros na direção da companhia. Lobão tratou de agilizar a tramitação das autorizações para que a empresa formada pela associação da Colossus com a cooperativa pudesse realizar pesquisas geológicas e iniciar a exploração na área de Serra Pelada. No Departamento Nacional de Produção Mineral, na época sob a alçada do então ministro, os pedidos do grupo tiveram tramitação-relâmpago. Etapas que em processos comuns costumam levar mais de um ano foram vencidas em três semanas.

A portaria de concessão de lavra é assinada diante de centenas de garimpeiros na praça da República, em Curionópolis. A solenidade se transforma num comício. Lobão, que já não era ministro, e a governadora do Pará, Ana Júlia Carepa, estão presentes. Gessé Simão, o presidente da cooperativa, agradece:

— Foi uma luta constante, senador Lobão. O senhor conhece, o senhor tem sido nosso patrão. Nós atravessamos um inferno de confusão, discórdia, desamor.

Lobão fatura diante da pequena multidão:

— Eu fui a dez ministros de Minas e Energia e não conseguia resolver o problema de vocês. Até que eu fui nomeado ministro. Chamei todo mundo e disse: "Agora, vamos resolver".

O contrato se transforma num duto de dinheiro. Só em um mês a Colossus remeteu à cooperativa 200 mil dólares. Com as contas da cooperativa bloqueadas em decorrência de processos na Justiça, o dinheiro era depositado na conta da tesoureira Antonia Alves Silva.

Por duas vezes, Lula chegou a programar visita a Serra Pelada para anunciar a reabertura do garimpo. As duas viagens foram canceladas de última hora. Por pouco o presidente não repetiria o general Figueiredo, que foi carregado nos ombros de garimpeiros e tirou fotos com a roupa suja de "melexete". Nos dois momentos, da visita de Figueiredo e da quase visita de Lula, os brasileiros foram às urnas. Lobão foi eleito deputado numa eleição e senador em outra. Curió não é mais prefeito.

Antes de completar oito anos na prefeitura, Curió é afastado do cargo pela Justiça do Pará sob acusação de compra de votos e abuso de poder econômico na eleição. Ele consegue uma liminar para permanecer no posto. Curió acusa o deputado Jader Barbalho de influenciar os juízes. Os dois se desentenderam quando Curió trocou o PMDB de Jader pelo Partido da Frente Liberal, o PFL, atual Democratas. O Tribunal Superior Eleitoral derruba a liminar. Mas Curió consegue outra para permanecer na prefeitura. O processo acelera o desgaste político do prefeito.

CURIÓ

Serra Pelada, começo de maio

É o último ano do segundo mandato de Curió na prefeitura. Ele está na vila do garimpo para a despedida dos "formigas".

Na tribuna de madeira do Curiozão, estádio da vila, ele discursa para uma pequena plateia, que se protege do sol do meio-dia com sombrinhas. São mulheres e crianças que vieram atraídas por brindes e cestas. Vera Lúcia e o vice-prefeito, Nunes, estão ao lado dele.

— Senti uma dor no coração, confesso. São 28 anos de convivência, trabalho e acompanhamento. Passamos por momentos muito difíceis. Mas o objetivo hoje não é falar de política. Hoje é dia de festejar as mães. Em toda a minha vida, até como deputado federal lá no Japão, em missão oficial, no momento mais difícil de tomar uma decisão, eu dizia: "Minha mãe, o que a senhora acha?". "Meu filho, não embarque nessa canoa." Filhos, não coloquem em suas cabeças que a mãe é cafona, de outro mundo, do mundo que já passou. E vi a luz do sol através dela. Uma coisa é certa para os evangélicos e católicos, Deus é um só! E o Livro dos Salmos diz: "Se o Senhor não edificou a casa, em vão trabalham os edificadores. Se o Senhor não guardar a cidade, em vão vigiam os sentinelas!". Olha que bonito! "Não temas, eu estou contigo. Sou o Senhor Seu Deus, Eu protegerei com a destra de minha justiça!" Deus é um só desde o início do mundo. Os corruptos, os covardes, os desonestos, os que mentem e os que não têm compaixão com a verdade só pensam no bolso. São instrumentos do demônio. Com lágrimas nos olhos digo: feliz Dia das Mães. Sinto desde já saudades. Temos de saber o momento certo de tomar atitude. Deus não nos abandonou e não vai nos abandonar. Tenham fé.

O prefeito se distancia do altivo Curió. Parece o beato Sebastião, do filme *Deus e o Diabo na Terra do Sol*, em profecias e sermões para meia dúzia de mulheres e crianças.

Vera Lúcia chora.

Os "soldados" de Curió estão nas biroscas, jogam dominó e cartas, falam alto, bebem, e travam embates sobre o vice-rei do garimpo. Curió vai de picape para a vila. Yohan, de onze anos, um dos filhos dele na Serra, sobe no carro, com seguranças.

O Rondon de Figueiredo e o general oculto de Lula se despede de Serra Pelada. É o fim do regime militar neste pedaço da Amazônia vinte anos após a promulgação da Constituição Cidadã, 23 anos depois de Figueiredo sair do Planalto e seis da entrada de Lula no palácio. As violências dos porões continuam, porém, adotadas pelas políticas de segurança pública das cidades e grotões.

Em frente ao lago de quinhentos metros de diâmetro, Curió põe as mãos na cintura. Olha para a solidão da área onde comandou um exército e onde era um semideus. Nem o vento altera as águas paradas, pesadas de mercúrio. O passado está submerso. É como o açude de Cocorobó, que encobriu Canudos, Sobradinho que engoliu as trincheiras de Pau de Colher.

O sertão em seu aspecto de violência extrema se deslocara. As leis próprias de garimpeiros da Serra Pelada ou do Matrinxã e os crimes na mata do Araguaia, execuções com tiro na cabeça e degola de rebeldes, se repetiriam no cotidiano de delegacias, prisões e favelas do resto do país. No Rio de Janeiro, a polícia matava três pessoas por mês até o dia em que o general Nilton Cerqueira, veterano dos combates em Brotas da Macaúba e Xambioá, assumiu a Secretaria de Segurança Pública. Com ele no comando, a polícia matou vinte por mês. O perseguidor de Lamarca e dos guerrilheiros do Araguaia implantou a "gratificação faroeste", benefício concedido a 5 mil policiais. Dos casos de mortes pela polícia em sua gestão, 83% não tiveram testemunha. A polícia matou com tiro na cabeça 61% de suas vítimas. A prática da execução sumária virou, dali em diante, política oficial. Cerqueira propagou o mito de que a antiga capital do Brasil vivia "guerra civil". A violência no Rio continua. É tema de estudos do pesquisador da UFRJ Michel Misse, amigo de infância de Arildo Valadão.

Não foi atendida a promessa de Vera Lúcia de não usar mais ouro em troca de o marido permanecer na prefeitura. O ministro Joaquim Barbosa, na presidência do Tribunal Superior Eleitoral, afasta Curió definitivamente do cargo, cinco meses antes do término do mandato. Em eleição indireta, a Câmara elege o vereador Cassiano Viana, do PSB, para mandato-tampão até dezembro. Em janeiro assume a prefeitura Chamonzinho, rosto novo da oligarquia da castanha.

Numa conversa sobre a decisão do tribunal, Curió só demonstrou preocupação em saber como eu trataria neste livro seu afastamento.

— Acho que não fica bem um personagem de um livro acabar sendo cassado por compra de votos.

O estádio Curiozão passa a se chamar Beija-Flor.

15.

A FAMÍLIA DO CAPITÃO MOREIRA

Tatá, filha do capitão Moreira e viúva de Barreira, está em sua casa em Xinguara. Parentes dizem estar preocupados, pois a matriarca deixou de reclamar da ausência do Araguaia. Ela manda chamar o neto Carlos Alberto, filho de João Crisóstomo Moreira Neto:

— Meu filho, entregue esta espada a seu pai.

Era uma reviravolta, pois Tatá tinha decidido que a espada ficaria com Maria Oneide, a filha que se manteve em guerra enquanto o outro filho, João Crisóstomo Moreira Neto, saiu de casa e foi morar a montante do rio. No início da guerrilha, João Crisóstomo Moreira Neto estava ausente. De lá para cá, os demais filhos de Tatá não demonstravam interesse em política e armas.

Quando Tatá pressentiu a morte, Maria Oneide tinha abdicado da espada. Quase trinta anos depois de brigar com Curió, no movimento dos padres, ela se afastou da Igreja Católica e, assim, da política e da guerra. Curió nunca soube da ascendência militar de sua opositora, a neta do capitão Moreira, veterano do Paraguai.

São Geraldo do Araguaia, manhã de sol

Maria Oneide é, agora, diretora da escola Raimundo Ferreira Lima, nome do marido, em São Geraldo, e atua no combate à escravidão nas fazendas.

Em sua casa, numa rua sem calçamento, ela lamenta que padres italianos tenham alterado o painel do altar da igreja Cristo Libertador, que retratava o "mártir" Gringo e "opressores", como Delfim Netto.

— Esses movimentos de camponeses existiriam mesmo se não tivesse a Igreja.

Ela rompeu com a Igreja Católica quando foi batizar o neto, Raimundo Ferreira Lima Neto, filho de Omalizã, hoje um adolescente, no templo que a família ajudou a construir, idealizado por Niemeyer. O padre João, novo no Araguaia, disse que não batizaria a criança porque Omalizã era solteira — o pai do garoto, um funcionário do Banco do Brasil, nunca apareceu. Nedyma, a tia, protestou:

— Meu pai morreu por esta igreja!

— E quem vive de passado? — perguntou o padre.

As crianças, primas de Raimundinho, começaram a falar palavrões. Com o tumulto, Maria Oneide voltou para casa. Dessa vez não era um coronel ou um patriarca do Araguaia que reprovava a vida de uma mulher do clã militar dos Moreira. O oponente vestia batina.

O padre foi à casa de Maria Oneide, para dizer que aceitava batizar a criança.

— Padre, meus filhos estão acima de Deus. Por eles, mato e morro.

Maria Oneide lamenta que não passará para Raimundinho a pasta de recortes de jornais e cartas sobre a morte de Gringo, o avô do menino, levada pela Polícia Federal. O garoto é seu "xodó".

Ela não conseguiu influenciar o rumo tomado pelos filhos. O mais velho, Júnior, virou sindicalista como o pai; o segundo, o policial Sílvio, homem da força como o bisavô Moreira. Sílvio entrou para a polícia para vingar a morte de Gringo. Júnior lidera o sindicato por inspiração do pai. Hélder só aos quinze anos deixou de pensar em matar quem havia assassinado Gringo. Alex se formou em sociologia para entender os conflitos de terra no Bico do Papagaio.

A força e a fé não bastam para quem está disposto a enfrentar as noites vastas do Araguaia, quando as horas se juntam ao passado.

Maria Oneide diz:

— É uma pena. Se você tivesse chegado cinco meses antes, falaria com mamãe, a dona Mercê, a Tatá. Ela sofreu derrame e não conversa. Ela sabe muitas histórias de Xambioá. Contava que João Crisóstomo Moreira, meu avô, era velho ruim. Se alguém pedisse para tirar duas laranjas do pé, era para tirar duas. Com cachimbo na boca, virava o cão se a pessoa tirasse mais frutas do que ela pedia.

Com a ajuda de Raimundinho e dos filhos, Maria Oneide retira Tatá, 93 anos, de um dos quartos da casa e a traz para a sala. Estou próximo da mulher que eu enxergava apenas nos relatos de ribeirinhos. A senhora clara, de cabelos grisalhos e magra está sentada numa cadeira de plástico. Tatá tem um porte aristocrático. O mormaço da mata só refletiu em sua pele, queimada. Quando Maria Oneide pede autorização da mãe para eu tirar foto, a senhora exige, com gestos, que seus cabelos grisalhos sejam ajeitados. Ergue o queixo, altiva.

— Tatá faz pose! — diz Raimundinho.

Tatá morreu dias depois, em 12 de junho, data em que comemorava o casamento com Barreira. Era início de verão, baixa do Araguaia, tempo dos rebojos, das águas verdes batendo nos paredões pretos descobertos no leito do rio.

Ilha dos Martírios, outra manhã de sol

Zezinho, o filho de Maria Castanheira, que diziam ser mulher de *Osvaldão*, se dispõe a me ajudar a procurar a ilha dos Martírios e enfrentar as ondas da cachoeira de Santa Isabel. O Araguaia está baixo, praias de areias douradas surgem na estiagem. Seguimos no rumo da ilha. No caminho, ele conta que batizou o barco de *São Jorge*, uma homenagem a sua mãe.

Ele esteve na ilha quando era pequeno. Depois de duas horas de viagem e incontáveis tormentas, paramos no povoado de Santa Cruz. Zezinho pede ajuda a um amigo, o pescador Raimundo Nonato dos Santos, o Paçoca, para encontrar a ilha dos desenhos da Paixão de Cristo. No caminho, Paçoca lembra da infância, quando *Osvaldão* distribuía balas. Aponta para uma ilha em frente. Acompanha-nos no deslocamento até a ilha. Zezinho encosta o barco na areia da praia. Andamos alguns minutos pela vegetação rala. Raimundo mostra os desenhos, visíveis graças à areia que ficou depositada nos traços esculpidos há séculos. Um dos desenhos parece uma chave, diz Paçoca. Zezinho enxerga um FAL. O desenho da coroa de espinhos é para eles um sol. Um "formiga" veterano poderia lembrar de Sol, a mulher que cantou num palco do garimpo. No século XIX, Nabuco escreveu que "o povo há de ser sempre grande... sempre livre... o cativeiro é um eclipse... é o domínio da sombra que é instantâneo, porque só é eterno o domínio da luz".

Xinguara, naqueles dias

Tatá não conheceu Lara Sofia, filha de Raimundinho, sua trineta, da sexta geração dos Moreira no Araguaia. Não conheceu o bisneto João Crisóstomo Moreira Neto. O menino, filho de Joânia, recebeu o mesmo nome do avô. O ramo de João Moreira, filho mais velho de Tatá, restaurou a tradição e garantiu, com o nome dado ao garoto, a posse da espada. João estava arrependido de não dar seu nome e do avô capitão a um filho.

João Moreira não esconde o prazer em ver outro João Moreira começar a vida. O menino, filho de Joânia, poderá imaginar mais tarde, como pensaram os primos, que a arma da Guerra do Paraguai é a dos heróis dos desenhos da TV. Nesta tarde de verão, ele dorme numa rede azul na casa construída pelo bisavô Barreira, onde no princípio da noite entra o fio de vento e onde Tatá lembrava do rio.

Não o incomoda o som alto do carro que passa na rua, tocando *melody*, o ritmo divertido, pancada, dos cibercafés e dos novos inferninhos do Araguaia.

O menino não é o cavaleiro medieval da espada dourada nem mais um rei a desaparecer no deserto sem deixar dinastia — personagens dos cordéis guardados por Adalgisa. É um garoto dos nômades paraoaras, descendente de muitos clãs, que conservaram na mata e nos campos queimados os ideais da república ilustrada nos lunares, herdeiro da arte de ocultar e viver anônimo. Logo brincará nos quintais e campinhos de várzea, mas não terá idade ainda para acompanhar os "formigas" adultos no rumo de mais uma Belo Monte, uma usina hidrelétrica no Xingu.

O advogado Pedro Calmon orienta Curió a comparecer com a pior roupa ao julgamento da morte do menor Laércio Xavier da Silva. A estratégia é demonstrar humildade.

Sobradinho, manhã de junho

Com seu melhor terno e as mãos nos bolsos da calça, Curió chega ao Tribunal do Júri de Sobradinho. Para na porta espelhada para ajeitar a gravata. Calmon e seus dois assistentes têm pressa em entrar, mas o agente da reserva ainda penteia os cabelos, tingidos na véspera. Não é o único vaidoso no tribunal. O advogado Augustino Pedro Veit, que conseguiu licença da família do menor para representá-la como assistente de acusação, emplacara notinhas na imprensa de que voltaria a estar frente a frente com Curió. A primeira vez, contou a jornalistas, foi em Natalino, quando defendia sem-terra. Veit comandou a Comissão de Mortos e Desaparecidos Políticos no governo Lula, órgão responsável por investigar crimes da ditadura.

Às 9h45, a juíza Josélia Lehner Fajardo abre a sessão:

— O réu pode se conduzir ao plenário.

Ao passar em frente à juíza, Curió bate continência. Não demonstra o mínimo constrangimento. Parece estar disposto a usar todas as armas e estratégias que conheceu na Academia Militar e na política, para ser absolvido. A juíza sorteia onze jurados, moradores de Sobradinho, cidade-satélite de Brasília. Sete deles votarão.

Curió está diante da juíza. É a primeira vez que um oficial da ditadura senta no banco dos réus.

— O senhor tem direito a permanecer calado.

— Vou prestar declaração.

— Fique à vontade.

Curió relata a mesma versão sobre o episódio que contou ao longo dos anos. Repete que havia uma terceira pessoa, um adulto conhecido como Bahia na área. Diz que agiu em legítima defesa e que os filhos Antônio e Júnior e os policiais que o acompanhavam não atiraram.

O promotor Jonas Pinheiro pede a palavra.

— O senhor é oficial da reserva?

— Sim.

— De que arma?

— Infantaria.

— Tem curso de combates?

— Fiz curso no Centro de Instrução de Guerra na Selva, em Manaus, e especialização na Escola Nacional de Informações.

— Se o senhor queria matar, por que não os deixou ali mesmo e tentou falsear, colocando arma na mão do menor?

A juíza interrompe:

— Promotor, ele foi claro que não quis matar. Senhor Sebastião, não precisa responder.

— Posso explicar?

— Pode, senhor Sebastião.

— Eu não posso negar que sou um especialista.

Na plateia, parentes de Curió abaixam a cabeça.

— Como especialista, se eu tivesse intenção de matar, colocaria uma arma na mão do ferido para caracterizar. Não maquiei a área. Se tivesse intenção de obstacularizar a ação da Justiça, eliminaria a testemunha e desapareceria com o corpo. Seria mais um crime impune.

O promotor surpreende os jurados pelo teor de sua fala:

— É o fato ou a lenda que estamos julgando? Não tenho medo em defender Sebastião Curió. O réu vem dizendo a mesma versão desde 93. Ele disparou no rumo da boca de fogo. Se a intenção era matar, só um insano prestaria socorro. Será que, por ser quem é, o réu não pode ter direito à defesa? Os mais jovens não têm direito a aprender sobre o outro lado da moeda? Vamos condená-lo porque ele é Curió, o homem que lutou contra terroristas no Araguaia e jovem lutou contra a contrarrevolução? Se mente, a mentira é crível. Estamos num tribunal de Justiça ou de Inquisição? Nazismo aqui nem pensar! Seja quem for o réu, um latrocida, se agiu em legítima defesa, reconheçam. Se naquela noite ele foi para matar, o álibi dele é muito bom. Por que deixar de acolher a versão do réu? Só porque para uns ele foi bandido e para outros o homem que exterminou a bandalha? Senhores, um tiro nas costas não é suficiente para destruir a tese da legítima defesa. Querem condená-lo porque lutou contra ou a favor da droga deste país e deste povo? Digo com a consciência tranquila: não consegui destruir a versão do réu. Não é o passado e a conduta de alguém que vêm ao júri.

Veit deixa de lado o caso de Laércio e retoma a história do Araguaia. Repete o advogado Greenhalgh, que esqueceu a história do menino Sabino, morto na explosão de uma granada, para se dedicar apenas à defesa vaga dos guerrilheiros.

— É curioso que com apenas dois disparos de Beretta ele acertou os menores. Vou entrar numa parte que não gostaria de entrar. O coronel Curió teve atuação no Araguaia, foi agente do Serviço Nacional de Informações. Eu não me tinha programado para falar sobre isso.

O advogado Pedro Calmon diz que o Araguaia não está em julgamento. A juíza afirma que no tribunal quem dá a ordem é ela. E Veit volta a falar do Araguaia:

— Curió atuou no combate aos guerrilheiros. Depois foi trabalhar em Serra Pelada. Há uma denúncia de que torturou garimpeiros. A Câmara de Marabá anulou um decreto que dava a ele o título de cidadão honorário. Ele perseguiu os padres Aristides e Gouriou. Esta é a história de um cidadão que botou na balança o seu patrimônio e a vida de um menor. Não é voltando à Idade Média e usando a lei do olho por olho que vamos acabar com a violência.

O advogado Augustino Veit não descreveu com conteúdo o mito do "carrasco" do Araguaia. Não levou testemunhas para depor nem levantou documentos da guerrilha. Augustino não viajou para encontrar pessoas ou papéis que ajudassem a explicar as histórias de Sobradinho e do Araguaia.

Veit e agora Calmon discutem o extermínio da guerrilha, as indenizações milionárias pagas à elite da esquerda, a atuação das Forças Armadas Revolucionárias Colombianas, a Lei de Anistia e a segurança pública.

Num dos intervalos, Calmon entra numa sala para atender ao telefonema de um filho. Do plenário dá para ouvi-lo reclamar sobre a partilha de honorários:

— Não tem essa, é 100 mil pra mim e 100 pra você!

A juíza e os jurados se reúnem numa sala fechada. Os jurados, moradores de Sobradinho, enfrentam problemas de segurança e de transportes — gastam mais de uma hora de ônibus para ir diariamente ao trabalho.

Às 16h17, a juíza lê a sentença:

— Na data de hoje, o senhor Sebastião Curió Rodrigues de Moura foi posto em julgamento acusado de cometer homicídio duplamente qualificado de Laércio Xavier da Silva e lesão corporal em Leonardo Xavier da Silva. Os jurados absolvem o réu.

Foram quatro votos a três pela absolvição.

Instituto do Coração, Brasília, noite de fevereiro

Em meio a derrotas políticas, Curió sofreu embolia pulmonar. Foi internado no Instituto do Coração, anexo ao Hospital das Forças Armadas, onde antes estivera para tentar retirar sem sucesso uma bala disparada por *Sônia*. Reclama de uma *blitz* da polícia que há poucos dias cercou seu carro numa avenida perto do Palácio da Alvorada.

— Eles chegaram com armas apontadas para mim. É um absurdo a polícia abordar desta forma um cidadão. Não vivemos numa democracia, onde as pessoas têm direitos? As pessoas que não me conheciam podiam pensar que eu era um bandido.

Reclama da fama de vaidoso. Mas, num banco ou supermercado, evita entrar na fila reservada aos idosos. De pijama, fala sobre as condições de saúde na Serra Pelada, não muito diferentes das da época do ouro. A água com lama e mercúrio agravava e agrava a hanseníase, causando o rói-rói, uma frieira nos pés. Os homens jogavam Vodol ou álcool para suportar a dor — os pés rachados e com buracos, em carne viva.

Curió demonstra preocupação em ser visto como traidor pelos colegas da reserva — homens que após silêncio de três décadas surgiram em blogs e correntes de e-mails para combater o movimento comunista, uma estranha e tardia ofensiva. Os adversários deles, os comunistas, se descolaram da bandeira de defesa do oprimido desde o dia em que apoiaram o Exército e os grileiros na luta contra ingaricós e macuxis na Amazônia, quando se revelou o velho ranço desenvolvimentista. O PCdoB tinha a face do caricato deputado Aldo Rebelo, que adotou um discurso em defesa da destruição da floresta.

— Você pode escrever uma coisa na sua caderneta? A ordem dos escalões superiores era exterminar a guerrilha. Muita gente aguarda a minha versão. Não tenho o direito de mostrar uma visão mentirosa. Não sou traidor. Não traí o Collor. Ele que me traiu. Não traí o Figueiredo. Ele que me traiu. Acho mesmo que os guerrilheiros não eram bandidos. O *Edinho* era idealista. Ninguém tem mais autoridade do que eu para falar sobre este assunto. Quando falo dos presos, não estou contando apenas o que fizeram. Por favor, escreva: "Eu participei. Participei e conto o que vivi. Eu estou dizendo que participei".

Lanchonete Giraffas, Paranoá, sábado, dez horas

Fora do poder, Curió dá entrevistas mais francas. Usa uma jaqueta de couro. O barulho de carros de som na rua enlamaçada, da atendente gritando mais um pedido e das pessoas que comem sanduíches dificulta entender a voz dele, mais baixa que o habitual. Tem os olhos marejados.

— Nunca vivi o que estou vivendo agora. Na solidão da selva, você sempre tem uma saída para tudo. Até a posição de uma folha ou o curso de um igarapé lhe mostra caminhos. Morre de fome quem desconhece totalmente a selva.

Conta que se separou de Vera Lúcia. O casal percebeu, segundo ele, que a diferença de 47 anos de idade era grande.

— Quando olha para trás, qual é o homem que enxerga?

— É uma ironia da vida. Olho para trás e vejo muita coisa que deveria ter feito. Olho para a frente e vejo que não terei tempo. O Araguaia é um capítulo triste da história, pois foi guerra de irmãos. Por mais cristalino que seja o cumprimento do dever, como é horrível irmão atirar em irmão. Quem eu sou? [ele ri] Um homem forte que participou da derrota dos comunistas, que controlou 80 mil no garimpo. Um homem com medo da solidão. Triste o fim, né?

Curió tenta convencer que está sendo sincero. Pergunto sobre a prisão da guerrilheira *Maria Dina*.

— O senhor deu mesmo um tapa nela?

— Não.

— O senhor deu um tapa logo que a prendeu?

Faz um movimento com as duas mãos como quem está empurrando outra pessoa.

— Foi isso, ela estava muito agitada.

— O senhor pode falar de seu encontro com Áurea?

Ele está em posição difícil. Por ter consolidado a ideia de que nunca me convenceu de que não participara do interrogatório de Áurea, precisa agora, para demonstrar sinceridade, recuar ou inventar uma história contra si próprio. Precisa se responsabilizar por um episódio de tortura, diferente de protagonizar um combate bem-sucedido. É uma decisão jamais tomada na calculada construção do mito do major.

— Sempre soube do seu interesse especial pela Áurea. Não sei muita coisa sobre ela.

— O que ela disse na prisão?

— Ela demonstrava estar pronta para colaborar, mas não era isso que acontecia. Muito apreensiva. Na hora de dizer as coisas, nada fazia sentido. Áurea era inteligente. Quando um agente vai para um interrogatório, leva uma série de informações. Solta aos poucos. As coisas que ela dizia não batiam. É fácil saber na hora se a pessoa mente. Eu dizia: "Olha, sou bonzinho. É melhor você colaborar porque logo vai chegar o mauzinho". Era assim: o bonzinho conversava com jeito, depois aparecia o mauzinho para aprontar. Eu era o bonzinho.

— Então, como é estar sozinho para o senhor?

— O dia não passa — responde Curió.

— Na selva, um homem sempre está sozinho, pois as árvores impedem a visibilidade a poucos metros.

— Eu era solitário, mas eu tinha uma missão, um rumo. Em Serra Pelada eram dois objetivos: extrair ouro para encher o cofre do Banco Central e continuar o trabalho político. Não via o tempo passar. Hoje qual é meu rumo? Com quem converso? O que fazer agora? Para onde mesmo que eu vou? Araguaia foi uma guerra, nunca esqueça. Sou cristão, posso perguntar por que Deus me deixou nesta situação. Estes dias estão sendo longos demais.

O homem que demonstrava segurança em convencer multidões e enganar jornalistas diz enfrentar problemas familiares.

— É difícil mostrar para um pequeno grupo que você está certo.

Ele se levanta, e anda em direção ao carro.

Lago Sul, noite de junho

Voltei a encontrar Curió na casa de parentes dele, em Brasília.

— O senhor concorda que o fim da guerrilha coincidiu com o início do latifúndio da pecuária e o aumento da pobreza?

386

— Escrevi no relatório da *Operação Sucuri*: a repressão por si aniquila o movimento guerrilheiro, mas não acaba com a subversão. Isto só se conseguirá com ações de governo em benefício da população. Foi o que não ocorreu. É preciso entender que não estamos falando do Pará de hoje, mas do Pará de sempre, marcado por conflitos.

— Qual é o momento de uma história ser revelada?

— Quem participou dos combates está agora com a idade avançada. Estou com 74 anos, forte graças a Deus, mas acho que é hora de dar conhecimento. Não me julgo dono da verdade. Sei muita coisa porque vivi. É preciso contar a história com imparcialidade para que os mais jovens possam avaliar a atuação das Forças Armadas no Araguia.

— As Forças Armadas pagaram por não contar a história?

— Tudo deveria ser contado na época, os motivos das operações, os riscos que o país corria. Só o *Estadão* furou essa estratégia de silêncio.

— Por que matar prisioneiros?

— Esta é a parte delicada.

— Na terceira campanha, os guerrilheiros não tinham armas. Por que matá-los?

— Não estavam desarmados, estavam sem rumo. Eles foram traídos e abandonados pela cúpula do pcdob. As velhas Raposas João Amazonas, Ângelo Arroyo e Elza Monnerat fugiram.

— Por que matar prisioneiros?

— Se não houvesse determinação e pulso forte na erradicação da guerrilha, teríamos até hoje um movimento semelhante às Farc. Todos os combatentes foram mortos em combate? Não. Exemplos são os casos da *Dina* e da *Tuca*, feitas prisioneiras por mim e entregues às autoridades competentes.

— Como o senhor, que obteve vitórias militares, se sente como um derrotado pela história?

— As Forças Armadas não permitiram um Estado independente. Não me sinto derrotado. No Araguaia, o Exército cumpriu uma missão constitucional em defesa da soberania e da integridade da Pátria, e impediu a formação de um Estado independente, o que era objetivo do pcdob.

— Mas nem a Constituição da ditadura permitia matar.

— Segundo a Lei de Newton, para toda ação há reação de mesma intensidade. Lembre-se de Stálin na União Soviética e de Fidel e seu paredão em Cuba.

Os guerrilheiros do Araguaia realizaram execuções. É o caso de Pedro Mineiro, executado por cinco guerrilheiras, na frente da sua mulher e de seus filhos. A guerra na selva é feia e suja dos dois lados. Mata. Não se sabe se pelas costas, se pela frente ou pelos flancos.

— Uma centena de pessoas maltrapilhas tinha a mesma força de milhares de homens das Forças Armadas?

— Na terceira campanha eram apenas 150 homens de forças especiais, preparados e bem armados.

— A guerrilheira Áurea, presa, oferecia risco?

— A mulher moderna pilota jato, comanda tropas, preside tribunais e, armada, se equipara a um grande guerreiro. Hoje, as Forças Armadas têm exímios combatentes femininos. Áurea era um exímio combatente.

— Na base de Xambioá, onde ficou detida, Áurea não era mais combatente. Era prisioneira do Estado.

— Não sei por que você fala tanto dela. Não há dados concretos de fria execução na guerrilha.

— Os papéis do arquivo do senhor podem levar à conclusão de que houve execução.

— Eu disse que não houve fria execução. Num arrozal, quando se capina, não se corta a erva daninha só pelo caule. É preciso arrancá-la pela raiz, para que não brote novamente.

Ele fala de um corpo que precisou identificar.

— O general Bandeira almoçava numa barraca com os generais Breno Borges Fortes, do Estado-Maior, e Vianna Moog, comandante militar do Planalto. Mandou me chamar: "Menino, vai identificar um finado". Um guerrilheiro tinha caído numa emboscada do 10º BC de Goiânia no Pau Preto. Cheguei lá de helicóptero com o guia Peito Largo e mais cinco militares. Ouvimos um barulho, parecia que os guerrilheiros nos cercavam. Na retaguarda estavam dois militares. Um deles, um tenente-coronel que pediu ao Bandeira para nos acompanhar, correu, abandonando o colega. Continuei. Identifiquei o corpo. Na volta, encontrei o tenente: "Filho da puta. Não vou lhe executar porque nem isso você merece. Nunca mais fale em guerrilha em Xambioá".

Balançando a cabeça, Curió nega que Bandeira tenha definido os procedimentos de identificação do corpo. Aponta para si, como se a decisão fosse sua. Depois, passa o polegar da direita pelo da esquerda e vice-versa como se estivesse cortando os membros. O homem que sempre contou de forma enfática os combates que respeitavam a Convenção de Genebra — tiroteios com *Sônia* e a Comissão Militar — não descreve agora com palavras o ataque ao inimigo sem vida. Pergunto se houve decapitação. Curió abandona o papel do personagem que sente alívio em desabafar sobre o horror para me testar. Com certa dificuldade, acena positivamente. Não houve decapitação naquele dia. Ele é um homem que tem prazer em ver o espanto no rosto do outro. O horror está na mentira. Ele se assemelha aos sertanejos reunidos no Araguaia pelo frei Gil Vilanova, no século xix, ávidos para contar os massacres de gorotirés, ainda que inverídicos, deleitando-se com a evocação da barbárie. Curió se distancia da figura de Curiol, chefe de jagunços do *Grande sertão*, pregador da tradição de respeitar o vencido, e do Major Curió que conteve o formigueiro de Serra Pelada ansioso pelo espetáculo da morte. Tem o desprendimento do doutor do romance *A guerra do fim do mundo*, de Vargas Llosa, que analisou o suposto cadáver do Conselheiro e aceitou uma missão: "Houve uma troca de ideias para decidir qual dos quatro médicos faria aquilo. Foi o Major Miranda Curió, chefe do serviço de saúde em campanha, quem pegou o serrote...".

CASTANHEIRA

Tomba a castanheira sobrevivente de Curionópolis. O tronco está derrubado no pasto da margem esquerda da estrada para o garimpo. Zé da Rita me contou, numa viagem que fiz a Serra Pelada, que a árvore caiu numa noite de ventania.

— Você tem certeza que foi o vento? — me pergunta Curió.

Um fazendeiro derrubou a castanheira. Ali, o grupo do senador Edison Lobão, político prestigiado por Lula e Dilma, planeja construir casas para abrigar moradores expulsos de Serra Pelada.

Nove meses após a queda da árvore, morre Zé da Rita. Ele não suportou mais um derrame.

A desembargadora carioca Solange Salgado, filha de Álvaro Alves, pracinha mineiro dos combates na Itália, retirou dos armários da Justiça Federal em

Brasília um processo, movido ainda durante a ditadura por famílias de guerrilheiros do Araguaia, pela entrega dos corpos e abertura dos arquivos. Solange trava uma guerra com o Estado para cobrar a consolidação do processo democrático. Para ela, a falta dos presos ou de seus corpos torna o crime continuado. A guerra e o autoritarismo se mantêm.

Semanas depois de o jornal *O Estado de S. Paulo* publicar os documentos de Curió, Solange mandou chamar o ex-agente para prestar esclarecimentos. Sem se identificar, estavam na sala Maria Eliana, irmã de *Raul*, e Lorena, irmã de *Cristina*. Durante cinco horas de depoimento, a juíza não fez referências à patente dele, chamando-o apenas por Sebastião.

— Meritíssima, eu cumpri uma missão.

— E cumpriu muito *beeem* — retrucou Solange.

Em sucessivos encontros na Justiça, Curió chorou, disse ouvir gritos à noite e que estava ameaçado de morrer. Os relatos dramáticos tinham, na avaliação da juíza, certo tom de ameaça.

— Meritíssima, a senhora não tem medo de morrer? Nós, militares, temos uma relação tranquila com a morte, pois temos a capacidade de antecipá-la — explicava Curió.

— Eu só quero saber o que ocorreu no Araguaia, seu Sebastião.

Há dezenove anos na magistratura, Solange respondeu a supostas ameaças e gestos de sedução e a elogios com voz firme e, ao mesmo tempo, doce. O ex-agente conseguiu que a procuradora Luciana Loureiro fizesse perguntas com os olhos voltados para baixo. Ele não conseguiu que Solange desviasse o olhar, insistindo, porém, nos elogios.

— Eu respeito a senhora porque a senhora me encarou.

Curió levou o embate com Solange para as ruas de Brasília. A juíza andava pelos corredores do Gilberto Salomão, no Lago Sul, um centro comercial onde a banda Legião Urbana fez suas primeiras apresentações, quando percebeu, ao se virar para trás, que um homem a seguia. O homem se virou e tentou ir embora. Ao perceber que era Curió, ela foi atrás, aumentando o passo.

— Olá, seu Sebastião!

— Doutora, mas que surpresa!

Em outro dia, Solange estava num restaurante, horas depois de um depoimento de Curió em seu gabinete, quando encontrou o ex-agente. Pelo menos nesse caso, Curió garante que foi coincidência. Ele, no entanto, não escondeu o prazer de ver a juíza deixar a mesa em que estava para ir cumprimentá-lo.

Por decisão de Solange, a Polícia Federal fez busca de documentos na casa de Curió em Brasília. Os papéis haviam sido retirados de lá. Um delegado perguntou se ele tinha arma. Curió mostrou uma pistola. Não tinha autorização de porte. Foi comunicado de que seria levado para a Polícia do Exército. Curió se assustou. Era a terceira vez que recebia ordem de prisão. Na época de cadete em Fortaleza, sofreu punição por pular muro. Depois, no tempo de tenente no Paraná, foi preso por quebrar hierarquia. A primeira coisa que ele pensou foi em pedir ajuda a Solange. Pediu para falar com a juíza e disse que estava disposto a entregar todos os documentos. Solange mandou dizer que não queria conversa. Curió insistiu tanto, por horas, que foi levado até ela.

O filho da destemida Antônia, o homem que liquidou a ousada *Sônia*, sentiu que os olhos de Solange estavam maiores e que a juíza não demonstrava a paciência de outros encontros. Pode ter pensado que a doutora que o investigava era agora a mulher que o salvaria.

— Eu não falei para o senhor que teria busca e apreensão e haveria constrangimento?

— Falou sim, Meritíssima.

Ele ficou preso por três horas. Disse-me que recebeu ordem de entregar informações à desembargadora em 48 horas. No fim desse prazo, estava na porta de Solange, que foi surpreendida pelo pedido de mais uma conversa. Voltou a chorar.

Percebi que Solange estava certa da sinceridade do choro de Curió quando, no dia seguinte, me fez uma sugestão inusitada:

— É um bom momento para você ouvi-lo.

Curió escondeu o arquivo, que já estava em filmes, mas esqueceu de sumir com a arma. Para a juíza Solange Salgado, era a pistola usada por ele para combater no Araguaia, se impor na OP-3, no garimpo e na prefeitura. A arma era um objeto pessoal cuja existência ele não sentia necessidade de negar. É possível que o tempo o tenha levado a acreditar que a arma era parte do seu corpo, o dedo indicador.

O comandante do Exército, general Enzo Peri, mandou dois coronéis prestarem assistência a Curió. Por ordem de Peri, o Exército deu um porte especial de armas ao ex-agente. Era uma resposta imediata do discreto comandante à Justiça. O Exército deu a Curió um relógio com o símbolo da instituição. O Exército estava novamente unido.

Em 2012, a Justiça Federal, em Marabá, rejeitou denúncia do Ministério Público contra Curió por suposto sequestro de Daniel, *Rosinha*, *Piauí*, *Edinho* e *Lia*. O juiz João Cesar Otoni de Matos considerou um "equívoco" o argumento dos procuradores de que os guerrilheiros ainda estavam desaparecidos. Portanto, a Lei de Anistia, de 1979, que na interpretação do Supremo Tribunal Federal perdoou os assassinatos cometidos pelos agentes do Estado, não estaria beneficiando um denunciado por crime continuado.

Brasília, noite de abril

Tive certeza de que Curió abriria seu arquivo quando, em 2008, ele me telefonou, pela primeira vez em quase dez anos de contatos. Relatei ao editor Rui Nogueira e ao coordenador de política Luiz Weber, da sucursal do *Estadão* em Brasília, o surpreendente telefonema, e fui para a casa de Curió.

— Se sobrevivi, é porque este arquivo foi preservado — diz o ex-agente.

Dois lances de escada até o porão da casa. Na parede, há uma foto de Curió com o general Figueiredo. Num canto, vi um baú de madeira clara, de um metro de altura e quarenta centímetros de largura. Dentro, havia uma mala de couro vermelho com os documentos da guerrilha. São 32 pastas, cinco mapas, seis álbuns de fotografias, muitos papéis soltos.

Ao ver fotos de um cadáver, Curió diz:

— Não é guerrilheiro. É um morto na chacina da Espadilha.

Ele folheia papéis sobre Genoino, Encruzilhada Natalino e das operações *Pindaré, Guariba Norte* e *Sul*. Mostra um mapa da *Operação Sucuri*.

— Este mapa ilustraria o capítulo "Como o PCdoB caiu". Dizem que éramos um bando de loucos caçando guerrilheiros. Isso só ocorreu nas duas primeiras campanhas. A *Sucuri* foi uma estratégia bem montada.

Encontro uma carta do médico Benigno Girão, falecido.

Sr. deputado Curió,

Sou pai de Jana Moroni Barroso, codinome *Cristina*, "desaparecida" do Araguaia. Acabo de ler sua entrevista ao *Jornal de Brasília* e referências ao seu livro, a ser publicado. O nome do senhor já nos é familiar. Sua aura está envolta em ouro da Serra Pelada, em eleição capciosa e em "palmadinhas" nas costas da caboclada. Não consta, entre as famílias dos desaparecidos, prova de que tenha praticado tortura, o que é exceção no governo Médici. O senhor tinha poder, como os energúmenos, para praticá-la e ficar impune, mas se não o fez merece respeito e até posso acreditar que é sincero por se julgar um patriota. A juventude e seus líderes vítimas da guerra de extermínio que o senhor promoveu no Araguaia eram patriotas. Talvez essa certeza lhe dê um gozo triste, nunca um orgasmo político-militar. Seu livro, qualquer que seja a perspectiva, também fará parte — abjeta? — da história. A história terá que optar por aquela juventude ou pelo coronel Curió. Não sei se temerá esse julgamento da história. Por último, espero que o senhor abandone essa ideia de que houve Guerrilha no Araguaia. Isto é pretensão de glória do PCdoB. Houve apenas um grupo de fugitivos da Repressão, que ali, por se verem perseguidos, sendo apenas pouco mais de 60 pessoas, tentaram uma resistência armada. Ninguém tinha feito treinamento de guerrilha, nem em Cuba, nem na China. De albanês só havia mesmo o João Amazonas, um choramingas alienado, talvez um curiozinho tresmalhado.

Um título de eleitor registra que Marco Antônio Luchini é de Porto Alegre, filho de José Luchini, engenheiro, e de Giovana Rosaelli. Há documentos que informam ser ele economista, jornalista do *Diário de Notícias* e da Rede Globo, e delegado de polícia. Em folhas de seda há um rascunho de "A selva do Araguaia", primeiro título do livro mais comentado e não concluído da ditadura.

— Nunca lhe pedi nada. Agora, lhe peço. Se for utilizar algum papel, diga que o mesmo estaria no livro que não escrevi.

Publico no jornal *O Estado de S. Paulo* uma série de dezoito reportagens sobre os documentos do arquivo pessoal de Curió, em maio de 2009, quando tive acesso a todas as informações. Estavam abertos o baú de madeira e a mala vermelha. Os guerrilheiros se recusaram a seguir o roteiro para suas histórias elaborado pelo ex-agente e pelos governos pós-ditadura. Por meio de relatos de pais, irmãos, amigos, barqueiros, garimpeiros, mulheres de cabarés, cangaceiros, mariscadores e castanheiros, eles detalharam os crimes sofridos, complementaram informações, e apresentaram novas versões de combates e fuzilamentos. Falaram quando se fazia silêncio nos arquivos, durante pesquisas nas pastas cheias de pó e histórias esquecidas. A rebeldia não é exclusiva dos vivos.

APÊNDICE

Lista de siglas

AI-5 — Ato Institucional nº 5

ALN — Ação Libertadora Nacional

AP — Ação Popular

Arena — Aliança Renovadora Nacional

BBC — British Broadcasting Corporation

BC — Batalhão de Caçadores

BIS — Batalhão de Infantaria de Selva

CBF — Confederação Brasileira de Futebol

CM — Comissão Militar

CNBB — Conferência Nacional dos Bispos do Brasil

CNPq — Conselho Nacional de Desenvolvimento Científico e Tecnológico (Conselho Nacional de Pesquisa)

DA — Destacamento A

DNER — Departamento Nacional de Estradas de Rodagem

DOI-CODI — Destacamento de Operações de Informações — Centro de Operações de Defesa Interna

FAB — Força Aérea Brasileira

FAL — Fusil Automatique Léger (Fuzil Automático Leve)

FBI — Federal Bureau of Investigation

FFGG — Forças Guerrilheiras

GETAT — Grupo Executivo das Terras do Araguaia-Tocantins

IBGE — Instituto Brasileiro de Geografia e Estatística

INSS — Instituto Nacional do Seguro Social

IPES — Instituto de Pesquisa e Estudos Sociais

JUC — Juventude Universitária Católica

MDB — Movimento Democrático Brasileiro

MEB — Movimento de Educação de Base

MR-8 — Movimento Revolucionário Oito de Outubro

OPS — Operacionais (estradas)

PCB — Partido Comunista Brasileiro

PCdoB — Partido Comunista do Brasil

PDS — Partido Democrático Social

PF — Polícia Federal

PFL — Partido da Frente Liberal

PRN — Partido da Reconstrução Nacional

PSD — Partido Social Democrático

PSDB — Partido da Social Democracia Brasileira

PT — Partido dos Trabalhadores

PTB — Partido Trabalhista Brasileiro

SS — Centro de Triagem e Informações

UDN — União Democrática Nacional

UDR — União Democrática Ruralista

UFRJ — Universidade Federal do Rio de Janeiro

VPR — Vanguarda Popular Revolucionária

Fases dos combates à guerrilha no Araguaia

Pré-campanha — As investigações de inteligência militar iniciaram-se em 1969. Nesse ano, foram deslocadas tropas para Rondônia, Mato Grosso, Goiás, Pará e Maranhão, locais onde existiam suspeitas de focos guerrilheiros. Na sequência, realizaram-se as operações *Carajás*, em 1970, e *Mesopotâmia*, em 1971, no Pará e no Maranhão.

Primeira campanha — Os militares montaram as operações *Axixá*, fevereiro de 1972; *Peixe I*, 27 a 30 de março, *II*, 3 a 12 de abril, *III*, 11 a 29 de abril, *IV*, 5 a 9 de maio, e *V*, 9 de maio a data desconhecida; *Cigana*, 11 a 17 de abril; *Couro Dantas*, maio; *Andorinhas*, maio; e a principal delas, a *Manobra* ou *Manobrão*, abril a julho. *Peixe I, II* e *IV* tiveram por objetivo apenas a busca de dados.

Segunda campanha — Conhecida como *Operação Papagaio*, outubro e novembro de 1972, com o uso de tropas convencionais e equipes de inteligência. Moradores da região se referem à primeira e à segunda campanha como "primeira guerra". Em São Geraldo, ainda incluem nesse período a terceira campanha.

Terceira campanha — A "segunda guerra", como a terceira campanha ficou conhecida em São Domingos, começou em maio de 1973 e terminou oficialmente em 5 de janeiro de 1975. A primeira operação dessa fase foi a *Sucuri*, ação de inteligência, de maio a agosto de 1973, que levantou informações usadas na *Marajoara*, a ação derradeira, de outubro daquele ano a outubro do ano seguinte.

Pós-campanha ou Operação Limpeza — O Exército se deslocou para o Maranhão, sob o argumento de que a guerrilha ressurgia. São dessa época as operações *Guariba Sul*, de 29 de agosto a 1º de setembro de 1975, e *Pindaré*, de 4 a 30 de setembro de 1975. Ao longo desse ano, os militares praticaram a "limpeza", transferindo, destruindo e ocultando corpos. Em 1976, agentes que estiveram no Araguaia acompanharam operação da polícia de São Paulo, no bairro da Lapa, que exterminou idealizadores da guerrilha. Também em 1976, policiais paraenses sufocaram um movimento de posseiros em Perdidos, São Geraldo. Era a "segunda guerra", conforme os moradores.

Trechos da III Convenção de Genebra relativa ao tratamento de prisioneiros de guerra, de que o Brasil é signatário, e que entrou em vigor em 1950

Artigo 1º

As Altas Partes Contratantes comprometem-se a respeitar e fazer respeitar, em todas as circunstâncias, a presente Convenção.

Artigo 2º

Afora as disposições que devem vigorar em tempo de paz, a presente Convenção se aplicará em caso de guerra declarada ou de qualquer outro conflito armado que surja entre duas ou várias das Altas Partes Contratantes, mesmo que o estado de guerra não seja reconhecido por uma delas.

A Convenção se aplicará igualmente, em todos os casos de ocupação da totalidade ou de parte do território de uma Alta Parte Contratante, mesmo que essa ocupação não encontre resistência militar.

Se uma das Potências em luta não for parte na presente Convenção, as Potências que nela são partes permanecerão, não obstante, obrigadas por ela em suas relações recíprocas. Elas ficarão, outrossim, obrigadas pela Convenção com relação à Potência em apreço, desde que esta aceite e aplique as disposições.

Artigo 3º

No caso de conflito armado sem caráter internacional e que surja no território de uma das Altas Partes Contratantes, cada uma das Partes em luta será obrigada a aplicar pelo menos, as seguintes disposições:

1) As pessoas que não participem diretamente das hostilidades, inclusive os membros de forças armadas que tiverem deposto as armas e as pessoas que tiverem ficado fora de combate por enfermidade, ferimento, detenção, ou por qualquer outra causa, serão, em qualquer circunstância, tratadas com humanidade sem distinção alguma de caráter desfavorável baseada em raça, cor, religião ou crença, sexo, nascimento, ou fortuna, ou qualquer outro critério análogo.

Para esse fim estão e ficam proibidos, em qualquer momento e lugar, com respeito às pessoas mencionadas acima:

a) os atentados à vida e à integridade corporal, notadamente o homicídio sob qualquer de suas formas, as mutilações, os tratamentos cruéis, as torturas e suplícios;

b) a detenção de reféns;

c) os atentados à dignidade das pessoas, especialmente os tratamentos humilhantes e degradantes;

d) as condenações pronunciadas e as execuções efetuadas e sem julgamento prévio proferido por tribunal regularmente constituído, que conceda garantias judiciárias reconhecidas como indispensáveis pelos povos civilizados.

2) Os feridos e enfermos serão recolhidos e tratados.

Um organismo humanitário imparcial, tal como o Comitê Internacional da Cruz Vermelha, poderá oferecer os seus serviços às Partes em luta.

As partes em luta esforçar-se-ão, por outro lado, para pôr em vigor, por meio de acordos especiais, o todo ou partes das demais disposições da presente Convenção.

A aplicação das disposições precedentes não terá efeito sobre o estatuto jurídico das Partes em luta.

[...]

Artigo 12

Os membros das forças armadas e as demais pessoas mencionadas no artigo seguinte, que forem feridos ou ficarem enfermos deverão ser respeitados e protegidos em todas as circunstâncias.

Serão tratados e cuidados com humanidade pela Parte em luta que os tiver em seu poder, sem qualquer distinção de caráter desfavorável baseada em sexo, raça, nacionalidade, religião, opiniões políticas ou qualquer outro critério análogo. É estritamente proibido qualquer atentado às suas vidas e às suas pessoas; em particular, não deverão ser assassinados, exterminados, nem submetidos a torturas ou a experiências biológicas, não deverão ser deixados premeditadamente sem assistência médica ou cuidados, nem expostos a riscos de contágio ou de infecção.

Somente razões de urgência médica autorizarão prioridade na ordem dos cuidados a serem prestados.

As mulheres serão tratadas com todas as atenções devidas ao seu sexo.

A Parte em luta que for obrigada a abandonar feridos ou enfermos ao seu adversário deixará com eles, conforme o permitam as exigências militares, parte de seu pessoal e de seu material sanitários para prestar-lhes assistência.

Artigo 16

As Partes em luta deverão registrar, no mais curto prazo possível, todos os elementos úteis à identificação dos feridos, enfermos e mortos da parte adversária caídos em seu poder. Essas informações deverão, se possível, incluir o seguinte:

a) indicação da Potência que dependem;

b) designação ou número de matrícula;

c) nome de família;

d) prenome ou prenomes;

e) data do nascimento;

f) qualquer outra informação que figure na ficha ou placa de identidade;

g) data e lugar da captura ou do falecimento;

h) informações relativas aos ferimentos a doença ou a *causa mortis*.

As informações acima mencionadas deverão ser comunicadas no menor prazo possível, ao escritório de informações a que se refere o art. 122 da Convenção de Genebra, de 12 de agosto de 1949, relativa ao tratamento dos prisioneiros de guerra e que os transmitirá às Potências de que dependam essas pessoas, por intermédio da Potência protetora e da Agência Central dos prisioneiros de guerra.

As Partes em luta assentarão e se comunicarão, pela via indicada no parágrafo anterior, os atestados de óbitos ou as listas de falecimentos devidamente autenticadas. Recolherão e se transmitirão igualmente, por intermédio do referido escritório, a metade de uma placa dupla de identidade, os testamentos ou outros documentos de importância para as famílias dos mortos, dinheiro e, em geral, todos os objetos que possuam valor intrínseco ou afetivo, encontrados nos mortos. Tais objetos assim como os objetos não identificados, serão remetidos em volumes lacrados acompanhados de uma declaração que forneça toda as indicações necessárias à identificação do possuidor falecido, assim como de um inventário completo do volume.

Artigo 17

As Partes em luta envidarão esforços para que a inhumação ou incineração dos mortos, feita individualmente na medida em que as circunstâncias o permitirem, seja precedida de um exame atento, e se possível médico dos corpos a fim de constatar-se a morte, estabelecer-se a identidade e poder-se relatar o ocorrido.

A metade da placa dupla de identidade, ou a própria placa, se for simples, ficará com o cadáver.

Os corpos poderão ser incinerados em razão de imperiosas medidas de higiene ou por preceitos estabelecidos pela religião do falecido. Em caso de incineração, será feita menção circunstanciada do fato, com indicação de motivos no atestado de óbito ou na lista autenticada de falecimentos.

As Partes em luta envidarão também esforços para que os mortos sejam sepultados decentemente, se possível, segundo o rito da religião a que pertençam, que seus túmulos sejam respeitados e agrupados se possível pela nacionalidade dos falecidos, conservados com o necessário cuidado e marcados de maneira a serem achados a qualquer momento. Para esse fim e ao se iniciarem as hostilidades as Partes em luta organizarão oficialmente um serviço funerário a fim de permitir as exumações eventuais, assegurar a identificação dos cadáveres, seja qual for a localização das sepulturas e o seu retorno ao país de origem. Estas disposições se aplicam igualmente às cinzas que serão conservadas pelo serviço funerário até que o país de origem faça saber quais as resoluções que deseja tomar a esse respeito.

Logo que as circunstâncias o permitirem, e no máximo ao fim das hostilidades, esses serviços trocarão, por intermédio do escritório de informações mencionado na segunda alínea do art. 16, as listas indicadoras do local exato e da designação da sepultura, a que contenham informações relativas aos mortos aí enterrados.

Artigo 18

A autoridade militar poderá apelar para o espírito de caridade dos habitantes para que recolham e cuidem com benevolência, sob seu controle, dos feridos e dos enfermos, prestando às pessoas que tenham correspondido a esse apelo a proteção e as facilidades necessárias. No caso em que a Parte contrária venha a tomar ou a retomar o controle da região, ela concederá as mesmas proteções e facilidades a essas pessoas.

A autoridade militar deve autorizar os habitantes e as sociedades de socorros, mesmo nas regiões invadidas ou ocupadas, a recolherem e a tratarem espontaneamente os feridos e os enfermos, qualquer que seja a nacionalidade a que pertençam. A população civil deve respeitar esses feridos e enfermos, especialmente abstendo-se de exercer contra os mesmos qualquer ato de violência. Ninguém deverá, jamais, ser molestado ou condenado por ter prestado assistência a feridos ou enfermos.

As disposições do presente artigo não dispensam a Potência ocupante das obrigações que lhe incumbem no setor sanitário e moral, em relação aos feridos e enfermos.

[...]

Artigo 49

As Altas Partes Contratantes se comprometem a tomar todas as medidas legislativas necessárias para fixar as sanções penais adequadas a serem aplicadas às pessoas que cometam, ou deem ordem de cometer, qualquer das infrações graves à presente Convenção, definidas no artigo seguinte.

Cada Parte Contratante terá a obrigação de procurar as pessoas acusadas de terem cometido, ou dado ordem de cometer, qualquer das infrações graves, devendo fazê-las comparecer perante seus próprios tribunais, seja qual for a sua nacionalidade. Poderá também se preferir e de acordo com condições previstas em sua própria legislação, entregar as referidas pessoas, para que sejam julgadas a uma outra Parte Contratante interessada na ação, contanto que esta última tenha apresentado contra elas provas suficientes.

Cada Parte Contratante adotará as medidas necessárias para que cessem os atos contrários às disposições da presente Convenção, além das infrações graves definidas no artigo seguinte:

Em qualquer circunstância, os acusados gozarão das garantias processuais e de livre defesa, que não poderão ser inferiores às previstas nos arts. 105 e seguintes da Convenção de Genebra de 12 de agosto de 1949, relativa ao tratamento dos prisioneiros de guerra.

Os "formigas" e os ciclos econômicos no Bico do Papagaio e em outras fronteiras econômicas da Amazônia

Borracha

Veterano da Guerra do Paraguai, o capitão João Crisóstomo Moreira chega à região do Bico do Papagaio, em 1870, a fim de localizar a lendária mina de ouro dos Martírios, controlar os índios e organizar um núcleo para servir de ponto de parada aos barcos a vapor que fariam o trajeto de Leopoldina, atual Araguanã, Goiás, a São João do Araguaia, Pará. Ele funda a cidade de Xambioá.

Em 1890, começa na região o ciclo da borracha, que se estende até 1910. Nesse período, surgem ou se expandem as cidades de Conceição do Araguaia, Marabá e São João do Araguaia. É o primeiro êxodo em massa de nordestinos para o Bico do Papagaio, os quais mais tarde serão chamados de "paraoaras" e "formigas". Manaus e Belém são as "metrópoles" do período da borracha.

Na cidade de Boa Vista do Tocantins, na época estado de Goiás, à margem do rio, explode uma guerra, em 1892, entre o coronel Leitão, veterano dos combates à Balaiada no Maranhão, e o frei Vilanova e o coronel Perna. Derrotado, Leitão se muda com seus jagunços e aliados para a beira do rio Itacaiunas, onde explorariam borracha. Perto dali foi aberto um cabaré que deu origem à cidade de Marabá.

Castanha

Com a queda do preço da borracha no mercado internacional, Marabá passa a viver, em 1920, o ciclo da castanha. Deodoro Mendonça é o primeiro "imperador" da região. Nas décadas seguintes, as famílias Mutran, Chamon, Mussalen e Moraes, vindas do Maranhão, passam a controlar com violência os castanhais. É o segundo êxodo em massa de nordestinos.

Suprimentos para guerra

Paralelamente ao ciclo da castanha, o Bico do Papagaio vive, entre as décadas de 1940 e 1960, o ciclo dos cristais de quartzo, exportados para a indústria bélica dos Estados Unidos, sobretudo durante a Segunda Guerra, e dos diamantes. Destacam-se os garimpos de Itamirim e Tabocão (diamantes) e Chiqueirão e Matrinxã (cristais). Ainda durante o conflito mundial, a exploração de seringueiras foi retomada, para suprir o mercado norte-americano e o consumo nacional. Chega nova leva de nordestinos, agora chamados de "paraoaras".

Grandes obras I

Em 1960, no governo JK, é inaugurada a Belém-Brasília, que corta a região. Após o golpe militar, começa o período do "Brasil Grande" nessa área, com o início das obras da rodovia Transamazônica (1971) e da represa de Tucuruí (1973) e com a entrega de terras a empresas privadas. É o quarto êxodo em massa de nordestinos.

A guerrilha do PCdoB no Araguaia é implantada em 1966 nas regiões da Faveira, em São Domingos, e da Gameleira, Santa Cruz e Caianos, em São Geraldo. O Exército chega em 1972 para combater a guerrilha, que acaba no final de 1974. O capitão Sebastião (Curió) Rodrigues de Moura, o Curió, se destaca nos combates.

Pecuária e madeira

Nos anos 1970, os donos de castanhais perdem influência política e ateiam fogo em suas matas para formar pastos e dar início à atividade da pecuária. Posseiros vindos do Maranhão são expulsos de sítios abertos em terras devolutas. Em Perdidos, localidade perto do Caianos, um grupo de posseiros reage a policiais e jagunços que tentavam expulsá-los da terra. É o começo do ciclo da pecuária e da madeira. Até meados de 1980, fazendeiros contratam pistoleiros para assassinar líderes de posseiros. O sindicalista Gringo, casado com Maria Oneide, neta do capitão João Crisóstomo Moreira, é morto.

Ouro

Em 1976, Curió assenta, na região da estrada op-3, em Brejo Grande do Araguaia, famílias de mateiros que ajudaram o Exército a combater a guerrilha. Após a enchente que arrasou Marabá em 1980, garimpeiros encontram ouro em Serra Pelada, antiga área do castanhal Macaxeira, na época município de Marabá. Curió recebe do regime militar a missão de controlar o garimpo. Ele troca a farda por um mandato na Câmara dos Deputados em 1982. Durante o ciclo do ouro, surgem as vilas de Curionópolis, Parauapebas e Eldorado do Carajás, que mais tarde se desmembraram de Marabá. É o quinto êxodo em massa de nordestinos, conhecidos na mina como "formigas", que vão também para o garimpo do Creporizão, no Tapajós.

Depois do fechamento de Serra Pelada, ocorre na região uma série de massacres e revoltas envolvendo garimpeiros. Os mais marcantes foram: Revolta Garimpeira, liderada por Curió (1984); Guerra de São Bartolomeu, massacre de ao menos nove garimpeiros pela polícia na ponte sobre o Itacaiunas, em Marabá (1987); Revolta do Muro do Belinho, movimento de garimpeiros contra a Vale do Rio Doce (1996); e a marcha do Movimento dos Trabalhadores Sem-Terra, cuja repressão pela polícia em Eldorado do Carajás resultou na morte de dezenove sem-terra (1996).

Mineração industrial

Ainda nos anos 1980, a região vive o sétimo ciclo econômico, o período da mineração industrial. O projeto de exploração de minério de ferro em Carajás teve origem em 1966, com a descoberta da mina. A estatal Companhia Vale do Rio Doce, mais tarde privatizada, torna-se um poder paralelo no Bico do Papagaio. Em 1984, é inaugurada a ferrovia Carajás, ligando Parauapebas ao litoral do Maranhão. É o sexto êxodo em massa de nordestinos.

A irmã norte-americana Dorothy Stang, que organizava uma comunidade de ex-garimpeiros de Serra Pelada em Anapu, região do rio Xingu, é assassinada, em 2005, a mando de fazendeiros. A Vale abre, nesse período, mina de cobre em Canaã dos Carajás.

Depois de sete anos no cargo de prefeito de Curionópolis, Curió é afastado da função pela Justiça Eleitoral. O grupo do senador Edison Lobão, ministro de Minas e Energia dos presidentes Luiz Inácio Lula da Silva e Dilma Rousseff, invade a área do garimpo de Serra Pelada. Uma empresa aliada do grupo retoma a exploração da mina, após assassinatos suspeitos de lideranças populares e pagamento de mesadas.

Grandes obras II

Simultaneamente ao ciclo da mineração industrial, a Amazônia passa por um novo período de grandes obras. Os "formigas" tentam conseguir trabalho nas obras das usinas de Jirau e Santo Antônio, em Rondônia, e nas inclusas de Tucuruí. A vida nos acampamentos das obras da Era Lula-Dilma, no oitavo ciclo econômico da Amazônia, se assemelha à do tempo do "Brasil Grande", do regime militar. Em 2011, os operários de Jirau, muitos remanescentes de Serra Pelada, põem fogo nos alojamentos, num protesto a maus-tratos de subordinados e a descumprimento de acordos trabalhistas. O deslocamento dos garimpeiros continua, agora rumo às obras de Belo Monte, no Xingu.

Organograma dos comandantes do Araguaia

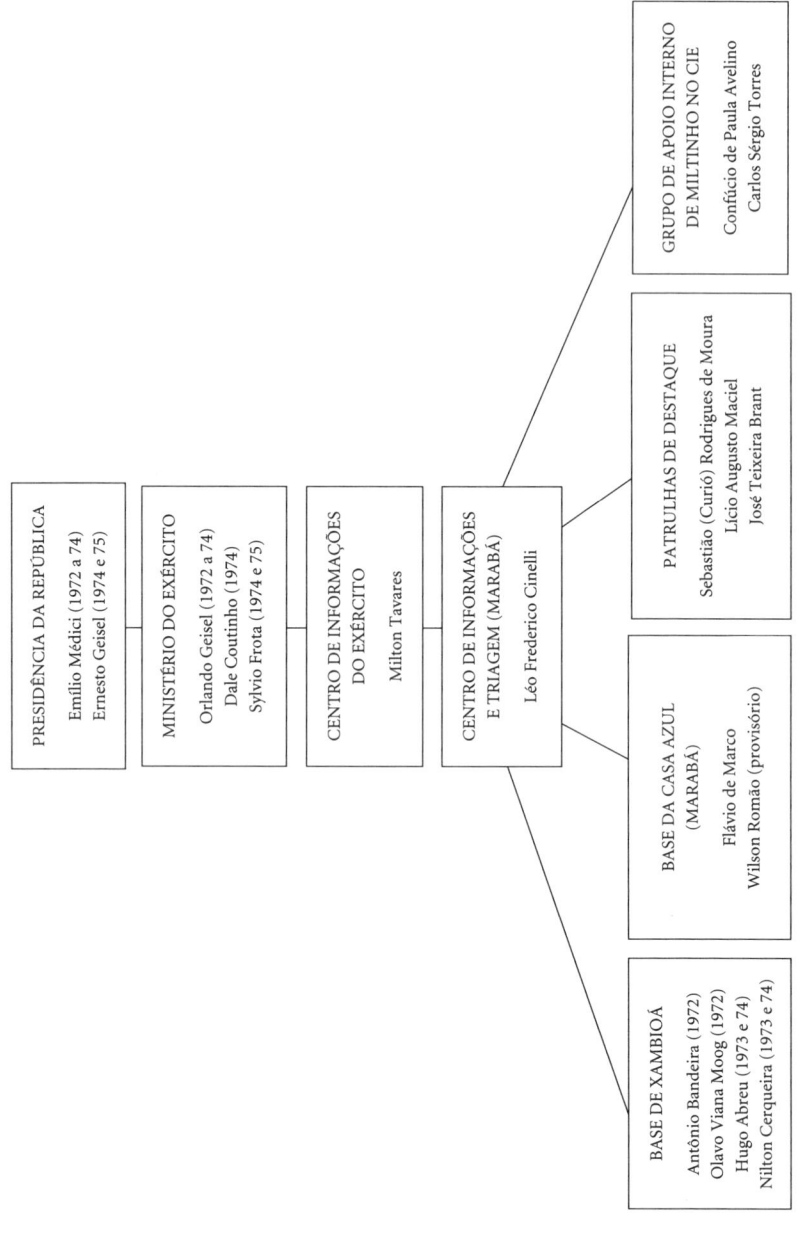

PRESIDÊNCIA DA REPÚBLICA

Emílio Médici (1972 a 74)
Ernesto Geisel (1974 e 75)

MINISTÉRIO DO EXÉRCITO

Orlando Geisel (1972 a 74)
Dale Coutinho (1974)
Sylvio Frota (1974 e 75)

CENTRO DE INFORMAÇÕES DO EXÉRCITO

Milton Tavares

CENTRO DE INFORMAÇÕES E TRIAGEM (MARABÁ)

Léo Frederico Cinelli

BASE DE XAMBIOÁ

Antônio Bandeira (1972)
Olavo Viana Moog (1972)
Hugo Abreu (1973 e 74)
Nilton Cerqueira (1973 e 74)

BASE DA CASA AZUL (MARABÁ)

Flávio de Marco
Wilson Romão (provisório)

PATRULHAS DE DESTAQUE

Sebastião (Curió) Rodrigues de Moura
Lício Augusto Maciel
José Teixeira Brant

GRUPO DE APOIO INTERNO DE MILTINHO NO CIE

Confúcio de Paula Avelino
Carlos Sérgio Torres

Lista de guerrilheiros e militares*

Esta relação de guerrilheiros mortos e sobreviventes baseia-se em informações contidas no arquivo de Sebastião Curió Rodrigues de Moura, em relatórios das Forças Armadas e em depoimentos orais. Há versões divulgadas, desde o começo dos anos 1980, de que guerrilheiros dados como mortos teriam escapado e viveriam com outra identidade. O Exército teria poupado alguns deles por parentesco com oficiais militares ou "prêmio" pela ajuda na elucidação de fatos do movimento armado. Não incluí aqui essas versões por não dispor de elementos suficientes para garantir a veracidade das histórias. A publicação de relatos incompletos poderia ser minha salvaguarda diante de fatos novos, mas seria também um desrespeito para com as famílias. Avaliei que era importante consolidar uma lista de mortos utilizando as informações dos documentos oficiais e dos arquivos particulares, que pode ser atualizada e alterada a qualquer tempo. Esta relação não pressupõe a eliminação de outras pesquisas sobre o paradeiro dos prisioneiros de guerra do Exército.

* Dos 68 guerrilheiros mortos, 41 teriam sido executados e 26 mortos em combate. Há registro de um justiçado ou que cometeu suicídio. É o caso de Rosalindo.

Guerrilheiros executados na selva

Helenira Resende de Souza Nazareth — *Fátima* ou *Nega*
∗ Cerqueira César (SP), 11 de janeiro de 1944.
† 28 de setembro de 1972 (Aeronáutica)

Maria Lúcia Petit da Silva — Maria
∗ Agudos (SP), 20 de março de 1950
† Pau Preto, 16 de junho de 1972 (Marinha)

Kléber Lemos da Silva — *Quelé* ou *Carlito*
∗ Rio de Janeiro (RJ), 1º de maio de 1942
† 26 de julho de 1972 (Marinha)

Jaime Petit da Silva — Jaime
∗ Iacanga (SP), 18 de junho de 1945
† Grota do Cajá, 22 de dezembro de 1973 (Exército)

Jana Moroni Barroso — *Cristina*
∗ Fortaleza (CE), junho de 1948
† 8 de fevereiro de 1974 (Curió)

Pedro Alexandrino de Oliveira Filho — *Peri*
∗ Belo Horizonte (MG), 19 de março de 1947
† 4 de agosto de 1974 (Marinha)

Rodolfo de Carvalho Troiano — *Manoel do A*
∗ Juiz de Fora (MG), 2 de abril de 1950
† Tabocão, 12 de janeiro de 1974 (Curió)

Luiz Vieira de Almeida — *Luizinho*
† 31 de dezembro de 1973

Joaquim de Souza Moura — *Joaquinzão*
† Sem data

Guerrilheiros executados depois de passarem por prisão e tortura

Antônio Carlos Monteiro Teixeira — *Antônio da Dina*
* Ilhéus (BA), 22 de agosto de 1944
† 29 de setembro de 1972 (Curió)

Arlindo de Pádua Costa — *Piauí*
* Luís Correa (PI), 12 de junho de 1943
† PA-70, 5 de março de 1974 (Curió)

Antônio Teodoro de Castro — *Raul, Teó* ou *Ceará*
* Itapipoca (CE), 12 de abril de 1945
† Sítio Manezinho das Duas, 27 de fevereiro de 1974 (Marinha)
   ou janeiro de 1974 (Curió)

Áurea Eliza Pereira Valadão — *Áurea*
* Monte Alegre (MG), 6 de abril de 1950
† 13 de junho de 1974 (Marinha) ou final de abril ou começo de maio (Curió)

Batista — *Izaldo*
† Final de abril ou começo de maio de 1974 (Curió)

Cilon da Cunha Brum — *Comprido, Gaúcho, Guedes* ou *Simão*
* São Sepé (RS), 3 de fevereiro de 1946
† 27 de fevereiro de 1974 (Marinha)

Custódio Saraiva Neto — *Lauro*
* Fortaleza (CE), 5 de abril de 1952
† 15 de fevereiro de 1974 (Marinha) ou janeiro (Curió)

Daniel Ribeiro Callado — *Doca* ou Daniel
* São Gonçalo (RJ), 16 de outubro de 1940
† 28 de junho de 1974 (Marinha) ou julho (Curió)

Demerval da Silva Pereira — *João Araguaia, Amaro, Santos* e *Tião*
* Salvador (BA), 16 de fevereiro de 1945
† 28 de março de 1974 (Marinha) ou 29 de março (Curió)

Dinaelza Soares Santana Coqueiro — *Maria Dina, Maria Diná* ou *Dina*

✶ 22 de março de 1949

† 8 de abril de 1974 (Marinha) ou final do mês de abril (Curió)

Dinalva Oliveira Teixeira — *Dina*

✶ Castro Alves (BA), 16 de maio de 1945

† Presa em 24 de junho de 1974 e morta ainda em junho ou julho (Curió)

Divino Ferreira de Souza — *Nunes* ou *Goiano*

✶ Caldas Novas (GO), 12 de setembro de 1942

† 13 de outubro de 1973 (Curió)

Paulo Roberto Pereira Marques — *Amaury*

✶ Senhor do Bonfim (BA), 1º de junho de 1949

† Saranzal, janeiro de 1974 (Curió)

Nelson de Lima Piauhy Dourado — *Nelito* ou *Alexandre*

✶ Jacobina (BA), 3 de maio de 1941

† 2 de janeiro de 1974 (Curió)

Maria Célia Corrêa — *Rosinha*

✶ Rio de Janeiro (RJ), 30 de abril de 1945

† PA-70, 5 de março de 1974 (Curió)

Luiza Augusta Garlippe — *Tuca*

✶ Araraquara (SP), 16 de outubro de 1941

† Junho ou julho de 1974 (Curió)

Lúcio Petit da Silva — *Beto*

✶ Piratininga (SP), 1º de dezembro de 1943

† Março de 1974 (Marinha) ou 2 de maio de 1973 (Curió)

Luiz Renê Silveira e Silva — *Duda*

✶ Rio de Janeiro (RJ), 15 de julho de 1951

† Clareira do Cabo Rosa, março de 1974 (Curió)

Helio Luiz Navarro de Magalhães — *Edinho*
∗ Rio de Janeiro (RJ), 23 de novembro de 1949
† Clareira do Cabo Rosa, 14 de março de 1974 (Curió e Marinha)

José Huberto Bronca — *Zeca* ou *Fogoió*
∗ Porto Alegre (RS), 9 de setembro de 1934
† 13 de março de 1974 (Marinha) ou abril (Curió)

José de Lima Piauhy Dourado — *Ivo* ou José
∗ Barreiras (BA), 24 de março de 1946
† 24 de janeiro de 1974 (Marinha) ou 23 de janeiro na Casa Azul (Curió)

Marcos José de Lima — *Ari Armeiro* ou *Zezinho*
∗ Nova Venécia (ES), 3 de novembro de 1947
† Preso na Transamazônica em 26 de dezembro de 1973 (Curió)

Pedro Pereira de Souza — *Pedro Carretel*
∗ Pastos Bons (MA)
† 6 de janeiro de 1974 (Curió)

Suely Yumiko Kanayama — *Japonesa* ou *Chica*
∗ Coronel Macedo (SP), 25 de maio de 1948
† Setembro de 1974 (Marinha)

Telma Regina Cordeiro Corrêa — *Lia*
∗ Rio de Janeiro (RJ), 23 de julho de 1947
† Janeiro de 1974 (Marinha) ou junho ou julho (Curió)

Tobias Pereira Júnior — *Josias*
∗ Rio de Janeiro (RJ), 26 de novembro de 1949
† 15 de fevereiro de 1974 (Marinha)

Uirassu de Assis Batista — *Valdir* ou *Sassu*
∗ Itapicuru (BA), 5 de abril de 1952
† 28 de abril de 1974 (Curió)

Vandick Reidner Pereira Coqueiro — *João Goiano*
* Boa Nova (BA), 9 de dezembro de 1949
† 17 de janeiro de 1974 (Marinha) ou 12 de janeiro (Curió)

Walquíria Afonso Costa — *Wal*
* Uberaba (MG), 2 de agosto de 1947
† 25 de outubro de 1974 (Marinha) ou início do ano (Curió)

Lourival de Moura Paulino — *Fidel*
† Preso em 21 de maio de 1972

Juarez Rodrigues Coelho
† Preso em 14 de agosto de 1972

Jair Maciel — *Zezinho*
† Preso em 1974

Guerrilheiros mortos em combates na selva

Adriano Fonseca Fernandes Filho — *Chico, Chicão* ou *Queixada*
* Ponte Alta (MG), 18 de dezembro de 1945
† 3 de dezembro de 1973 (Marinha)

André Grabois — *Zé Carlos*
* Rio de Janeiro (RJ), 3 de julho de 1947
† 13 de outubro de 1973 (Marinha)

Antônio Ferreira Pinto — *Alfaiate*
† Clareira do Cabo Rosa, 28 de abril de 1974 (Curió)

Antônio Alfredo de Lima — *Alfredo* e *Parazinho*
† 13 de outubro de 1973 (Curió)

Antônio Guilherme Ribeiro Ribas — *Zé Ferreira*
* São Paulo (SP), 20 de setembro de 1946
† 20 de fevereiro de 1973 (Marinha) ou dezembro de 1973 (Curió)
Sua cabeça foi levada a Xambioá (Curió)

Arildo Valadão — *Ari*
* Muniz Freire (ES), 28 de dezembro de 1948
† Pau Preto, 24 de novembro de 1973 (Marinha)
Teve a cabeça cortada para fins de reconhecimento (Curió)

Bergson Gurjão Farias — *Jorge*
* Fortaleza (CE), 17 de maio de 1947
† 2 de junho de 1972 (Marinha)

Ciro Flávio Salazar Oliveira — Flávio
* MG, 26 de dezembro de 1943
† Piçarra, 30 de outubro de 1972 (Exército)

Elmo Corrêa — *Lourival*
* Rio de Janeiro (RJ), 16 de abril de 1946
† 14 de maio de 1974 (Marinha)

Gilberto Olímpio Maria — *Pedro Gil*
* Mirassol (SP), 11 de março de 1942
† Grotão dos Caboclos, 25 de dezembro de 1973 (Curió)

Guilherme Gomes Lund — *Luís*
* Rio de Janeiro (RJ), 11 de julho de 1947
† Grotão dos Caboclos, 25 de dezembro de 1973

Idalísio Soares Aranha Filho — *Aparício*
* Rubim (MG), 21 de agosto de 1947
† Peri, 13 de julho de 1972 (Marinha)

João Carlos Haas Sobrinho — *Juca*
* São Leopoldo (RS), 24 de junho de 1941
† Piçarra, 30 de setembro de 1972

João Gualberto Calatroni — *Zebão*
* Nova Venécia (ES), 7 de janeiro de 1951
† 13 de outubro de 1973

José Francisco Chaves ou Francisco M. Chaves — Zé Francisco ou *Preto Chaves*
† 29 de setembro de 1972 (Marinha)

José Toledo de Oliveira — *Vitor*
* Uberlândia (MG), 1941
† 29 de setembro de 1972

José Maurílio Patrício — *Manoel do B* ou *Mané*
* Santa Tereza (ES), 13 de setembro de 1944
† Saranzal, outubro de 1974 (Marinha)

Líbero Giancarlo Castiglia — *Joca*
* San Lucido, Itália, 4 de julho de 1944
† Janeiro de 1974 (Curió)

Lúcia Maria de Souza — *Sônia*
* São Gonçalo (RJ), 22 de junho de 1944
† Grota da Borracheira, 24 de outubro de 1974 (Marinha) ou 23 de outubro (Curió)

Manoel José Nurchis — *Gil*
* São Paulo (SP), 19 de dezembro de 1940
† Xambioá, outubro de 1972 (Marinha) ou setembro (Curió)

Maurício Grabois — *Mário*
* São Paulo (SP), 2 de outubro de 1912
† Grotão dos Caboclos, 25 de dezembro de 1973 (Curió)

Miguel Pereira dos Santos — *Cazuza*
* Recife (PE), 12 de julho de 1943
† Setembro de 1972 (Exército)

Orlando Momente — *Landim*
* Rio Claro (SP), 10 de outubro de 1933
† 30 de dezembro de 1974

Osvaldo Orlando da Costa — *Osvaldão* ou *Zé Mineiro*
* Passa Quatro (MG), 27 de abril de 1938
† 7 de fevereiro de 1974 e exumado em 19 de janeiro de 1975,
    levado para a serra das Andorinhas (Curió)

Paulo Mendes Rodrigues — Paulo
* Cruz Alta (RS), 25 de setembro de 1931
† Grotão dos Caboclos, 25 de dezembro de 1973 (Curió)

Luiz Viola
† Sem data

Guerrilheiro morto pela guerrilha ou que teria cometido suicídio

Rosalindo Cruz Souza — *Mundico*
* Caldeirão Grande (BA), 2 de janeiro de 1940
† Pau Preto, 16 de agosto de 1973 (Exército)

Guerrilheiros sobreviventes

Dower Moraes Cavalcante, *Domingos*, morto em 1992
Dagoberto Alves da Costa
Luzia Reis
Regilena Carvalho, *Lena*
Crimeia Almeida, *Alice*
Ângelo Arroyo, *Joaquim*, morto pela repressão em 1976
João Carlos Wisnesky, *Paulo Paquetá*
Micheas Almeida, *Zezinho*
Glênio Fernandes de Sá, morto em 1990
Lúcia Regina de Souza
Pedro Albuquerque Neto, *Gesuino*
Tereza Cristina Albuquerque, *Ana*
João Amazonas, *Tio Cid*, morto em 2002
Danilo Carneiro, *Nilo*
José Genoino Neto, *Geraldo*
Rioco Kayano
Eduardo Monteiro Teixeira

Elza Monnerat, *Maria ou Tia*, morta em 2004
Francisco Amaro Lins, morto em 2000
Josias Gonçalves, *Jonas*

Pessoas mortas pela guerrilha

Pedro Mineiro (morador)
† 12 de março de 1973

Osmar Pereira (morador)
† Setembro de 1972

Cabo Odílio Cruz e Rosa (militar)
† 8 de maio de 1972

João Pereira (morador)
† 29 de junho de 1972

Militares mortos em acidentes ou por fogo amigo

Sargento Mário Ibrahim da Silva
† 30 de setembro de 1972

Sargento Francisco das Chagas Alves de Brito
† 16 de outubro de 1973

Soldado Raul Marques de Brito
† 8 de dezembro de 1973

Cabo Ovídio Gomes França
† 16 de fevereiro de 1974

Militar desaparecido

Soldado Francisco Valdir de Paula
24 de julho de 1973

Fontes de consulta

Livros

ALDIGHIERI, Mário. *Josimo, a terra, a vida.* São Paulo: CPT/Edições Loyola, 1993.

AMADO, Jorge. *Navegação de cabotagem.* Rio de Janeiro: Record, 1992.

ARARIPE, Tristão de Alencar. *Expedições militares contra Canudos.* Rio de Janeiro: Editora do Exército, 1985.

BENÍCIO, Manoel. *O Rei dos Jagunços.* Rio de Janeiro: FGV, 1997.

BRELAZ, Walmir Moura. *Os sobreviventes do Massacre de Eldorado do Carajás.* Belém, 2006.

CALAFIORI, Luiz Ferreira. *São Sebastião do Paraíso, história e tradição.* São Sebastião do Paraíso: Gráfica Copyjet, 2006.

CARVALHO, Affonso de. *Caxias.* Rio de Janeiro: Editora do Exército, 1976.

CARVALHO, Luiz Maklouf. *O coronel rompe o silêncio.* São Paulo: Objetiva, 2004.

CASTRO, Plácido. *Apontamentos sobre a Revolução Acreana.* Manaus: Valer, 2003.

CAVALCANTI, Klester. *O nome da morte.* São Paulo: Planeta, 2006.

CAVEIRINHA, Poeta. *Guerrilha do Araguaia.* Marabá, 2000.

CHIAVENATO, Júlio José. *As meninas do Belo Monte.* São Paulo: Scritta, 1993.

CONRAD, Joseph. *Coração das trevas.* São Paulo: Companhia das Letras, 2008.

CUNHA, Euclides da. *Os sertões.* Rio de Janeiro: Francisco Alves, 1936.

CUNHA, Euclides da. *Caderneta de campo*. São Paulo: Cultrix, 1975.

D'ARAÚJO, Maria Celina; CASTRO, Celso, & SOARES, Gláucio Dillon. *Visões do golpe, a memória militar sobre 1964*. Rio de Janeiro: Relume Dumará, 1994.

DEL NERO, Agnaldo. *A grande mentira*. Rio de Janeiro: Editora do Exército, 2001.

DUARTE, Paulo de Queiróz. *Os Voluntários da Pátria na Guerra do Paraguai*. Vols. 1 e 2. Rio de Janeiro: Biblioteca do Exército, 1983.

FERREIRA, Manoel Rodrigues. *O mistério do ouro dos Martírios*. São Paulo: Biblos, 1960.

FRAGOSO, Augusto Tasso. *História da Guerra entre a Tríplice Aliança e o Paraguai*. Vols. 1 a 5. Rio de Janeiro: Imprensa do Exército, 1934.

GALVÃO, Walnice Nogueira. *No calor da hora, a Guerra de Canudos nos jornais*. São Paulo: Ática, 1977.

GARSCHAGEN, Sérgio. *Parece que foi ontem*. Cachoeiro de Itapemirim: Editora Cachoeiro Cult, 2010.

GASPARI, Elio. *A ditadura escancarada*. São Paulo: Companhia das Letras, 2002.

_____. *A ditadura derrotada*. São Paulo: Companhia das Letras, 2003.

GOLGHER, Isaías. *Guerra dos Emboabas*. Belo Horizonte: Itatiaia, 1956.

GOYCOCHÊA, Luís Felipe de Castilhos. *O espírito militar na Questão Acreana*. Rio de Janeiro: Biblioteca do Exército, 2007.

GRUNSPAN-JASMIN, Élise. *Lampião: senhor do sertão*. São Paulo: Edusp, 2006.

GUEDES, Carlos Luís. *Tinha que ser Minas*. Rio de Janeiro: Nova Fronteira, 1979.

GUIMARÃES, Carlos Eugênio. *Artur Oscar, um soldado do Império e da República*. Rio de Janeiro: Biblioteca do Exército, 1965.

JIMÉNEZ, José Vargas. *Bacaba*. Campo Grande, 2007.

LEME, Maria Cristina Vanucchi, & PIETRAFESA, Wânia Mara de Araújo. *Assassinatos no campo, crime e impunidade — 1964-1986*. São Paulo: Global, 1987.

LIMA, Araújo. *Amazônia, a terra e o homem*. São Paulo: Companhia Editora Nacional, 1975.

LIMA, Jorge de. *Poemas negros*. Rio de Janeiro: Record, 2007.

LUNA, Luiz, & BARBALHO, Nelson. *Coronel dono do mundo*. Brasília: Fundação Nacional do Livro, 1983.

MACEDO, Nertan. *Floro Bartolomeu*. Rio de Janeiro: Agência Jornalística, 1970.

MACHADO FILHO, Aires da Mata. *O negro e o garimpo em Minas Gerais*. Belo Horizonte: Itatiaia, 1985.

MACIEL, Lício. *Guerrilha do Araguaia, relato de um combatente*. Rio de Janeiro: Corifeu, 2008.

MAGALHÃES, Couto de. *Viagem ao Araguaia*. São Paulo: Companhia Editora Nacional, 1975.

MAGALHÃES, Domingos Gonçalves de. *Memória histórica e documentada da Revolução da Província do Maranhão desde 1839 até 1840*. São Paulo: Siciliano, 2001.

MARTINS, José de Souza. *Os camponeses e a política no Brasil*. Petrópolis: Vozes, 1979.

MELLO, Evaldo Cabral de. *O Norte agrário e o Império*. Rio de Janeiro: Nova Fronteira, 1984.

MOOG, Vianna. *Bandeirantes e pioneiros*. Rio de Janeiro: Civilização Brasileira, 1966.

MORAES, Joaquim de Almeida Leite. *Apontamentos de viagem*. São Paulo: Companhia das Letras, 1995.

MORAIS, Mascarenhas. *Memórias*. Rio de Janeiro: José Olympio, 1969.

MORAIS, Taís & SILVA, Eumano. *Operação Araguaia*. São Paulo: Geração Editorial, 2005.

MUSEU DA REPÚBLICA. *Canudos, imagens da guerra*. Rio de Janeiro: Lacerda Editores, 1997.

OLIVEIRA, Beneval de. *Planaltos de frio e lama, os fanáticos do Contestado*. Florianópolis: FCC Edições, 1984.

PETER, Cynthia. *Ecos da terra*. Brasília: The Saurus Editores, 2001.

PINTO, Virgílio Noya. *O ouro brasileiro e o comércio anglo-português*. São Paulo: Companhia Editora Nacional, 1979.

POMAR, Wladimir. *Pedro Pomar: uma vida em vermelho*. São Paulo: Xamã, 2003.

PORTELA, Fernando. *Guerra de guerrilhas no Brasil*. São Paulo: Global, 1986.

RAIOL, Domingos. *Motins políticos ou História dos principais acontecimentos políticos da Província do Pará de 1821 até 1835*. Vols. 1 a 3. Belém: UFPA, 1970.

RAMOS, Graciliano. *Memórias do cárcere*. Rio de Janeiro: Record, 2008.

REGO, Orlando. *Retrospectivo histórico da Polícia Militar do Pará*. Belém: IHGP, 1981.

RIBEIRO, Darcy. *Os índios e a civilização*. Petrópolis: Vozes, 1986.

RODRIGUES, Fernando. *Os indesejáveis*. Jundiaí: Paco, 2010.

ROSA, João Guimarães. *Grande sertão: veredas*. Rio de Janeiro: Nova Fronteira, 2001.

SAMPAIO, Consuelo Novais. *Canudos: cartas para o barão*. São Paulo: Edusp, 2001.

SANTOS, Maria Januária Vilela. *A Balaiada e a insurreição de escravos no Maranhão*. São Paulo: Ática, 1983.

SCARTEZINI, A. C. *Segredos de Médici*. São Paulo: Marco Zero, 1982.

SCHNEIDER, L. *A Guerra da Tríplice Alliança contra o Governo da Republica do Paraguay — 1864-1870*. Rio de Janeiro: Imprensa Militar, 1923.

Seleta de M. Cavalcanti Proença. Rio de Janeiro: José Olympio, 1976.

SILVA, Alberto. *João Severiano*. Rio de Janeiro: Biblioteca do Exército, 1989.

SILVA, Leonardo Dantas. *Nabuco e a República*. Recife: Massangana, 1990.

SOARES, Henrique Duque-Estrada de Macedo. *A Guerra de Canudos*. Rio de Janeiro: Philobiblion, 1985.

SOUTO-MAIOR, Armando. *Quebra-Quilos, lutas sociais no outono do Império*. São Paulo: Companhia Editora Nacional, 1978.

SOUZA, Aluisio Madruga de Moura e. *Guerrilha do Araguaia: revanchismo*. Brasília: Editora do Autor, 2002.

SOUZA, Deusa Maria de. *José Huberto Bronca, da luta sindical ao Araguaia*. São Paulo: Expressão Popular, 2008.

SOUZA, Laura de Mello e. *Desclassificados do ouro*. Rio de Janeiro: Graal, 2004.

STARLING, Heloisa Maria Murgel. *Os senhores das Gerais. Os novos inconfidentes e o golpe de 1964*. Petrópolis: Vozes, 1986.

TAUNAY, Visconde de. *Visões do sertão*. São Paulo: Gráfica Monteiro Lobato, 1923.

_____. *Goyaz*. São Paulo: Instituto Centro Brasileiro de Cultura, 1931.

TAVARES, Luís Henrique Dias. *A Independência do Brasil na Bahia*. Rio de Janeiro: Civilização Brasileira, 1977.

TAVARES, Odorico. *Canudos, cinquenta anos depois*. Salvador: Conselho Estadual de Cultura, 1993.

VALASCKI, Reynaldo. *Memórias do município de Capitão Leônidas*. Capitão Leônidas Marques: Prefeitura Municipal, 1992.

VARGAS LLOSA, Mario. *A guerra do fim do mundo*. São Paulo: Planeta, 2009.

VELHO, Otávio. *Mais realistas do que o rei*. Rio de Janeiro: Topbooks, 2008.

VIEIRA, Poeta. *A volta de Sebastião, o Rei!!!* Marabá: Mimeo, 1982.

VILELA JR., Marcos Evangelista da Costa. *Canudos: memórias de um combatente*. São Paulo: Marco Zero, 1988.

VILLA, Marco Antonio. *Canudos, o povo da terra*. São Paulo: Ática, 1995.

Relatórios

Relatório de prisioneiros do Araguaia, relatório de Ângelo Arroyo, dossiê *Garimpos do Brasil*, diário atribuído a Maurício Grabois, listas de mortos divulgadas em 1993 pelas Forças Armadas, relatório de Myrian Luiz Alves para o Grupo de Trabalho Tocantins, relatórios das operações *Papagaio, Sucuri, Marajoara* e *Guariba*, e relatório parcial manuscrito da *Sucuri*.

Arquivos

Arquivo do Autor, Brasília; Arquivo Nacional, Brasília; Arquivo Nacional, Rio de Janeiro; Arquivo do jornal *O Estado de S. Paulo*, São Paulo; Arquivo de Guilherme Xavier Neto, Teresina; Arquivo Público do Paraná; Arquivo de Sebastião Curió Rodrigues de Moura, Brasília e Curionópolis; Museu Municipal de São Sebastião do Paraíso; Arquivo da Comissão de Direitos Humanos da Câmara, Brasília; Arquivo Histórico da Bahia, Salvador; Arquivo Histórico do Exército, Rio de Janeiro; Arquivo da Fundação Cultural de Marabá; Arquivo Público do Estado de Pernambuco, Recife.

Periódicos

Coojornal, Correio do Tocantins, O Cruzeiro, Diário Oficial da União, O Estado de S. Paulo, Folha de S.Paulo, O Globo, Jornal da Tarde, Jornal do Brasil, Jornal Opção, O Liberal, Movimento, The New York Times, Noticiero Brasileño, Época, IstoÉ e *Veja*.

Busca de informações

Na localização de testemunhas e busca de informações, tive o apoio de Antônio Viana da Conceição (Zezinho Barqueiro), Davi Oliveira, Irilan Cunha Almeida, José Casado, José Ornédio Lima de Araújo (Zé da Padaria), Myrian Luiz Alves, Napoleão Paulo Miranda, Pablo Endrigo Franco, Paulo Fonteles Filho, Sérgio Garschagen, Sezostrys Alves da Costa, Tânia Monteiro e Vivian Ishaq. O jornalista José Casado contribuiu ainda durante a escolha dos caminhos da pesquisa. Elio Gaspari me recebeu em três ocasiões para conversar sobre a pesquisa e me deu valiosas sugestões. Agradeço ainda o apoio do jornal *O Estado de S. Paulo*.

Depoimentos

No período de 2002 a 2009, fiz 45 entrevistas com Curió na cidade de Curionópolis. De 2010, com a mudança dele para Brasília, a 2012, passei a encontrar o oficial da reserva uma ou duas vezes por semana.

Adalgisa Moraes, Adão Alves, Adauto Santos, Adelfo Zamarqui, Agenor Gomes de Oliveira, Alano Maria Pena, Alberto Lourenço, Aldo Arantes, Alex Ferreira Lima, Alex Rodrigues, Alfio Zulcatelli, Altivo Valadão, Amaury Machado, Amilton Pires de Santana, Ângelo Lopes Souza, Antonieta Campos, Antônio Campigotto, Antônio Menezes, Antônio Viana da Conceição, Antônio Zanin, Arnildo Fritzen, Aroldo Ribeiro Galvão, Ayrton Quaresma de Oliveira, Bernardino dos Anjos, Camilo Medeiros da Silva, Carlos Alberto de Abreu Moreira, Celso Conrado de Moraes, Cícero Martins da Cruz, Clênio da Rocha Brito, Cristofer Martins, Danilo Carneiro, Davi Alves de Moura, Davi Rodrigues, Délio de Brito, Diva Soares Santana, Djalma Vieira Sobrinho, Dyonísio Lopes, Edna Rodrigues de Souza, Ednaldo de Aguiar Soares, Eduardo Rodrigues dos Santos, Elizabeth Silveira, Elza Dias, Eugênio Roque de Oliveira, Felicidade de Miranda, Félix Ferreira de Sá, Fortunato Soares de Almeida, Francisca de Carvalho, Francisca Moreira, Francisca Roldão da Silva, Francisco Gomes da Silva, Francisco Machado, Franklin Martins, Frederico Lopes, Guilherme Xavier Neto, Gustavo Mello, Heitor Pimenta de Moura, Helder Ferreira Lima, Helena Lutescia, Iara Pereira, Iranete Barreira Miranda, Jacinta Borges, Jacinto, Jacob Silva, Jarbas Passarinho, João Abel, João Ângelo, João Carlos Wisnesky, João Crisóstomo Moreira Neto, João de Deus (Paraíso), João de Deus Nazaro de Abreu (São Geraldo), João Dias Ferreira, João do Patrocínio, João do Patrocínio Neto, João Jacinto de Araújo, João Pedro Stedile, Joarez Santos Freitas, Jonas Pereira da Silva, Jorge Ferreira Moraes, Jorge Luiz de Souza, Jorge Troiano, José Admilson de Gama, José Carlos Pereira, José de Almeida, José de Ribamar Araújo, José Francisco Pinto, José Genoino Neto, José Gonçalves Guimarães, José Ivan Mata de Lima, José Maria Alves da Silva, José Maria Alves de Oliveira, José Maria Vales, José Martins, José Ornédio Lima de Araújo, José Ozanan Cavalcanti Morais, José Pimentel, José Raimundo Nonato Santos Silva, José Roberto Arruda, José Serra, José Vargas Jiménez, José Veloso de Andrade, Josias Gonçalves de Souza, Juvenal Costa Silva, Laureano Rodrigues da Silva, Lauro Brito, Lício Augusto Ribeiro Maciel, Lindinalva Loyola, Lorena Girão Barroso, Lúcia Loreci de Lima, Luzia Reis, Manoel Carlos dos Santos, Manoel Dantas Loyola, Manuel Leal, Marcolina Gregória do Nascimento Santos, Marcos Souza, Maria Cleonice Ferreira da Silva, Maria da Paz, Maria da Soledade Dias, Maria de Lourdes da Cruz, Maria Eliana Castro, Maria Mercês de Castro, Maria Oneide Costa Lima, Maria Salete Campigotto, Mario Lúcio Araújo, Marlene Valadão, Michel Misse, Miqueas Gomes de Oliveira, Nadir Santana de Almeida, Nedyma Ferreira Lima, Nilton Albuquerque Cerqueira, Olímpio de Oliveira, Olmino Ferreira, Otacílio Alves de Miranda, Paulo Fonteles Filho, Paulo Zanin, Pedro Calmon, Pedro Martins da Cruz, Pedro Matos do Nascimento, Pedro Moraes, Pedro Zanin, Raimundo de Almeida, Raimundo Ferreira Lima Neto, Raimundo Nonato dos Santos, Raimundo Nonato dos Santos (o Paçoca), Rangel Carneiro Moraes, Regilena Carvalho, Roberto Stuckert, Roberto Valadão, Rosa Batista, Rosa Marques, Sebastiana Claudino da Silva, Sebastião Curió Rodrigues de Moura, Sebastião Curió Rodrigues de Moura Júnior, Sebastião Ferreira Filho, Sebastião Naves, Sezostrys Alves da Costa, Solange Salgado, Sônia Maria Brito Cunha, Tomás Balduíno, Valderice Moraes da Silva, Valdirene Moraes da Silva, Victória Grabois, Waldir Lucas Barelli, Walmir Moura Brelaz, Welitom Rodrigues Borges, Wilton Alves dos Santos e Wladimir de Souza Rosa.

Índice onomástico

Abade, João, 319

Abade, Robson, 319

Abel (faiscador), 67

Abel (sitiante), 154

Abel, João, 369

Abi-Ackel, Ibrahim, 303

Abreu, Adonias Dias de, 127

Abreu, Edna de, 93, 115, 225

Abreu, Hugo, 29, 128, 181, 215, 216, 220, 410

Abreu, João de Deus Nazaro de, 36, 93, 115, 118, 138, 225, 278

Adebaldo, 273

Adelaide , irmã ver Molinari, Adelaide

Adriano Fonseca Fernandes Filho, 212, 416

Afonsinho ver Reis, Afonso Celso Garcia

Afonso, Almino, 217

Aguiar, Vera Lúcia, 335, 342, 346, 347, 355, 374, 375

Alano, d. ver Pena, Alano Maria

Albuquerque Neto, Pedro, 108, 419

Albuquerque, Tereza Cristina, 419

Aleijadinho, 26

Alexandre ver Dourado, Nelson de Lima Piauhy

Alfaiate ver Pinto, Antônio Ferreira

Alfredo ver Lima, Antônio Alfredo de

Alice ver Almeida, Crimeia

Alieth, Luiz Carlos, 343

Allende, Salvador, 213, 214, 218

Almeida, Crimeia, 122, 129, 419

Almeida, João Alves, 248

Almeida, José, 241

Almeida, Leonardo de, 333

Almeida, Luiz Vieira de, 165, 167, 412

Almeida, Micheas, 129, 419

Almeida, Miqueias Gomes de, 23

Almeida, Nelito, 65, 352

Almeida, Salatiel, 311

Alves, Álvaro, 389

Alves, Ataulfo, 102

Alves, Castro, 106, 116, 414

Alves, Dagoberto ver Costa, Dagoberto Alves da

Alves, Landulfo, 118

Alves, Manoel, 92, 197
Alves, Wilton, 286
Amado, Jorge, 44, 88, 105, 183
Amaral Netto, 74
Amaro *ver* Pereira, Demerval da Silva
Amaury *ver* Marques, Paulo Roberto Pereira
Amazonas, João *ver* Pedroso, João Amazonas de Souza
Amunátegui, Marta, 214
Ana Lúcia, 335
Ana *ver* Albuquerque, Tereza Cristina
Andrade, Artur Oscar de, 119
Andrade, José Maria d', 229
André Sobrinho, Manoel, 46, 124
Andrea, Soares de, 122
Anita, tia, 47
Anjo, Manoel, 333, 361
Antônio Baiano *ver* Costa Filho, Antônio
Antônio Conselheiro *ver* Conselheiro, Antônio
Antônio da Dina *ver* Teixeira, Antônio Carlos Monteiro
Aparício *ver* Aranha Filho, Idalísio Soares
Araguaia, visconde do *ver* Silva, Luís Alves de Lima e
Aranha Filho, Idalísio Soares, 86, 97, 134, 221, 417
Arantes, Aldo, 216, 218
Arara Preta, 67
Araripe, general, 231
Araújo, Domingos, 197
Araújo, Ezio, 224
Araújo, João Rodrigues de, 333
Araújo, José de Ribamar, 371
Arestina, Laudelina, 27
Ari Armeiro *ver* Lima, Marcos José de
Ari *ver* Valadão, Arildo
Arias, Luiz Galvez Rodríguez de, 191
Arlindo Piauí *ver* Costa, Arlindo de Pádua
Arnildo, padre *ver* Fritzen, Arnildo
Arpone, Nicola, 231
Arroyo, Ângelo, 23, 71, 87, 120, 124, 132, 133, 138, 155, 178, 182, 189, 216, 217, 219, 387, 419
Arruda, Plínio, 217
Audrin, José Maria, 166
Augusto, Lysias, 52
Avelar, Estêvão Cardoso de, 166
Avelar, Estevão de, 109
Azambuja, Carlos, 165
Azevedo, Evandro, 110, 241

Badé, 64
Baixinho, 154
Balduíno, Tomás, 323
Bambula, Ana, 214
Bandeira, Antônio, 20, 51, 118, 119, 123, 143, 145, 148, 203, 218, 244, 388
Barata, Magalhães, 60
Barbalho, Jader, 300, 373
Barbosa, Artur, 248
Barbosa, coronel, 47
Barbosa, Joaquim, 308, 375
Barbosa, José, 316
Barbosa, Julimar, 248
Barbosa, Luís, 248
Barbosa, Manoel, 316
Barbosa, Serginho, 47
Barelli, Waldir Lucas, 38
Barreto, José Campos, 108
Barreto, Tobias, 106, 192
Barros, Flávio de, 119, 293
Barroso, Jana Moroni, 82, 84, 89, 122, 158, 159, 161, 172, 189, 190, 192, 390, 393, 412
Barroso, Lorena Girão, 83
Bartolomeu, Floro, 157, 316
Bastiana *ver* Claudino, Sebastiana
Batista, Cícero Romão *ver* Cícero, Padre
Batista, Francisco Xavier, 105
Batista, João, 175, 196, 197, 201, 413
Batista, Nalvinha, 105, 106
Batista, Rosa, 106
Batista, Uirassu de Assis, 104, 105, 151, 166, 172, 192, 203, 415

Beca *ver* Souza, Euclides Pereira de
Beisiegel, Rui, 127
Beltrão, Francisco, 34, 37, 38
Beto *ver* Silva, Lúcio Petit da
Betto, Frei, 337, 338
Bezerra, Haroldo, 296
Bezerra, João, 188
Bezerra, José, 225
Bil *ver* Silva, Francisco Gomes da
Bin Laden, Osama, 359
Bispo, Darci, 58, 59
Bispo, Davina, 58, 59
Blandina, tia, 47
Bley, João Punaro, 33, 37
Boneri, Erycson, 309
Bonfim, Quincas, 316
Borges, Luiz, 303
Botela, José, 273
Brandão, Antônio, 225
Brando, Marlon, 16, 336
Brant, José Teixeira, 177, 201, 210, 410
Brasília (sindicalista), 358
Brejnev, Leonid, 44
Brilhante Ustra, Carlos Alberto, 153, 236, 237
Brito, Clênio, 94, 114, 138
Brito, Délio, 92, 138, 245
Brito, Francisco das Chagas Alves de, 420
Brito, Joaquim Nunes de, 94
Brito, Raul Marques de, 420
Brizola, Leonel, 34, 37, 97, 321, 325
Bronca, Huberto Atteo, 97
Bronca, José Huberto, 97, 123, 124, 151, 182, 184, 215, 221, 359, 415
Brum, Cilon da Cunha, 16, 22, 140, 178, 179, 185, 186, 359, 413
Buarque, Chico, 73, 74, 75
Bueno, Luiz Carlos, 338

Cabeção, 67
Cabral, Bernardo, 307
Cabral, Carlos, 250
Caco, doutor *ver* Marco, Flávio de
Cafeteira, Epitácio, 307

Calatroni, João Gualberto, 77, 90, 135, 161, 162, 163, 165, 182, 417
Callado, Daniel, 21, 92
Callado, Daniel Ribeiro, 185, 413
Calmon, Pedro, 381, 383
Cals, César, 300
Camilinho *ver* Silva, Camilo Medeiros da
Camiou, Aristides, 241, 243, 244
Campigotto, Antônio, 324
Campos, Antonio Pires de, 27
Campos, Geraldo Borges, 26, 36
Campos, João Carlos, 76, 80
Campos, Roberto, 297
Candeeiro *ver* Loyola, Manoel Dantas
Canto, Bento de Castro e, 101
Canto, Carmélia de Castro e, 101
Canuto, João, 233
Cardoso Neto, Manoel, 249
Cardoso, Fernando Henrique, 35, 240, 314, 315, 331, 332
Cardoso, Newton, 249
Carepa, Ana Júlia, 347, 373
Carlito *ver* Silva, Kléber Lemos da
Carneiro, Danilo, 112, 113, 194, 419
Carneiro, Genilda, 335
Carretel *ver* Souza, Pedro Pereira de
Carvalho, Regilena, 89, 95, 96, 104, 133, 273, 419
Casaldáliga, Pedro, 109, 324, 328
Castanheira, Silvio, 94
Castelo Branco, Humberto de Alencar, 76
Castelo, João, 305
Castiglia, Líbero Giancarlo, 66, 137, 151, 182, 183, 205, 368, 418
Castro, Antônio Teodoro de, 16, 22, 23, 97, 100, 101, 102, 103, 104, 137, 138, 175, 176, 182, 183, 186, 187, 188, 220, 324, 390, 413
Castro, Fidel, 129, 297, 387
Castro, Geraldo Magela de, 187
Castro, Maria Eliana, 103, 220, 390
Castro, Plácido de, 191, 301, 305
Castro, Raimundo de, 100, 101

Cavalcanti, Dower Moraes, 93, 118, 419
Caveirinha, 164
Caxias, duque de, 13, 41, 218, 256
Cazuza *ver* Santos, Miguel Pereira dos
Ceará *ver* Castro, Antônio Teodoro de
Celso, d., 250
Ceroula, Joaquim, 205
Cerqueira, Nelson de Aguiar, 103
Cerqueira, Nilton, 81, 83, 108, 181, 343, 375, 410
César, doutor *ver* Brant, José Teixeira
César, Mário, 304
Chagas, Bento Cosme das, 120, 121
Chamon Neto, João, 312, 319, 334, 341
Chamon, João, 312, 319, 334, 337, 341
Chamon, Salvador, 319, 341
Chamon, Wenderson, 334, 341, 371, 375
Chana, Maria, 191
Chaves, Francisco Manoel, 138, 139, 418
Chaves, Wilson Luís, 240
Chemello, Jayme, 324
Chica *ver* Kanayama, Suely Yumiko
Chicão *ver* Fernandes Filho, Adriano Fonseca
Chico Novato, 109
Cícero, Padre, 42, 119, 157, 158, 256, 292, 361
Cid, tio *ver* Amazonas, João
Cinelli, Léo Frederico, 22, 120, 208, 212, 219, 236, 237, 239, 240, 410
Claudino, Sebastiana, 10, 11, 282, 283, 284, 285, 347
Clausewitz, Carl von, 117
Coelho, Francisco, 59
Coelho, Juarez Rodrigues, 416
Coelho, Militão, 61
Collor, Fernando *ver* Mello, Fernando Collor de
Comprido *ver* Brum, Cilon da Cunha
Conceição, Joaquina da, 42
Conegundes, José, 169
Conselheiro, Antônio, 42, 98, 106, 119, 154, 167, 179, 191, 192, 225, 319, 389

Coppola, Francis Ford, 16
Coqueiro, Dinaelza Soares Santana, 97, 99, 116, 123, 124, 144, 173, 174, 186, 207, 208, 209, 264, 385, 414
Coqueiro, Vandick Reidner Pereira, 97, 99, 174, 186, 207, 416
Cordeiro, Celeste, 81
Cordeiro, Durval, 81
Cordeiro, Telma Regina *ver* Corrêa, Telma Regina Cordeiro
Corrêa, Elmo, 81, 133, 182, 188, 193, 417
Corrêa, Maria Célia, 80, 81, 82, 94, 114, 122, 129, 133, 160, 161, 163, 189, 192, 193, 194, 203, 392, 414
Corrêa, Telma Regina Cordeiro, 81, 84, 133, 182, 207, 216, 392, 415
Costa Filho, Antônio, 208, 265
Costa, Alexandre, 305
Costa, Arlindo de Pádua, 21, 23, 75, 125, 197, 201, 206, 208, 413
Costa, Belchior Martins, 233
Costa, Dagoberto Alves da, 118, 419
Costa, Geraldo Rodrigues da, 250
Costa, José Orlando, 68
Costa, Maria Oneide, 94, 96, 108, 109, 242, 244, 246, 358, 377, 378, 379, 408
Costa, Osvaldo Orlando da, 67, 68, 69, 70, 90, 96, 97, 99, 111, 112, 113, 126, 134, 140, 142, 144, 145, 146, 148, 151, 152, 169, 174, 175, 188, 202, 206, 210, 218, 264, 265, 379, 419
Costa, Pedro Ferreira, 57, 67, 70, 93, 96, 111, 243, 245
Costa, Walquíria Afonso, 86, 97, 126, 134, 137, 138, 175, 207, 215, 234, 416
Crisóstomo Neto, João, 246
Cristina *ver* Barroso, Jana Moroni
Cruz, Adalberto Bueno da, 315
Cruz, Antônio Alves da, 333
Cruz, Newton, 260, 261, 297, 336
Cruz, Pedro Martins da, 111, 114, 224
Cruz, Vânia da, 364
Cunha, Euclides da, 122, 218, 225, 229, 263

Cunha, Eudóxia da, 229
Curió, José Miranda, 119, 144, 151, 173, 179,
   229, 389

D'Antas, João, 105, 106
Dadá ver Moreira, Francisca
Danieli, Elias, 38
Danieli, Gentil, 38
Danielli, Carlos Nicolau, 44, 89, 153, 237
Dantas, Cícero, 106
Dantas, Deusdeth, 223, 225
Dantas, Manoel, 46, 225
Davi dos Perdidos ver Rodrigues, Davi
Dedé (humorista), 290
Delcídio, Arnaldo, 250, 317
Delfim Netto, 244, 378
Dema, 358
Dias, Antônio Carlos, 333
Dias, Elza, 95
Dias, Pedro Pinheiro, 146
Didi (humorista), 290, 291
Dina ver Teixeira, Dinalva Oliveira
Diniz, Fernando Leitão, 244
Dior, Dioclésio, 116
Dirceu, José, 100, 338
Djalma, 46, 124, 266, 267
Doca ver Callado, Daniel Ribeiro
Domingos ver Cavalcanti, Dower Moraes
Dorothy, irmã ver Stang, Dorothy
Dourado, José de Lima Piauhy, 89, 184, 415
Dourado, Nelson de Lima Piauhy, 89, 158,
   159, 184, 189
Drummond, João Batista, 216
Duarte, Antonio, 372
Duda ver Silva, Luiz Renê Silveira e
Dutra, Eurico Gaspar, 35, 44, 85, 204
Duvall, Robert, 231
Duzek, André, 267

Edinho ver Magalhães, Helio Luiz Navarro de
Edson da Brahma, 278
Einstein, Albert, 68, 73

Elbrick, Charles, 75
Elis Regina, 83, 84
Élis, Bernardo, 316
Eloy, Jacob, 156, 157
Engels, Friedrich, 336
Erland, Luiz, 223
Etchegoyen, Léo, 173
Expedito, 154

Falcão, Valdemar Pereira, 315, 364, 365
Farias, Bergson Gurjão, 94, 95, 98, 101, 102,
   116, 117, 118, 324, 417
Farias, Paulo César, 307
Fátima ver Nazareth, Helenira Resende de
   Souza
Fernandes Filho, Adriano Fonseca, 99, 178,
   179, 285, 291, 416
Fernando, d., 250
Ferreira, Antônio, 156, 159, 203, 278, 416
Ferreira, Carlota, 157
Ferreira, Ester, 361
Ferreira, João Ângelo, 157
Ferreira, Manoel, 70
Ferreira, Márcia, 272
Ferreira, Margarida, 173, 203
Ferreira, Miguel, 190, 191
Ferreira, Olmino, 322
Ferreira, Pedro Afonso, 348
Ferreira, Sebastião Martins, 59
Fidel ver Paulino, Lourival de Moura
Fiel Filho, Manuel, 217
Figueiredo, João, 35, 53, 66, 128, 222, 229,
   237, 238, 239, 241, 242, 243, 250, 259,
   260, 288, 293, 294, 295, 298, 299, 300,
   303, 305, 306, 340, 365, 371, 373, 375,
   385, 392
Flávio ver Oliveira, Ciro Flávio Salazar
Flores, Miracis Rogério, 195
Fogoió ver Bronca, José Huberto
Fonseca Filho, Adriano ver Fernandes Filho,
   Adriano Fonseca
Fonseca, Afonso da, 54
Fonseca, Deodoro da, 54, 56, 59, 119

Fonseca, Eduardo da, 54
Fonseca, Hermes da, 68
Fonseca, Hipólito da, 54
Fonseca, João Severiano da, 119
Fonseca, Rosa Paulina da, 54, 204
Fonteles Filho, Paulo, 161
Fonteles, Paulo, 226, 230
Fortes, Breno Borges, 388
Fraga, Francisco, 253
Frajorge, João Bosco, 309
França, Ovídio Gomes, 420
Freire, Paulo, 102
Freire, Victorino de Britto, 41
Fritzen, Arnildo, 319, 320, 322, 323, 324
Frota, Sylvio, 237, 410

Galvêas, Ernane, 261
Gálvez, Luis, 268, 275, 305
Gama, José Admilson de, 141
Gama, José Pernambuco de, 63, 141, 209, 352
Gama, Luiz de, 141
Gamarra, Benigno, 191
Garlippe, Luiza Augusta, 21, 144, 174, 182, 183, 210, 212, 248, 387, 414
Garrincha, Mané, 103, 188
Gaspari, Elio, 71, 122, 189
Gaúcho ver Brum, Cilon da Cunha
Geisel, Ernesto, 35, 89, 237, 238, 259, 410
Geisel, Orlando, 19, 22, 71, 120, 218, 410
Genoino Neto, José, 97, 98, 102, 112, 113, 117, 123, 194, 219, 220, 221, 222, 226, 230, 288, 296, 297, 298, 308, 309, 324, 338, 393, 419
Geraldinho, 257
Geraldo ver Genoino Neto, José
Gesuino ver Albuquerque Neto, Pedro
Gil ver Nurchis, Manoel José
Gilliard, 10
Girão, Benigno, 82, 393
Girão, Cyrene, 82, 83
Girão, Teodorico, 82
Glashow, Sheldon Lee, 75
Goebbels, Joseph, 292

Goiano ver Souza, Divino Ferreira de
Gomes, João Solimar, 95
Gomes, Sinvaldo, 161
Gonçalves, José, 42, 178
Gonçalves, Josias, 42, 115, 420
Gonçalves, Leônidas Pires, 237
Gonçalves, Roberto Amorim, 150
Gonçalves, Vantuir, 233
Gonorreia (soldado), 169, 171, 172
Gonzaga, Henrique Goulart, 134
Gonzaga, Luiz, 156, 279
Gorki, Máximo, 83
Gougon ver Gonzaga, Henrique Goulart
Goulart, João, 26, 33, 34, 35, 44, 143, 229, 321
Gouriou, Francisco, 241, 383
Grabois, André, 66, 87, 88, 122, 129, 131, 151, 161, 162, 163, 165, 416
Grabois, Augustín, 88
Grabois, Maurício, 13, 44, 69, 81, 87, 146, 162, 179, 219, 342, 343, 418
Grabois, Victória, 69, 87
Gracindo Júnior, 291
Greenhalgh, João Guilherme, 348
Greenhalgh, Luiz Eduardo, 347, 348, 383
Gretchen, 272
Grey, Wilson, 291
Gringo ver Lima, Raimundo Ferreira
Guedes ver Brum, Cilon da Cunha
Guedes, Carlos Luís, 33
Gueiros, Hélio, 312
Guilhermina, Francisca, 145
Guilhermina, tia, 47
Guimarães, Olinda, 64
Guimarães, Roberto, 338

Haas Sobrinho, João Carlos, 48, 49, 50, 51, 52, 90, 93, 94, 97, 115, 130, 135, 136, 137, 138, 139, 140, 186, 210, 218, 221, 231, 417
Haas, Ildefonso, 48
Helena, Heloísa, 298
Heleno, 188
Heloísa, 335

Herzog, Vladimir, 217, 237, 338
Hilário, Aloísio, 250
Hitler, Adolf, 32

Iglésias, Francisco, 41
Iomar Galego, 126, 154, 176, 180, 208
Irene, professora, 68
Ivan, agente ver Souza, Joaquim Artur Lopes de
Ivo ver Dourado, José de Lima Piauhy
Izaldo ver Batista, João

Jaime ver Silva, Jaime Petit da
Jango ver Goulart, João
Japonês (piloto), 22
Japonesa ver Kanayama, Suely Yumiko
Javali Solitário ver Rego, João Pedro do
Jeep, Pedro, 230
João Alberto, 45, 89
João Araguaia ver Pereira, Demerval da Silva
João de Deus ver Abreu, João de Deus Nazaro de
João Goiano ver Coqueiro, Vandick Reidner Pereira
João Grande, 65
João III, d., 261
João Mineiro ver Patrocínio, João do
João Olímpio, 64
João Paulo II, papa, 318
João Sabonete, 65, 108
Joãozinho, 286
Joaquim ver Arroyo, Ângelo
Joaquinzão ver Moura, Joaquim de Souza
Jobim, Nelson, 315
Jobim, Tom, 74
Joca ver Castiglia, Líbero Giancarlo
Joel, 214, 274
Jonas ver Gonçalves, Josias
Jordão, Manoel Rodrigues, 100
Jorge ver Farias, Bergson Gurjão
Josa, Nego, 334, 335, 352
José Antônio, 244
José da Onça, 205

Josias ver Pereira Júnior, Tobias
Josimo, padre ver Tavares, Josimo Morais
Juca ver Haas Sobrinho, João Carlos
Júlio de Deus, 278

Kanayama, Suely Yumiko, 123, 124, 144, 174, 205, 221, 415
Kaplan, Dora, 87, 88
Kardec, Allan (delegado), 241
Kayano, Rioco, 107, 309, 419
Kelly, Gene, 102
Kennedy, John F., 359
Kirchner, Cristina, 214
Kruger, Paulo, 61
Kruschev, Nikita, 44
Kubitschek, Juscelino, 32, 33, 45, 46, 68, 407
Kubrick, Stanley, 16

Labatut, Pedro, 105
Lamarca, Carlos, 108, 181, 187, 375
Lampião, 31, 52, 67, 106, 118, 119, 158, 188, 190, 193
Landim ver Momente, Orlando
Lara Sofia, 380
Laranjeira, Adilson, 233
Lauro ver Saraiva Neto, Custódio
Lázaro Sobrinho, 247
Leal, Raymunda, 43
Leão, Nara, 83
Leitão, Carlos, 41
Leitão, coronel, 59, 60, 228, 406
Leitão, Manes, 229
Leite, Jairo Oliveira, 372
Leite, Rogaciano, 101
Lemos, Clênio, 315, 335
Lena ver Carvalho, Regilena
Leonda, 165
Leonel, 165
Lermen, Darci, 351
Lia ver Corrêa, Telma Regina Cordeiro
Lima Neto, Raimundo Ferreira, 378
Lima, Antônio Alfredo de, 120, 161, 163, 416
Lima, Expedito Ferreira de, 46

Lima, Haroldo, 216
Lima, Joaquim Celso de, 216
Lima, Jorge de, 52
Lima, Lúcia Loreci de, 322
Lima, Manoel Valder de Carvalho, 202
Lima, Marcos José de, 90, 415
Lima, Raimundo Ferreira, 94, 108, 109, 243,
    244, 245, 358, 378, 408
Lima, Walter Ferreira, 283
Linck, Ilma, 48
Lins, Francisco Amaro, 202, 420
Lobão, Edison, 305, 365, 389, 409
Lobo, Edu, 83
Lopes, Alberto, 265
Lopes, Dyonísio, 37, 38, 39
Lopes, Frederico, 67, 122, 126, 159, 278
Lopes, Hilário, 226
Lopes, José Leite, 73
Lopes, José Ribamar, 318
Lopes, Leite, 75
Lopes, Zenóbio Cid Aguiar, 229
López, Solano, 233
Lorscheider, Aloísio, 324, 328
Lourdes, Maria de, 32
Lourenço, José, 208, 225, 265
Lourival ver Corrêa, Elmo
Louro, 316
Loyola, Manoel Dantas, 46, 71, 190, 359
Luchini, Marco Antônio, 148, 149, 238, 353,
    393
Luciana, 335
Ludovico, Pedro, 41, 47
Luís ver Lund, Guilherme Gomes
Luiz Garimpeiro, 154, 169
Luiz Viola, 419
Luizinho ver Almeida, Luiz Vieira de
Lula ver Silva, Luiz Inácio Lula da
Lulita, dona, 84, 85, 221
Lund, Guilherme Gomes, 417
Lupion, Moisés, 28
Lutescia, Helena, 102, 103, 104
Luz, Romão da, 187

Maboni, Florentino, 226, 229
Macedo, Antônio, 53
Macedo, Candido, 52
Macedo, Jano, 45, 46, 47
Macedo, José, 47
Machado, Francisco, 64, 186
Macieira, Gil, 261
Maciel, Antônio ver Conselheiro, Antônio
Maciel, Auryno, 52
Maciel, Felício, 191, 192, 276
Maciel, Francisca, 85
Maciel, Jair, 416
Maciel, João Antunes, 26
Maciel, Lício Augusto, 51, 52, 66, 104, 113,
    141, 145, 162, 163, 169, 170, 171, 172,
    183, 206, 219, 236, 343, 410
Maciel, Miguel Ferreira, 190, 191
Madruga, Aluísio, 150, 152, 181
Magalhães, Couto de, 54, 55
Magalhães, Gualter de, 89
Magalhães, Hélio de, 89
Magalhães, Helio Luiz Navarro de, 23, 24, 89,
    104, 147, 149, 150, 160, 161, 166, 192,
    385, 392, 415
Magalhães, Yoná, 271
Maldi, Waldemar, 29
Maluf, Paulo, 301
Mancini, monsenhor, 29, 35, 37
Mané ver Patrício, José Maurílio
Manezinho das Duas, 154
Manezinho das Duas (posseiro), 22, 203, 413
Manoel Claro ver Nepomuceno, Manoel Ce-
rilo
Manoel do A ver Troiano, Rodolfo de Carva-
lho
Manoel do B ver Patrício, José Maurílio
Manoel Sobrinho, 46, 124, 266
Mao Tsé-tung, 86, 218
Maranhão, Dionor, 65
Marco, Flávio de, 22, 171, 410
Maria Bonita, 108, 158
Maria Bossa Nova, 65
Maria Castanheira ver Viana, Maria

Maria Dina *ver* Coqueiro, Dinaelza Soares Santana
Maria Lúcia *ver* Silva, Maria Lúcia Petit da
Maria, dona (parteira), 25
Maria, dona *ver* Monnerat, Elza, 66
Maria, Gilberto Olímpio, 69, 87, 116, 144, 182, 183, 417
Mariano, Cícero, 154
Marighella, Carlos, 44, 53, 88, 105, 106
Marinho, Adelson, 48
Mário *ver* Grabois, Maurício
Mariona *ver* Viana, Maria
Mariveti, Pedro *ver* Nascimento, Pedro Matos do
Marques, Paulo Roberto Pereira, 66, 70, 123, 125, 174, 183, 184, 414
Márquez, Rosângela, 271, 272
Martins, Adistonia Resende, 231
Martins, Franklin, 75, 100, 275, 338
Martins, Mauro, 313
Marx, Karl, 119, 135, 336
Mata, Luiz da, 315, 335
Matias, João, 241
Matos, Horácio de, 61, 62
McNamara, Robert, 128
Mearim, João, 165
Medeiros, Octávio, 260, 261, 340
Médici, Emílio Garrastazu, 13, 53, 66, 71, 153, 227, 358, 393, 410
Meirelles, Domingos, 257
Mello, Evaldo Cabral de, 40
Mello, Fernando Collor de, 35, 250, 306, 307, 308, 357, 385
Mendonça, Deodoro, 60, 407
Mendonça, Orlando, 233
Meneses, Rodrigo de, 263
Menezes, Antônio, 142, 185, 186, 227
Menezes, Maria da Paz, 142, 185
Mercadante, Aloizio, 338
Mesquita, João Pinto de, 101
Mesquita, Maria Mercês de, 101
Mesquita, Ruy, 221, 308

Milhomem, Coriolano de Souza, 63, 64, 65, 112, 207, 247
Milhomem, Gerôncio, 46, 48
Miltinho *ver* Tavares, Milton
Miranda, Djacy, 48, 49, 50, 52, 93, 218
Miranda, Otacílio Alves de, 61, 62
Misse, Michel, 79, 82, 375
Molinari, Adelaide, 209, 317, 318
Momente, Orlando, 89, 163, 418
Monnerat, Edson, 83
Monnerat, Elza, 66, 82, 216, 387, 420
Monteiro, Laércio, 236
Moog, Olavo Vianna, 39, 239, 388, 410
Moraes, Adalgisa, 122, 126, 131, 149, 159, 160, 161, 163, 164, 192, 195, 203, 278, 361, 380
Moraes, Almir, 42, 63, 64, 66, 127, 175, 182, 186, 196, 235, 247, 248, 316
Moraes, Frederico, 126
Moraes, Ozório, 64
Moraes, Pedro, 278, 361
Morais, Francisco, 248
Morais, Leonildes, 248
Morais, Mascarenhas de, 184
Moreira Neto, Fortunato José, 50
Moreira Neto, João Crisóstomo, 91, 377, 380
Moreira, Carlos Alberto, 377
Moreira, Filismina, 56, 57, 58
Moreira, Francisca, 287, 288
Moreira, João Crisóstomo, 53, 54, 56, 91, 92, 93, 246, 377, 379, 406, 408
Moreira, Mercê, 56, 57, 58, 65, 67, 70, 91, 93, 94, 380
Moreira, Teotônia, 56
Moretto, d., 324
Morris, Errol, 337
Mota, Antônio da, 145
Moura Júnior, Sebastião, 309, 335
Moura, Antônia de, 25, 27, 28, 30
Moura, Antônio César de, 309, 335
Moura, Antônio Pimenta de, 26
Moura, Aparecida, 26

Moura, Davi, 326
Moura, Fabiano de, 335
Moura, Heitor de, 26, 335
Moura, Joaquim de Souza, 412
Moura, Luciana Nóbrega de, 335
Moura, Maria Tereza, 26
Moura, Marta, 26
Moura, Natasha de, 335
Moura, Nazaré de, 28
Moura, Pantaleão de, 28
Moura, Silvan de, 335
Moura, Teresa Cândida de, 27, 28
Mourão Filho, Olímpio, 34
Moussallen, Alberto, 66
Mozart (sargento), 22
Mundico ver Souza, Rosalindo Cruz
Murad Filho, Neife, 246
Murad, Círio, 246
Murad, Cláudio, 246
Murad, Neife, 244, 245
Murakami, Keiko Myrian de Souza, 312, 335
Mussum (humorista), 290
Mutran Neto, Benedito, 316
Mutran, Benedito, 61
Mutran, Evandro, 61, 354, 355
Mutran, Jorge, 61
Mutran, Nagib, 61, 66, 316
Mutran, Osvaldo, 63
Mutran, Vavá, 66, 67, 99

Nascimento, José Caetano do, 27
Nascimento, Marcolina Gregória do, 123, 124, 125, 210
Nascimento, Pedro Matos do, 104, 155, 166
Naves, Sebastião, 251, 252, 257, 258, 286, 336
Naya, Sérgio, 303
Nazareth, Helenira Resende de Souza, 135, 136, 212, 319, 412
Neco, Raimundo, 265
Nedyma, 378
Nega ver Nazareth, Helenira Resende de Souza

Negri, Domingos, 47
Negro Cosme, 120
Negro Vicentão, 145
Nelito ver Dourado, Nelson de Lima Piauhy
Nelson, 64
Nepomuceno, Adalberto, 265
Nepomuceno, Clobiniano, 69, 70, 107, 108, 265
Nepomuceno, Manoel Cerilo, 69, 265
Nepomuceno, Roberto, 265
Nero, Agnaldo del, 31, 237
Neves, Lucas Moreira, 226
Neves, Tancredo, 226, 246, 301
Newton, Isaac, 387
Niemeyer, Oscar, 52, 244, 378
Nilo ver Carneiro, Danilo
Noguchi, Emi, 221
Nogueira, Rui, 392
Noleto, José, 64, 70, 109, 110, 112
Novais, José, 216
Nunes ver Souza, Divino Ferreira de
Nunes, Antonio César, 335
Nurchis, Manoel José, 137, 418

Oest, Henrique Cordeiro, 28, 77, 184, 228
Oest, Lincoln Cordeiro, 44, 76, 77, 81, 103, 153
Oliveira Filho, Pedro Alexandrino de, 86, 174, 212, 392, 412, 417
Oliveira, Beneval de, 320
Oliveira, Ciro Flávio Salazar, 86, 123, 125, 137, 138, 417
Oliveira, Édson de, 312
Oliveira, Eugênio Roque de, 37
Oliveira, Flamarion de, 237
Oliveira, Francisco, 316
Oliveira, Francisco Souza, 110
Oliveira, José, 109, 316
Oliveira, José Maria de, 70, 146, 200
Oliveira, José Toledo de, 133, 134, 138, 139, 418
Omalizã, 378

Oscar, Artur, 119, 123, 144, 192, 236, 237, 240
Osvaldão ver Costa, Osvaldo Orlando da

Palmeira, Wladimir, 100
Palomino ver Rosa, Wladimir de Souza
Pando, José Manuel, 191
Paraíba (sitiante), 154
Parazinho ver Lima, Antônio Alfredo de
Passos, Matias Rosa, 335
Patrício, José Maurílio, 211, 418
Patrick, José, 242
Patrocínio Neto, João, 258
Patrocínio, João do, 257, 276, 286, 287, 336
Paula, Francisco Valdir de, 420
Pauli, Wolfgang, 73
Paulino, Lourival de Moura, 65, 93, 112, 416
Paulo Paquetá ver Wisnesky, João Carlos Campos
Paulo ver Rodrigues, Paulo Mendes
Peba ver Campos, Geraldo Borges
Pedrão do Olho Só, 146, 167, 264
Pedro Barreira ver Costa, Pedro Ferreira
Pedro Bela ver Cruz, Pedro Martins da
Pedro Carretel ver Souza, Pedro Pereira de
Pedro Gil ver Maria, Gilberto Olímpio
Pedro I, d., 12, 27, 100, 106
Pedro II, d., 68
Pedro Mineiro ver Silva, Pedro Ferreira da
Pedroso, João Amazonas de Souza, 21, 22, 43, 44, 45, 47, 69, 82, 86, 87, 128, 132, 150, 188, 216, 219, 220, 222, 288, 387, 393, 419
Peito Largo, 169, 388
Peixinho ver Santos, Raimundo Nonato dos
Peixoto, Floriano, 54
Pena Branca, Carlos, 357
Pena, Alano Maria, 109, 226, 228, 229, 242, 317
Penha, João Batista, 285
Pereira Júnior, Tobias, 81, 117, 180, 184, 415
Pereira, Augusto Heleno, 237

Pereira, Áurea Eliza, 19, 72, 73, 74, 75, 76, 77, 78, 79, 90, 95, 96, 107, 118, 146, 175, 178, 179, 196, 197, 198, 199, 200, 201, 202, 240, 385, 386, 388, 413
Pereira, Demerval da Silva, 82, 155, 160, 163, 195, 413
Pereira, Ezequiel, 316
Pereira, Iara, 77
Pereira, João, 145, 420
Pereira, José, 73, 104, 145, 355
Pereira, Osmar, 420
Pereira, Oziel Alves, 333
Pereira, Raimundo Lopes, 333
Pereira, Sebastião Dias, 247, 248, 249, 352
Peri ver Oliveira Filho, Pedro Alexandrino de
Perna, Francisco, 59
Perón, Isabel, 188, 214
Perpétuo, Wilson, 313
Peter, Cynthia, 313
Petit, Jaime ver Silva, Jaime Petit da
Petit, Julieta, 88, 204
Petit, Lúcio ver Silva, Lúcio Petit da
Petit, Maria Lúcia ver Silva, Maria Lúcia Petit da
Petronilha, 196, 197, 198, 199, 200, 201
Piauí ver Costa, Arlindo de Pádua
Pidde, Marlon Lopes, 280
Pimenta, Gabriel, 249, 266
Pimenta, Heitor Rodrigues, 25, 26, 27, 30, 36
Pimenta, Sebastião Gonçalves, 28
Pimentel, José, 324
Pinheiro Neto, Plínio, 296
Pinheiro, Álvaro de Souza, 117
Pinheiro, Ênio, 71, 117, 238
Pinheiro, João, 91
Pinheiro, Osório, 67, 108, 251, 253, 312, 332
Pinheiro, Plínio, 62, 251, 316, 331
Pinho, Manoel, 113
Pinto, Aldo, 324
Pinto, Antônio Ferreira, 203, 416
Pinto, Benedita, 100, 101
Pinto, Magalhães, 33
Pinto, Onofre, 213

Pires, Pedro, 124
Platão, 22
Polastre, Alda, 28
Pomar, Eduardo, 69
Pomar, Pedro, 43, 44, 45, 47, 69, 82, 216
Pomar, Wladimir, 216, 221
Pompéu, Joaquina de, 28
Portela, Fernando, 221, 229, 308
Porto, Lídio, 52, 123
Presley, Elvis, 105
Prestes, Luís Carlos, 44, 77, 85
Preto Chaves ver Chaves, Francisco Manoel
Proença, M. Cavalcanti, 204

Queiróz, José Marcelino de, 250
Queixada ver Adriano Fonseca Fernandes
    Filho
Quelé ver Silva, Kléber Lemos da

Rabelo, Abílio Alves, 333
Raimundinho da Ana, 115
Raimundo Baixinho, 126, 176, 180, 264
Raimundo da Madalena, 154
Raimundo Garimpeiro, 154
Raimundo Negro, 154
Raiol, Domingos, 166, 367
Rambo, 358
Ramos, Graciliano, 139, 183
Raul ver Castro, Antônio Teodoro de
Régnier, Jules, 68
Rego, João Pedro do, 169, 171, 237
Reis, Afonso Celso Garcia, 103, 147, 187, 188
Reis, Luzia, 116, 118, 419
Rernor, Pedro Valdir, 225
Rezende, Ataíde, 286
Rezende, Ataídes, 11
Rezende, Ricardo, 244
Riachinho, Antônio, 249
Ribas, Antônio Guilherme Ribeiro, 69, 100,
    416
Ribas, Walter, 100
Ribeiro, Darcy, 235
Ribeiro, Expedito, 233, 250

Ribeiro, Osmar, 11, 286, 317
Ribeiro, Sinésio Martins, 63, 110, 125, 176,
    180
Ringo (militar), 204, 205
Rita Cadillac, 272
Roberto Carlos, 10, 74
Rocco, Carmine, 229, 243
Rocha, Ferraz da, 216
Rocha, Glauber, 74
Rodrigues, Ana Teodoro, 101
Rodrigues, Claudiomiro, 224
Rodrigues, Davi, 93, 115, 136, 138, 219, 223,
    247, 249
Rodrigues, Fernando, 32
Rodrigues, Paulo Mendes, 112, 113, 114, 115,
    117, 118, 419
Rodrigues, Pio, 120
Rogério, Pedro, 267
Romão, Wilson, 187, 410
Roque, Lincoln Bicalho, 79, 153
Rosa Netto, Victor Hugo Carvalho, 269, 270,
    302, 312, 313
Rosa ver Márquez, Rosângela
Rosa, Guimarães, 61
Rosa, Marabá Hugo, 269
Rosa, Odílio da Cruz, 140, 141, 420
Rosa, Wladimir de Souza, 31
Rosário, Guilherme Pereira do, 240
Rosinha ver Corrêa, Maria Célia
Rossi, Agnello, 166
Rousseff, Dilma, 86, 195, 213, 214, 221, 338,
    365, 389, 409
Rufino, 154
Ruggia, Alejandro, 214
Ruggia, Atilio, 214
Ruggia, Enrique, 213, 214
Ruggia, Lilian, 213, 214
Ruggia, Roberto, 214
Rulli, Jorge, 214

Sá, Glênio Fernandes de, 419
Sabino, Fernando, 35
Salam, Abdus, 75

Salgado, Solange, 14, 338, 389, 390, 391, 392
Salim, José, 151, 165
Salomão, 165
Sandoval, 65
Santa Cruz, João, 141, 194, 195, 204, 205
Santana, Adelino, 361
Santana, Amilton, 361
Santana, João, 307
Santana, Lourival da Costa, 333
Santana, Nadir, 302
Santos ver Pereira, Demerval da Silva
Santos, Alberi Vieira dos, 213
Santos, Eduardo Rodrigues dos, 121
Santos, José Alves dos, 124, 125
Santos, Manoel Carlos dos, 363
Santos, Manoel dos, 249
Santos, marquesa de, 101
Santos, Miguel Pereira dos, 104, 133, 138, 418
Santos, Raimundo Nonato dos, 154, 172, 192, 360, 379
Santos, Rita, 68
Santos, Silvio, 272
Saraiva Neto, Custódio, 16, 22, 121, 135, 178, 179, 182, 413
Sarney, José, 41, 240, 248, 249, 250, 365
Sassu ver Batista, Uirassu de Assis
Sayão, Bernardo, 45, 46
Scheuer, Luiz Adelar, 307
Scliar, Carlos, 88
Senna, Ayrton, 347
Serra, José, 217, 218
Severino, 165
Severino, Raimundo, 178
Sheen, Martin, 17
Silva, Altamiro Ricardo da, 333
Silva, Amâncio dos Santos, 333
Silva, Ângelo Lopes da, 157
Silva, Anísio Rodrigues da, 196, 201
Silva, Antônio Ferreira da, 361
Silva, Bartolomeu Bueno da, 27
Silva, Camilo Medeiros da, 264, 367
Silva, Carlota da, 278
Silva, Davi Alves, 366

Silva, Elizabeth Silveira e, 84, 85
Silva, Francisco Gomes da, 268
Silva, Genésio Ferreira da, 46, 251, 258
Silva, Geraldo Ângelo da, 278
Silva, Golbery do Couto e, 33
Silva, Jaime Petit da, 88, 89, 95, 96, 104, 133, 178, 179, 180, 181, 204, 412
Silva, João Ângelo da, 278
Silva, João Carneiro da, 333
Silva, João Teodoro da, 250
Silva, José Alves da, 333
Silva, José Bernardinho da, 88
Silva, José Raimundo Nonato Santos, 369
Silva, Jota, 215
Silva, Jurandir Medeiros da, 264
Silva, Juvenal Costa, 273
Silva, Kléber Lemos da, 133
Silva, Lourival Marques da, 316
Silva, Lúcio Petit da, 88, 89, 157, 160, 161, 163, 167, 203, 414
Silva, Luís Alves de Lima e ver Caxias, duque de
Silva, Luiz Ângelo da, 278
Silva, Luiz Carlos Silveira e, 85
Silva, Luiz Inácio Lula da, 219, 221, 298, 302, 308, 309, 317, 324, 332, 337, 338, 339, 348, 365, 373, 375, 381, 389, 409
Silva, Luiz Paulo Silveira e, 85
Silva, Luiz Renê Silveira e, 23, 24, 81, 84, 85, 89, 179, 189, 190, 191, 192, 221, 276, 414
Silva, Maria Lúcia Petit da, 88, 89, 95, 133, 204, 243, 412
Silva, Mário Ibrahim da, 420
Silva, Nazaré Teodoro da, 250
Silva, Orlando, 102
Silva, Osmar Teodoro da, 250
Silva, Osvaldino Teodoro da, 250
Silva, Pedro Ferreira da, 144, 145, 174, 388, 420
Silva, Raimundo Alves, 360
Silva, Raimundo Medeiros da, 264
Silva, Valdemir Ferreira da, 333
Silveira, Manoel Rodrigues da, 27

Simão *ver* Brum, Cilon da Cunha
Simão, Gessé, 366, 370, 373
Sinésio, 154
Soares, Henrique Macedo, 179, 194
Soledade, Maria da, 146, 167
Sônia *ver* Souza, Lúcia Maria de
Sousa, José Porfírio de, 53
Sousa, Tomé de, 17
Souza, Divino Ferreira de, 414
Souza, Euclides Pereira de, 174, 175, 178, 179
Souza, Graciano Olímpio de, 332
Souza, Joaquim Artur Lopes de, 22, 24, 154, 234, 240
Souza, Jorge Luiz de, 77
Souza, José Francisco de, 247
Souza, José Ribamar Alves de, 333
Souza, Laura de Mello e, 263
Souza, Lúcia Maria de, 24, 75, 81, 82, 84, 122, 133, 135, 155, 159, 160, 161, 168, 169, 171, 172, 173, 183, 188, 343, 384, 389, 391, 418
Souza, Lúcia Regina de, 419
Souza, Manoel Gomes de, 333
Souza, Pedro Pereira de, 16, 22, 23, 93, 120, 130, 131, 132, 183, 185, 189, 415
Souza, Rosalindo Cruz, 133, 145, 146, 147, 157, 178, 419
Stálin, Joseph, 44, 82, 88, 387
Stang, Dorothy, 244, 358, 359, 360, 361, 409
Stedile, João Pedro, 322, 329
Stone, Oliver, 16
Stroessner, general, 238, 239

Tanko, Josip Bogoslaw, 290, 292
Tatá *ver* Moreira, Mercê
Taunay, Visconde de, 37
Tavares, Josimo Morais, 231, 249, 250
Tavares, Milton, 22, 119, 173, 181, 213, 218, 222, 410
Tavares, Odorico, 145
Teixeira, Antônio Carlos Monteiro, 90, 115, 116, 133, 138, 141, 413
Teixeira, Dinalva Oliveira, 21, 22, 90, 93, 95, 115, 116, 117, 133, 138, 139, 142, 144, 145, 146, 147, 148, 152, 159, 180, 182, 183, 201, 209, 414
Teixeira, Eduardo Monteiro, 107, 419
Teixeira, Juraci, 241
Telles, Jover, 216
Teó *ver* Castro, Antônio Teodoro de
Teresona *ver* Pereira, Sebastião Dias
Tia *ver* Monnerat, Elza
Tião *ver* Pereira, Demerval da Silva
Tio Cid *ver* Amazonas, João
Tolbert, Gene, 127
Torres, Sérgio Carlos, 104
Toyota (militar), 204
Trindad, Maria, 216
Troian, Joseph, 90
Troiano, Rodolfo de Carvalho, 90, 205, 412
Tuca *ver* Garlippe, Luiza Augusta
Tuma, Romeu, 313

Ulke, sargento, 178
Ustra, Carlos Alberto Brilhante *ver* Brilhante Ustra, Carlos Alberto

Valadão, Altivo, 79
Valadão, Arildo, 42, 72, 73, 74, 75, 76, 77, 79, 80, 82, 90, 94, 95, 96, 117, 118, 146, 153, 175, 176, 177, 180, 187, 201, 221, 223, 240, 249, 265, 375, 417
Valadão, Helena, 73, 75, 78, 79
Valadão, Helvécio, 29
Valadão, Jane, 79
Valadão, Lília, 79
Valadão, Marlene, 75, 79
Valadão, Roberto, 79
Valdé *ver* Falcão, Valdemar Pereira
Valdir *ver* Batista, Uirassu de Assis
Valentim, Paulo, 188
Valério, Marcos, 308
Vanderlan, 364
Vandré, Geraldo, 74, 97
Vargas Llosa, Mario, 389
Vargas, Getúlio, 13, 30, 32, 33, 34, 43, 45, 49,

53, 62, 68, 71, 77, 81, 82, 85, 88, 90, 92, 139, 143, 163, 181, 192, 194, 195, 196, 220, 225, 234, 235, 238, 252, 312

Vasconcelos, Albertino de, 371

Veit, Augustino, 381, 383

Veloso, José, 189, 204

Veloso, José Batista, 318

Ventura, Guilherme, 249, 365

Ventura, Sigmar Lacerda, 343

Venturini, Danilo, 304

Verardi, Natalino, 320, 322

Veras, Jesus Lobão, 113

Veras, Joaquim, 333

Vergueiro, Nicolau, 321

Viana, Antônio, 97

Viana, Ieda, 97, 111

Viana, Maria, 96, 97, 111, 379

Viegas, José, 338

Vieira, Adailson, 250

Vieira, Aloysio Ribeiro, 318

Vieira, Antônio, padre, 42

Vieira, Arlindo, 180, 210

Vieira, Geraldo Paulo, 250

Vieira, José Eduardo de Abreu, 318

Vilanova, Antônio, 280

Vilanova, Gil, 59, 91, 160, 228, 389

Vilela Júnior, Marcos, 154, 173, 178, 206

Villas-Bôas, Cláudio, 52, 252, 350

Villas-Bôas, Orlando, 52, 252

Virgolino, José, 248

Vitinho ver Rosa Netto, Victor Hugo Carvalho

Vitor Sobrinho, Robson, 333

Vítor ver Oliveira, José Toledo de

Wal ver Costa, Walquíria Afonso

Wayne, John, 31

Weber, Luiz, 392

Weinberg, Steven, 75

Wisnesky, João Carlos Campos, 80, 82, 103, 419

Xavier Neto, Guilherme, 142, 143

Xavier, Ecílio Francisco, 247

Xavier, Laércio, 309, 381, 383, 384

Xavier, Leonardo, 309

Xavier, Rita Lima, 365

Yohan, 335, 375

Zacarias (humorista), 282, 290

Zanin, Antônio, 35

Zé Bruma, 146

Zé Carlos ver Grabois, André

Zé Catingueiro, 67, 69, 131, 154, 182, 183, 189, 265, 371

Zé da Padaria, 270, 271, 314, 363, 364, 366

Zé da Rita, 67, 154, 155, 207, 211, 215, 264, 280, 282, 335, 353, 389

Zé do Caixão, 272

Zé Ferreira ver Ribas, Antônio Guilherme Ribeiro

Zé Francisco ver Chaves, Francisco Manoel

Zé Mineiro ver Costa, Osvaldo Orlando da

Zé Nazário ver Santos, José Alves dos

Zebão ver Calatroni, João Gualberto

Zeca ver Bronca, José Huberto

Zeca do Jorge ver Oliveira, José Maria de

Zezão, 231

Zezim ver Almeida, Miqueias Gomes de

Zezinho ver Almeida, Micheas

Zezinho ver Lima, Marcos José de

Zezinho ver Maciel, Jair

Zhao Ziyang, 128

Zhou Enlai, 45, 128

Zoleski, Erenita, 38

Zuza, Pedro, 265

ESTA OBRA FOI COMPOSTA EM MINION PELO ESTÚDIO O.L.M./ FLAVIO PERALTA
E IMPRESSA EM OFSETE PELA GEOGRÁFICA SOBRE PAPEL PÓLEN SOFT
DA SUZANO PAPEL E CELULOSE PARA A EDITORA SCHWARCZ EM JUNHO DE 2012